Baudelaire et Hoffmann

Baudelaire et Hoffmann

Affinités et Influences

Rosemary Lloyd

Fellow of New Hall, Cambridge

Cambridge University Press

Cambridge

London · New York · Melbourne

Published by the Syndics of the Cambridge University Press

The Pitt Building, Trumpington Street, Cambridge CB2 1RP

Bentley House, 200 Euston Road, London NW1 2DB

32 East 57th Street, New York, NY 10022, USA

296 Beaconsfield Parade, Middle Park, Melbourne 3206, Australia

First published 1979

Printed in Great Britain by
Redwood Burn Limited
Trowbridge & Esher

Library of Congress Cataloguing in Publication Data

Lloyd, Rosemary.
    Baudelaire et Hoffmann.

    Bibliography: p.
    Includes index.
    1. Baudelaire, Charles Pierre, 1821–1867 –
Criticism and interpretation. 2. Hoffmann, Ernest
Theodor Amadeus, 1776–1822 – Influence – Baudelaire.
3. Fantastic literature – History and criticism.
I. Title.
PQ2191.Z5L57   809'.37   78–58796
ISBN 0 521 22459 4

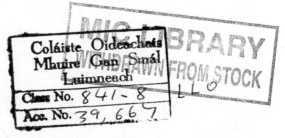

TABLE DES MATIERES

REMERCIEMENTS

Je tiens à remercier ici tous ceux qui m'ont aidée à mener à bonne fin cette étude. Avant tout j'exprime toute ma gratitude à mes deux directeurs de thèse, Dr Peter Hambly et Dr Anthony Stephens, qui n'ont cessé de m'offrir leurs conseils clairvoyants et leurs encouragements amicaux, ainsi que ma reconnaissance au Dr Blandine Stephenson, au Professor Alison Fairlie et au Professor Lloyd Austin qui m'ont prodigué de perspicaces commentaires. Ma gratitude s'adresse en outre à Mrs Silvana Dean, qui a dactylographié le manuscrit, au personnel de la C.U.P. dont l'expertise et la patience ont beaucoup facilité ma tâche, et à l'Université d'Adélaïde, qui a financé mes recherches. A mes amis et aux membres de ma famille je dois d'avoir gardé mon équilibre pendant les moments d'abattement: je les prie d'accepter tous mes remerciements.

Je dédie ce livre au plus patient des maris, à Paul.

NOTE

Le but principal de cette étude est de mettre en lumière non
seulement l'affinité entre la pensée des deux écrivains mais aussi
l'influence qu'E.T.A. Hoffmann exerce sur l'oeuvre de Baudelaire;
c'est pour cette raison que les citations des contes d'Hoffmann
sont données en français dans le texte, la version originale étant
reproduite dans une note. J'ai traduit moi-même les passages tirés
des journaux intimes et des lettres aussi bien que des conversations
des Frères de Sérapion, dont très peu furent traduites en français
à l'époque. De même, j'ai traduit les citations des Etranges
Souffrances d'un directeur de théâtre et des Elixirs du diable dont
je n'ai pas pu me procurer une version française. Il ne m'était
pas possible d'obtenir tous les contes dans une version contemporaine: la traduction des Kreisleriana (1949) et celle du Chat Murr
(1943) sont dues à A. Béguin, celle de Berganza (1964) à M. Laval.
Les traductions de La Fiancée du roi, du Pot d'or, des Aventures
de la nuit de la Saint-Sylvestre et de La Princesse Brambilla sont
de Th. Toussenel et datent de 1830, celles du Magnétiseur et de
Petit Zaches (1836) sont d'H. Egmont, la version de L'Esprit
élémentaire (1848) est d'E. Degeorge, toutes les autres étant dues
à Loève-Veimars (1829-1830).

INTRODUCTION

Si, vers 1847, Baudelaire découvre "un auteur américain qui
[excite] en [lui] une incroyable sympathie",[1] il a déjà trouvé un
homme qui "exprime parfaitement"[2] ses propres idées sur les rapports
qui existent entre les couleurs et les sentiments, celui même qui
a "le mieux senti"[3] l'esthétique du rire que Baudelaire fait sienne:
c'est l'écrivain allemand qu'il appelle Théodore Hoffmann.[4] Devant
l'admiration[5] du poète, plusieurs questions se présentent à
l'esprit. Quelle est l'importance d'Hoffmann pour la France du
milieu du dix-neuvième siècle? Quelles sont les affinités entre
le poète français et le nouvelliste allemand? Et quels sont les
apports d'Hoffmann à l'esthétique baudelairienne?

L'influence qu'exerça Hoffmann sur les écrivains français du
dix-neuvième siècle est solidement documentée. Outre quelques
excellentes études d'introduction, celles, par exemple, de M.
Breuillac,[6] de J. Giraud,[7] de S. Braak[8] et de G. Pankalla,[9] la
fortune d'Hoffmann en France a été retracée par P.-G. Castex,[10]
qui concentre son attention sur l'influence du fantastique
hoffmannien, et par E. Teichmann,[11] dont les recherches minutieuses
suivent les fluctuations de la vogue du conteur de 1829 jusqu'en
1840. Puisqu'elle se borne à cette periode, E. Teichmann ne fait
que très peu d'allusions à Baudelaire. Elle signale, toutefois,
que le poète, comme ses amis Gautier et Champfleury, admire "le
grotesque et l'ironie"[12] du Märchen qui s'appelle La Fiancée du
roi, conte dont Baudelaire se sert pour illustrer le comique
absolu.[13] En comparant la valeur relative des traductions de

1

Loève-Veimars et de Th. Toussenel, - et celui-ci est le seul à donner une version de ce "catéchisme de haute esthétique"[14] qu'est La Princesse Brambilla - le critique soutient qu'il est "symptomatique qu'il fallût la perspicacité d'un Baudelaire pour découvrir les beautés de La Princesse Brambilla à travers une traduction peu inspirée".[15] Jugement qu'il faut atténuer en soulignant que la plupart de ceux qui ont lu le capriccio dans la version allemande se montrèrent, eux aussi, insensibles à ses charmes.[16] Les recherches d'E. Teichmann concernent cette étude principalement en ce qu'elles évaluent la réputation dont jouit Hoffmann chez quelques journalistes et écrivains qui ont pu influencer l'opinion du jeune Baudelaire.

L'introduction aux rapports entre Baudelaire et Hoffmann qui intéresse le plus les baudelairiens est celle de J. Pommier, qui, surtout dans son livre Dans les chemins de Baudelaire,[17] consacre des pages lumineuses aux "nourritures étrangères" du poète. Les "maintes indications sur la vie d'Hoffmann"[18] qu'on trouve éparpillées dans l'oeuvre en prose de Baudelaire incitent Pommier à croire que la sympathie qui unit les deux écrivains "s'explique en partie par les ressemblances [que le poète] a dû trouver entre leurs deux existences".[19] De toute évidence, Hoffmann, aux yeux du traducteur des Histoires extraordinaires, est un homme qui, comme Balzac, comme Poe, comme Baudelaire lui-même, porte "le mot guignon écrit en caractères mystérieux"[20] sur son front. Pourtant, au lieu de comparer la vie d'Hoffmann à celle de Baudelaire, il serait peut-être plus exact de dire que la vision hoffmannienne de l'artiste, vision qui se dégage de presque tous ses contes, correspond au plus haut degré à celle de Baudelaire lui-même.[21] J. Pommier montre, d'ailleurs, que les observations du poète "sur le talent et la manière de l'écrivain allemand sont d'un lecteur attentif, réfléchi et très sympathique".[22]

En plus de ces affinités, J. Pommier suggère bien des influences, tel le thème du miroir des yeux et le rôle que joue le règne minéral dans les deux oeuvres. Comme L.J. Austin[23] et, plus récemment,

2

L.B. Hyslop,[24] il discerne dans l'appréciation baudelairienne de la musique mainte réminiscence des Kreisleriana, et, avant tout, d'Ombra adorata.[25] Il attire notre attention sur le fait que les motifs de l'hallucination et de la folie reparaissent dans l'oeuvre de Baudelaire comme dans celle d'Hoffmann, et il révèle l'importance pour les deux écrivains du conflit déchirant entre la beauté du rêve et la misère de la vie quotidienne.

Malgré sa richesse, on ne peut pas dire, comme l'a fait N. Accaputo, que l'étude de Pommier "avere il merito [...] di risolvere il problema dei rapporti fra Baudelaire e Hoffmann".[26] Il serait sans doute ingrat de souligner le glissement qu'opère le critique entre Hoffmann et les personnages des contes, créant une confusion qui affaiblit l'étude des ressemblances dans la vie des deux écrivains: mais on ne peut pourtant pas passer sous silence quelques points plus graves. D'une part, Pommier se montre peu sensible à l'élément de parodie dans l'oeuvre hoffmannienne. On hésite à lui donner raison, par exemple, quand il cite le chant d'Amandus von Nebelstern afin de renforcer la thèse selon laquelle Baudelaire aurait aimé chez Hoffmann l'évocation de l'éden perdu. Bien qu'il soit indéniable que chez l'un comme chez l'autre se manifeste le désir ardent d'une existence plus belle, La Fiancée du roi, conte où Pommier puise son exemple, n'est rien de moins qu'une caricature de l'idéal utopique.[27] Le rimailleur Amandus se berce des illusions les plus ridicules sur son génie et Hoffmann s'égaie à railler ce penchant du romantisme outré. La traduction ne réussit pas à faire ressortir tout le ridicule des vers originaux: toutefois, les listes de substantifs et de verbes et la banalité du sentiment sont bien trop transparentes pour que Baudelaire s'y soit pris.[28]

D'autre part, on s'étonne de voir Pommier affirmer que "le fantastique même, qui a fait la réputation d'Hoffmann",[29] n'a pas conquis Baudelaire. Or, des oeuvres hoffmanniennes que Baudelaire mentionne, La Princesse Brambilla,[30] La Fiancée du roi,[31] Maître Puce,[32] Le Pot d'or,[33] et, dans une moindre mesure, Le Chien

3

Berganza,[34] relèvent toutes du fantastique. D'ailleurs, Baudelaire
lui-même soutient que, chez Poe, "nous trouverons du fantastique
pur, moulé sur nature, et sans explication, à la manière
d'Hoffmann".[35] Et le poète de décrire le conte qu'il choisit comme
exemple de cet aspect de l'oeuvre de "l'Hoffmann américain"[36] avec
tant d'entrain qu'il n'est plus permis de douter de son admiration
pour le fantastique, tant chez Hoffmann que chez Poe.

Si Pommier est le seul à consacrer une longue étude aux
rapports entre Hoffmann et Baudelaire, d'autres critiques ont
indiqué divers points de rencontre dans l'esthétique des deux
écrivains. A. Ferran insiste sur la nostalgie du paradis perdu qui
hante l'auteur de Maître Puce comme elle obsède le poète de La Vie
antérieure:

> ce départ pour un monde enchanté où le grotesque
> s'affirme, s'ignorant lui-même et presque sans
> intention comique, cette fuite, quelque part hors
> du monde - n'est-ce pas ce que Baudelaire cherchait
> à travers les promesses des Paradis artificiels?[37]

De façon analogue, R. Vivier, dans une analyse des sources de
Baudelaire qui ne mentionne que fort rarement le nom d'Hoffmann,
signale que "lorsque le poète cherche la clef de ce monde secret,
et que la rêverie ne la lui donne pas, il la demandera à l'ivresse.
C'est ce que fait Hoffmann. C'est ce que répètent Quincey, Poe".[38]
Ce concept des moments privilégiés que le poète tente de susciter
au moyen des stimulants, A.P. Bertocci indique son importance pour
le romantisme allemand:

> to such moments of vision, not only Hoffmann but
> his contemporaries and forebears in German Romanticism
> testified frequently. Upon them, they based their
> psychologies, their philosophies and theologies,
> even their poetics.[39]

Les liens entre le fantastique des deux écrivains ne provoquent
que peu de commentaires. A. Ferran, pourtant, note que "la
séduction du fantastique hoffmannesque enveloppe aussi notre
Baudelaire".[40] A son avis,

> c'est sans doute à Hoffmann autant qu'à Maturin et à
> Lewis qu'il doit quelques-uns de ces élans mystiques
> vers les sommets où la Beauté prend figure divine

4

> et vers le gouffre où bouillonne la rébellion du
> Mauvais Ange.[41]

Bien que "mystique" ne me semble pas le mot juste pour évoquer
l'exaltation fantastique, Ferran a bien mis en relief le dualisme
au coeur de ce phénomène. D. van Abbé constate que "[Hoffmann's]
stories of the weird had world-wide influence by becoming a model
wherever writers had wearied of real life and wanted a world of the
imagination. Poe and, to some extent, Baudelaire, who translated
Poe, came in his wake".[42] De même que D. van Abbé néglige l'importance de la "vie réelle" pour le mode fantastique, M.A. Ruff soutient que si Baudelaire "goûte tant le fantastique [hoffmannien],
c'est dans la mesure où celui-ci projette quelques lueurs sur le
monde invisible en écartant les voiles qui nous en séparent".[43]

Le thème qui suscite le plus d'intérêt chez ceux qui comparent
Baudelaire et Hoffmann est celui de la synesthésie, motif étroitement lié à la conception d'un univers harmonieux et à la théorie
des correspondances. Comme G. O'Malley le rappelle, "the first
distinct description of 'genuine' synesthesia which has any claim
to objectivity was published by Hoffmann in 1814".[44] Un des premiers,
J. Giraud cherche à placer l'oeuvre hoffmannienne dans l'évolution
de ce motif capital. Il voit dans des pages du Traité des tropes
de du Marsais et de l'abbé Batteux le germe de la théorie des
analogies:

> réfractée, étrangement diaprée, en traversant l'âme
> bizarre et troublante d'Hoffmann, elle frappa et
> séduisit Baudelaire, en vertu de mystérieuses
> affinités électives.[45]

A. Ferran se demande si, avant la rencontre d'Edgar Poe, Decamps,
Delacroix et "le choreute de cette marche à l'unité",[46] E.T.A.
Hoffmann, ont "donné l'impulsion à l'idée de la correspondance des
sensations et de la correspondance des arts".[47] Aux yeux de P.
Mansell Jones "much of the imagery [of Correspondances] is taken
over from Chateaubriand, Balzac and Gérard de Nerval, and their
contributions are combined with examples of synaesthesia from
Hoffmann",[48] jugement qu'il faut peut-être affiner en rappelant

l'influence que l'auteur des Kreisleriana exerça sur Balzac et
Nerval.[49] Dans son analyse de l'esprit du mal et de ses rapports
avec l'esthétique baudelairienne, M.A. Ruff affirme que, si les mystiques ont toujours basé leurs études sur l'idée de "l'unité et de
l'assimilation des choses morales aux choses physiques", l'utili-
sation méthodique de cette idée dans l'oeuvre d'art est pourtant
nouvelle. Ruff continue:

> Balzac y avait déjà pensé. Hoffmann, avant lui, en
> avait tiré des effets qui avaient vivement frappé
> Baudelaire et dont il avait cité des exemples dans
> Le Salon de 1846 et Du Vin et du hachish. Mais,
> pour lui, il ne s'agit pas de l'exploitation d'un
> procédé. C'est bien, comme chez les mystiques,
> une question de foi. Seulement tout est lié en
> lui, et l'esthétique est commandée par cette foi:
> "La première condition nécessaire pour faire un
> art sain est la croyance à l'unité intégrale".[50]

Néanmoins, les critiques ne tombent pas d'accord pour signaler
dans l'oeuvre hoffmannienne une des sources principales de ce
thème complexe dans la poésie de Baudelaire. Si L.J. Austin
prétend que "c'est Hoffmann qui lui avait révélé [c'est-à-dire à
Baudelaire] ces correspondances entre les couleurs, les sons et
les parfums, et qui lui a appris à voir dans le spectacle du soleil
couchant une 'symphonie'",[51] J. Prévost annonce, au contraire,
que "la doctrine des Correspondances vient de Balzac; qu'Hoffmann
et Swedenborg ne feront que compléter Balzac; et que Baudelaire a
pu ne les connaître que de seconde main".[52] Mais on n'appelle pas
"un catéchisme de haute esthétique"[53] une oeuvre qu'on ne connaît
que de seconde main, on n'en tire pas de longues citations et on
n'y renvoie pas ses lecteurs pour les faire "bien comprendre [s]on
idée".[54] Pour B. Juden, l'auteur d'un des commentaires les plus
récents sur ce sujet,

> le jeu d'analogies qu'en 1846, Baudelaire redécouvre
> chez Hoffmann, puis, en 1861, remarque chez Swedenborg,
> reste dans la ligne tracée par Condillac, et suivie
> par Morellet, Marmontel et Senancour. La synesthésie
> du sonnet appartient à une filiation très apparente.[55]

Dans un jugement assez curieux, R. Taylor, qui s'intéresse à
Hoffmann plutôt qu'à Baudelaire, propose la distinction suivante

entre la manière dont les deux écrivains se servent des données de
la synesthésie et des analogies:

> Hoffmann did not pursue the implications, or refine
> the relationship, of synaesthetic experience; nor,
> like Baudelaire, in his doctrine of <u>correspondances</u>,
> did he draw this experience into an anthropocentric
> myth dedicated to the greater glory of poetic
> subjectivity.[56]

Avec plus de justesse, J. Pommier déclare qu'il y a

> entre la poésie de Baudelaire et les analyses de
> Hoffmann [sic], cette différence, que le premier
> dépasse une expérience individuelle et intermittente,
> et qu'il établit une loi générale de correspondances,
> dont il donne ensuite une application partielle.[57]

Jusqu'ici les critiques ont isolé de l'esthétique hoffmannienne
quelques thèmes qui semblent avoir guidé la pensée de Baudelaire,
et découvert dans les contes quelques expressions qui paraissent
avoir laissé leur marque sur sa rhétorique.[58]   Grâce à ces recherches, personne ne s'avise plus de mettre en doute l'importance
d'Hoffmann dans le développement de Baudelaire. Mais pour comprendre cette affinité, pour jauger l'influence, il faut d'abord
situer la réaction du poète dans le climat intellectuel des années
quarante, de cette période si importante pour le baudelairien mais
qui dépasse les limites de l'étude d'E. Teichmann. J'analyserai
ensuite quatre domaines de l'oeuvre des deux écrivains, le fantastique, la vie terrestre, l'art et le comique, afin, d'une part, de
comprendre plus en profondeur l'affinité qui unit ces littérateurs,
et, d'autre part, d'apprécier les apports d'Hoffmann à la formation
du poète des <u>Fleurs du mal</u>.

Etablir des parallèles et signaler des affinités entre l'oeuvre
des deux écrivains, ce n'est quand même pas nier les grandes différences qui les séparent l'un de l'autre. D'une part se pose le
problème du genre dont chacun se sert: la nouvelle permet une
variété plus grande, des changements de ton plus abrupts, que le
poème ou même le poème en prose: contrainte par la forme du sonnet,
l'idée jaillit plus intense, plus pure. D'autre part, malgré
l'étonnante fécondité de l'imagination d'Hoffmann et la beauté et

l'inattendu de ses métaphores, l'intellectualité plus puissante de Baudelaire lui a permis de créer une langue qui projette une lumière plus vive sur nos craintes, sur nos espérances, sur notre condition humaine.

CHAPITRE I

PROLEGOMENES

Jeune, Baudelaire fait souvent mention d'Hoffmann. Son nom
apparaît pour la première fois chez lui dans un article critique
du mois de novembre 1845: un des Contes normands de Jean de Falaise,
Le Diable aux îles, lui semble digne de la plume du fantastiqueur.[1]
L'année suivante, les références à Hoffmann sont nombreuses,
Baudelaire puisant dans l'oeuvre hoffmannienne plusieurs aperçus
sur l'art et sur la vie dont il se sert pour son Salon de 1846 et
ses Conseils aux jeunes littérateurs.[2] La théorie sur les rapports
entre les couleurs et les sentiments, par exemple, se trouve
illustrée par un passage des Kreisleriana,[3] comme une remarque sur
"la véritable mémoire",[4] tirée du Chien Berganza vient renforcer
la sévérité de son jugement sur le peintre Horace Vernet.
D'ailleurs, l'essai sur le rire, conçu, semble-t-il, cette même
année,[5] révèle l'harmonie qui existe entre l'esthétique hoffmannienne et les idées du jeune poète. En 1848, Baudelaire publie sa
version de la Révélation magnétique de Poe, précédée d'une note où
Hoffmann figure parmi les "romanciers forts", ceux dont "la sensibilité primitive [est] réfléchie et transformée en un art
certain".[6] Dans Du Vin et du hachish (1851), de même qu'au début
du Poème du haschisch (1860), il a recours aux idées du "divin
Hoffmann",[7] dont surtout le concept de "baromètre spirituel".[8]
Les préfaces aux nouvelles de Poe[9] établissent des parallèles entre
la vie et la manière d'envisager l'existence de ces deux maîtres
que Baudelaire prend pour guides. D'ailleurs, à la fin des années
cinquante, malgré l'importance croissante de Poe, Baudelaire, en

9

citant un passage de La Double Vie d'Asselineau, se souvient
toujours de la manière dont Hoffmann étudie "la situation anormale
d'un esprit".[10] Il mérite d'être noté, du reste, que, dans une
lettre en date du 8 janvier 1859, le poète prétend que sans la
timidité de Calonne il pourrait "donner une série de nouvelles
d'une nature surprenante, et qui ne seraient ni du Balzac, ni de
l'Hoffmann, ni du Gautier, ni même du Poe, qui est le plus fort de
tous":[11] affirmation qui montre la position qu'occupe toujours le
nouvelliste dans la hiérarchie des grands.

Il faut signaler en outre que le nom d'Hoffmann se trouve dans
un sonnet que W.T. Bandy a attribué à Baudelaire.[12] Dans A une
jeune saltimbanque, poème publié dans La Silhouette du 28 septembre
1845,[13] le poète compare la saltimbanque à la "danseuse d'Hoffmann".[14]
Le poète pense ici soit à Giacinta telle qu'elle paraît dans le
sixième chapitre de La Princesse Brambilla, soit à l'héroïne de
L'Enchaînement des choses. Dans ce dernier conte, Hoffmann établit
un parallèle entre sa danseuse et la Mignon de Goethe,[15] évoquée
aussi dans le sonnet de Baudelaire. D'ailleurs, le Salon de 1845
révèle qu'à cette époque Baudelaire connaît assez bien l'oeuvre
d'Hoffmann pour en avoir assimilé au moins une expression caractéristique: en parlant de deux peintres genevois, Calame et Diday, il
prétend les avoir crus un seul artiste atteint de "dualisme
chronique".[16] Si le jugement n'a rien d'original - le critique de
L'Artiste parle de "M. Diday, dont le talent a beaucoup d'analogie
avec celui de M. Calame, et que nous avions vu jusqu'à ce jour
marcher dans les mêmes voies et voguer de conserve"[17] - l'expression
est tirée de La Princesse Brambilla, ce "catéchisme de haute esthétique",[18] dont le héros est un acteur qui souffre de "dualisme
chronique".[19] Cl. Pichois montre, du reste, que les traits du
nouvelliste sont familiers au poète dès 1844, puisqu'en cette année
il possède déjà le portrait d'Hoffmann que L'Artiste publie en
1839.[20]

En quelle édition Baudelaire lit-il les oeuvres d'Hoffmann?[21]
Il connaît sans aucun doute la version de Th. Toussenel (1830:

réimprimée en 1838), puisque lui seul traduit La Princesse Brambilla, capriccio qui attire les louanges du poète. Il paraît connaître aussi la version de Loève-Veimars (1830: rééditions en 1836, 1843), traduction dont il rêvera, en traduisant Poe, d'égaler le succès.[22] En tête du texte de Loève-Veimars se trouve la fameuse notice historique de Walter Scott, notice que Baudelaire semble avoir lue.[23] Une réédition des contes traduits par H. Egmont paraît en 1840, quatre ans après la première publication. A ma connaissance, personne n'a signalé la ressemblance entre une phrase de l'introduction à cet ouvrage et un commentaire du poète. Selon Egmont, "on sent [chez Hoffmann] la manie de revêtir chaque sentiment de formules emblématiques et idéales".[24] Pour sa part, Baudelaire voit dans le nouvelliste un "médecin de fous" qui s'amuse "à revêtir cette profonde science de formes poétiques".[25] Chose significative, tandis que chez Egmont la formule équivaut à un reproche, chez le poète elle est à interpréter plutôt comme une louange.

D'autres versions moins importantes paraissent au cours des années quarante. En 1841 est mise en vente la seconde livraison de la Pléiade, "choix des morceaux les plus remarquables de toutes les littératures",[26] et qui renferme, outre la Lenore de Gottfried Bürger, une version de Conseiller Krespel, "l'une des oeuvres les plus touchantes, les plus originales et les plus poétiques d'Hoffmann".[27] Selon le critique anonyme de L'Artiste:

> il est impossible d'analyser d'une manière satisfaisante cette composition bizarre que tout le monde a lue, et que tout le monde voudra relire, à cause de la traduction d'abord, qui est de tous points excellente, exacte, vive, colorée, nerveuse, et à cause des dessins de M. Penguilly.[28]

Si Penguilly-l'Haridon n'est, aux yeux de Baudelaire, qu'un artiste de second ordre, il reste un "esprit ingénieux, curieux, laborieux"[29] qui ne manque pas "d'esprit poétique".[30] Qui plus est, c'est à lui que le poète envisage de confier le frontispice des Fleurs du mal.[31] L'année 1842 voit la publication d'une version nouvelle des contes fantastiques qui est due à P. Christian, traducteur qui donnera en 1845 les Contes nocturnes. Le premier ouvrage, précédé de souvenirs de la vie d'Hoffmann, est illustré par Gavarni dont Baudelaire admire "la grande finesse d'observation".[32] En 1843, le germaniste X. Marmier publie sa version des contes avec une notice sur l'auteur. E. Degeorge, cet esprit "purement enthousiaste" qui, nous dit Champfleury, "trouve beau tout ce qu'il a traduit",[33] publie en 1848 sa version des contes dans une édition "tirée à cent exemplaires seulement".[34] Puisque Champfleury, lié d'amitié avec Baudelaire à cette époque, admire et cite cette traduction, et qu'il prétend en avoir rencontré l'auteur, il n'est pas impossible que le poète ait lu les contes dans cette version.[35]

Si, vers la fin des années cinquante, Baudelaire fait preuve d'un renouveau d'intérêt à l'égard d'Hoffmann, c'est peut-être en raison de la publication, en 1856, des Contes posthumes traduits par Champfleury. Quoi qu'il en soit, plusieurs critiques voient dans les Petits Poèmes en prose l'influence d'un de ces contes, La Fenêtre du coin.[36]

Il semble donc que Baudelaire ait lu Hoffmann dans plusieurs traductions. Il devait connaître celle de Toussenel pour avoir accès à La Princesse Brambilla, celle de Loève-Veimars pour pouvoir méditer les Kreisleriana. Quelques-uns de ses jugements sur le nouvelliste rappellent l'introduction d'Egmont. Vu ses rapports avec Champfleury, il feuilleta sans doute aussi les Contes posthumes. On peut donc utiliser une variété de traductions en examinant les rapports entre les oeuvres des deux écrivains.

La presse des années quarante s'intéresse beaucoup moins que celle de la décennie précédente à la vie débraillée du nouvelliste, les critiques bornant leur attention aux dons artistiques d'Hoffmann.[37] Plusieurs journalistes mettent en relief divers aspects de l'art du conteur. Pour H. Vermot, dont L'Artiste publie en 1844 une Poésie à Hoffmann,[38] les contes sont des "récits pleins d'audace où rit la poésie", des "romans merveilleux" où le nouvelliste sait

> Marier à plaisir en des scènes étranges
> Le cri moqueur du diable à l'hymne des anges.

Vermot conclut que l'inspiration hoffmannienne vient d'un "maître au pied fourchu". Le critique polygraphe qu'est Eugène Pelletan, celui qui soutient que "l'impossible correspond à un besoin de notre esprit"[39] et qui croit, comme Baudelaire, qu'une "des plus importantes lois de l'art [...] est le contraste",[40] fait allusion à l'importance de l'artiste chez Hoffmann. Dans une critique de la pièce Karel Dujardin par le marquis de Belloy, Pelletan remarque:

> Je savais bien que le héros principal serait
> un peintre [...]. C'est l'homme toujours
> adorable. Il a des défauts, mais si charmants
> que ces défauts valent mieux que ses qualités;
> il a du génie, mais encore plus de paresse.
> [...] C'est ce pauvre Hoffmann devant son pot
> de pierre.[41]

A. Constant, le futur mage Eliphas Lévi, se montre très sensible au thème de la femme idéale dont rêve l'artiste hoffmannien et qui l'inspire. Ses Tablettes de Nicolas Papouff évoquent un peintre qui

> était [...] comme une âme en peine suspendue
> entre le ciel et l'enfer, en adoration vague
> devant cette figure de femme, qu'il voyait
> mille fois plus charmante depuis qu'elle
> avait disparu, son coeur malade de solitude,
> se prenant désespérément à cette forme qui
> redevenait idéale; il crut avoir enfin rencontré
> la réalité de ses rêves. Vous connaissez un
> conte d'Hoffmann lamentablement vrai, quelque
> fantastique qu'on puisse le trouver: c'est
> l'histoire de l'étudiant Nathanael amoureux
> d'une automate et désenchanté de tout autre
> amour par les perfections qu'il prête à sa
> femme de cire.[42]

Les Tablettes paraissent, d'ailleurs, dans La Démocratie pacifique, périodique auquel Baudelaire espère collaborer.[43]

Presque toute mention du mode fantastique dans les journaux de cette époque suscite le nom de Théodore Hoffmann. S. Henry Berthoud, romancier médiocre dont plusieurs des contes mettent en oeuvre un personnage qui s'appelle, précisément, Hoffmann,[44] commence sa Généalogie d'une pierre de la manière suivante:

> On cherche le merveilleux et le fantastique
> bien loin, tandis que le fantastique et le
> merveilleux nous entourent et nous pressent
> de toutes parts. Le conte d'Hoffmann le plus
> absurde, le conte de fées le moins vraisemblable
> restent des inventions pâles et ordinaires en
> présence de l'histoire des moindres objets qui
> frappent sans cesse nos regards [...].45

Ce qui est ironique dans cette remarque, c'est qu'il me semble
bien probable que le feuilletoniste, en la faisant, s'inspire d'un
mot d'Hoffmann, aux yeux duquel rien "n'est plus fantastique et
plus fou que la vie réelle".46 On reconnaît, d'ailleurs, la source
d'une assertion de Baudelaire qui figure dans Le Salon de 1846:
"le merveilleux nous enveloppe et nous abreuve comme l'atmosphère;
mais nous ne le voyons pas".47 H. Lucas, en décrivant une soirée
des frères Escudier, directeurs de la France musicale, observe que
la réunion "a eu même, dans son dénouement, quelque chose de fantastique qui aurait plu beaucoup au romancier Hoffmann: toutes les
bougies se sont éteintes sous le souffle des chanteurs".48 A.
Toussenel,49 frère du traducteur et fouriériste enthousiaste,
écrit pour La Démocratie pacifique dès sa fondation. En 1844 il
avoue qu'il y a

> certains contes d'Hoffmann [qu'il] n'oserai[t]
> pas lire à minuit, seul à seul avec ces cactus,
> sous l'influence des arômes enivrants de la
> francisca du Brésil. Assurément [qu'il] finirai[t]
> par comprendre la conversation des nopals, comme
> l'étudiant Anselme, et par les voir descendre de
> leurs gradins pour exécuter des polkas fantastiques.50

Dans une toile de Decamps, exposée au salon de 1846, Toussenel
découvre "un chien fantastique dont la figure [le] poursuit dans
[ses] rêves". Et le critique de s'étonner du fait que "le pinceau
[possède] la puissance d'évoquer de ces apparitions-là, tout comme
l'imagination d'Hoffmann".51 En 1847 le journaliste Marc Fournier
pense toujours à Hoffmann. Dans un article qui porte le titre
Histoire littéraire: Variations sur des motifs nouveaux, il écrit:

> il est question [...] de choisir un thème,
> n'importe lequel, le premier mot venu, moins
> que rien, Le Gâteau des rois (sol-la si-ut),

> et là-dessus de broder une de ces symphonies
> incroyables, telle que l'eût peut-être rêvée
> Beethoven, si dans le même jour il eût lu
> Sterne, les contes d'Hoffmann et un feuilleton
> de Jules Janin.[52]

Mais le germaniste N. Martin condamne la manière d'Hoffmann: à son
avis, les écrivains allemands qui veulent

> résister à ce débordement de la prose française
> doivent renoncer aux anciennes méthodes naïves,
> sentimentales ou fantastiques du roman allemand.
> Le lait idyllique des compositions d'Auguste
> Lafontaine a tourné depuis longtemps; Hoffmann
> ne parle pas assez de la vie réelle; et le vieux
> Tieck, le poëte féodal des gnomes, des chevaliers,
> des nains et des ondines, n'est plus qu'un fade
> anachronisme au milieu des intérêts nouveaux,
> palpitans d'actualité, créés par le zollverein.[53]

C'est dans la critique musicale qu'on relève le plus de références à Hoffmann: A. Specht soutient même que c'est grâce aux contes
d'Hoffmann que "les littérateurs ont appris à connaître l'Allemagne
musicale".[54] Un commentaire prophétique sur Jacques Offenbach
montre à quel point le nom d'Hoffmann s'associe à la musique:

> Quand son archet a commencé à faire vibrer les
> cordes, il semble qu'entre l'artiste et l'instru-
> ment il vient de s'accomplir une de ces mysté-
> rieuses unions si délicieusement racontées par
> Hoffmann. Avec ses longs cheveux, sa taille
> effacée et son front inspiré, on le prendrait
> volontiers pour un personnage des Contes
> fantastiques.[55]

A plusieurs reprises Liszt, lui aussi, se trouve rapproché de
l'auteur des Kreisleriana.[56] Dans un article sur Schubert le
critique F. Ducuing remarque que le conteur "dit quelque part[57]
qu'un entretien sur la musique est le terrain neutre où s'arrêtent
le plus volontiers la femme qui désire qu'on lui parle d'amour et
l'homme qui n'ose aborder de plein pied cette terre promise, si
pleine d'écueils et de mystères, qu'on nomme une déclaration".[58]
On pourrait ajouter un curieux commentaire d'Arsène Houssaye, ce
directeur de L'Artiste dont les Confessions font mention d'Hoffmann
et de Baudelaire et à qui Baudelaire dédie ses Petits Poèmes en
prose. Dans une lithographie d'Hector Martin, La Jeunesse

15

d'Hoffmann, que L'Artiste publie en 1847, Houssaye soutient que
l'artiste "s'est peint lui-même croyant peindre le sombre et lumineux poète allemand". Il ajoute que Martin

> a voulu traduire ces paroles d'Hoffmann à
> son ami Hippel: "Je n'aime pas la musique.
> Jean-Paul l'a dit: 'Elle passe sur notre
> coeur comme la langue du lion qui en se
> retournant et en se retournant finit par
> faire couler le sang'".[59]

Aux années quarante, donc, les journalistes soulignent trois
aspects de l'oeuvre d'Hoffmann, l'importance qu'il attache à
l'artiste, au fantastique et à la musique. Il faut maintenant
regarder de plus près les commentaires de deux journalistes qui se
passionnent pour Hoffmann, à savoir J. Chaudes-Aigues et Th.
Gautier.[60]

A partir de 1836, J. Chaudes-Aigues se fixe la mission de
défendre les contes d'Hoffmann où il voit, dès 1834, l'inspiration
de la Peau de chagrin[61] de Balzac. Dans trois articles publiés
dans La Presse de 1836,[62] il décrit la vie et analyse l'oeuvre du
conteur allemand qu'il juge "le plus glorieux représentant de
l'idéalité dans l'art".[63] Cinq ans plus tard, cet article,
légèrement remanié, paraît dans L'Artiste où il porte le titre
"Théodore Hoffmann".[64] Aux yeux du critique, "l'art a été l'éternel
mobile de toutes les actions d'Hoffmann, le but de sa vie, sa vie
elle-même, pour ainsi dire".[65] Dans ce qu'il appelle Le Chien de
Berganza il découvre une "admirable leçon de poésie et de morale
cachée sous une apparence de frivolité invraisemblable":[66] il faut
savoir que Berganza, bouledogue doué parfois de la parole humaine,
discute avec le narrateur de nombreuses questions de nature esthétique et morale.[67] Avant tout, le critique s'applique à mettre en
relief non seulement l'artiste qui sait "nous transporter dans un
monde imaginaire où tout brille de riches couleurs"[68] mais encore
l'homme qui souffre des malaises de la société moderne:

> Pourquoi Hoffmann a-t-il un si profond dégoût
> de la terre? Pourquoi se réfugie-t-il dans
> les mystères d'un univers arrangé selon son
> caprice? N'est-ce pas qu'Hoffmann, à l'exemple

16

> de plusieurs grandes intelligences modernes,
> prend en pitié une société incessamment
> travaillée et bouleversée par des idées et
> des révolutions contradictoires? Envisagées
> à ce point de vue, les inventions d'Hoffmann
> ont cette signification philosophique hors de
> laquelle, désormais, il n'y aura point de salut
> pour la poésie.[69]

Baudelaire, qui croit, lui aussi, que "les temps sont mauvais et corrompus",[70] ne se serait-il pas rangé parmi ces "grandes intelligences modernes" qui souffrent de l'oppression sociale de l'époque?

Dans ses feuilletons, Théophile Gautier parle souvent du nouvelliste dont il semble admirer surtout le comique, le fantastique et la critique musicale. Dans un compte rendu théâtral du 2 décembre 1844, par exemple, il montre à quel point il se délecte du comique hoffmannien:

> tout cela n'empêche pas la représentation
> des Cantatrice Villane d'être une des choses
> les plus amusantes qu'on puisse voir: nous
> nous servons à dessin du mot voir car Lablache,
> en vecchio podagroso et Ronconi en compositeur
> râpé, dessinent avec leurs personnes une des
> caricatures didactiques comme Hoffmann seul
> sait en crayonner dans ses fantaisies à la
> manière de Callot et de Rembrandt.[71]

Il mérite d'être souligné que Gautier voit une intention didactique derrière les conceptions comiques d'Hoffmann: on sait que Baudelaire arrivera à la même conclusion.[72]

Gautier, qui compare Liszt à un personnage d'Hoffmann, établit un parallèle entre un concert donné par le virtuose, en compagnie de Doëlher et de Thalberg, et les "belles grandes luttes des maîtres chanteurs d'Allemagne au moyen-âge: ces combats harmonieux de Volframb [sic], d'Henri d'Ofterdingin [sic] et de Klingsor".[73] Il pense ici à un conte d'Hoffmann, Le Tournoi des chanteurs.

Le fantastique, qualité qui se retrouve dans bien des contes de Gautier, suscite quelques commentaires critiques dans ses articles. Dans son compte rendu des Talismans, "drame fantastique en seize tableaux, par M. Frédéric Soulié", Gautier rappelle une caractéristique des contes d'Hoffmann:

> Dans les Talismans, M. Frédéric Soulié a eu
> l'idée originale, au théâtre, de faire du
> fantastique en frac. - Ce procédé est celui
> d'Hoffmann, qui en a tiré les effets les plus
> surprenans et les plus inattendus, comme le
> montrent ses admirables contes à la fois si
> fous et si vrais.[74]

Gautier décèle des situations hoffmannesques non seulement dans le
théâtre mais aussi dans la vie quotidienne, témoin un article
publié dans La Presse en 1840:

> Vous savez tous l'histoire de Mlle Falcon,
> elle avait perdu sa voix d'une manière toute
> mystérieuse, cela était plus merveilleux
> qu'un conte d'Hoffmann. Comme la Bettina
> du Sanctus, elle s'était trouvée un jour
> muette devant son papier à musique; quelque
> méchant maître de chapelle, au nez violet,
> à l'oeil glauque, l'avait sans doute regardée
> de travers.[75]

La description grotesque du maître de chapelle est, bien entendu,
une caricature à la manière d'Hoffmann.

De tous les contes d'Hoffmann où il est question de la musique,
celui qui attire le plus d'intérêt et d'admiration à cette époque
est Don Juan. Aux yeux de G. Planche, celui dont Baudelaire
regrette en 1845 "l'éloquence impérative et savante",[76] Hoffmann se
trouve avec Mozart et Byron parmi ceux qui ont "si glorieusement
popularisé"[77] le mythe du libertin. Selon Hoffmann, si don Juan
s'adonne sans retenue aux plaisirs charnels, c'est parce qu'il
croit que "par l'amour, par la jouissance des femmes, on peut déjà
accomplir sur la terre les promesses célestes que nous portons
écrites au fond de notre âme".[78] En mars 1846, Baudelaire publie
un Choix de maximes consolantes où il est justement question de
"l'illustre don Juan" qui "est devenu, grâce à MM. Alfred de Musset
et Théophile Gautier, un flâneur artistique, courant après la
perfection à travers les mauvais lieux".[79] C'est à Hoffmann que
Musset et Gautier doivent cette interprétation. Musset esquisse
son portrait de don Juan dans le deuxième chant de Namouna. Parmi

les roués qu'il met en scène il en distingue un

> [...]   plus grand, plus beau, plus poétique,
> Que personne n'a fait, que Mozart a rêvé,
> Qu'Hoffmann a vu passer, au son de la musique,
> Sous un éclair divin de sa nuit fantastique,
> Admirable portrait qu'il n'a point achevé
> Et que de notre temps Shakespeare aurait trouvé.[80]

Et Musset de conclure que le libertin a perdu sa beauté, sa gloire et son génie "pour un être impossible et qui n'existait pas".[81]

La Comédie de la mort renferme une évocation hoffmannesque de don Juan, dont Baudelaire cite quelques vers.[82]   Le libertin s'adresse ainsi au poète:

> J'ai demandé la vie à l'amour qui la donne
> Mais vainement; je n'ai jamais aimé personne
>   Ayant au monde un nom.
>   [...]
> Trompeuse vanité, c'est toi que j'ai suivie,
> Et peut-être, ô vertu! l'énigme de la vie,
>   C'est toi qui la savais.[83]

Dans un compte rendu de Don Giovanni Gautier développe la même idée. A ses yeux, don Juan

> représente, surtout agrandi comme il l'a
> été dans les derniers temps, l'aspiration
> à l'idéal. - Ce n'est pas une débauche
> vulgaire qui le pousse; il cherche le rêve
> de son coeur avec l'opiniâtreté d'un titan
> qui ne redoute ni les éclairs ni la foudre.
> - Cette image, il faut qu'il la trouve;
> cette idée, il faut qu'il l'embrasse [...]
> O femmes! combien vous devez l'aimer, celui-là,
> qui a une si haute idée de vous, que nulle de
> vous n'a pu le satisfaire.[84]

Celui qui a "agrandi" le mythe de don Juan c'est, bien sûr, E.T.A. Hoffmann.[85]

Il est évident que, malgré "l'éclipse de [la] fortune"[86] d'Hoffmann en France, son oeuvre continue à évoquer de nombreux commentaires dans la presse des années 1840.

Dans l'opinion de quelques hommes de lettres, critiques et écrivains, dont les écrits étaient familiers à Baudelaire, Hoffmann jouit d'un prestige particulier qu'il faut examiner de plus près.

Sainte-Beuve lit avec intérêt les contes d'Hoffmann, où il

admire avant tout l'étude de la mentalité artistique. A son avis,
"personne jusqu'ici, ni critique, ni artiste [n'a] senti et expliqué
à l'égal d'Hoffmann ce que c'est qu'un artiste".[87] Saint-Simonien,
Sainte-Beuve admire aussi les rêves d'un âge d'or qu'Hoffmann
enchâsse dans bien de ses contes mais qui se trouvent menacés par
la misère de la vie réelle:

> coeurs ulcérés, comme il aurait voulu vous
> retremper au sein d'une nature active,
> aimante et pleine de voix et de parfums.
> [...] Hélas, il a connu mieux que personne
> le mal de ce siècle; il en a souffert lui-même.[88]

L'influence de Sainte-Beuve sur la formation de Baudelaire est
bien documentée.[89] Selon Margaret Gilman, il commence à lire les
oeuvres de Sainte-Beuve "as a young man in his early twenties":[90]
on connaît, d'ailleurs, le poème que Baudelaire dédie à Sainte-
Beuve vers 1843.[91] Enid Starkie soutient, du reste, que "the complete poems of Sainte-Beuve [...] were to have more influence on
the young poet's budding talent than those of any contemporary".[92]
Il est peu probable que Baudelaire ait lu l'article de Sainte-Beuve,
qui fut publié dans Le Globe du 7 décembre 1830 pour ne reparaître
qu'après la mort du critique.[93] Pourtant, dans une lettre en date
d'août 1857, Baudelaire cherche à solliciter l'aide de son "cher
ami"[94] en le comparant aux mages hoffmanniens. En effet,
Baudelaire le décrit de façon à évoquer Lindhorst, Prosper Alpanus
et surtout le mage Hermod, sage assis dans sa "tulipe à feuilles
d'or":[95]

> il me semble toujours, quand je m'achemine
> vers la rue Montparnasse, que je vais visi-
> ter ce sage merveilleux, assis dans une tulipe
> d'or, et dont la voix parlait aux importuns
> avec le retentissement d'une trompette.[96]

Nul doute alors que Baudelaire se rend bien compte de l'admiration
que professe Sainte-Beuve à l'égard d'Hoffmann.

Un des critiques importants qui parlent d'Hoffmann est "ce
charmant esprit",[97] Heinrich Heine. Ce poète, que Baudelaire
défend avec tant d'énergie dans le projet d'une lettre à Jules
Janin,[98] entreprend peu de temps après son arrivée à Paris

d'expliquer les Français aux Allemands et les Allemands aux Français.[99] Il n'y réussit pas sans froisser les uns et les autres. L'attitude de Baudelaire lui-même n'est pas sans ambivalence: à ses yeux, Heine "serait un génie s'il se tournait plus souvent vers le divin".[100] L'influence de son étude, De l'Allemagne,[101] n'en est pas moins considérable. En évaluant Hoffmann, Heine s'inspire, dans quelque mesure, de l'analyse que W. Scott publie dans la Foreign Quarterly Review en 1829 et qui figure dans la version des Contes de Loève-Veimars. Heine croit que l'oeuvre d'Hoffmann "eigentlich eine Krankheit war. In dieser Hinsicht hat man geäussert, dass die Beurteilung [seiner] Schriften nicht das Geschäft des Kritikers sondern des Arztes sei".[102] Scott a dit:

> the inspirations of Hoffmann so often
> resemble the ideas produced by the
> immoderate use of opium that we cannot
> help considering his case as one requi-
> ring the assistance of medicine rather
> than criticism.[103]

Pourtant, Heine voit plus clairement que Scott dans le coeur d'Hoffmann. Il est hors de doute que Baudelaire, qui, en 1846, admire chez Delacroix la représentation de "la douleur univer- selle",[104] se sent en sympathie avec celui dont Heine dit:

> er fühlte, dass er selbst ein Gespenst
> geworden; die ganze Natur war ihm jetzt
> ein missgeschliffener Spiegel, worin er,
> tausendfältig verzerrt, nur seine eigene
> Totenlave erblickte, und seine Werke sind
> nichts anders als ein entsetzlicher Angst-
> schrei in zwanzig Bänden.[105]

J. Janin, que Baudelaire finit par exécrer[106] mais qui lui a "formellement promis" un poste à L'Artiste en 1843,[107] s'engoue très tôt d'Hoffmann,[108] dont il fait souvent mention, tant dans ses articles critiques que dans ses contes. Dans un article écrit pour le Dictionnaire de la conversation en 1836, Janin cherche à carac- tériser l'art du nouvelliste allemand:

> ce rire mêlé à ces larmes, ce grotesque mêlé
> au sublime, ce sans-façon vulgaire empêtré dans
> des cérémonies de cour, tout cela, c'était le
> conte fantastique, c'était le conte d'Hoffmann.[109]

Peut-être Janin essaie-t-il de reproduire dans sa symphonie fantastique, Le Gâteau des rois (1847), ce même mélange. De toute façon, il s'y met sous l'égide de la muse d'Hoffmann:

> nous sommes enfin arrivés à notre rue du
> Bac, ce n'est pas moi qui vous y mène,
> c'est mon génie, c'est la voix intérieure,
> c'est le démon familier d'Hoffmann.[110]

Il vaut d'être noté que ce livre médiocre est le sujet d'un compte rendu de Baudelaire qui n'y voit que "moyens usés", "procédés affaiblis" et "câlineries fatigantes".[111] Il faut toujours rappeler que l'oeuvre du "prince de la critique"[112] entre d'une certaine manière en concurrence avec celle d'un ami de Baudelaire, Champfleury, qui a eu lui aussi "l'idée de ces publications trimestrielles".[113]

D'une manière fort convaincante J. Pommier[114] montre que Baudelaire, en ébauchant avec Prarond le drame Idéolus, s'inspire d'une collection de contes que publie Théophile de Ferrière et qui s'inscrit on ne peut plus clairement dans le mode hoffmannesque. Le recueil, Les Contes de Samuel Bach: Il Vivere, qui paraît en 1836, est présenté comme le produit d'un libraire, Samuel Bach, dont le nom même rappelle celui de Samuel Cramer, personnage central de La Fanfarlo. Cramer ressemble à Idéolo, protagoniste du premier conte, de plusieurs points de vue. Idéalistes, tous deux rêvent de devenir de grands poètes romantiques, et finissent par se faire journalistes. Ce qui nous intéresse dans cet ouvrage mineur, c'est l'évocation, à de multiples reprises, de l'oeuvre et de la personnalité d'E.T.A. Hoffmann. Si E. Teichmann insiste sur le fait que Ferrière "continue à déformer le portrait d'Hoffmann et de son oeuvre"[115] en faisant ressortir l'ivrognerie de l'homme et la face diabolique des contes, le portrait n'en est pas moins fait pour attirer l'attention de qui en prend connaissance. L'Hoffmann que décrit Samuel Bach est "gros et court, avec une tête de singe. Il regard[e] la flamme [du punch] et ri[t] en fumant une pipe d'une incroyable longueur".[116] Sa seule présence, aidée par la vin, éveille dans l'esprit d'autrui la vision de "vampires qui boivent du sang rouge" ou bien "des milliers de gnômes et de démons de toutes les couleurs".[117] Idéolo, ce dandy manqué, lit

> Kreisler et tous les contes d'Hoffmann; dès
> lors, il s'achèt[e] un piano pour sa chambre,
> il [fait] du punch, fum[e] des cigares et ne
> cess[e] de fumer, de boire et de jouer de son
> piano, que pour prononcer, avec une gravité
> allemande, les mots d'artistisme et d'intuition.[118]

Malgré l'élément de parodie et d'exagération, Il Vivere révèle de
façon saisissante le prestige dont jouissait Hoffmann à cette
époque.

L'auteur de Gaspard de la nuit,[119] Aloysius Bertrand, s'inspire
de quelques éléments de l'oeuvre hoffmannienne tout en les
exagérant. Son recueil porte comme sous-titre Fantaisies à la
manière de Rembrandt et de Callot, calque évident de Fantasiestücke
in Callots Manier. L'introduction à ces poèmes en prose que Baudelaire proclame avoir lus "au moins" vingt fois[120] contient plusieurs
éléments de détail secondaires qui ne pourraient que lui rappeler
l'oeuvre d'Hoffmann. Mentionnons, à titre d'exemples, l'étranger
qui, comme le chevalier Gluck, interrompt les rêves du narrateur
pour s'y intégrer et le manuscrit donné au narrateur par cet inconnu bizarre en qui on finit par reconnaître le diable.

Leconte de Lisle, ce "poëte tranquille et vigoureux"[121] qui
écrit pour la phalanstérienne Démocratie pacifique, admire pour
plusieurs raisons l'oeuvre d'Hoffmann. Il y consacre une étude
dans un numéro de Variété, publié en mai 1840. Le titre de cet
article: "Hoffmann - de la satire fantastique"[122] révèle les deux
tendances que Leconte de Lisle discerne chez l'auteur des
Fantaisies. A l'en croire, les contes d'Hoffmann

> passèrent d'abord pour de véritables contes
> fantastiques. Mais aujourd'hui, que des
> écrivains consciencieux ont pris à tâche de
> continuer franchement l'oeuvre de son génie
> satirique, la génération présente l'admire
> et le comprend mieux de jour en jour.[123]

Leconte de Lisle justifie le rapprochement qu'Hoffmann a fait
entre son oeuvre et celle de Callot: à ses yeux, "Callot a stigma-
tisé l'homme vicieux par sa connexion avec des figures bestiales",
comme Hoffmann "a mis en présence l'homme réel et l'homme fantastique,

il a été le Callot littéraire".[124]

Selon H.J. Hunt,[125] quelques-uns des contes que Leconte de Lisle publie dans La Démocratie pacifique s'inscrivent dans le genre hoffmannesque. Il serait peut-être plus juste de dire que la "faculté de raillerie et de bouffonnerie"[126] que Baudelaire entrevoit chez Leconte de Lisle s'exerce parfois à parodier Hoffmann. Ainsi, dans La Mélodie incarnée se trouve le passage suivant:

> le soleil s'y leva avec deux dièzes à la
> clé, en trois mesures brillantes, aspergées
> de notes d'agrément en guise de rosée: le
> vent souffla en trilles et se bémolisa
> mélancoliquement.[127]

Et un personnage du Songe d'Hermann, en voyant le clair de lune jouer sur l'eau d'un fleuve, remarque qu'un "poète fantastique prendrait cela pour une ronde d'ondines en train de danser sous leur plafond liquide".[128] Parfois, pourtant, les emprunts sont de nature plus sérieuse, mais ils manquent de conviction. Le fantôme d'Antonie (Le Conseiller Krespel) apparaît dans La Mélodie incarnée, où le héros voit devant lui "sa mélodie [...], belle, lumineuse et vivante".[129] Leconte de Lisle ne développe pas ce thème et son embarras n'est que trop évident dans la sécheresse de la morale de l'histoire:

> Heureux ceux qui le savent [le secret de
> l'art] car pour eux le son devient visible
> et la beauté s'entend. Le sentiment de
> l'harmonie universelle chante dans leur
> coeur et dans leur tête.[130]

Le poète et germaniste Gérard de Nerval admire, lui aussi, le fantastiqueur Hoffmann. F. Constans démontre que "parmi les écrivains allemands de son temps dont Gérard a subi l'influence, il en est un avec lequel, auprès de grandes dissemblances, il avait quelques remarquables affinités, T.G. [sic] Hoffmann".[131] En effet, Nerval subit depuis sa jeunesse la hantise de la face nocturne de l'oeuvre hoffmannienne. Dès 1830, deux ans après sa première version du Faust de Goethe, il publie une adaptation très libre d'une chanson de Maître Martin le tonnelier[132] et une version du Kreislerianum, "La Liqueur favorite d'Hoffmann".[133] Deux chapitres des <u>Aventures de la nuit de la Saint-Sylvestre</u>, dans une version qui doit beaucoup à Th. Toussenel, paraissent dans <u>Le Mercure de France au XIXe siècle</u> en 1831.[134] En 1840 Nerval travaille à un remaniement du <u>Magnétiseur</u> mais en donnant aux personnages les noms que portent ceux des <u>Elixirs du diable</u>. C'est vers cette année que Baudelaire fait la connaissance du poète qu'il croit "doué d'une intelligence brillante, active, lumineuse, prompte à s'instruire".[135] De même <u>Artémis</u>, sonnet que Nerval écrit en 1853, se trouve émaillé de thèmes et d'idées hoffmanniens.[136]

Quels sont les motifs d'Hoffmann qui exercent une telle attraction, pendant plus de vingt ans, sur l'esprit peu stable de Nerval? D'abord, le rôle ambigu et souvent hostile de la femme, et, surtout, de la comédienne. Dans <u>Sylvie</u>, Nerval constate que "vue de près, la femme réelle révoltait notre ingénuité; il fallait qu'elle apparût reine ou déesse, et surtout n'en pas approcher".[137] On pense à Giglio Fava, qui néglige sa fiancée pour ce fantôme de son imagination, la Princesse Brambilla, ou bien à Berthold, le peintre de <u>L'Eglise des Jésuites</u>, qui perd son génie artistique dès qu'il épouse celle qui l'a inspiré. En outre, de même que tant de personnages féminins d'Hoffmann s'inspirent de Julia Marc, les femmes chez Nerval se ressemblent toutes et s'évoquent l'une l'autre: "cet amour vague et sans espoir, conçu pour une femme de théâtre [...] avait son germe dans le souvenir d'Adrienne".[138] De même, Traugott (<u>La Cour d'Artus</u>), partant à la recherche de l'aimée perdue, voit sur un balcon une femme qu'il croit reconnaître: "elle avait tous les traits de Félicité, mais ce n'était pas elle".[139] Etroitement lié au thème de la ressemblance est celui du <u>Doppelgänger</u>. Ce motif reparaît à plusieurs reprises dans <u>Aurélia</u>[140] et dans <u>Les Elixirs du diable</u>, roman dont l'héroïne porte précisément le nom Aurélie.[141] Dans le roman d'Hoffmann, non seulement Medardus a son double horrifiant, mais les traits d'Aurélie reproduisent fidèlement ceux du portrait de Sainte Rosalie, celle que Nerval désigne "la sainte de l'abîme".[142]

Le poète précoce qu'est Théophile Gautier devint très jeune un

ami de Nerval,[143] dont il partage l'enthousiasme pour les contes
d'Hoffmann, tous deux s'appelant parfois des "voyageurs enthousi-
astes".[144] J. Richer affirme que

> leurs univers intérieurs ont bien des points
> communs, et c'est ainsi qu'on a pu longtemps
> attribuer à Nerval des contes écrits sous
> l'influence d'E.T.A. Hoffmann, qui sont pro-
> bablement sortis de la plume de Gautier.[145]

En effet, il est clair que le "parfait magicien ès lettres
françaises" débute, pour employer l'expression d'A. Ferran, "sous
le signe d'Hoffmann".[146]

Le premier conte de Gautier, La Cafetière, "garde fortement
l'empreinte du bizarre talent d'Hoffmann".[147] D'une part, le héros
partage avec plusieurs personnages hoffmanniens, et le nouvelliste
lui-même, le nom "Théodore": Gautier, d'ailleurs, prend chez
Hoffmann bien des noms propres, "Jacintha" se retrouvant dans
La Princesse Brambilla et Onuphrius, "Véronique" dans Le Pot d'or
et Albertus, "Sérapion" dans Les Frères de Sérapion et La Morte
amoureuse.[148] D'autre part, Théodore, comme Giglio Fava, se croit
"le jouet de quelque illusion diabolique".[149] En outre, l'évocation de l'orchestre fantastique rappelle des passages des
Kreisleriana:

> L'archet des virtuoses passait si rapide-
> ment sur les cordes, qu'il en jaillissait
> des étincelles électriques. Les doigts des
> flûteurs se haussaient et se baissaient comme
> s'ils eussent été de vif-argent; les joues
> des piqueurs étaient enflées comme des ballons,
> et tout cela formait un déluge de notes et
> de trilles si pressés et de gammes ascendantes
> et descendantes si entortillées, si inconce-
> vables, que les démons eux-mêmes n'auraient pu
> deux minutes suivre une telle mesure.[150]

En 1832 Gautier fait imprimer Onuphrius Wphly, conte qui se retrouve un an plus tard dans Les Jeunes-France, où il s'intitule:
Onuphrius Wphly ou Les Vexations fantastiques d'un admirateur
d'Hoffmann. Formé par sa lecture d'Hoffmann et de Jean-Paul,
Onuphrius voit "tourner autour de lui une ronde fantastique, le
conseiller Tusmann, le docteur Tabraccio, le digne Peregrinus Tyss,

Crespel avec son violon et sa fille Antonia",[151] et il est obsédé
par l'histoire "de la nuit de Saint-Sylvestre, où un homme perd son
reflet".[152] La ballade Albertus, annoncée le 10 novembre 1832, est
fortement marquée de la griffe de "Théodore Hoffmann, Hoffmann le
fantastique",[153] influence que le poète est le premier à signaler:

> - C'est la réalité des contes fantastiques,
> C'est le type vivant des songes drolatiques;
> C'est Hoffmann, et c'est Rabelais![154]

Je cite, à titre d'exemples, deux descriptions qui doivent beaucoup
à l'auteur du Pot d'or: la demeure de Véronique, cette sorcière
diabolique, ressemble à celle de Lise[155] et le moment où elle
"jette un par un ses vêtements à terre / Et se met toute nue"[156]
fait écho à la scène dans la bibliothèque de Lindhorst, où Lise
"jeta son manteau noir et se tenait là dans une dégoûtante nudité",[157]
les deux femmes offrant "un idéal de cauchemar".[158]

Deux contes qui datent du début des années quarante s'inscrivent
toujours dans le fantastique hoffmannesque. Le Chevalier double[159]
reprend non seulement le thème de l'influence pernicieuse d'un
étranger sur une femme enceinte, thème qu'on retrouve dans
Mademoiselle de Scudéry, mais aussi le motif essentiel du Doppelgänger. Oluf, s'il veut gagner le coeur de celle qu'il aime, doit
vaincre son double. Le duel qui s'ensuit rappelle celui de Giglio
et de Pantalon dans La Princesse Brambilla et la lutte de Medardus
et de son demi-frère dans Les Elixirs du diable. Deux acteurs pour
un rôle,[160] d'ailleurs, a tout l'air d'un pastiche d'Hoffmann.
Gautier y met en scène un comédien qui s'évertue à jouer le rôle
du diable. Ses efforts sont si exécrables que Satan, exaspéré, se
substitue au malheureux histrion. Ce jeu de miroirs, où à la
dualité du comédien s'ajoute une dimension supplémentaire - le diable veut faire croire qu'il est un acteur essayant de faire croire
qu'il est le diable - remet en mémoire la complexité des doubles
dans La Princesse Brambilla. Pour finir, il faut mentionner Une
visite nocturne (1843), conte où le narrateur décrit l'invention
ingénieuse qui permet à son ami de disparaître si subitement qu'on
croirait "qu'il était entré dans le mur comme Cardillac".[161]

D'Hoffmann, Gautier n'a pris que les éléments les plus super-
ficiels: l'apparition des spectres, les hallucinations fébriles de
ceux qui rôdent sur les frontières de la folie, l'allure frénétique
des phénomènes oniriques. Au contraire de son inspirateur, il ne
sonde pas ces expériences pour les mieux comprendre, mais se borne à
en tirer un maximum d'effet littéraire. Du reste, Gautier ne
paraît pas sensible à la beauté inspiratrice de la musique, et le
rôle et la nature de l'artiste, motifs capitaux de l'oeuvre hoffmannienne, ne l'intéressent guère davantage. Pourtant, son enthousiasme débridé fait de Gautier un des plus importants des introduc-
teurs d'Hoffmann en France.

Un écrivain qui exerce beaucoup d'influence sur Baudelaire
pendant les années 1840 est Honoré de Balzac, dont il prétend avoir
fait la connaissance dès avant son voyage à l'île Maurice.[162]
Entre 1842 et 1848 paraissent, chez Furne, Dubochet et Hetzel, les
dix-sept volumes de la Comédie humaine, dont Baudelaire lira les
grands romans.[163] Puisque l'attitude de Balzac envers Hoffmann a
fait l'objet de plusieurs analyses comparatives, il suffira ici
d'en retracer les grandes lignes.[164]

Balzac nie, d'abord, avoir subi l'influence du conteur allemand.
En 1831 il maintient qu'il ne s'est "vraiment pas inspiré d'Hoffmann".[165] Deux ans plus tard, ayant "lu Hoffmann en entier", il le
juge "au-dessous de sa réputation, il y a quelque chose mais pas
grand'chose".[166] Mais à mesure que le romancier apprend à aimer la
musique, il parle d'Hoffmann d'une façon plus élogieuse.[167]
Hoffmann devient un "porteur de trésors inconnus".[168] L'oeuvre qui
avait "quelque chose mais pas grand'chose" aurait "des pages empreintes de génie", des pages qui montrent "par quelles lois secrètes
la littérature, la musique et la peinture se tiennent".[169] Cette
admiration croissante se reflète dans ses oeuvres. Le critique
Eugène Pelletan, d'ailleurs, souligne l'affinité qui existe entre
les deux écrivains dans le feuilleton de La Presse du 9 juin 1840:
Béatrix met en scène

> un certain Gennaio, grand musicien qui pourrait
> bien être celui qui courait naguère l'Allemagne

> un sabre au côté. Ah! comme Hoffmann aurait
> désiré le connaître, celui-là! il eût donné,
> j'en suis persuadé, rien que pour le voir, ses
> deux meilleures pipes et un verre de vin
> d'Hongrie.[170]

Dans plusieurs romans Balzac cite le nom d'Hoffmann, soit pour

évoquer une atmosphère brumeuse, pleine de mystère, comme dans

Splendeurs et misères des courtisanes –

> quelque temps qu'il fasse, cette nature
> étrange offre toujours le même spectacle:
> le monde fantastique d'Hoffmann le Berlinois
> est là – [171]

soit pour donner du relief à la description d'un personnage bizarre,

comme dans Une fille d'Eve, où paraît le curieux Schmucke, une de

"ces étranges créations qui n'ont été bien dépeintes que par un

Allemand, par Hoffmann, le poëte de ce qui n'a pas l'air d'exister

et qui néanmoins a vie".[172] Que Baudelaire se rende compte des

affinités entre Balzac et Hoffmann, le fait qu'à plusieurs reprises

il les mentionne ensemble l'indique assez clairement.[173] Pour lui,

ils sont tous deux des génies destinés à mourir au moment même où

la fortune semblera sur le point de les favoriser.

Parmi ceux qui admirent l'oeuvre d'Hoffmann se trouve le journa-

liste et conteur Champfleury, lié d'amitié avec Baudelaire dès 1845.

Champfleury, qui, en 1856, traduira les Contes posthumes d'Hoffmann,

publie en 1847 trois volumes de contes, Chien-Caillou: fantaisies

d'hiver, Pauvre Trompette: fantaisies de printemps et Feu Miette:

fantaisies d'été, où l'empreinte d'Hoffmann s'accuse à maintes

reprises.[174] Les critiques contemporains, d'ailleurs, recon-

naissent cette influence. Marc Fournier, par exemple, porte aux

nues ce "petit roman de vingt pages" qu'est Chien-Caillou et où il

découvre un

> clair et courageux sentiment de la vérité.
> [...] Que cela est bien près d'être réel
> et sincère autant que les souffrances de
> Kreisler et la belle mort d'Antonie.[175]

Quant aux Fantaisies de printemps, un critique anonyme juge que

"M. Champfleury excelle à peindre le tableau de moeurs populaires en réaliste hardi; comme Hoffmann, il y mêle un certain accent de fantaisie originale".[176]   Et J. Fleury, dans un article qui paraît dans la Démocratie pacifique du 24 juin 1847, aperçoit des ressemblances entre Grandeur et décadence d'une serinette et les écrits de Sterne et d'Hoffmann. Le critique ajoute: "Si M. Champfleury n'a pas une grande originalité absolue, au moins choisit-il ses modèles parmi les meilleurs et les moins accessibles".[177]

Champfleury ne cherche pas à dissimuler cette influence. Dans un récit publié d'abord dans Le Corsaire-Satan du 19 janvier 1846, il rappelle "l'homme dont parle Hoffmann, qui croyait exécuter sur un violon sans cordes les fantaisies les plus idéales".[178]   Qui plus est, il cite "quelques lignes sur l'excentricité [qui] furent pour [lui] une illumination",[179] lignes tirées du Chien Berganza:

> sous un certain rapport chaque esprit, quelque
> peu original, est prévenu de folie, et plus il
> manifeste de penchants excentriques en cherchant
> à colorer sa pâle existence matérielle du reflet
> de ses visions intérieures, plus il s'attire de
> soupçons défavorables. Tout homme qui sacrifie
> à une idée élevée et exceptionnelle, qu'a pu
> seule engendrer une inspiration sublime et
> surhumaine, - son repos, son bien-être et même
> sa vie, - sera inévitablement taxé de démence
> par ceux dont toutes les prétentions, toute
> l'intelligence et la moralité se bornent à
> perfectionner l'art de manger, de boire et à
> n'avoir point de dettes.[180]

En lisant ces "sages paroles du chien Berganza"[181] on ne peut que penser au poète qui connaît la consolation d'une voix qui dit: "'Garde tes songes; / Les sages n'en ont pas d'aussi beaux que les fous!'".[182]   Du reste, de même que J. Fleury note que Grandeur et décadence d'une serinette "participe également de Sterne et d'Hoffmann",[183] Baudelaire, écrivant six mois plus tard dans Le Corsaire-Satan, soutient que "cette nouvelle démontre bien la parenté antique de l'auteur avec quelques écrivains allemands et anglais, esprits mélancoliques comme lui, doublés d'une ironie involontaire et persistante".[184]

Il convient de résumer ici quelques-uns des jugements que Champfleury développe dans les chapitres qui servent de préface aux Contes posthumes, bien qu'ils ne fussent publiés qu'en 1856.

Il est probable, vu son enthousiasme à l'égard d'Hoffmann, qu'il

les discuta bien auparavant avec son ami Baudelaire. Les notes de

Champfleury, lequel a le bonheur d'entrevoir "ce qui se passait

dans l'esprit du conteur comme s'il [le lui] avait confié",[185] ren-

ferment un historique de l'introduction des contes en France et une

critique mordante des versions antérieures, dont surtout celle de

Loève-Veimars. Il regrette que les conversations des Frères de

Sérapion n'aient pas été traduites en français: il promet que

"quand on les publiera [elles] montreront à quelle sauce étaient

accommodés les délicats poissons que les traducteurs ont dérobés

et mangés comme des goulus".[186] Champfleury admire le comique

hoffmannien, citant de longs passages qui décrivent la figure et

la conduite du bizarre Peter Schönfeld, personnage des Elixirs du

diable. A son avis, "le petit perruquier enthousiaste montre

quel parti devait tirer plus tard le grand conteur de ces figures

grotesques qui se promènent dans son oeuvre".[187] Mais le traduc-

teur décèle dans le comique d'Hoffmann un élément tragique: "pour

[les grands railleurs de l'humanité] toute douleur est un objet

d'études; ils en souffrent et ils l'entretiennent, ils en pleurent

et ils en rient".[188] Champfleury, défenseur de l'école réaliste,

s'efforce de faire ressortir l'importance du monde normal dans

l'oeuvre hoffmannienne. Il a déjà dit dans Carnevale que le fantas-

tique qu'on découvre chez Hoffmann "n'est autre que de la réalité

la plus réelle".[189] En tête des Contes posthumes, il montre que

ce sont "des oeuvres où la réalité se combine [...] naturellement

à la peinture de l'état particulier d'une nature tourmentée".[190]

Quand on connaît les louanges que Baudelaire adresse à Goya, il

est intéressant de noter que Champfleury voit "plus d'un rapport"

entre ce "grand génie"[191] et le talent d'Hoffmann. Pourtant,

tandis que Baudelaire vante les gravures de Callot,[192] Champfleury

croit que le nouvelliste

> s'est trompé en intitulant Fantaisies une
> série de contes à la manière de Callot.
> Jamais le graveur lorrain n'a été à la

hauteur du romancier, qui voyait des idées
sérieuses sous un burin glacial.[193]

Pour lui, Hoffmann, en admirant Callot, fournit l'exemple d'un "grand
génie préoccupé d'un art inférieur et admirant à tort des réputa-
tions consacrées".[194] L'admiration de Champfleury se révèle donc
surtout quand il prétend montrer les défauts d'Hoffmann:[195] loin
de les mettre en lumière, il s'efforce de les faire pardonner.

Il paraît désormais clair qu'E.T.A. Hoffmann continue à jouir
d'un assez grand prestige aux yeux de plusieurs journalistes, critiques et écrivains à l'époque où Baudelaire prend connaissance de
ses contes. C'est en gardant présente à l'esprit cette atmosphère
de bienveillance à l'égard du nouvelliste allemand qu'il faut examiner les rapports entre Baudelaire et Hoffmann.

CHAPITRE II

LE FANTASTIQUE

Le Sens troublé voit choses controuvées
Par la mémoire en phantasmes ravie.

Scève, Délie LVI

(a) Préliminaires

Si, dans les années quarante, on estime surtout dans l'oeuvre
d'Hoffmann la critique musicale et l'analyse de l'esprit artistique, son nom continue à évoquer l'épithète "fantastique". De nos
jours le fantastique donne lieu à de nombreux commentaires critiques
qui cherchent à définir ce mode de présentation littéraire - avant
tout en le situant par rapport au merveilleux et au réel - à expliquer les émotions qu'il provoque et à délimiter les structures qui
seraient spécifiquement fantastiques. Une étude systématique de ce
phénomène littéraire chez Hoffmann et chez Baudelaire fera ressortir les ressemblances et les différences entre leurs oeuvres et
permettra de jauger l'influence qu'exerça le fantastiqueur sur
l'esthétique baudelairienne.

Il importe d'abord de distinguer le fantastique du merveilleux.
Dans le mode merveilleux,[1] l'auteur invente des mondes que ré-
gissent des lois qui ne sont pas celles de la vie quotidienne, tandis
que le fantastique, pour employer l'expression de R. Eminescu, est
le "lieu d'interpénétration des normes de la vie réelle avec des
normes qui n'appartiennent pas à celle-ci".[2]

Après avoir indiqué les sources principales du fantastique chez
Hoffmann et chez Baudelaire, j'emprunterai les trois voies principales qu'a prises la critique afin de projeter le plus de lumière
possible sur ce phénomène dans l'oeuvre des deux écrivains.

Dans le fantastique hoffmannien se fondent plusieurs traditions
populaires et littéraires auxquelles s'ajoute l'influence de

33

découvertes scientifiques, de croyances occultes et d'oeuvres
d'art plastique. Hoffmann est de ces écrivains qui s'amusent à
citer et à parodier les ouvrages qui les inspirent: P. Sucher,[3]
M. Pirker[4] et W. Segebrecht,[5] parmi d'autres, ayant recensé des
sources spécifiques, il ne reste ici qu'à indiquer les quatre
sources générales de sa conception du fantastique.

Les oeuvres d'art plastique donnent souvent le branle au fantastique d'Hoffmann. Dans Le Pot d'or, par exemple, il donne plus de
vigueur à sa description de la sorcellerie de la vieille Lise en
décrivant son tableau comme une "peinture digne d'un Rembrandt ou
d'un Brueghel d'Enfer".[6] Parmi les artistes qui ont laissé leur
empreinte sur Hoffmann, un nom s'impose, celui de Jacques Callot.
Aux yeux d'Hoffmann, les dessins du graveur "ne sont que les reflets
des apparitions fantastiques qu'évoquait la magie de son imagination".[7] Pour sa part, Hoffmann a pour but de "saisir et reproduire
les aventures féeriques au moment même où celles-ci, fantômes d'une
imagination surexcitée, sont sur le point de disparaître".[8]

Les sciences occultes attirent l'attention d'Hoffmann tant à
cause de leur pittoresque qu'en raison de l'inquiétude qu'elles
inspirent. Il se familiarise avec la pensée du comte de Gabalis
au moyen d'une version allemande de l'ouvrage de l'abbé Villars,
Graf von Gabalis oder Über die verborgenen Wissenschaften (1782).
A plusieurs reprises il fait allusion à ce que M. Thalmann dénomme
"dieses sozusagen galante Kompendium aller Geisterrangklassen".[9]
On trouve, par exemple, ce passage dans L'Esprit élémentaire:

> cette première leçon [...] roula sur les
> sylphes, les ondines, les gnomes et les
> salamandres. Les Entretiens du comte de
> Cabalis peuvent t'en donner une idée,10

et dans La Fiancée du roi la description savoureuse qui suit:

> la terre, l'eau, l'air et le feu sont
> remplis d'êtres spirituels d'une nature à
> la fois plus haute et plus bornée que la
> nôtre. Il est inutile, je crois, ma chère
> petite sotte, de t'expliquer la nature
> particulière des Gnomes, des Salamandres,
> des Sylphes et des Ondines etc.11

La Natürliche Magie de Wiegleb,[12] ouvrage que le nouvelliste connaît
depuis sa jeunesse,[13] suggère quelques épisodes des contes, et les
théories psychologiques de Pinel[14] et de Reil[15] comme les expériences de Mesmer,[16] de Bartels[17] et de Kluge[18] nourrissent aussi cette
imagination féconde. Les plus importants des ouvrages pseudo-
scientifiques qui ont laissé leur marque sur les contes d'Hoffmann
sont ceux de G.H. Schubert, Ansichten von der Nachtseite der
Naturwissenschaft (1808), et Die Symbolik des Traumes (1814).[19]

Si P. Sucher insiste sur l'importance des sources occultes
pour le fantastique hoffmannien, M. Pirker a sans aucun doute raison de souligner que "erst die genaue Betrachtung der literarischen
Vorgänger Hoffmanns hätte erkennen lassen, in wie weit Hoffmann
selbständige Pfade geht, oder wie weit er im Banne einer literarischen Mode steht".[20] On voit, par exemple, les traces de la
Gespentergeschichte et du Schauerroman, liés dès le neuvième
siècle aux histoires du diable.[21] Si, à l'origine, le but de la
Gespenstergeschichte n'était que de faire peur, elle devient, au
dix-huitième siècle, tantôt un véhicule pour l'érudition de l'auteur,
qui y étale ses connaissances occultes, tantôt un moyen de faire
briller son génie de conteur, en mettant en doute, de façon plus
ou moins subtile, la vraisemblance de l'événement central. Parmi
les Gespenstergeschichten auxquelles Hoffmann fait allusion on
trouve les recueils des contes de revenants dus à S.C. Wagener[22]
et la célèbre ballade Lenore (1774) de Gottfried August Bürger.[23]
Plus admirés encore sont Der Geisterseher, conte fantastique de
Schiller,[24] et Das Bettelweib von Locarno de Kleist.[25]

Les contes d'Hoffmann révèlent l'influence de trois oeuvres
dont le thème central est celui d'un pacte avec le diable. Il
s'agit du Diable amoureux de Cazotte, que le nouvelliste lit dans
la version allemande Teufel Amor (1782), The Monk de M.G. Lewis
dont la traduction allemande date de 1787, et Peter Schlemihl que
cet ami d'Hoffmann qui se reconnaît dans le Balthasar de Petit
Zaches, A. von Chamisso, publie en 1814. Chaque roman sert de
point de départ à un conte hoffmannien. L'Esprit élémentaire, d'où

l'élément de parodie n'est pas absent, doit son idée centrale à
Cazotte; Les Elixirs du diable développent, tout en les rendant
bien plus puissants, les thèmes du Monk; et Les Aventures de la
nuit de la Saint Sylvestre mettent en scène non seulement Peter
Schlemihl, ce personnage qui a vendu son ombre, mais aussi un
Hollandais qui a perdu son reflet.

Un quatrième élément s'ajoute aux précédents: celui du Kunst-
märchen. H. Pongs y voit

> eine neue offene Novellenform, die sich heraus-
> bildet aus den Möglichkeiten zwischen Legende
> und Märchen mit Einbeziehung jener Spannungen
> zwischen dem Menschen und den Mächten, um aus
> ihrer rätselvollen Verflechtung zum Schicksals-
> gewebe die Hieroglyphenschrift eines das ganze
> Leben durchdringenden Sinnes zu erschliessen
> oder wenigstens erahnen zu lassen.[26]

Les romantiques refont le Märchen folklorique pour le rendre capable d'exprimer une vision moderne du monde et pour en faire un
instrument d'analyse psychologique. C'est le Phantasus de Tieck,
recueil de Märchen encadrés de conversations esthétiques, qui attire
avant tout l'admiration d'Hoffmann. Dans Les Frères de Sérapion on
découvre plusieurs théories littéraires que le nouvelliste emprunte
à son compatriote: il fait sienne, par exemple, l'idée qu'il y a

> eine Art, das gewöhnlichste Leben wie ein
> Märchen anzusehen, ebenso kann man sich mit
> dem Wundervollsten, als wäre es das Alltäg-
> lichste, vertraut machen.[27]

La manière dont Tieck fait glisser dans le monde extérieur la
vision fantastique trouve un écho chez Hoffmann qui soutient que
"la base de l'échelle divine, sur laquelle on veut monter jusqu'-
aux régions les plus hautes, doit être fermement rattachée à la
vie, de sorte que tout le monde puisse suivre".[28]

Toutes ces traditions s'entremêlent chez Hoffmann et se trouvent
à la fois transformées et approfondies par son ironie. Incapable
de prendre au sérieux les Gespenstergeschichten et les Märchen, il
reste sceptique à l'égard des croyances occultes et des expériences mesmériennes dans le domaine du magnétisme animal, mais il

puise à pleines mains dans ces oeuvres, s'amuse à les citer, à les parodier et à prendre les noms et les détails savoureux qu'il y découvre.

Le fantastique de Baudelaire se nourrit, lui aussi, de plusieurs traditions. Les sources occultes du fantastique français, signalées par P.-G. Castex,[29] semblent avoir laissé beaucoup moins de traces dans Les Fleurs du mal et les Petits Poèmes en prose que les oeuvres d'art et de littérature. S'il dénombre, dans Les Dons des fées, les esprits élémentaires qui, selon Gabalis, habitent notre monde, il s'agit sans doute moins d'une référence à l'ouvrage de Villars ou à celui de Ch. Louandre[30] que d'un souvenir de la lecture de Cazotte ou de Nerval. Celui-ci, en analysant l'oeuvre de ce "prophète romanesque",[31] montre à quel point Cazotte s'écarte des cabalistes et des illuminés de son temps qui "ont toujours soigneusement distingué les esprits élémentaires, sylphes, gnomes, ondins ou salamandres, des noirs suppôts de Belzébuth".[32] La Fiancée du roi, comme je viens de le signaler, contient une liste semblable, qui aurait pu, elle aussi, servir de source à l'oeuvre de Baudelaire.

L'art plastique captive l'imagination de Baudelaire, surtout ses manifestations grotesques, cet aspect du fantastique, où, selon la définition de M. Steig,[33] à l'inquiétant s'ajoute le risible. Une gravure de Mortimer, une sculpture de Christophe, les dessins de Callot ont tous fourni au poète le germe d'une oeuvre littéraire que j'aurai l'occasion d'examiner plus tard.[34] L'influence de Goya, plus subtile et moins spécifique, se laisse voir dans plusieurs images et situations fantastiques de la poésie baudelairienne. Pourtant, tandis que les caricatures expriment un sentiment d'ordre politique ou social, Baudelaire se sert de ces mêmes motifs pour illustrer une pensée métaphysique. Chacun sa chimère, par exemple, comme l'a montré J. Prévost,[35] révèle l'influence très nette d'un des Caprichos, "Tu que no puedes". Se détachant sur un arrière-plan monochrome, deux paysans portent sur leur dos deux ânes, dont l'un représente l'aristocratie, l'autre le clergé.[36] Chez Baudelaire, le motif représente la condition de tout homme, poussé par "un invincible besoin de marcher",[37] sans savoir où il va, ni pourquoi il continue sa marche, espérant sans cause et disparaissant enfin, pour être oublié du monde qu'il vient de quitter. Si, dans l'oeuvre de Goya, respirent l'injustice sociale et la sottise humaine, les poèmes de Baudelaire où se trouvent ces mêmes images manifestent le sentiment qu'a le poète de la mortalité de l'homme.

Le mode fantastique offre bien des parallèles avec le monde onirique: changements subits de décor, transformation du familier en l'insolite, répétition frénétique d'une seule situation, accomplissement des désirs, tous ces éléments caractérisent les deux domaines. Nul doute que c'est chez de Quincey que Baudelaire découvre l'étude la plus fructifiante de la nature du rêve. Le mangeur d'opium, dans ce qu'il appelle "the history and journal of what took place in [his] dreams",[38] analyse "[the] power of painting, as it were, upon the darkness, all sorts of phantoms",[39] faculté qui crée "[an] insufferable splendour that fretted [his] heart".[40] A la coexistence d'une beauté extraordinaire et de tourments insupportables, ces contraires constitutifs du fantastique, s'allie la nature obsessionnelle des fantasmes. L'influence que ces observations exercent sur Baudelaire, qui en publie une version française en 1860, devient évidente dès que l'on compare un passage des Confessions à la dernière strophe d'Obsession et à l'image finale des Sept Vieillards. Dans les rêves de l'opiomane,

>the sea appeared paved with innumerable faces, upturned to the heavens: faces, imploring, wrathful, despairing, surged upwards by thousands, by myriads, by generations, by centuries: - [his] agitation was infinite, - [his] mind tossed - and surged with the ocean.[41]

Pour le poète de Spleen et Idéal,

>[...] les ténèbres sont elles-mêmes des toiles Où vivent, jaillissant de [son] oeil par milliers, Des êtres disparus aux regards familiers.[42]

De façon analogue, le "sinistre vieillard"[43] qui se multiplie sème le trouble dans l'esprit du poète, qui, comme celui du mangeur

d'opium, "dans[e], dans[e], vieille gabarre / Sans mâts, sur une
mer monstrueuse et sans bords!"[44]

Le fantastique, comme le rendent clair les recherches de P.-G.
Castex,[45] est entré en faveur en France avec la vogue des contes
d'Hoffmann. Mes Prolégomènes ont démontré que plusieurs écrivains
connus de Baudelaire, tels que Gautier, Balzac et Champfleury,
s'inspirent des oeuvres hoffmanniennes: je ne reviendrai donc pas sur
ce point en ce qui concerne les sources du fantastique baudelairien.

Dans l'oeuvre de trois nouvellistes, Cazotte, Sade et Poe,
on relève un fantastique plus original. Le Diable amoureux de
Cazotte[46] et le Rodrigue ou La Tour enchantée de Sade[47] offrent un
mélange piquant de fantasmes érotiques et de visions grotesques.
On peut citer à titre d'exemple les limaçons qui apparaissent après
la scène de séduction dans Le Diable amoureux, et dont les cornes
"sont devenues des jets de lumière phosphorique, dont l'éclat et
l'effet redoublent par l'agitation et l'allongement".[48] Les deux
écrivains, du reste, soulignent la nature allégorique de ces
"chimères engendrées dans [le] cerveau".[49] Rodrigue, par exemple,
en traversant un pays infernal, se trouve entouré par "des trou-
peaux de bêtes inconnues et d'une monstrueuse grandeur".[50] Il
s'adresse à l'une d'entre elles et reçoit la réponse suivante:

> nous sommes les emblèmes de tes passions [...],
> elles t'assaillaient comme nous, elles
> t'empêchaient comme nous de voir le bout de
> ta carrière; dès que tu n'as pas pu les
> vaincre, comment triompheras-tu de nous?[51]

Il existe, d'ailleurs, une autre affinité entre Cazotte et Baudelaire. Si le "véritable créateur du conte fantastique français"[52]
commence par évoquer des fantômes imaginaires afin de rendre accep-
table une idée morale, "le voilà", soutient Nerval dans sa préface
que Baudelaire cite à deux reprises,[53] "qui s'est laissé aller au
plus terrible danger de la vie littéraire; celui de prendre au
sérieux ses propres inventions".[54] Il se peut bien que Baudelaire
succombe lui-même à ce danger, puisqu'il écrit à Flaubert:

> étant descendu très sincèrement dans le souvenir
> de mes rêveries, je me suis aperçu que de tout

> temps j'ai été obsédé par l'impossibilité de me
> rendre compte de certaines actions ou pensées
> soudaines de l'homme sans l'hypothèse de
> l'intervention d'une force méchante extérieure
> à lui. - Voilà un gros aveu dont tout le 19e
> siècle conjuré ne me fera pas rougir.[55]

Si l'érotisme semble dominer chez Sade et Cazotte, c'est la
mort qui triomphe dans le fantastique de Poe. A part quelques contes
médiocres qui veulent être comiques ou satiriques (Le Diable dans
le beffroi, L'Ange du bizarre), les contes policiers et quelques
oeuvres où l'apparition extériorise la culpabilité du narrateur
(Le Chat noir, Le Coeur révélateur), le thème principal de l'oeuvre
de Poe est la hantise de la mort. Valdemar et le Colloque entre
Monos et Una, par exemple, révèlent le désir de connaître la vie
d'outre-tombe, Le Masque de la mort rouge fait ressortir la nature
inéluctable de la mort, et Morella et Bedloe s'occupent d'un
"problème du plus intense intérêt", à savoir "la notion de cette
identité qui, à la mort, est ou n'est pas perdue à jamais".[56]
Chez Poe, le monde intérieur est, presque sans exception, sombre: il
n'est plus question des joies et des beautés qu'offre die bunte
Welt d'un Hoffmann ou d'un Cazotte. On verra à quel point
cette vision pessimiste se reflète dans la poésie baudelairienne.

Dans une certaine mesure, les sources du fantastique hoffmannien et de celui de Baudelaire se chevauchent. Toutefois, si l'art
plastique est pour Baudelaire une source plus riche que pour Hoffmann, le poète s'inspire moins des traditions occultes et populaires que le nouvelliste. H.P. Lovecraft, lui-même maître de ce
qu'il nomme "the eldritch", caractérise la nature tant du fantastique baudelairien que de ses sources littéraires dans son étude,
Supernatural Horror in Literature: il mentionne

> strange poets and fantaisists of the symbolic
> and decadent schools whose dark interests really
> center more in abnormalities of human thought
> and instinct than in the actual supernatural
> [...]. Of the [...] class of "artists in sin"
> the illustrious poet Baudelaire, influenced
> vastly by Poe, is the supreme type.[57]

J'espère montrer ici à quel point les deux écrivains, Hoffmann et Baudelaire, s'intéressent aux anomalies de la pensée humaine plutôt qu'au surnaturel en tant que tel.

Avant d'analyser le fantastique, il faut rappeler les données de deux contes d'Hoffmann qui serviront de base à cette étude, à savoir Le Pot d'or et L'Homme au sable.

Le Pot d'or, cette nouvelle des temps modernes que le nouvelliste aimait tant, raconte les aventures d'un jeune étudiant naïf et sensible. Rêvant du bonheur à venir, Anselmus, le jeudi de l'Ascension, se heurte contre une vieille marchande de pommes et se trouve obligé de lui donner tout son argent pour avoir gâché la marchandise. Toujours mécontente, la vieille crie après lui: "'Oui, cours, cours, fils de Satan, tu tomberas dans le cristal, dans le cristal!'".[58] Anselmus se sauve. Il se jette sous un arbre, déplorant sa gaucherie. Tout à coup, il aperçoit dans l'arbre trois serpents couleur vert doré. Les yeux "célestes, d'un beau bleu foncé"[59] de l'un d'eux, qui s'appelle Serpentina, suscitent en l'étudiant "un sentiment inconnu de volupté suprême et de douleur profonde".[60] Les serpents disparaissent. Anselmus, embrassant le tronc de l'arbre et les priant de revenir, se rend soudain compte qu'une famille bourgeoise se moque de son comportement bizarre. Toutefois, son ami Heerbrand, le professeur Paulmann et sa jolie fille Veronika, qu'Anselmus rencontre un peu plus tard, réussissent à lui faire oublier, momentanément, la belle Serpentina. D'ailleurs Heerbrand lui dit que l'archiviste Lindhorst cherche un homme "capable de transcrire à l'encre de Chine, sur le parchemin, tous [les] hiéroglyphes [de ses manuscrits] avec la plus scrupuleuse exactitude".[61] Heerbrand a recommandé Anselmus à l'archiviste. Il paraît bien qu'un bel avenir bourgeois s'ouvre au jeune étudiant.

Le lendemain, Anselmus, se rendant à l'heure prévue chez Lindhorst, est saisi d'effroi quand il découvre, au lieu d'un heurtoir, le visage grimaçant de Lise, la vieille marchande de pommes. Il s'évanouit et ne trouve pas le courage qu'il lui faut pour revenir chez l'archiviste. Plusieurs jours plus tard, pourtant, il retourne à l'arbre où il vit Serpentina. Celle-ci, malgré

les prières d'Anselmus, ne se laisse plus voir. Les plaintes de
l'étudiant sont interrompues par Lindhorst, auquel Anselmus raconte
ses aventures bizarres et proteste contre la malveillance de Lise.
L'archiviste lui donne une liqueur vert doré qu'il lui faut jeter
sur le nez de l'"infâme créature".[62] Alors commence la lutte
bizarre entre, d'une part, Lindhorst et sa fille, Serpentina, qui
offrent à Anselmus une vie dans la poésie, et, d'autre part,
Veronika et son ancienne nourrice, Lise, qui veulent l'ensevelir
dans la vie bourgeoise. Ils s'évertuent, tous les quatre, à gagner
le coeur de l'étudiant.

Grâce à l'amour qu'il éprouve pour Serpentina, Anselmus réussit
à copier sans faute les hiéroglyphes des manuscrits, dont un lui
raconte l'histoire féerique de Lindhorst lui-même. Appartenant à
la race des salamandres, celui-ci, pour avoir réduit en cendres le
jardin édénique, se trouve condamné à vivre parmi les mortels
jusqu'à ce qu'il marie chacune de ses trois filles à un jeune homme
dont l'esprit soit "poétiquement enfantin".[63] Cependant, Veronika,
qui rêve d'épouser Anselmus dès qu'il sera devenu conseiller,
réussit à lui faire manquer une séance chez Lindhorst. Le lendemain il se trouve incapable de copier les manuscrits et "ô ciel!
un énorme pâté tomb[e] sur l'original".[64] C'est le pire de tous
les crimes. Anselmus perd connaissance et quand il revient à lui,
il est "assis dans une bouteille de cristal bien bouchée sur une
tablette, dans la bibliothèque de l'archiviste Lindhorst".[65] C'est
ainsi que se réalise la prophétie de la vieille marchande de pommes.
Parce qu'il aime Serpentina et rejette les promesses de Lise, Anselmus est remis en liberté. Lindhorst vainc la sorcière et Anselmus
et Serpentina mènent dans l'Atlantide une vie heureuse, "cette vie
dans la poésie, à laquelle se révèle la sainte harmonie de tous les
êtres, comme le plus profond mystère de la nature".[66]

Dans Le Pot d'or, le fantastique est né de la frustration
d'Anselmus qui ne parvient pas à s'intégrer dans le monde bourgeois,
témoin sa maladresse et le désordre de ses vêtements.[67] Pourtant,
le monde imaginaire, pour beau qu'il soit, présente bien des

dangers. Lindhorst est tantôt malveillant, tantôt bienfaisant, de même que Lise est parfois sorcière, parfois nourrice. Cette alternance fait écho à l'hésitation d'Anselmus qui ne réussit pas d'abord à choisir entre Veronika et Serpentina. Le conte reflète la complexité des sources hoffmanniennes. Une partie de la magie du Pot d'or où aucune distance ne sépare le réel du fantasmatique, vient justement de l'entremêlement subtil de croyances païennes (dragons, salamandres), de motifs bibliques (après l'incident avec les pommes, le serpent consolateur aide Anselmus à entrer dans l'Eden), et des thèmes de la vie réelle (les divertissements mondains de Dresde).[68]

Dans l'oeuvre hoffmannienne les traumatismes d'enfance que l'adulte croit avoir oubliés sont rappelés, dans certains cas, par une circonstance sans grande importance en soi mais qui entraîne toute une série d'épisodes ou de souvenirs fantastiques. L'Homme au sable présente un cas frappant de la tyrannie qu'exerce la mémoire.

Le mode de narration du conte mérite attention: il s'ouvre sur trois lettres pour être continué par un narrateur anonyme, ami du héros. H. Cixous[69] souligne, à juste titre, qu'en négligeant dans son résumé la multiplicité des perspectives, Freud a par trop simplifié le récit. Je n'ai pas l'intention de faire ressortir ici toute la complexité de ce conte: je souligne toutefois que, comme le signale J. Bellemin-Noël,[70] c'est un procédé souvent usité dans le genre fantastique que le changement de l'optique du narrateur.

L'étudiant Nathanael rencontre un homme qui fait resurgir dans son esprit des souvenirs d'enfance qui "ont fortement marqué dans [sa] vie".[71] Forcé souvent de se coucher tôt, à cause de l'arrivée du mystérieux "Homme au Sable", le garçon demande à sa mère et à sa nourrice l'identité de ce visiteur énigmatique. Les deux explications, l'une d'ordre réel, l'autre d'ordre fictif, reflètent les deux pôles de la vision hoffmannienne de la vie. Selon la mère:

> quand je dis: l'Homme au Sable vient, cela signifie seulement que vous avez besoin de dormir et que vos paupières se ferment involontairement, comme si l'on vous avait jeté du sable dans les yeux.[72]

Mais l'imagination fertile de Nathanael préfère l'interprétation
de la nourrice:

> c'est un méchant homme qui vient trouver les enfants
> lorsqu'ils ne veulent pas aller au lit et qui leur
> jette une poignée de sable dans les yeux, à leur
> faire pleurer du sang. Ensuite, il les plonge dans
> un sac et les porte dans la pleine lune pour amuser
> ses petits enfants qui ont des becs tordus comme les
> chauves-souris et qui leur piquent les yeux à les
> faire mourir.[73]

Le garçon se cache dans la salle où son père et l'Homme au
Sable ont coutume de se réunir et il découvre de la sorte que
celui-ci n'est autre que l'avocat Coppelius, homme qui se plaît à
taquiner les enfants en mettant sur tout ce qu'ils chérissent "ses
grosses mains velues et osseuses".[74] Coppelius et le père procèdent
à une expérience de nature alchimique au cours de laquelle les
traits du père semblent se métamorphoser en ceux de l'avocat. Freud
suggère que ce dédoublement révèle l'ambiguïté des sentiments –
jalousie et admiration, haine et amour – que l'enfant éprouve à
l'égard de son père.[75]

Coppelius s'aperçoit de la présence de l'enfant et, jouant avec
lui comme s'il n'était qu'un automate, prend dans le foyer une
poignée de charbons en menaçant de les lui jeter aux yeux. Le
thème des yeux menacés reparaît à plusieurs reprises dans L'Homme
au sable et Freud y voit une expression de la peur de la castration,
peur qui suscite des hallucinations fantastiques. Grâce à
l'intervention du père, Nathanael en est quitte pour la peur. Mais
un an plus tard, le père meurt à la suite d'une explosion, résultat
d'une expérience alchimique à laquelle il procédait avec l'avocat.

Etudiant, Nathanael croit reconnaître l'ogre de son enfance
dans la personne d'un vendeur de baromètres et de lunettes,
Giuseppe Coppola. Il est clair que les traumatismes d'enfance ne
sont qu'à demi oubliés par le jeune adulte et qu'il reste, par
conséquent, susceptible de déceler, derrière une façade inoffensive,
une menace sinistre. Quand il avoue ses craintes à sa fiancée
Clara, Nathanael se trouve dégoûté par l'attitude prosaïque de la

jeune fille qu'il accuse d'être un automate.

Il achète à Coppola une lorgnette qui lui permet de voir, dans
la maison d'en face, la fille du professeur de physique, Spalanzani.
Retour, donc, du thème des yeux, mais tandis que, auparavant, l'enfant garda ses yeux grâce à son père, maintenant c'est un substitut
du père qui les lui donne. Nathanael éprouve de l'amour pour
Olimpia, amour qu'elle semble partager et que Spalanzani bénit.
Mais un jour que l'étudiant entre à l'improviste dans la maison de
Spalanzani, il surprend le professeur et Coppola en train de se
disputer la possession d'une figure en bois. Dans cette poupée
sans vie et qui n'a jamais vécu, Nathanael reconnaît sa bien-aimée.
Pour comble d'horreur, Spalanzani jette au jeune étudiant les yeux
ensanglantés d'Olimpia. Nathanael sombre dans la folie de même
qu'il est tombé malade après l'incident avec Coppelius. On parvient à le guérir de cette crise de folie et tout semble favoriser
le mariage heureux de Nathanael et de Clara. Un jour, pourtant,
les fiancés montent en haut de la tour de l'Hôtel de ville.
Nathanael, tout en regardant le paysage, aperçoit les yeux de
Clara à travers la lorgnette. De nouveau, il croit s'être épris
d'un automate et s'efforce de jeter Clara à terre. Lothaire parvient
à sauver celle-ci, mais Nathanael, qui aperçoit Coppelius parmi la
foule d'en bas, se suicide en se précipitant du haut de la tour.

Au moyen de la réapparition des thèmes et de la ressemblance
entre certains épisodes, Hoffmann réussit à créer dans son conte
une symétrie qui non seulement fait ressortir la nature obsessionnelle du fantastique mais encore présente la destruction de
Nathanael comme inéluctable. D'ailleurs, tout en suggérant pour
chaque incident une explication qui ne sort pas du cadre de la vie
quotidienne, Hoffmann laisse entrevoir l'existence possible des
forces surnaturelles auxquelles Nathanael se croit en butte. Par
exemple, les deux épisodes où Coppelius dispute à un autre la possession d'un troisième être rappellent des scènes du jugement dernier: le rapprochement s'impose non seulement parce que Coppelius
est, à plusieurs reprises, identifié avec Satan, mais aussi parce

que lui-même fait allusion à Dieu de façon à réjouir l'auteur du
Joueur généreux: "le vieux de là-haut", dit-il en examinant
Nathanael, "a parfaitement compris cela!".[76] L'apparition de
Coppelius à la fin du conte est d'autant plus sinistre qu'il est
seul: personne ne luttera plus pour Nathanael.

(b) L'Intrusion brutale

Dans son étude minutieuse, Le Conte fantastique en France,
P.-G. Castex suit l'évolution des thèmes qu'il nomme fantastiques
dans les contes des "maîtres du genre".[77] Pour orienter ses recherches, il se sert de la définition suivante:

> le fantastique [...] ne se confond pas avec
> l'affabulation conventionnelle des récits
> mythologiques ou des féeries, qui implique
> un dépaysement de l'esprit. Il se caractérise
> au contraire par une intrusion brutale du
> mystère dans le cadre de la vie réelle;[78] il
> est lié généralement aux états morbides de la
> conscience qui, dans les phénomènes de cauchemar
> ou de délire, projette devant elle des images
> de ses angoisses ou de ses terreurs.[79]

Il est d'un grand intérêt de savoir que Balzac exprime cette même
opinion dans un passage que le critique ne cite pourtant pas et que
l'on trouve dans Splendeurs et misères des courtisanes:

> l'homme, sous la pression d'un sentiment arrivé
> au point d'être une monomanie à cause de son
> intensité, se trouve souvent dans la situation
> où le plongent l'opium, le hachich et le protoxyde
> d'azote. Alors apparaissent les spectres, les
> fantômes, alors les rêves prennent du corps, les
> choses détruites revivent dans leurs conditions
> premières.[80] Ce qui, dans le cerveau, n'était
> qu'une idée, devient une créature animée ou une
> créature vivante.[81]

P.-G. Castex ne met pas à l'épreuve son hypothèse sur l'origine
des phénomènes fantastiques en l'appliquant à l'oeuvre d'Hoffmann:
dans le chapitre qu'il consacre au "prédécesseur allemand"[82] il se
borne à réunir les données principales de la fortune d'Hoffmann en
France. Je tâcherai donc de découvrir si le fantastique d'Hoffmann
et celui de Baudelaire confirment la proposition du critique.

Hoffmann, selon Castex, "décrit des hallucinations cruellement présentes à la conscience affolée, et dont le relief insolite se détache d'une manière saisissante sur un fond de réalité familière".[83] Dans ses journaux, en effet, Hoffmann parle de "la collision entre le monde poétique et le monde prosaïque"[84] et affirme que, dans Le Pot d'or, il veut laisser "féerique et merveilleux entrer hardiment dans la vie quotidienne et normale, et saisir ses formes".[85] C'est le rapprochement de ces deux pôles, le merveilleux et le quotidien, qui provoque l'étincelle du fantastique chez Hoffmann. Ainsi, la salamandre Lindhorst, condamnée à vivre parmi les hommes, se fait chimiste, mais sous l'extérieur convenable perce, de temps à autre, la nature féerique: quand Heerbrand lui demande du feu, Lindhorst fait claquer ses doigts d'où jaillissent des flammes.[86] La réaction de Heerbrand est typique et éloquente. Jeune bourgeois modèle, il se rend ivre mort. Le mot "collision" (Anstossen) sert d'avertisseur: l'irruption de l'inattendu inspire la peur, non seulement à cause de sa nature insolite mais encore parce que le monde merveilleux qu'elle permet d'entrevoir s'annonce extrêmement équivoque. Les merveilles du surnaturel suscitent "la joie la plus grande ainsi que la terreur la plus profonde":[87] dans l'Atlantide Anselmus trouvera les délices de l'amour et les supplices de l'emprisonnement.

Plusieurs états d'âme provoquent l'intrusion du merveilleux dans la vie réelle. L'ivresse n'en est que le plus banal. C'est après avoir trop bu, par exemple, que le secrétaire Tusmann (Le Choix d'une fiancée) s'effraie de voir son Doppelgänger.[88] Dans Le Pot d'or, Anselmus, sous l'influence du punch, croit que Paulmann se métamorphose en oiseau[89] et quand un petit homme arrive pour transmettre un message à l'étudiant ce n'est que quand il sort que tout le monde se rend compte que ce petit homme n'est "autre chose qu'un perroquet gris".[90]

Un état d'excitation, telle la nervosité ou la culpabilité, occasionne aussi des hallucinations. Dans le jardin exotique de Lindhorst, Anselmus souffre du phénomène qu'on appelle le

<u>Gedankenlautwerden</u>. S'il croit que les oiseaux se moquent de ses vêtements et de son comportement, c'est parce qu'il craint de paraître ridicule.[91] De façon analogue, le remords s'extériorise dans <u>Les Elixirs du diable</u> pour hanter Medardus sous la forme de son demi-frère. Ayant tenté de poignarder celle qu'il aime, le moine se sauve. Pourtant, son frère se jette sur le dos du coupable qui s'enfuit à travers la forêt, tout en essayant de se débarrasser de son <u>Doppelgänger</u>, cette chimère qui ne lui permet pas d'oublier ses crimes.[92]

Puisqu'il s'intéresse à tous les phénomènes de l'esprit humain, Hoffmann analyse l'effet que peut produire même la plus anodine de suggestions. Par exemple, une observation fortuite, selon laquelle celui qui quitte une église avant le <u>sanctus</u> sera puni, rend incapable de chanter une cantatrice qui a commis cette faute.[93] On trouve un exemple analogue dans <u>Les Mines de Falun</u>. La description que fait Torbern du paradis lumineux[94] au fond de la terre obsède l'imagination d'Elis Fröbom au point où il se tue pour s'intégrer dans cette vision de terreur et de beauté. Comme le remarque J. Ricci, "la moindre parole en l'air peut agir sur une personne momentanément réceptive, nul n'est à l'abri d'une suggestion d'autrui".[95]

Il faut classer à un autre niveau les fantasmes produits par le magnétisme, phénomène qu'Hoffmann décrit dans <u>L'Esprit élémentaire</u>, <u>Le Magnétiseur</u> et <u>L'Inquiétant Etranger</u>. A cette époque le public s'engoua d'expériences hypnotiques. Hoffmann, tout en gardant un certain scepticisme,[96] exploite dans ces contes les possibilités inquiétantes de la nouvelle vogue. Si la télépathie et le magnétisme inquiètent tout homme sensible, c'est qu'ils offrent aux initiés la possibilité de gouverner les actes et les pensées d'autrui, les rendant ainsi pareils aux automates. Alban, magnétiseur des plus sinistres et des moins scrupuleux, dépeint de la façon suivante l'influence que ses pouvoirs exercent sur ses victimes:

C'est la domination absolue sur le principe intel-

ligent que ce talisman puissant nous assure.
[...]
Subjugué par [la] vertu magique [de notre puissance]
l'intellect d'autrui ne doit plus exister qu'en
nous et par nous et c'est nous seuls qu'il doit
alimenter et vivifier de sa substance.[97]

Hoffmann présente donc le magnétisme animal comme une espèce de vampirisme de l'intelligence.

Pourtant, le fantastique d'Hoffmann n'est pas toujours associé à un état d'esprit anormal: il peut surgir du regard que jette sur le monde extérieur un artiste doué d'une sensibilité exquise et d'une imagination fertile.

Hoffmann met toujours en vedette la puissance créatrice de l'imagination: à son avis, "l'esprit humain est lui-même le plus merveilleux conte qui fut jamais".[98] Rien, soutient-il d'autre part, "n'est plus fantastique et plus fou que la vie réelle [...] [:] le poète se borne à en recueillir un reflet confus, comme dans un miroir mal poli".[99]

Plusieurs contes d'Hoffmann révèlent le caractère fantastique de la vie réelle. Dans Maître Puce, par exemple, Pepusch entre dans une salle où tout semble être en mouvement:

un dégoûtant chaos des plus informes créatures
[remplit] l'espace. Des pucerons, des punaises,
des tipules, des mantes, des sauterelles, des
cicindelles, colossalement grandis, [avancent]
leurs longues antennes, leurs ailes membraneuses,
leurs jambes échancrées, velues et bordées de
cils bruns.[100]

Tableau horrifiant dont il y a une explication très simple: Leuwenhoek, menacé par la foule qui l'accuse de fourberie, met en mouvement son grand microscope qui projette sur les murs des images agrandies d'insectes de taille normale. Ce passage illustre de façon saisissante la manière dont Hoffmann envisage la vie: pour Pepusch, c'est grâce à une illusion d'optique que le monde banal se transforme en pays fantastique; pour nous, lecteurs, cette transformation est due à l'imagination fertile d'Hoffmann.

L'art - la peinture, la musique, la littérature - déclenche, lui aussi, le fantastique hoffmannien. Dans le conte Don Juan, mélange piquant de jugements critiques et de récit merveilleux, le narrateur se sent bouleversé par la beauté de l'opéra qui le plonge dans un "monde poétique".[101] Il soupçonne la présence, dans sa loge, d'une femme et, quand le rideau se baisse à la fin du premier acte, il se retourne pour lui parler: devant lui se trouve la cantatrice qui a joué le rôle de dona Anna. L'opéra fini, le narrateur se sent dégoûté par les commentaires du public. Vers minuit donc, il revient dans sa loge afin de mettre en ordre ses idées sur le personnage de don Juan et sur la musique de Mozart. Quand deux heures sonnent, il croit entendre la voix très belle d'Anna. Il apprend plus tard que la cantatrice, qui resta évanouie pendant tout l'entracte, mourut à l'heure même où il crut l'entendre chanter. L'apparition du fantôme est justifiée par l'admiration qu'inspire la cantatrice et par les descriptions de la puissance évocatrice de la musique: elle serait un

> paradis plein de charmes, où une douleur céleste
> et indicible remplit mieux qu'une joie infinie
> toutes les espérances semées sur la terre![102]

L'expression si baudelairienne: "douleur céleste" résume parfaitement l'émotion qu'évoque le fantastique d'Hoffmann.

Il est clair, donc, que l'affirmation de Castex ne s'applique que partiellement à l'oeuvre hoffmannienne. Castex néglige l'aspect joyeux et parfois comique du merveilleux, donnant trop de poids au cauchemardesque et exagérant l'importance des maladies mentales dans le surgissement de l'hallucination fantastique chez Hoffmann. On se demande donc si l'hypothèse de Castex réussit mieux à expliquer le fantastique de Baudelaire.

En parlant du fantastique dans sa critique des oeuvres d'un Goya ou d'un Brueghel, Baudelaire le compare souvent à l'hallucination.[103] Quelques passages du Poëme du haschisch nous permettent de préciser la portée de ce mot tel que Baudelaire l'emploie.

De même qu'il distingue deux sortes de rêves, l'une naturelle, tel Le Jeu, l'autre représentant le "côté surnaturel de la vie",[104] comme Rêve parisien, par exemple, il différencie de l'état d'esprit occasionné par les drogues ce qu'il nomme l'hallucination pure.

Celle-ci "ne trouve pas de prétexte ni d'excuse dans le monde des objets extérieurs".[105] Par contraste, "l'oeil ivre de l'homme pris de haschisch verra des formes étranges; mais avant d'être étranges et monstrueuses, ces formes étaient simples et naturelles".[106] En outre, Baudelaire compare "l'hallucination dans l'ivresse" avec "l'enfantement poétique",[107] soutenant que le vin comme le haschisch donne naissance au "développement poétique excessif de l'homme":[108] même lien donc entre l'hallucination et l'inspiration poétique qu'on trouve dans Le Pot d'or.[109]

L'hallucination approche surtout du fantastique purement littéraire en ce qu'elle provoque la désagrégation de la personnalité. Sous l'influence du haschisch, par exemple, on subit l'impression de vivre "plusieurs vies d'hommes dans l'espace d'une heure", illusion qui vous rend semblable à "un roman fantastique qui serait vivant au lieu d'être écrit".[110] S'agirait-il ici d'une allusion à Hoffmann ou d'un emprunt? Dans La Princesse Brambilla, Giglio Fava maintient que le comédien, celui qui, de par son métier, joue plusieurs vies d'hommes dans l'espace d'une heure, est "un roman ambulant, une intrigue sur deux jambes, une romance amoureuse".[111]

Dans l'oeuvre de deux peintres qui, aux yeux de Baudelaire, méritent l'épithète "fantastique", il découvre, traduite sous une forme plastique, l'expression de "quelque chose qui ressemble à ces rêves périodiques ou chroniques qui assiègent régulièrement notre sommeil".[112] Si Baudelaire soutient que Goya parvient à introduire cet élément dans le comique, c'est parce que "le regard qu'il jette sur les choses est un traducteur naturellement fantastique".[113] Avant lui, Théophile Gautier, dans une étude mentionnée par Baudelaire, s'est servi du mot "fantastique" en parlant des caricatures de Goya. En les regardant, dit Gautier, "on se sent transporté dans un monde inouï, impossible et cependant réel".[114] Nerval, en établissant un parallèle entre Goya et Hoffmann, caractérise l'oeuvre de ces deux artistes en disant qu'ils laissent "bien des formes bizarres et fatales flotter dans l'ombre, comme au hasard".[115] Pour sa part, Baudelaire soutient que chez Goya "la

51

ligne de suture, le point de jonction entre le réel et le fantastique est impossible à saisir".[116]   Si le fantastique de Goya se
teint de "toutes les débauches du rêve, toutes les hyperboles de
l'hallucination",[117] dans l'oeuvre de Brueghel éclate "toute la
puissance de l'hallucination".[118]   Ce sont des "visions d'un cerveau
malade, hallucinations de la fièvre, changements à vue du rêve, as-
sociations bizarres d'idées, combinaisons de formes fortuites et
hétéroclites".[119]

Cet aspect du fantastique se trouve dans plusieurs des Fleurs
du mal. Obsession, par exemple, dépeint une vision d'un monde où
l'angoisse du poète s'extériorise et semble sur le point de devenir
hallucination. Ainsi, dans les mugissements de l'océan il croit
entendre le "rire amer / De l'homme vaincu",[120] et même dans "le
vide, et le noir, et le nu" il tremble de reconnaître des milliers
d'"êtres disparus aux regards familiers".[121]   Ici, le fantastique
est moins une intrusion du merveilleux dans la vie réelle que la
contamination du monde extérieur par l'angoisse du poète.

Un des meilleurs exemples de l'hallucination fantastique dans
l'oeuvre baudelairienne se trouve dans le poème intitulé Les Sept
Vieillards.[122]   La scène se situe à Paris, mais un Paris que déforme la tristesse du poète: c'est une "cité pleine de rêves, / Où
le spectre en plein jour raccroche le passant".[123]   Ainsi, la vie
intérieure du poète agit sur le monde qui l'entoure de sorte que
la rue est peuplée des "fantômes de son imagination".[124]   Le texte
est empreint de la fragilité de tout ce qui existe, impression qui
est intensifiée par le brouillard qui change la rue en rivière et
qui, reflet de l'ennui du poète, ronge ce qui paraît stable pour
le rendre volatile.

Le vieillard qui surgit de cette brume extériorise l'angoisse
du narrateur. Si ses "guenilles jaunes" imitent "la couleur de ce
ciel pluvieux",[125] c'est qu'elles n'ont pas d'existence hors de
l'imagination du poète. L'hostilité du gueux et de ses six
Doppelgänger ne vise pas le poète: son inquiétude, de même que la
crainte d'être en butte à un "complot infâme" ou à un "méchant

hasard", frise la paranoïa. L'aspect le plus effrayant de cette
vision fantastique est le fait qu'elle seule paraît être permanente:
ces "sept monstres hideux" ont "l'air éternel".[126] L'hallucination
risque de se transmuer en obsession. Baudelaire exprime cette menace au moyen d'une image éclatante: l'élément liquide, limité
d'abord aux "canaux étroits du colosse puissant",[127] inonde la
cité pour devenir une mer immense et sinistre. La dernière strophe
du poème met en relief les périls qui guettent l'homme doué d'une
perception fantastique:

> Vainement ma raison voulait prendre la barre;
> La tempête en jouant déroutait ses efforts,
> Et mon âme dansait, dansait, vieille gabarre
> Sans mâts, sur une mer monstrueuse et sans bords![128]

Pourtant, loin d'être toujours le décalque des angoisses et des
terreurs de l'homme, le fantastique reflète parfois ces "moments
de l'existence où le temps et l'étendue sont plus profonds, et le
sentiment de l'existence immensément augmenté".[129] Ce sont des
"états de l'âme presque surnaturels"[130] où "la profondeur de la
vie, hérissée de ses problèmes multiples, se révèle tout entière
dans le spectacle, si naturel et si trivial qu'il soit, qu'on a
sous les yeux".[131] Si Baudelaire voit dans le surnaturalisme non
seulement un élément essentiel du fantastique[132] mais aussi une
qualité littéraire fondamentale,[133] l'emploi flottant qu'il fait
du terme ne nous permet pas d'en formuler une définition précise.
Selon A. Adam, la meilleure glose de cette expression se trouve
dans les Réflexions sur le Salon de 1831 de Heinrich Heine:

> en fait d'art, je suis surnaturaliste. Je
> crois que l'art ne peut trouver dans la
> nature tous ses types, mais que les plus
> remarquables lui sont révélés dans son âme,
> comme la symbolique innée des idées innées,
> au même instant.[134]

J. Prévost, pourtant, soutient que

> ce terme, chez Henri Heine, signifie quelque
> chose de tout différent [...]. Heine proclame
> [...] un droit de créer en se passant de la
> nature. Droit sublime et stérile: autant reven-
> diquer les mines d'or de la lune. Baudelaire

LE FANTASTIQUE

> entrevoit, avec un sens plus sûr, une autre
> méthode - une suite de transmutations des
> éléments naturels.[135]

Ce qui ressort de ces définitions est la nature subjective du phénomène: est surnaturel le monde tel que l'individu le perçoit quand
il se débarrasse des conventions de la société. Ainsi, la peinture
de Delacroix, "comme la nature perçue par des nerfs ultra-sensibles
[...] révèle le surnaturalisme".[136]

Deux sonnets de Baudelaire évoquent ces "admirables heures,
véritables fêtes du cerveau, où les sens plus attentifs perçoivent
des sensations plus retentissantes".[137] Le sonnet qui commence:
"Que diras-tu ce soir" présente la femme comme symbole de quelque
chose qui la dépasse. De même qu'Hoffmann devine derrière le
masque de Julia Marc l'incarnation de la beauté idéale,[138] de même
l'image de la femme dans le poème de Baudelaire "danse comme un
flambeau", disant:

> [...] Je suis belle, et j'ordonne
> Que pour l'amour de moi vous n'aimiez que le Beau;
> Je suis l'Ange gardien, la Muse et la Madone.[139]

Pareillement, dans L'Aube spirituelle, une "chère Déesse", un "Etre
lucide et pur" vient guider "l'homme terrassé qui rêve encore et
souffre",[140] tout comme les "Yeux pleins de lumières" conduisent
ses pas "dans la route du Beau".[141] De même Johannes Kreisler
explique que lorsqu'il se sent abattu par l'ennui

> seul un ange lumineux a quelque pouvoir sur ce
> malin démon: c'est l'esprit de la musique qui
> souvent se lève, vainqueur, en [lui], et dont
> la voix puissante fait taire toutes les douleurs
> des misères terrestres.[142]

Dans ces moments privilégiés le monde familier qui entoure l'artiste
se transforme en l'univers dont il rêve.

(c) Das Unheimliche

Si la formule de Castex, en reliant le fantastique au fonctionnement d'une imagination malade, a le mérite de mettre en valeur la
subjectivité de ce mode littéraire, elle ignore l'universalité du
phénomène. Baudelaire, plus perspicace, sait que l'atmosphère

fantastique de l'oeuvre de Goya la rend "durable et vivace"[143]
précisément parce que tout le monde y reconnaît ses propres rêves,
ses propres obsessions. Freud, dans une monographie qu'il publie
en 1919,[144] s'efforce d'expliquer "l'inquiétante étrangeté" grâce
à une connaissance de ces craintes et de ces désirs. Il commence
par relier l'Unheimliche à l'angoisse:

> Kein Zweifel, dass es zum Schreckhaften, Angst- und
> Grauenerregenden gehört, und ebenso sicher ist es,
> dass dies Wort nicht immer in einem scharf zu
> bestimmenden Sinne gebraucht wird, so dass es eben
> meist mit dem Angsterregenden überhaupt zusammenfällt.[145]

Il base son décodage du fantastique d'une part sur des recherches
linguistiques d'où il tire la conclusion que "umheimlich ist
irgendwie eine Art von heimlich",[146] d'autre part sur une analyse
de l'expérience littéraire et vécue du phénomène, analyse qui, aux
yeux de Freud, démontre que "das Unheimliche der gleichartigen
Wiederkehr aus dem infantilen Seelenleben abzuleiten ist".[147]

L'Unheimliche, conclut Freud,

> ist wirklich nichts Neues oder Fremdes, sondern
> etwas dem Seelenleben von alters her vertrautes,
> das ihm nur durch den Prozess der Verdrängung
> entfremdet worden ist. Die Beziehung auf die
> Verdrängung erhellt uns jetzt auch die Schellingsche
> Definition, das Unheimliche sei etwas, was im
> Verborgenen hätte bleiben sollen und hervorgetreten
> ist.[148]

Mais quel est ce refoulé qui revient? Freud donne une réponse
d'ordre sexuel, dénichant souvent dans l'inquiétante étrangeté la
peur de la castration. C'est en partie grâce à sa lecture de
L'Homme au sable qu'il arrive à cette conclusion. H. Cixous, cependant, accuse Freud de n'avoir eu d'yeux que pour les éléments du
conte qui confortent sa thèse.[149] Elle psychanalyse le psychanalyste
pour montrer qu'il refuse de voir à quel point on trouve dans Das
Unheimliche - et, bien entendu, dans toute oeuvre fantastique -
"un texte que hante la pulsion de la mort".[150] La question se pose
de savoir la nature des fantasmes[151] qui affleurent dans le fantastique d'Hoffmann et de Baudelaire. Révèlent-ils plutôt la peur de
la castration ou celle de la mort? Je crois pourtant qu'il faut

préfacer une étude psychanalytique des oeuvres d'Hoffmann et de
Baudelaire en soulignant que, pour riches que soient de telles
analyses, elles s'intéressent trop exclusivement aux thèmes pour
pouvoir mettre en lumière toute la complexité du mode: d'ailleurs
elles expliquent mieux l'expérience vécue que le phénomène littéraire.

Nul doute qu'Hoffmann comprend lui-même, au moins partiellement,
le fonctionnement du fantasme. Dans Les Elixirs du diable, par
exemple, Schönfeld, qui rappelle les fous de Shakespeare par la
sagacité de ses aperçus, dit à Medardus:

> et quels avantages en tirez-vous? Je veux
> dire de la fonction exceptionnelle de l'esprit
> qu'on appelle la conscience, et qui n'est rien
> que le sacré métier d'un damné concierge –
> douanier – contrôleur, qui a établi son comptoir
> dans la mansarde, et qui, à toute marchandise
> qui veut sortir, s'écrie: – Holà, holà, la sortie
> est interdite, elle doit rester chez nous![152]

Les rêveries des héros hoffmanniens sont souvent interrompues, soit
par la moquerie ou l'incompréhension d'autrui,[153] soit par un sentiment d'angoisse:[154] le "concierge" vient dissiper le fantasme qui
fait honte à celui qui le voit.

La peur de la castration, exprimée souvent sous la forme de la
perte d'un oeil, sous-tend plusieurs des fantasmes hoffmanniens.
Le rôle sexuel des yeux dans l'imagerie hoffmannienne paraît incontestable: quand Anselmus déclare devant Veronika qu'il est "aimé
de la couleuvre verte" car il a vu "les yeux de Serpentina",[155]
la jalousie pousse la jeune fille à crier: "le matou les arrache-
ra!".[156] De toute évidence, elle veut rendre sa rivale incapable
d'aimer l'étudiant. Mais la perte des yeux symbolise aussi la perte
de la vie. La lutte entre le chat, serviteur de Lise, et le perroquet, famulus de Lindhorst, finit quand "celui-ci renvers[e] le
matou, lui enfonc[e] sa serre dans le flanc et lui arrach[e] ses
yeux flamboyants".[157] Mais c'est dans L'Homme au sable que le
motif atteint des proportions terrifiantes. Coppola, l'unheimlicher
Gast qui devient un substitut du père, donne à Nathanael un

Perspektiv,[158] symbole phallique qui rend vivants les yeux
d'Olimpia: eux aussi, comme le montre Freud, sont des symboles
sexuels. C'est encore Coppola qui empêche l'union du couple en
arrachant les yeux à Olimpia - autrement dit, en la châtrant de
façon symbolique. Qui plus est, Olimpia est devenue pour le jeune
poète un alter-ego: le père punit donc l'enfant coupable. Le contenu érotique est plus évident encore si l'on analyse l'ordre des
impressions qu'éprouve Nathanael quand il entre dans la chambre
d'étude de Spalanzani:

> il n'avait vu que trop distinctement que la
> figure de cire d'Olimpia n'avait pas d'yeux
> et que de noires cavités lui en tenaient
> lieu. C'était un automate sans vie.[159]

C'est le manque d'yeux qui révèle à l'étudiant l'absence de vie.
Hoffmann laisse entrevoir, d'ailleurs, qu'à l'origine de la peur
de Nathanael se trouve une expérience (réelle ou imaginaire?) qui
date de son enfance: Freud se sert de cet aperçu pour appuyer sa
thèse selon laquelle l'Unheimliche représente le retour des craintes
infantiles.

Les fantasmes provoqués par la peur de la castration ne sont
pas seuls à caractériser le fantastique hoffmannien. Un autre
réseau se forme autour du fantasme de la vie intra-utérine. Dans
les mythes qu'Hoffmann intercale dans Le Pot d'or, Maître Puce et
La Princesse Brambilla, par exemple, se trouve le motif de l'enfant caché dans le calice d'une fleur: il semble qu'on ait affaire
à une image infantile du mystère de la naissance. L'incarcération
d'Anselmus dans la fiole de cristal peut être vue comme un fantasme
du retour dans le ventre maternel.[160] Non seulement l'étudiant ne
peut plus remuer ses membres, mais aussi Lise, la femme sage qui
veut être sage-femme, l'avertit qu'il ne sortira plus du cristal
à moins qu'elle ne vienne à son aide.[161] En outre, quand il sort
de la fiole, grâce à son amour pour Serpentina, il commence sa
nouvelle vie dans la poésie: ce qui est une manière de renaissance.

L'érotisme et la mort s'associent dans bien des fantasmes
hoffmanniens. Devant la porte de Lindhorst, Anselmus est pris de

panique quand il voit le heurtoir qui semble s'être transmué en le
visage de Lise. Il veut "s'appuyer au montant de la porte, mais sa
main saisit le cordon de la cloche".[162] L'écart entre volonté et
action est significatif: les désirs inconscients se révoltent contre
les ordres du surmoi. Le cordon, symbole phallique, devient

> un serpent blanc d'une grandeur démesurée qui
> l'entour[e] et l'[étreint], resserrant de plus
> en plus ses anneaux, tellement que les os de
> l'étudiant [sont] broyés en miettes, et que son
> sang jaillissant de ses artères mont[e] dans
> le corps diaphane du serpent et le [teint] en
> rouge. [...]. Le serpent dress[e] la tête et
> [appuie] son dard aigu d'airain brûlant sur la
> poitrine d'Anselme; tout à coup il [sent] une
> douleur lancinante, la grande artère du coeur
> se romp[t], et il [perd] connaissance.[163]

Les thèmes de la mort et de l'érotisme sont étroitement liés non
seulement dans Le Pot d'or mais aussi dans L'Homme au sable.
Nathanael, par exemple, écrit un poème où il se représente avec
Clara au jour de leurs noces. Coppelius arrache à la jeune fille
les yeux de celle-ci qui s'élancent dans le sein de son amant.
Clara, pourtant, soutient que ce ne sont pas ses yeux à elle mais
"les gouttes bouillantes [du] sang"[164] de Nathanael lui-même. Et
quand le jeune étudiant se tourne vers sa fiancée, c'est "la mort
décharnée qui le regard[e] d'un air amical avec les yeux de Clara".[16]
Aux deux faces du fantastique d'Hoffmann, celle qui présente la
beauté, la joie et la lumière, et celle qui suscite la terreur, la
souffrance et les ténèbres, correspondent les deux pulsions qui les
sous-tendent, celle de l'amour et celle de la mort.

Chez Baudelaire, des fantasmes de nature érotique ne forment
que rarement le sujet des poèmes fantastiques. Dans La Chambre
double, il est vrai, apparaît "l'Idole, la souveraine des rêves",[166]
mais le plus grand nombre des poèmes qui semblent décrire un fantasme révèlent, plutôt que l'érotisme, la pulsion de mort. Pour
l'auteur d'Obsession, "nos coeurs maudits" sont des chambres
"d'éternel deuil où vibrent de vieux râles".[167] Pour qui ce deuil
qui ne finira jamais? Pour son père mort, pour lui-même, pour

l'humanité en général?

On retrouve l'image du deuil et de la mort dans la plupart des poèmes où Baudelaire évoque l'ambiance oppressive du spleen. La voix de l'âme du poète semble, dans La Cloche fêlée,

> [...] le râle épais d'un blessé qu'on oublie
> Au bord d'un lac de sang, sous un grand tas de morts,
> Et qui meurt, sans bouger, dans d'immenses efforts.[168]

Pluviôse, dans le premier Spleen, "verse un froid ténébreux / Aux pâles habitants du voisin cimetière / Et la mortalité sur les faubourgs brumeux",[169] et le poète du deuxième Spleen est "un cimetière abhorré de la lune".[170] Si le lit du prince dans le troisième Spleen "se transforme en tombeau",[171] dans l'âme du poète de "Quand le ciel bas et lourd" se défilent "de longs corbillards, sans tambours ni musique".[172] Le monde extérieur paraît refléter cet état d'âme, car "Dans le suaire des nuages / [Le poète] découvre un cadavre cher"[173] et les "vastes nuages en deuil / Sont les corbillards de [ses] rêves".[174] La cause initiale de cette obsession se trouve, peut-être, dans le décès du père de Baudelaire, qui mourut quand son fils n'avait que six ans. Plus tard, le carnage de 1848, que Baudelaire a vu de ses propres yeux et que des tableaux tels que La Barricade de Meissonier,[175] La Mort de l'archevêque de Paris de Vincent Raverat et surtout là série de Rethel, La Danse des morts en 1848,[176] auraient pu lui rappeler, a peut-être ravivé les souvenirs douloureux de cette mort prématurée.[177]

Dans Un voyage à Cythère c'est sa propre mort que le poète contemple dans l'île où, au lieu de Vénus, il n'a trouvé "qu'un gibet symbolique où pendait [son] image".[178] Je souligne que Freud voit la "Schöpfung einer solcher Verdopplung" comme une "Abwehr gegen die Vernichtung [des Ichs]".[179] Ce pendu dégoûtant, d'ailleurs, a non seulement perdu ses yeux ("Les yeux étaient deux trous"[180]) mais encore les "féroces oiseaux" qui se nourrissent de cette "pâture" l'ont "à coups de bec absolument châtré".[181] Il importe de souligner ici que la castration suit la mort et que le poète n'attache à cet outrage ni plus ni moins d'importance qu'à tous les autres.

L'hallucination qui étale aux yeux du poète l'image de la mort
d'autrui trouve son expression la plus saisissante dans un poème
qui, par le contraste entre beauté et corruption, amour et dégoût,
offre plusieurs ressemblances avec Un voyage à Cythère: il s'agit des
Métamorphoses du vampire. Le poète, se tournant vers sa maîtresse
pour l'embrasser, ne voit plus - et le choix du verbe voir n'est
pas sans importance - qu'une "outre aux flancs gluants, toute pleine
de pus!".[182]   Il ferme les yeux pour échapper à l'hallucination.
Mais on ne se dérobe pas si facilement à une obsession:

> Et quand je les rouvris à la clarté vivante,
> A mes côtés, au lieu du mannequin puissant
> Qui semblait avoir fait provision de sang,
> Tremblaient confusément des débris de squelette.[183]

Dans ce poème, écrit vers 1852, on retrouve, transformé par le
génie du poète des Fleurs du mal, le thème hoffmannien de l'amant
qui aperçoit la mort dans les yeux de la femme qu'il aime.[184]

L'impression d'inquiétante étrangeté que provoque ce poème
provient non seulement de la description de la pourriture et de la
mort mais aussi du contraste si frappant entre le dégoût qu'inspire
cette vision et la vive beauté de la femme telle que la première
strophe l'évoque. C'est ce contraste qui met en relief toute
l'horreur de la mort.

La pulsion de mort informe d'autres poèmes de Baudelaire où
l'on trouve un fantastique grotesque. Dans les oeuvres poétiques
de Baudelaire qui méritent l'épithète "grotesque", deux influences
paraissent être plus importantes que l'esthétique d'Hoffmann: les
écrits de Poe et quelques oeuvres d'art plastique. Dans Le Masque
de la mort rouge Poe énonce une définition du grotesque qui caractérise son propre style:

> C'était éblouissant, étincelant; il y avait
> du piquant et du fantastique, - beaucoup de
> ce qu'on a vu dans Hernani. Il y avait des
> figures vraiment arabesques, absurdement
> équipées, incongrûment bâties; des fantaisies
> monstrueuses comme la folie; il y avait du
> beau, du licencieux, du bizarre en quantité,

tant soit peu de terrible, et du dégoûtant à
foison. Bref, c'était comme une multitude de rêves.[185]

Ce mélange se retrouve dans Une gravure fantastique et Danse macabre.
L'important article de F.W. Leakey démontre que le premier s'inspire d'une gravure anglaise intitulée: Death on a pale horse.[186]
Le poème décrit la course effrénée d'un "spectre singulier" qui,
enfourchant sa "rosse apocalyptique"[187] parcourt un cimetière
"immense et froid".[188] Leakey insiste sur l'écart entre le poème
et l'oeuvre qui a donné au poète son inspiration, écart qui fait
que "the 'Death on a Pale Horse' engraving has, in [Baudelaire's]
hands, become a vast panorama of the dominion of Death over man-
kind".[189] C'est l'ambiguïté de ce mort, qui semble plus vivant
que les vivants, qui donne le frisson. La même ambivalence,
d'ailleurs, se trouve dans Danse macabre, poème où Baudelaire
essaie "d'expliquer le plaisir subtil contenu dans [une] figurine"[190]
d'E. Christophe. Cette "horrible chose qui fut une belle femme"[191]
inquiète parce que, attifée pour un bal, elle rappelle que toute
belle femme sera un squelette. Le squelette en tant que tel n'est
pas unheimlich: c'est quand il semble être à mi-chemin entre la vie
et la mort qu'il nous trouble. Dans le Salon de 1859, Baudelaire
développe cette pensée à propos d'une sculpture d'Hébert. Le
passage vaut d'être cité en entier:

> Si ce puissant personnage porte ici le
> caractère vague des fantômes, des larves
> et des lamies, s'il est encore, en de
> certaines parties, revêtu d'une peau par-
> cheminée qui se colle aux jointures comme
> les membranes d'un palmipède, s'il s'enve-
> loppe et se drape à moitié d'un immense
> suaire soulevé çà et là par les saillies
> des articulations, c'est que sans doute
> l'auteur voulait surtout exprimer l'idée
> vaste et flottante du néant. Il a réussi,
> et son fantôme est plein de vide.[192]

Il semble donc que pour Baudelaire le refoulé qui revient pour
devenir l'Unheimliche de sa poésie soit l'image de la mort.

(d) Le Discours fantasmagorique

Aux travaux historiques et psychanalytiques s'ajoutent, en les
exploitant pour les dépasser, ceux de J. Bellemin-Noël,[193] lequel,
ne s'intéressant pas à énumérer les thèmes et les obsessions qui
les déclenchent, cherche à dévoiler plutôt l'organisation littéraire de ce mode de présentation. Dans un article suggestif,
Bellemin-Noël propose la double formule suivante: "le fantastique
est une manière de raconter, le fantastique est structuré comme le
fantasme".[194] Se basant sur une lecture du Pied de momie de Gautier
et faisant appel, pour renforcer ses hypothèses, aux oeuvres de
Lovecraft et d'Hoffmann, il s'efforce de préciser les procédés du
discours fantasmagorique.

Le premier procédé signalé par J. Bellemin-Noël n'est pas
spécifiquement fantastique: c'est ce qu'il dénomme "la 'mise en
abyme' du récit comme activité d'écriture".[195] Hoffmann, pour sa
part, ne permet jamais à son lecteur d'oublier la littérarité de
l'oeuvre. Il intervient dans le texte pour poser des questions
d'ordre littéraire, pour introduire des digressions, pour signaler
un pastiche d'un auteur célèbre.[196] Parfois il se met en scène en
tant que "le conteur de la présente histoire merveilleuse"[197] et
parle de "cette merveilleuse histoire".[198] Parfois ses héros se
plaignent, comme le fait Peregrinus, qu'un "faiseur de contes fantastiques n'inventerait pas des circonstances plus folles et plus
confuses que celles où [ils se trouvent jetés] en réalité depuis
quelques jours".[199] De tels commentaires obligent le lecteur à
questionner la portée des mots "fantastique" et "réalité". Dans
Le Pot d'or aussi bien que L'Homme au sable, le narrateur se plaint
des difficultés de la création artistique, des problèmes qu'il
éprouve en créant son ouvrage. S'il parle des événements comme
ayant lieu en "territoire de Fantastique",[200] pour me servir de
l'expression de Bellemin-Noël, il n'est pas impossible que c'est
afin d'émousser la peur qu'ils causent. Un procédé analogue à
ces interventions de l'auteur se voit dans une de ses caricatures,
où Hoffmann se dessine en train de dessiner:[201] jeu de miroirs qui

prolonge la portée de ses oeuvres et présage l'insistance sur le caractère fictif du récit dans le nouveau roman.

Les poèmes, tant en vers qu'en prose, de Baudelaire renforcent l'affirmation de J. Bellemin-Noël que "dans un poème il est toujours question du poème ou tout au moins il y a questionnement de la poésie".[202] Qu'on se souvienne, par exemple, du début du Désir de peindre, où non seulement le narrateur est artiste mais où encore il est question de la nature et de l'origine de l'inspiration artistique: "Malheureux peut-être l'homme, mais heureux l'artiste que le désir déchire! Je brûle de peindre celle qui m'est apparue si rarement et qui a fui si vite".[203] Bénédiction, L'Albatros et Les Phares, pour ne mentionner que ces trois poèmes, analysent la position du poète dans le monde ou le rôle des arts dans l'évolution de l'humanité. Parmi les poèmes fantastiques, Danse macabre et Une gravure fantastique doivent leur inspiration à une oeuvre d'art, Un voyage à Cythère souligne que cette île est "un pays fameux dans les chansons"[204] et le sonnet Les Ténèbres, le premier du groupe intitulé Un fantôme, établit un parallèle entre le poète et "un peintre qu'un Dieu moqueur / Condamne à peindre, hélas! sur les ténèbres".[205] Dans Rêve parisien, du reste, le rêveur est un "peintre fier de [son] génie"[206] pour qui la vision onirique est un tableau qu'il a créé lui-même.

Une caractéristique de ce que Bellemin-Noël nomme la "mise en abyme" est "l'insert" que le critique dénomme "l'effet du miroir": "un récit second, de dimensions réduites, se trouve enchâssé dans le récit premier, et il répète 'en petit', comme emblématiquement, ce qui se passe dans l'aventure principale".[207] Dans Le Pot d'or, les récits de Lindhorst,[208] de Serpentina[209] et de Veronika[210] - ce dernier appelé par Heerbrand "une allégorie, un poème"[211] - font tous partie de ce procédé littéraire. Je crois, d'ailleurs, que "le miroir de métal poli" que Lise donne à ses clients et où l'on voit "un mélange confus de figures et de formes singulières",[212] de même que le pot d'or lui-même, où se mire un "royaume merveilleux",[213] sont tous deux des emblèmes du Märchen.

Si l'effet de miroir est une caractéristique du conte fantastique et, surtout, du conte d'Hoffmann, il est difficile de l'ima-
giner dans un sonnet ou même dans un poème en prose, sauf sous la
forme d'une allusion à une oeuvre d'art, littéraire ou plastique,
qui projetterait de la lumière sur l'oeuvre principale. Encore
faut-il distinguer entre cet effet et la transformation en une
forme poétique d'une oeuvre d'art plastique, telle qu'on en découvre
dans Chacun sa chimère, par exemple. Baudelaire n'emploie pas ce
procédé, qui est absent aussi des poèmes inclus dans l'anthologie
de la poésie fantastique française que publie A. Vircondelet.[214]
Suggérons donc l'hypothèse que l'effet de miroir, répandu dans le
conte fantastique, n'appartient pas aux effets d'écriture de la
poésie fantastique.[215]

J. Bellemin-Noël classe parmi les "inserts" particuliers au
fantasmagorique "l'apparition obligatoire du mot fantastique".[216]
Apparition parfois banale - "spectres fantastiques",[217] "visions
fantastiques"[218] - parfois insistant avec plus de force sur la
littérarité du phénomène: "l'histoire fantastique des noces du
salamandre [sic] et de la petite couleuvre verte".[219] Dans Les
Fleurs du mal, l'épithète "fantastique" n'apparaît qu'à deux
reprises:[220] on relève pourtant de nombreux substituts du mot,
adjectifs qui, pour employer l'expression du critique, "recoupent
les catégories de l'étrange et de l'inquiétant":[221] féerique,[222]
apocalyptique,[223] satanique[224] et ainsi de suite. D'ailleurs, le
poète situe bon nombre de ses oeuvres dans le territoire du fantastique en soulignant plus explicitement que le nouvelliste la nature
insolite - "Tel que jamais mortel n'en vit"[225] - ou onirique -
"Une chambre qui ressemble à une rêverie"[226] - de l'expérience
qu'il décrit.

Plus nettes encore que l'apparition du mot fantastique parmi
les indices du mode sont les références directes à d'autres oeuvres
du même type. J. Bellemin-Noël applique à cette catégorie la rubrique "effet de citation".[227] J'ai déjà montré à quel point
Hoffmann se plaît à mentionner les écrivains avec qui il se sent

en sympathie. De telles allusions servent à créer une ambiance particulière et à indiquer au lecteur la manière dont il faut décoder l'ouvrage en question. Dans L'Esprit élémentaire, par exemple, l'influence que la lecture de Cazotte exerce sur le héros atteste sa sensibilité en ce qui concerne l'Unheimliche et suggère que les scènes de séduction auxquelles il croit participer ne sont qu'un rêve "occasionné par les vapeurs de [son] cerveau",[228] pour citer le fantastiqueur français. Les Aventures de la nuit de la Saint-Sylvestre contiennent un exemple saisissant de l'effet de citation: dans la description[229] de l'homme "long et élancé", selon W. Kron, on découvre "eine getreue Wiedergabe des Titelbildes der Erstausgabe von Chamissos Peter Schlemihl".[230]

Au contraire d'Hoffmann, Baudelaire évite toute référence, dans ses poèmes, à un autre artiste: Rêve parisien est dédié à Constantin Guys, Danse macabre à Ernst Christophe, mais les autres oeuvres fantastiques n'emploient pas de procédé semblable. Puisque la poésie fantastique d'un Gautier,[231] par exemple, mentionne Hoffmann, Goethe et Rembrandt, parmi d'autres, on est porté à croire qu'il s'agit là d'un trait spécifiquement baudelairien plutôt que d'une caractéristique de la poésie fantastique en général.

Le dernier des "effets" que mentionne Bellemin-Noël est celui de l'intertextualité, procédé ayant pour but de créer un "pseudo-effet du réel".[232] Typique de l'oeuvre lovecraftienne, et sans conteste un des "inserts" les plus efficaces en ce que, rappelant d'autres ouvrages, d'autres événements bizarres, il permet d'évoquer en peu de mots une ambiance étouffante d'inquiétude, ce procédé est pourtant rare chez Hoffmann. Si, dans Le Chat Murr, le biographe rappelle qu'on a "écrit quelque part du maître de chapelle Johannès Kreisler que ses amis n'avaient pu l'amener à noter une seule de ses compositions",[233] le résultat est tout autre que celui auquel aspire Lovecraft. Chez Hoffmann, la référence est d'ordre littéraire ("on a écrit"), tandis que Lovecraft veut produire un univers dans l'existence physique duquel son lecteur est porté à croire.

L'intertextualité, que, du reste, le critique ne signale
qu'afin d'être exhaustif, ne semble pas faire partie des "inserts"
de la poésie fantastique, sans doute parce que celle-ci, telle qu'on
la trouve chez Baudelaire, s'efforce d'extraire le fantastique d'une
situation, souvent assez banale (Les Sept Vieillards, Les Métamorphoses du vampire), que le lecteur reconnaît comme étant susceptible de survenir dans son existence à lui, tandis que le conte love-
craftien - à la différence aussi de l'oeuvre d'Hoffmann - cherche
à soutenir une ambiance continue d'inquiétude et de créer un univers
éloigné du monde réel.

Les "effets" que le critique distingue caractérisent la prose
plutôt que la poésie fantastique. Le poète qui veut évoquer une
atmosphère fantastique se voit obligé d'indiquer beaucoup plus
succinctement que le nouvelliste la nature fantasmagorique du
sujet de son poème. Je voudrais donc proposer l'hypothèse que le
poème fantastique s'ouvre en donnant un indice de sa fantasticité.
Le deuxième vers de Rêve parisien précise que le paysage onirique
est d'une nature telle "que jamais mortel n'en vit",[234] Les Sept
Vieillards commencent par entremêler la vie éveillée ("fourmil-
lante cité")[235] et la vie onirique ("cité pleine de rêves"),[236]
et au début de Danse macabre le poète souligne que l'héroïne n'est
pas un être humain en disant qu'elle est "fière, autant qu'un
vivant".[237] Si Les Métamorphoses du vampire semblent fournir un
exemple contradictoire, c'est que le poète veut d'abord bercer ses
lecteurs de l'illusion que tout se passe en territoire du normal,
afin de rendre plus bouleversant l'effet de l'hallucination.

En outre, J. Bellemin-Noël suggère, sans préciser sa pensée,
que le fantastique est structuré comme un fantasme.[238] Or, d'après
Laplanche et Pontalis, "Freud oppose au monde intérieur, qui tend
à la satisfaction par illusion, un monde extérieur imposant pro-
gressivement au sujet, par la médiation du système perceptif, le
principe de réalité".[239] A de nombreuses reprises cette structure
se fait sentir dans le fantastique d'Hoffmann et de Baudelaire.
Giglio Fava, personnage central de La Princesse Brambilla, par

exemple, hésite entre sa fiancée, la jeune couturière Giacinta, et
la fabuleuse princesse. Peu à peu il découvre que Brambilla et
Giacinta ne sont que deux aspects de la même femme. Dans ce cas-
là une réalité joyeuse s'oppose aux indécisions du fantasme.
D'habitude, pourtant, la réalité qui s'impose est bien plus terne.
A la fin du fantasme où il a vu l'Atlantide et la belle maison de
Lindhorst, le narrateur du Pot d'or sait que bientôt, il sera

> transplanté de ce beau salon [...] dans [sa]
> mansarde; les misères et les besoins de la
> vie occuperont toute [sa] pensée, mille mal-
> heurs jetteront un voile épais du brouillard
> sur [ses] yeux.[240]

De façon analogue, Les Métamorphoses du vampire et Rêve parisien
tirent leurs effets, en partie, du contraste entre la beauté et
la laideur, entre la vie et la mort, contrastes qui naissent quand
la réalité externe dissout le monde imaginaire ou bien quand l'esprit s'imagine une réalité à venir supplantant la réalité présente.
L'importance de cette structure dans l'oeuvre d'art peut être illustrée en examinant, brièvement, la première partie des
Aventures de la nuit de la Saint-Sylvestre et La Chambre double.[241]
Le narrateur du conte d'Hoffmann, rendant visite au conseiller de
justice, est rempli d'angoisse quand son hôte lui promet une "surprise délicieuse":[242] d'habitude les amusements préparés par le
conseiller aboutissent à "un dénouement désagréable et ridicule".[243]
Cette fois, pourtant, le voyageur enthousiaste voit "sur le sopha,
au milieu des dames, son image rayonnante [...]. C'était elle,
elle-même [...]; un seul éclair, rapide et puissant, fit passer
dans [son] âme les moments les plus heureux de [sa] vie".[244]
Julie, l'idole, offre à son ancien amant une coupe qui est pleine
de punch. Ayant bu, il se trouve en tête à tête avec elle dans un
"cabinet éclairé par une seule lampe d'albâtre".[245] Leur conversation, une "complainte d'amour triste et passionnée",[246] est
interrompue par l'arrivée d'une "longue figure, aux jambes d'araignée, aux yeux sortant de la tête comme ceux des grenouilles".[247]
Ce monstre cherche sa femme. Julie se lève, adresse au narrateur

quelques paroles railleuses et quitte la salle avec son mari. La
structure de La Chambre double se base sur le même jeu de contrastes. Le poëte se trouve dans une chambre idéale avec la femme
aimée: tout à coup la vision s'écroule pour être remplacée par
les réalités de la vie sordide. Si l'hallucination du voyageur
enthousiaste semble être provoquée, dans une certaine mesure, par
l'alcool, celle du poëte paraît être l'enfant de la "fiole de
laudanum". Baudelaire voit la drogue comme "une vieille et terrible amie", féconde, comme Julie, "en caresses et en traîtrises".[248]
Comme chez Hoffmann, il y a, dans le rêve de Baudelaire, l'apparition inattendue et inexplicable de la femme aimée, l'attitude ambiguë de celle-ci et la destruction de l'idylle par un événement
banal auquel la frustration de l'artiste donne une tournure surna-
turelle: Baudelaire voit un "Spectre"[249] et Hoffmann, un monstre.

P.-G. Castex met en valeur la subjectivité du phénomène, Freud
révèle à quel point le fantastique s'apparente aux fantasmes originaires, H. Cixous nous rend sensibles à la pulsion de mort dans
l'Unheimliche et J. Bellemin-Noël s'efforce d'isoler quelques-
uns des "inserts" spécifiques au discours fantasmagorique.[250]
La méthode structurale, en ce qui concerne le fantastique et telle
que Bellemin-Noël la présente, n'a pas encore dépassé un état
assez primitif: sa liste des "effets" semble à la fois trop
étroite, parce qu'elle ne tient pas compte de la poésie fantastique, et trop large, parce qu'elle pourrait s'appliquer à bien des
oeuvres qui ne sont nullement fantastiques. De même, ni la méthode psychanalytique, ni la méthode thématique n'est assez péné-
trante pour aller seule jusqu'au coeur du fantastique. Une étude
définitive du mode devrait sans doute non seulement employer
toutes ces méthodes, mais encore avoir égard aux circonstances
historiques et sociales. On pourrait sonder, par exemple, l'influence du siège de Dresde sur le fantastique d'Hoffmann,[251] comme
j'ai essayé d'indiquer l'importance du carnage de 1848 pour la
vision fantastique de Baudelaire. J'ai montré que le fantastique,
mode subjectif par excellence, présente une impression de

l'existence où s'entremêlent, sans que la ligne de démarcation soit
nettement indiquée, les phénomènes du monde extérieur et les fantasmes de l'individu. La structure et les symboles qui caractérisent le mode sont aussi ceux des fantasmes, qu'ils soient conscients ou inconscients, rêveries diurnes ou rêves nocturnes.

Pour mieux comprendre les raisons qui poussent Baudelaire et
Hoffmann à exploiter le fantastique, je voudrais examiner de plus
près deux de ses motifs capitaux: les fées et le diable.

(e) Motifs

C'est un des ressorts principaux du mode fantastique que l'apparition d'êtres qui ne sont pas humains, de forces mystérieuses qui,
libérées de la mortalité, subjuguent la volonté de l'homme, tantôt
pour le perdre, tantôt pour faire son bonheur. Baudelaire fait
appel aux habitants traditionnels du "monde intermédiaire, placé
entre l'homme et Dieu"[252] dans son poème en prose, Les Dons des
fées, où il introduit ces "antiques et capricieuses Soeurs du
Destin", ces "Mères bizarres de la joie et de la douleur"[253]
que sont les fées. Le poème en prose rappelle un conte d'Hoffmann,
Petit Zaches, surnommé Cinabre, non seulement par des détails, mais
par la portée allégorique et la manière dont les êtres surnaturels
sont présentés comme jouissant d'une existence aussi incontestable
que celle des habitants du globe terrestre. Les deux oeuvres con-
damnent l'aveuglement et la bêtise de la société bourgeoise, mais
la satire de Baudelaire est plus mordante et plus profonde que la
moquerie d'Hoffmann.

Si, parmi les fées de Baudelaire, il y a des jeunes "qui [ont]
toujours été jeunes" et des vieilles "qui [ont] toujours été vieilles",[254] la fée dans Petit Zaches, Rosabelverde, n'a "jamais été
différente", au dire des "plus anciens du village" de ce qu'elle
est au temps où se déroulent les événements du Märchen: "une femme
dans l'épanouissement le plus complet de la fleur de l'âge".[255]
S'apitoyant sur Zaches, enfant d'une laideur extrême, elle lui
octroie un don précieux grâce auquel l'avorton attire sur lui-même

les louanges et les bénéfices que méritent ceux qui l'entourent.

Ainsi, quand le héros du conte, Balthasar, lit un poème qu'il

vient de composer, ses auditeurs félicitent non pas le poète mais

Zaches. Pourtant, comme l'énonce le mage Prosper Alpanus, Zaches,

"malgré [la] protection généreuse [de la fée], est et sera toujours

un petit vaurien rabougri".[256] De façon semblable, on trouve dans

le poème en prose de Baudelaire, la remarque que "les Dons n'étaient

pas la récompense d'un effort".[257] De même que le talent donné à

Zaches ne mène, en fin de compte, qu'à sa mort honteuse, les dons

des fées, selon le poète, peuvent devenir pour celui qui les

reçoit "aussi bien la source de son malheur que de son bonheur".[258]

Chez Hoffmann comme chez Baudelaire, les fées, ces servantes du

destin, ont pour "caractère distinctif, éternel"[259] le caprice:

elle "poursuivent opiniâtrement telle idée fantasque, enfantée

par le caprice du moment".[260] C'est ce manque de logique, de

constance, qui les rendent si dangereuses pour les hommes.

Les deux écrivains présentent ces êtres surnaturels comme

s'ils croyaient à leur existence. S'agit-il d'un jeu de complicité

avec le lecteur, d'un procédé purement stylistique ou bien d'une

croyance réelle? Les auteurs d'Histoire de la littérature allemande

répondraient à une telle question de la manière suivante:

> [l']oeuvre [hoffmannienne] est un carnaval
> d'automates, de doubles, de vampires et de
> génies des Eléments; il ne croyait pas à leur
> existence, mais le trouble naïf du vulgaire
> devant ces croquemitaines était analogue au
> frisson que ressentait Hoffmann devant l'étran-
> geté d'un monde où "le Diable pose sa queue
> partout"; faute de pouvoir exprimer directe-
> ment cette angoisse, il l'a transposée en
> symboles.[261]

Il faudrait mettre en relief aussi l'élément ludique chez Hoffmann

qui s'amuse à pasticher les Gespenstergeschichten. Si Les Dons des

fées sont présentés avec le même air de réalisme que, par exemple,

Un plaisant ou Les Yeux des pauvres, il n'est pas impossible que

l'attitude de Baudelaire révèle l'influence d'une idée que Nerval

exprime dans la préface du Diable amoureux:

> l'esprit net et sensé du lecteur français
> se prête difficilement aux caprices d'une
> imagination rêveuse, à moins que cette der-
> nière n'agisse dans les limites tradition-
> nelles et convenues des contes de fées et
> des pantomimes d'opéra.[262]

Nul doute que cette affirmation donne à réfléchir à celui qui
cherche à exprimer les "ondulations de la rêverie".[263] La pensée
nervalienne se trouve illustrée par la technique des contes d'Hoffmann, chez qui, aux yeux de Baudelaire, les "conceptions comiques
les plus supra-naturelles" ont "un sens moral très-visible".[264]

Au moyen d'une parabole, ces deux oeuvres mettent en valeur un
aspect de la condition humaine, à savoir: l'injustice du sort et
le règne du hasard, le caractère arbitraire du guignon et des "bons
Hasards".[265] Si Hoffmann, de même que Baudelaire, insiste sur la
nature arbitraire de la personnalité et du destin, chez le poète
on trouve un élément de satire sociale qui est beaucoup plus âpre
que la raillerie du conteur. Pourtant, la manière dont Hoffmann
emploie le fantastique pour illustrer une vérité métaphysique a,
de toute évidence, influencé l'esthétique baudelairienne.

L'exemple archétype des êtres fantastiques est le diable, qui
surgit sous divers masques dans l'oeuvre de nos deux écrivains.[266]
Etre surnaturel ou extériorisation de la perversité humaine?
C'est un problème qu'on ne cessera peut-être jamais de débattre
tant dans le cas d'Hoffmann que dans celui de Baudelaire. Pourtant, une étude serrée des textes projettera de la lumière sur la
manière dont les deux auteurs conçoivent le rôle du Malin, et celui
du fantastique.

Chez Baudelaire comme chez Hoffmann, les désirs érotiques de
l'homme sont présentés comme une forme de tentation satanique. T.
Todorov explique la réapparition de quelques thèmes fantastiques,
en les attribuant au désir qui, "comme tentation sensuelle, trouve
son incarnation dans quelques-unes des figures les plus fréquentes
du monde surnaturel, en particulier, dans celle du diable".[267]
Dans L'Esprit élémentaire, Major O'Malley, tantôt bouffon, tantôt
sinistre, s'applique à persuader son jeune disciple que les

pensées honteuses que celui-ci attribue aux tableaux érotiques de
Cazotte dans Le Diable amoureux ne sont "autre chose qu'une attraction vers un être immatériel, habitant d'une haute région, vers
lequel les heureux éléments de [son] organisme [l']attirent".[268]
Dans le poème Tout entière, la voix tentatrice qui pose la question
érotique:

> Parmi les objets noirs ou roses
> Qui composent son corps charmant,
> Quel est le plus doux?[269]

est censée être celle du démon. De même que Medardus tue celle
qu'il aime pour pouvoir l'adorer en tant que sainte, le poète
échappe au piège en faisant de la femme un être idéal:

> O métamorphose mystique
> De tous mes sens fondus en un!
> Son haleine fait la musique,
> Comme sa voix fait le parfum![270]

Les contes d'Hoffmann nous offrent plusieurs exemples de
personnages qui ne sont pas capables de résister à la tentation et
qui semblent condamnés, par la suite, à se détruire: au premier
abord Medardus, René Cardillac et Nathanael paraissent tous les
trois des victimes d'un destin maléfique. Mais en est-il vraiment
ainsi? Dans Les Elixirs du diable Medardus affirme:

> j'ai compris que ce n'était pas moi, mais
> la puissance inconnue qui était entrée dans
> mon être qui était responsable des choses
> extraordinaires: quant à moi, je n'étais
> que l'instrument involontaire dont se servait
> cette puissance, à des fins que j'ignorais.[271]

Il crée donc un double qui incarnerait ses propres péchés comme il
croit porter lui-même la tare des péchés de son père. De façon
analogue, Cardillac et Nathanael rejettent sur un autre - dans les
deux cas c'est le substitut du père - leur propre culpabilité.
S'ils imputent leur faiblesse à la force d'un être démoniaque le
dénouement de L'Homme au sable suggère que Clara et Lothaire, qui
nient l'existence du démon, comprennent mieux la nature humaine.
Lothaire maintient que "la puissance ténébreuse à laquelle nous
nous donnons crée souvent en nous des images si attrayantes, que

nous produisons nous-mêmes le principe dévorant qui nous consume".[272]

Dans ce désir inconscient de l'anéantissement, désir qui pousse Cardillac et Medardus au meurtre et Nathanael au choix d'un automate plutôt que d'une femme en chair et en os, le lecteur peut voir l'effet de la pulsion de mort. De même que René Cardillac, pour expliquer ses tendances meurtrières, remonte à l'influence néfaste qu'exerça sur sa mère un inconnu, le narrateur d'Assommons les pauvres! attribue sa propre violence à la provocation de son "bon Démon".[273] Une situation semblable se trouve dans Le Mauvais Vitrier, poème en prose qui analyse une "de ces crises et [un] de ces élans, qui nous autorisent à croire que des Démons malicieux se glissent en nous et nous font accomplir, à notre insu, leurs plus absurdes volontés".[274] Cette fois, le poète, furieux de ne pas trouver "de vitres qui fassent voir la vie en beau"[275] se venge de sa déception sur le vitrier dont il détruit "toute [la] pauvre fortune ambulatoire".[276] Baudelaire met en relief la nature destructrice de ces "plaisanteries nerveuses" quand il lance le défi suivant: "qu'importe l'éternité de la damnation à qui a trouvé dans une seconde l'infini de la jouissance?".[277]

La mauvaise foi indéniable de ces personnages nous amène à croire que la notion que le Diable existe en tant qu'être autonome provient, aux yeux d'Hoffmann et de Baudelaire, du refus de l'homme de reconnaître ses propres vices. L'expression la plus claire de cette croyance chez Hoffmann se trouve dans un dialogue entre l'Enthousiaste et le professeur de l'église des Jésuites:

> - Pauvre, pauvre infortuné! m'écriai-je. Quelle main infernale a flétri ainsi sa vie?
> - Oh! dit le professeur, la main et le bras lui sont poussés à son propre corps. Oui, oui! Il a été lui-même son démon, le Lucifer qui a porté le feu dans sa vie.[278]

Baudelaire, lui aussi, reconnaît le "Lucifer latent qui est installé dans tout coeur humain".[279] L'homme renferme en soi le mal, mais ce mal dort jusqu'à ce que par avarice, par aveuglement, par manque de volonté, l'homme le réveille et mette en action le principe qui le détruira.

73

Quel est cet agent destructeur? Pour Baudelaire, surtout vers
la fin de sa vie, c'est la chair qui est la partie diabolique de
l'homme.[280] L'étude sur Don Juan ainsi que le roman, Les Elixirs
du diable, montrent à quel point Hoffmann partage cette idée:

> volant sans relâche de beauté en beauté,
> jouissant de leurs charmes jusqu'à satiété,
> jusqu'à l'ivresse la plus accablante; se
> croyant sans cesse trompé dans son choix,
> espérant atteindre l'idéal qu'il poursuivait,
> don Juan se trouva enfin écrasé par les
> plaisirs de la vie réelle; [...] il dut
> surtout s'irriter contre ces fantômes de
> volupté qu'il avait si longtemps regardés
> comme le bien suprême, et qui l'avaient si
> amèrement trompé.[281]

Faut-il dire que si les femmes sont devenues des fantômes c'est que
le libertin ne cherche en elles qu'un principe qui les dépasse?
Le Tannhäuser de Wagner suscite l'admiration de Baudelaire comme le
Don Juan de Mozart provoque les louanges d'Hoffmann, parce que ces
oeuvres représentent "la lutte des deux principes qui ont choisi le
coeur humain pour principal champ de bataille, c'est-à-dire de la
chair avec l'esprit, de l'enfer avec le ciel, de Satan avec Dieu".[282]
Pour Hoffmann, "ce conflit du Dieu et du démon, c'est la lutte de la
vie morale et de la vie matérielle".[283] Baudelaire souligne cette
dualité essentielle en affirmant que "tout cerveau bien conformé
porte en lui deux infinis, le ciel et l'enfer, et dans toute image
de l'un de ces infinis il reconnaît subitement la moitié du lui-
même":[284] phrase qui pourrait servir d'épigraphe aux Elixirs du
diable.

Si l'on a pu attribuer à Hoffmann et à Baudelaire un christi-
anisme orthodoxe,[285] c'est, en partie, parce qu'ils évoquent à tant
de reprises le nom - ou plutôt les noms - du Diable. Le langage
des écrivains devrait offrir un indice de la signification qu'il
faut prêter à cet être fantastique.

Le diable est parfois invoqué dans l'oeuvre de Baudelaire comme
"le plus savant et le plus beau des Anges",[286] "le grand roi des
choses souterraines",[287] mais ne s'agit-il là que d'un procédé lit-

74

téraire du même ordre que la personnification de la haine, du temps et de la beauté? Quant aux "deux superbes Satans et une Diablesse, non moins extraordinaire",[288] ils ne sont, de toute évidence, que des allégories qui figurent quelques tentations posées par la civilisation déchue dans laquelle le poète est obligé de vivre. S'ils ont des formes si concrètes, c'est parce qu'ils appartiennent à la vie onirique, vie libérée des contraintes qu'impose la conscience morale. Baudelaire envisage le rêve comme l'escalier "mystérieux par où l'Enfer donne assaut à la faiblesse de l'homme qui dort".[289] Le ton ironique du poème en prose, Les Tentations ou Eros, Plutus et La Gloire, nous met en garde contre une interprétation conventionnelle du mot "Enfer": la réaction du poète éveillé, d'ailleurs, nous montre assez clairement que cet "Enfer" n'est rien d'autre que la dépravation de l'homme.

En outre, le mot ou groupe de mots qui désigne l'esprit du mal renvoie parfois à la condition physique de l'homme. Les vieilles seraient, pour ne donner qu'un seul exemple, de "pauvres sonnettes / Où se pend un Démon sans pitié!".[290] Démoniaque aussi est la cupidité bourgeoise. "Le commerce, soutient Baudelaire, est, par son essence, satanique. [...] – le commerce est naturel, donc il est infâme".[291]

Pour peu qu'on les examine de près, on découvre que la plupart des évocations du diable chez Baudelaire ne sont qu'un procédé stylistique mettant en relief les maux de la civilisation, les vices humains ou la misère de l'artiste. Il semble donc que, pour le poète, le diable qui nage autour de nous ne soit qu'une émanation de notre âme, individuelle ou collective.

Les termes renvoyant au diable s'emploient si souvent chez Hoffmann pour ne désigner que des concepts banals qu'ils perdent beaucoup de leur puissance. On relève, par exemple, de simples jurons où l'usure se fait remarquer par l'exagération même:

> Je voudrais que Satan emportât ce maudit aligneur
> de notes à dix mille millions de toises au fond
> des enfers![292]

Ailleurs, on accuse le Malin là où il ne s'agit que d'un concours

de circonstances: "n'est-ce pas une fatalité cruelle, gémit
Anselmus, lorsque, malgré le diable et ses cornes, je me suis fait
étudiant, de n'avoir pu jamais être autre chose qu'un <u>kummel-
turke</u>?".[293] Et encore:

> Suis-je arrivé une seule fois à l'heure juste
> au cours ou quelque part que l'on m'eût envoyé?
> [...] Au premier coup de cloche, quand j'allais
> ouvrir, le diable me jetait sur la tête une
> aiguière d'eau sale.[294]

Si, en appliquant trop souvent un terme fort à un concept
faible, on l'appauvrit, il se peut aussi que le contraire arrive.
La première lettre de Nathanael nous offre un exemple convaincant
du dernier cas. L'imagination de l'enfant est enflammée par deux
figures effrayantes mais séparées d'abord l'une de l'autre:
l'"Homme au Sable" et l'avocat Coppelius. La légende racontée
par la nourrice introduit l'enfant impressionnable dans "le champ
du merveilleux".[295] "Rien, remarque-t-il, ne me plaisait plus que
les histoires épouvantables des génies, des démons et des sor-
cières".[296] Mais son esprit est obsédé par "l'image de l'Homme
au Sable [qu'il dessine] à l'aide de la craie et du charbon sur
les tables, sur les armoires, sur les murs, partout enfin, et
toujours sous les formes les plus repoussantes".[297] Parallèlement
à cette image fictive se dresse celle de l'avocat, vrai homme en
chair et en os, mais qui inspire une peur aussi grande que celle
causée par le démon imaginaire. Les deux figures commencent à se
fondre l'une dans l'autre. Le rire de Coppelius est, dans la version allemande, "recht teuflisch",[298] et le père se comporte avec
lui "comme si Coppelius [était] un être d'un ordre supérieur, dont
on doit souffrir les écarts et qu'il faut se garder d'irriter".[299]
Jalousie d'enfant qui prend des dimensions bouleversantes quand les
deux figures se confondent complètement:

> En voyant ce Coppelius, il se révéla à moi que nul
> autre que lui ne pouvait être l'Homme au Sable;
> mais l'Homme au Sable n'était plus à ma pensée cet
> ogre du conte de la nourrice [...]. Non! C'était
> plutôt une odieuse et fantasque créature qui,
> partout où elle paraissait, portait le chagrin,

le tourment et le besoin, et qui causait un mal
réel, un mal durable.[300]

Impossible de ne pas se rappeler les paroles de Méphistophelès:

Ich bin der Geist, der stets verneint!
Und das mit Recht; denn alles, was entsteht,
Ist wert, dass es zugrunde geht;
Drum besser wär's, dass nichts entstünde.
So ist denn alles, was ihr Sünde,
Zerstörung, kurz das Böse nennt,
Mein eigentliches Element.[301]

Le lien entre Coppelius, l'Homme au Sable et l'esprit du mal se
resserre quand Nathanael décrit la scène qu'il entrevoit de
derrière les rideaux:

quelle étrange métamorphose s'était opérée dans les
traits de mon vieux père! Une douleur violente et
mal contenue semblait avoir changé l'expression
honnête et loyale de sa physionomie qui avait pris
une contraction satanique. Il ressemblait à
Coppelius.[302]

D'ailleurs, Nathanael représente les rapports entre son père et
l'avocat de façon à suggérer un pacte diabolique. En découvrant
son père mort, l'enfant s'écrie, dans la version allemande: "Coppelius verruchter Satan, du hast den Vater erschlagen".[303] Il
est content de voir que les traits du défunt sont devenus "calmes
et sereins":[304] "je pensai, ajoute Nathanael, que son alliance avec
l'infernal Coppelius ne l'avait pas conduit à la damnation éternelle".[305] Nathanael a sans doute ajouté au "palimpseste"[306] de
sa mémoire ses interprétations d'adulte. Reste, pourtant, que
l'adulte continue à faire de l'alchimiste le Diable. Ainsi, en
appliquant à Coppelius des termes désignant le Malin, il parvient à
se convaincre que l'avocat est, en effet, un des masques de Satan.
Il se livre, partant, aux griffes d'un souvenir obsessif qui domine et dirige sa vie.

Le fantastique baudelairien s'écarte de celui d'Hoffmann de plusieurs points de vue. D'abord, la nouvelle se prête bien mieux au
mode fantastique que le poème ou le poème en prose. Non seulement
elle permet une évocation beaucoup plus détaillée de l'atmosphère
mais encore l'écrivain peut proposer toute une série d'énigmes aux-

quelles il suggère plus ou moins ironiquement des réponses rassurant
ou merveilleuses. D'ailleurs, elle rend possible une plus grande
variété de tons, de sorte que la crainte et le rire, l'horreur et
la beauté, antithèses essentielles au genre, peuvent s'entremêler.
En outre, la nouvelle favorise plus que le poème la mise en question
du fantastique au cours de l'oeuvre. Sur un plan moins banal, le
fantastique de Baudelaire, comme l'a montré la lecture des Sept
Vieillards, par exemple,[307] relève toujours du désir de pénétrer
plus avant dans l'esprit humain tandis que quelques-uns des contes
d'Hoffmann, surtout Vampirisme et Les Brigands, ne s'élèvent pas
au-dessus du désir d'amuser le public.

Malgré ces différences de genre et de but, le fait même qu'ils
emploient le fantastique indique plusieurs affinités entre
l'esprit hoffmannien et celui de Baudelaire. En remontant jusqu'-
aux traumatismes de l'enfance pour expliquer l'obsession de
Nathanael dans L'Homme au sable et celle de Peregrinus Tyss dans
Maître Puce, par exemple, Hoffmann exprime des idées sur la psychologie individuelle qui sont fort semblables à celles qu'on trouve
chez Baudelaire. Dans un article sur Poe, Baudelaire écrit: "Si
tous les hommes qui ont occupé la scène du monde avaient noté leurs
impressions d'enfance, quel excellent dictionnaire psychologique
nous posséderions!".[308] Une pensée analogue s'exprime dans Un
mangeur d'opium:

> Souvent, en contemplant des ouvrages d'art, [...]
> j'ai senti entrer en moi comme une vision de
> l'enfance de leurs auteurs. Tel petit chagrin,
> telle petite jouissance de l'enfant, démesurément
> grossis par une exquise sensibilité, deviennent
> plus tard dans l'homme adulte, même à son insu,
> le principe d'une oeuvre d'art.[309]

Si Baudelaire trouve que l'importance de l'enfance "n'a jamais été
suffisamment affirmée",[310] il se peut bien qu'Hoffmann ait été un
des premiers à attirer son attention là-dessus.

Ainsi, les deux pôles du fantastique hoffmannien sont le monde
qui entoure l'artiste et le domaine de l'émotion artistique. Cette
bipolarité, qui se trouve aussi chez le poète, aurait sans doute

attiré l'attention de Baudelaire aux <u>Contes fantastiques</u>. Le chapitre qui suit examinera, donc, ces deux domaines tels que Baudelaire et Hoffmann les envisagent.

CHAPITRE III

L'ARTISTE ET LE MONDE FAMILIER

Selon Baudelaire, l'art pur consiste à "créer une magie suggestive contenant à la fois l'objet et le sujet, le monde extérieur
à l'artiste et l'artiste lui-même".[1] C'est une définition qui
s'applique fort justement à l'art fantastique d'E.T.A. Hoffmann.
Dans Le Pot d'or les rêveries d'un jeune poète se glissent dans la
vie normale de Dresde et c'est du "rapport perpétuel, simultané de
l'idéal avec la vie",[2] de la coexistence des figures de la vie
quotidienne et des fantômes de l'imagination, que découle la "magie
suggestive" de L'Homme au sable. Pour dépeindre le monde extérieur,
cette "existence brumeuse"[3] qui fascine autant qu'il repousse, les
deux auteurs choisissent comme héros un artiste. Ainsi, Les Fleurs
du mal décrivent le développement du poète. Si quelques protagonistes hoffmanniens ne sont pas des artistes au sens étroit du
mot,[4] ils possèdent quand même l'"esprit poétiquement enfantin",[5]
cette qualité d'âme qui annonce un membre de l'"Eglise invisible".[6]
De tels esprits savent pénétrer les "lourdes ténèbres de l'existence
commune et journalière"[7] précisément parce que le monde extérieur et le monde de l'imagination existent pour eux simultanément:

>   L'Enfant déshérité s'enivre de soleil,
>   Et dans tout ce qu'il boit et dans tout ce qu'il mange
>   Retrouve l'ambroisie et le nectar vermeil.[8]

Outre Le Pot d'or et L'Homme au sable, trois contes d'Hoffmann
serviront de base à l'étude des rapports entre l'artiste et le monde
extérieur: L'Eglise des Jésuites, qui a pour sujet "l'existence dé-

80

chirée d'un artiste malheureux",[9] Les Mines de Falun, histoire sombre
d'un jeune homme tiraillé entre la vie bourgeoise et le monde des
métaux, et, troisièmement, Maître Puce, où à la "douceur du foyer"[10]
s'opposent les tentations d'un monde de beauté extra-terrestre.

L'Eglise des Jésuites dépeint le sort d'un artiste qui "a été
lui-même son démon, le Lucifer qui a porté le feu dans sa vie".[11]
Le voyageur enthousiaste, contraint à passer quelques jours dans
une petite ville, rend visite au collège des Jésuites, où il rencontre le peintre Berthold. La voix du peintre exprime "les plus
effroyables douleurs de l'âme".[12] Pour comble de mystère,
l'enthousiaste reconnaît en Berthold "le peintre d'architecture le
plus exercé qu'il y ait".[13] Mais celui-ci repousse toute louange
des

> audacieux qui, sourds au bruit de leurs chaînes
> d'esclaves, inaccessibles aux atteintes de la
> rivalité, se font libres, se croient dieux,
> et veulent manier et dominer la lumière éternelle
> et la vie.[14]

Le malheur de Berthold provient d'avoir voulu atteindre "ce qu'il
y a de plus élevé":[15]

> Non pas le goût de la chair, comme Titien, non,
> mais la nature divine; quand on veut dérober
> le feu de Prométhée, seigneur, c'est un rocher
> escarpé, un fil étroit sur lequel on marche!
> L'abîme est ouvert, le hardi navigateur passe
> au-dessus et une illusion diabolique lui fait
> voir, au-dessous de lui, ce qu'il cherchait aux
> étoiles![16]

Le professeur du collège remet au voyageur un manuscrit, dans
lequel un jeune étudiant, ami de Berthold, retrace la vie du
peintre. Après s'être essayé à plusieurs genres de la peinture,
Berthold découvre, grâce aux sarcasmes d'un vieillard énigmatique,
que son vrai génie consiste à "rendre avec vivacité les charmes de
la nature sous son aspect humain".[17] Sainte Catherine lui apparaît
dans une vision. Grâce à l'inspiration de la sainte, Berthold
connaît la gloire. Mais la vision se fait chair: le peintre
reconnaît Sainte Catherine dans la personne de la princesse
Angiolina T. Il l'épouse, mais loin de trouver dans ses bras un

bonheur sans bornes, Berthold perd à jamais le souffle créateur qui animait naguère ses oeuvres d'art. Son idéal lui semble "un froid automate aux yeux de verre".[18] Le peintre désabusé devient de plus en plus irascible et un jour se débarrasse, on ne sait comment, de sa femme et de son enfant.

Ayant lu le manuscrit, le narrateur essaie d'éclairer le mystère. Le peintre nie, fort violemment d'ailleurs, toute culpabilité de sa part en ce qui concerne la disparition de sa famille. Rentré chez lui, le voyageur enthousiaste reçoit du professeur une lettre qui lui apprend que le peintre a quitté le collège:

> Comme on n'a plus entendu parler de lui et
> qu'on a trouvé son chapeau et sa canne sur
> le bord de la rivière, nous pensons tous
> qu'il s'est volontairement donné la mort.[19]

Le péché de Berthold est double: il a voulu non seulement trouver l'idéal dans un être humain mais aussi posséder la femme qu'il aurait dû adorer de loin.

Le conte, Les Mines de Falun, se base sur une histoire authentique dont s'inspirent plusieurs des Romantiques allemands. Elis Fröbom, plongé dans une noire rêverie, fait la connaissance d'un vieillard auquel il avoue que la vie de marin lui est devenue insupportable. L'étranger lui dépeint les beautés du règne minéral avec tant d'adresse que le matelot se sent tiraillé déjà entre "la douce lumière du jour"[20] et le scintillement du gouffre. Un rêve bizarre lui révèle toutes les splendeurs ainsi que tous les périls du monde souterrain.

Malgré ses craintes, Elis part pour les mines de Falun. Le spectacle de la carrière fait frissonner de peur le jeune homme qui se décide à passer la nuit à Falun et à revenir le lendemain à Goethabourg. Mais à Falun il voit la belle Ulla Dahlsjö et reconnaît en elle la gracieuse femme qui, dans son rêve, lui a tendu une main amie. Il se fait mineur. Dès lors, sa vie n'est qu'un ballottement continuel entre, d'une part, Ulla et le monde terrestre et, d'autre part, la puissante reine des métaux et son paradis lumineux au sein de la terre.

Le jour des noces du jeune couple, Elis dit à sa fiancée qu'il va lui chercher la plus précieuse de toutes les gemmes, l'alcmandie. Par suite d'un éboulement la mine est obstruée et Elis perdu. Cinquante ans plus tard, des mineurs découvrent son cadavre, pétrifié, paraît-il, par l'action de l'acide nitrique. Seule une vieille femme le reconnaît: c'est Ulla. Elle meurt sur le corps de son fiancé qui tombe tout de suite en poussière. De nouveau, donc, le héros est puni pour avoir hésité entre la femme de chair et l'idéal, ce rêve de pierre.

Maître Puce, nouvelle très riche et fort complexe, entraîna Hoffmann dans un procès contre l'Etat pour avoir

> die Absicht gehabt und, so weit an ihm lag, erreicht
> [...], eine von des Königs Majestät angeordnete
> Massregel, zu deren Mitwirkung er selbst durch das
> allerhöchste Vertrauen mit berufen worden, öffentlich
> als lächerlich und als Werk der niedrigsten
> persönlichen Motive darzustellen. [21]

Il s'ensuivit qu'aucune édition intégrale du récit ne fut publiée avant 1906. [22] Malgré la coupure, qui supprimait un épisode des plus amusants, Baudelaire goûtait fort le comique de ce conte qu'il appelle Peregrinus Tyss. [23]

Malgré sa naïveté envers les femmes, Tyss, le protagoniste timide, offre plusieurs traits qui rappellent le caractère du jeune Baudelaire et qui auraient augmenté le charme du conte aux yeux du poète. [24] Enfant, Peregrinus ne voulait rien savoir, par exemple, "du monde réel, dans lequel vivait uniquement son père". [25] D'ailleurs, tout comme le jeune Baudelaire, Peregrinus entreprend un long voyage, pour le grand bonheur de son père, qui croit que "cela le tirera de ses rêveries". [26] Cependant,

> On ignore dans quelles contrées [il] dirigea ses
> voyages; quelques-uns prétendent qu'il parcourut
> les Indes, mais d'autres assurent qu'il se figura
> seulement qu'il les avait parcourues. [27]

Le parallèle avec le voyage avorté de Baudelaire saute aux yeux. De retour, Peregrinus trouve ses parents morts. Bourrelé de remords, il vit dans le passé, n'ayant pour servante que son ancienne nourrice, Aline, femme si laide qu'elle passe pour "une

curiosité d'histoire naturelle".[28] Chaque année, à Noël, Peregrinus achète des cadeaux, revit les scènes heureuses de son enfance
et finit par donner aux enfants des pauvres les jouets et les
sucreries qu'il s'est achetés. Le bonheur timide que manifestent
les enfants lui fait ressentir les mêmes plaisirs qu'éprouve le
narrateur du Joujou du pauvre.

Une année pourtant, au moment de donner des cadeaux aux enfants
de Lämmerhirt, pauvre relieur de livres, Peregrinus s'étonne de
voir une dame fort belle entrer dans la maison, exprimer sa joie de
l'avoir retrouvé et lui demander de la raccompagner. Or, le reclus
craint tellement les femmes que "des gouttes de sueur froide
tomb[ent] de son front".[29] Néanmoins, la beauté et l'astuce de
l'inconnue sont telles que le misogyne l'emmène chez lui. Là, elle
l'implore de lui rendre celui qu'elle appelle le "prisonnier".
Peregrinus, perplexe, dit qu'il ne garde aucun prisonnier et la
dame se sauve en pleurant.

Le deuxième chapitre met en scène un ami de Peregrinus, Georg
Pepusch. Or, Pepusch aime Dörtje, la nièce d'un dompteur de puces,
Anton van Leuwenhoek, grand savant qui continue à habiter Francfort-
sur-le-Mein bien qu'il "repose enterré dans la vieille église de
Delft depuis l'an mil sept cent vingt-cinq".[30] Entrant chez
Leuwenhoek, Pepusch trouve tout en désordre: les puces se sont
évadées et Dörtje est partie. Le savant veut tout expliquer au
nouveau venu en lui racontant l'histoire merveilleuse de sa
prétendue nièce. Celle-ci n'est autre que la princesse Gamaheh,
fruit des amours du roi Sekakis et de Golkonda, reine des fleurs.
Il y a longtemps Gamaheh vint à Famagusta, où elle s'endormit dans
une forêt de cyprès. Mais l'affreux prince des sangsues l'embrasse
pendant qu'elle dort, caresse fatale, parce que "c'est le prince
le plus altéré de sang qui soit dans le monde".[31] Le génie Thetel
tue le prince et s'envole à tire-d'aile, emportant la princesse
dans ses bras. Deux mages, dont Leuwenhoek lui-même, aperçoivent
le couple bizarre et tâchent en vain d'apprendre le destin de l'in-
fortunée. Beaucoup d'années plus tard, le collègue de Leuwenhoek

découvre, dans le calice d'une "tulipe panachée de lilas et de jaune",[32] la princesse Gamaheh, réduite à des proportions microscopiques, et, selon toute apparence, morte. Par "l'emploi habile de différents verres"[33] les mages parviennent à rendre à Gamaheh sa taille normale. Il n'est pas impossible qu'Hoffmann décrive ici un fantasme infantile du mystère de la naissance. L'ayant rappelée à la vie, les mages se disputent la possession de cette merveille. Ils tombent enfin d'accord pour que Leuwenhoek garde la princesse pourvu qu'il cède à son collègue un verre très précieux. Maintenant, toutefois, Swammerdam, l'autre mage, ayant égaré ce verre, fait tous ses efforts pour reprendre la princesse.

Pepusch, furieux, interrompt le récit. Il prétend que ce n'est pas le génie Thetel, mais lui, la Distel Zeherit, qui a tué le prince des sangsues. Qui plus est, la princesse n'était pas morte mais dormait, à l'instar de Zeherit, du "sommeil des fleurs, d'où elles reviennent à la vie, bien que sous d'autres formes".[34] Pepusch quitte Leuwenhoek pour courir à la recherche de Dörtje-Gamaheh.

L'intrigue se complique: Peregrinus fait la connaissance du prisonnier que lui réclamait la belle étrangère. Celle-ci, bien entendu, n'est autre que Gamaheh ou Dörtje Elverdink. Le prisonnier, chef des puces que dressait Leuwenhoek, s'est caché parmi les cadeaux de Noël que Peregrinus achetait, de sorte qu'il croit devoir sa liberté au misanthrope. Or, Meister Floh, lui aussi, aime Gamaheh. Quand le prince des sangsues embrassa la princesse, Floh essaya en vain de la sauver en lui donnant une piqûre salutaire. Thetel emporta donc la puce en même temps que Gamaheh. Ebloui par un des microscopes des mages, Floh tomba et devint, ainsi que tout son peuple, le plus démocratique du monde, le prisonnier de Leuwenhoek. Floh était présent quand les savants rappelèrent la princesse à la vie: cependant, le sang s'arrêta à l'endroit même où le prince l'avait embrassée. Floh continue ainsi l'histoire:

> l'amour que j'éprouvais pour la belle Gamaheh
> me donna des forces de géant, je brisai mes
> chaînes, je m'élançai d'un bond vigoureux sur

> son épaule, une légère piqûre suffit pour
> mettre le sang en circulation.[35]

Mais voici la tragédie de Floh et de tout son peuple: "cette
piqûre doit se renouveler pour que la princesse continue de vivre
dans l'éclat de sa jeunesse et de sa beauté".[36] En lui donnant la
vie, Meister Floh a perdu sa liberté, car, pour conserver sa jeunesse, Gamaheh a besoin des puces qu'elle réduit en esclavage.
Peregrinus promet de protéger la liberté des puces qui se sont
évadées et Floh lui donne un microscope. C'est le verre précieux
dont parla Leuwenhoek, et qui permet à celui qui le porte de lire
dans les pensées d'autrui.

Dans les chapitres suivants, Hoffmann décrit les luttes bizarres que mènent pour la possession soit de Meister Floh soit de
Gamaheh, Peregrinus, Pepusch et les deux mages, ainsi que le génie
Thetel et le prince des sangsues, le premier déguisé en maître de
ballet, le deuxième en douanier.

Peregrinus, accompagné comme d'habitude par Floh, se rend
auprès de Leuwenhoek, dans le but de consulter son horoscope. Il
apprend ainsi que, dans une existence antérieure, il était "une
brillante escarboucle enfouie dans la profondeur de la terre":[37]
l'escarboucle dort toujours dans son coeur. Quand la "vertu
endormie [de ce talisman mystique] se réveillera",[38] Gamaheh re-
prendra une vie normale.

Ne sachant que faire, Peregrinus rend visite au relieur de
livres chez qui il fait la connaissance et tombe aussitôt amoureux
de la jolie Röschen Lämmerhirt. C'est cet amour qui réveille
l'escarboucle. Dans un rêve, Peregrinus découvre son identité
mythique. Il est le roi Sekakis et, en tant que tel, peut réunir
la Distel Zeherit qui est Pepusch et la tulipe Gamaheh qui est
Dörtje. Thetel et le prince des sangsues sont bannis; Swammerdam
et Leuwenhoek sont punis pour avoir porté leurs regards "dans [les]
secrets mystérieux"[39] de la nature et Meister Floh "s'élanc[e]
dans le sein de la belle Gamaheh".[40] Signalons que Loève-Veimars
a cru bon d'écarter de nombreux détails de ce rêve, qui perd, par

conséquent, une grande partie de sa richesse: la traduction est, d'ailleurs, assez imprécise.

On célèbre les noces de Pepusch et de Dörtje en même temps que celles de leurs doubles: Peregrinus et Röschen. Pourtant, dans la nuit, "l'aloès à fleurs de géant"[41] s'épanouit et meurt et l'on trouve sur sa tige "une tulipe jaune et lilas, qui [vient] d'expirer de la mort des fleurs".[42] Pepusch et Dörtje ont disparu sans laisser de traces.

Ce Märchen, qui, au dire d'E. Teichmann, "a dû sembler au public français un Candide à rebours"[43] est, sans aucun doute, un chef-d'oeuvre défectueux. Pourtant, il faut rappeler les difficultés qui s'acharnèrent contre Hoffmann au moment où il le créa. Atteint d'une maladie fatale, il se vit obligé à envoyer chaque chapitre à son éditeur dès qu'il l'avait achevé. Et cependant, n'est-ce pas probable que ces difficultés ont amené le conteur à révéler plus qu'il n'aurait voulu? Il est bien dommage, à mon avis, que les critiques allemands, ceux qui sont venus après Freud, n'aient pas analysé le conte de ce point de vue. Qu'on prenne, à titre d'exemple, l'amour de Peregrinus pour Gamaheh. Celle-ci est la fille de Golkonda, reine des fleurs, et du roi Sekakis: or, Aline, la bonne de Peregrinus, s'appelle aussi Golkonda et le texte suggère que Gamaheh reconnaît en elle sa propre mère.[44] L'amour que Peregrinus ressent pour Gamaheh étant donc incestueux, Hoffmann s'est vu obligé à introduire dans la nouvelle, trop hâtivement et sans conviction, une autre jeune fille, Röschen Lämmerhirt. D'ailleurs, les sentiments dont Peregrinus fait preuve à l'égard d'Aline, sa femme dans le récit mythique, sa bonne dans la vie quotidienne, sont ceux d'un enfant envers sa mère: "Un enfant n'a pas plus peur de la verge que M. Tyss avait peur des reproches de sa vieille gouvernante".[45] Le thème de l'amour incestueux, thème qui se retrouve dans Les Elixirs du diable et Le Chat Murr et, sous une forme atténuée, dans Datura Fastuosa et Le Conseiller Krespel, est bien plus important pour la compréhension de l'oeuvre hoffmannienne que ne l'admettent la plupart des critiques.

De ces trois contes, ainsi que de toute l'oeuvre d'Hoffmann, se dégage une vision de l'artiste qui, tout en ayant des éléments communs à tous les Romantiques allemands, reste une vision extrêmement personnelle. C'est, d'ailleurs, cet aspect de son oeuvre qui suscite avant tout les louanges d'un Sainte-Beuve: "personne jusqu'ici, ni critique, ni artiste n'a [...] senti et expliqué à l'égal d'Hoffmann ce que c'est qu'un artiste."[46]

(a) La Sensibilité artistique

L'artiste est marqué avant tout par une sensibilité extraordinaire qui fait de la beauté une source également riche en joies et en douleurs. La complexité de cette caractéristique ressort chez Hoffmann surtout de la description du club poético-musical de Kreisler, et, chez Baudelaire, de quelques poèmes de Spleen et Idéal et du Confiteor de l'artiste.

Dans Le Club musico-poétique de Kreisler, qui fait partie des Kreisleriana, Hoffmann dépeint une soirée musicale où le maître de chapelle, ayant éteint les chandelles, joue du piano en commentant les émotions que les accords suscitent. Dès le début, il se rend compte du fait que la musique prodigue autant de tourments que de délices: les "esprits" qui semblent produire les accords emportent le musicien "dans le pays du désir éternel, mais, lorsqu'ils [le] saisissent, la douleur s'éveille et veut s'échapper de [son] sein qu'elle déchire violemment".[47] Kreisler, chez qui la nature a "mêlé trop peu de flegme à [une] excessive sensibilité",[48] trouve que peu à peu les tourments deviennent plus intenses que les délices, de sorte qu'il est sur le point de sombrer dans la folie quand son fidèle ami le sauve en allumant les bougies. La description de ce passage de la joie à la douleur contient plusieurs observations symétriques qui mettent en lumière toute l'ambiguïté de l'attitude de l'artiste envers la beauté. Aux "gracieux esprits qui agitent leurs ailes d'or, produisant des accords et des harmonies d'une infinie splendeur"[49] fait pendant le "blême fantôme aux yeux rouges et flamboyants" qui "jette les mouchettes dans les

cordes du piano, afin que [Kreisler] ne puisse pas jouer".[50]
D'abord, le maître de chapelle nage dans une vapeur qui "s'illumine
de cercles enflammés, mystérieusement entrelacés".[51] Cet entrelacement mystérieux suggère l'ordre et l'harmonie, mais à mesure que
l'émotion de Kreisler s'intensifie il ne découvre plus dans la
musique qu'une "folle parodie de la vie" et s'écrie: "pourquoi
m'entraînes-tu ainsi dans l'agitation de tes cercles magiques?".[52]
Et si l'art paraît d'abord offrir une "joyeuse vie dans les champs
et les bois, en ce gracieux printemps",[53] Kreisler finit par gémir:
"Maudit, tu as écrasé toutes mes fleurs... dans cet affreux désert
ne verdira plus un brin d'herbe ... mort ... mort ... mort ...".[54]
Le langage même s'effondre: celui qui croyait connaître "ce langage des esprits"[55] ne peut que balbutier des bribes de phrases.
La sensibilité de l'artiste, aux yeux d'Hoffmann, est donc aussi
dangereuse qu'elle est essentielle.

La même ambiguïté, le même mouvement de la joie à la douleur,
la même transformation du sens des images se trouvent dans Spleen
et Idéal et dans Le Confiteor de l'artiste. Comme Hoffmann,
Baudelaire signale tout au début du poème en prose les dangers
auxquels il s'expose:

> il est de certaines sensations délicieuses dont
> le vague n'exclut pas l'intensité; et il n'est
> pas de pointe plus acérée que celle de l'Infini.[56]

Cette bipolarité fait penser à quelques vers de l'Hymne à la beauté:

> Tu contiens dans ton oeil le couchant et l'aurore;
> Tu répands des parfums comme un soir orageux;
> Tes baisers sont un philtre et ta bouche une amphore
> Qui font le héros lâche et l'enfant courageux.[57]

Si, en regardant la mer et le ciel, un jour d'automne, Baudelaire
se sent, un instant, en harmonie avec la nature, il finit par la
regarder comme une "rivale toujours victorieuse".[58] Le moi qui
s'est perdu dans "la grandeur de la rêverie"[59] se rend amèrement
compte qu'il s'agit bien d'une perte plutôt que d'une fusion:
l'intensité de l'émotion ne lui permet pas de la perpétuer en poésie.
Le plaisir que le poète éprouve en noyant son regard "dans l'immensité du ciel et de la mer" se transmue en supplice quand ses

"nerfs trop tendus ne donnent plus que des vibrations criardes et douloureuses".[60]

On voit une opposition analogue entre Correspondances et Obsession: le sonnet Correspondances traduit une vision d'un monde où l'homme vit en harmonie avec ce qui l'entoure tandis que dans Obsession la nature n'est qu'un écho moqueur du désespoir humain. Et l'esprit qui se purifie "dans l'air supérieur, / Et boi[t], comme une pure et divine liqueur, / Le feu clair qui remplit les espaces limpides"[61] se trouve condamné à lutter contre "un gigantesque remous / Qui va chantant comme les fous / Et pirouettant dans les ténèbres".[62]

Le désir de l'artiste baudelairien de retrouver sa patrie, où tout parle "A l'âme en secret / Sa douce langue natale",[63] se trouve donc tempéré par la peur, par la reconnaissance que "l'étude du beau est un duel où l'artiste crie de frayeur avant d'être vaincu".[64]

L'artiste hoffmannien est un esprit enfantin, qui jette sur le monde le regard émerveillé de l'enfance et qui a besoin d'un guide plus expérimenté que lui: pour Berthold il y a le Maltais, pour Elis, Torbern, pour Peregrinus, Meister Floh. Seuls les jeunes gens qui possèdent "une âme où résonnent ces mystérieux accords, écho du monde lointain et tout peuplé de merveilles" sont dignes du "nom sacré" de poète.[65] Sans guide, pourtant, ils n'arrivent pas à traduire en oeuvre d'art ces "mystérieux accords": ils succombent à la vanité, comme Giglio, aux tentations de la vie bourgeoise, comme Elis, ou à l'imitation stérile de genres qui ne leur conviennent pas, piège où tombe Berthold. Le guide incarne l'esprit critique, celui qui blesse afin de guérir. Il semble au jeune peintre, par exemple,

> que ce Grec [ait] touché une de ses blessures
> intérieures, attouchement douloureux mais salutaire,
> comme celui du chirurgien qui sonde une plaie.[66]

Ce mélange de perception enfantine et d'esprit critique, aspects qu'Hoffmann ne répartit entre deux personnes que pendant l'apprentissage de l'artiste, Baudelaire, lui aussi, en souligne la nécessité. Ici, pourtant, l'influence de De Quincey semble plus

forte que celle d'Hoffmann. Selon Baudelaire "aucun aspect de la
vie n'est émoussé"[67] aux yeux du génie et de l'enfant: c'est un des
privilèges de l'enfance que de voir "tout en nouveauté": que d'être
"toujours ivre".[68]

L'esprit artistique, précise Baudelaire, consiste dans

> l'enfance retrouvée à volonté, l'enfance douée
> maintenant, pour s'exprimer, d'organes virils et
> de l'esprit analytique qui lui permet d'ordonner
> la somme de matériaux involontairement amassée.[69]

Dans des couples tels Lindhorst / Anselmus et Celionati / Giglio
on voit un emblème net de ces deux aspects que Baudelaire lui-même
considère comme essentiels à l'artiste.

L'artiste n'est pas seulement "a child - with a most knowing
eye",[70] mais aussi un "homme du monde" et un "homme des foules":[71]
il "jouit de cet incomparable privilége, qu'il peut à sa guise
être lui-même et autrui".[72] Le poète baudelairien, apercevant de
loin une inconnue, refait "l'histoire de cette femme, ou plutôt
sa légende, et quelquefois [il se] la raconte à [lui-même] en
pleurant".[73] Theodor, narrateur de La Maison abandonnée, se plaît
à "contempler les tournures des gens qui [passent] et [à] faire
leur horoscope".[74] Comme le signale M. Zimmerman,[75] le thème du
"bain de multitude"[76] se rencontre dans La Fenêtre du coin d'Hoffmann, dans The Man of the Crowd d'E.A. Poe et dans le poème en
prose de Baudelaire, Les Fenêtres, ce qui révèle entre ces trois
auteurs une remarquable affinité d'esprit.[77] Mais qu'on ne s'y
méprenne pas. Chez Hoffmann, comme chez Baudelaire, la réalité
extérieure importe peu: ce que le poète cherche dans la foule,
c'est quelque chose qui lui fasse sentir qu'il est et ce qu'il
est.[78]

De même que l'artiste s'identifie avec ceux qu'il voit, de même
il peut s'éloigner de lui-même, et se juger comme s'il était un
autre. C'est le Doppelgängermotiv, thème riche de significations.
L'homme sensible a souvent l'impression d'être "étranger à [ses]
propres sensations",[79] "divisé en deux parties".[80] Il est "le
sinistre miroir / Où la mégère se regarde".[81] Chez Hoffmann, c'est

dans Les Elixirs du diable[82] que le motif s'enfle et atteint des
proportions terrifiantes: tant que Medardus ne s'avoue pas coupable
de ses crimes, tant qu'il attribue ses péchés à la puissance de
l'élixir, son double le tourmente. Medardus extériorise ainsi sa
conscience et s'aveugle sur son propre caractère:

> Je suis ce que je parais être, et ne parais
> pas ce que je suis, énigme que moi-même je
> ne sais pas résoudre, je suis brouillé avec
> moi-même.[83]

Le double met en danger l'équilibre de l'artiste, péril que P.
Sucher exprime très clairement:

> dans certains cas [...] la personnalité se
> désagrège d'elle-même, le sujet trouve en
> lui-même son propre magnétiseur et son
> 'démon ennemi'.[84]

C'est évidemment ce qui arrive dans le cas de Medardus. Pourtant,
la dualité de l'artiste est une partie intrinsèque de son génie,
car elle provient surtout de sa perception suraiguë de l'écart
entre le rêve et la réalité. Selon W. Krauss,

> als Symbol für die Schranken des Menschen zwischen
> seinem irdischen Ich, der Verkörperung seines
> Strebens nach endlicher Erfüllung, und den höheren
> Mächten, die teilweise Erscheinungen seines Willens
> zur Unendlichkeit sind, entsteht der Gedanke des
> Doppelichs.[85]

Comme preuve à l'appui de cette observation on peut citer le couple
Peregrinus et Röschen qui choisit la vie terrestre et qui fait
contrepartie à Pepusch et Dörtje, qui habitent le monde des rêves.
De façon analogue Veronika représente le désir de se satisfaire
des biens de la terre tandis que Serpentina incarne la soif de
l'infini. Le Philister, content de vivre dans un monde étroit, ne
souffre pas de la hantise du double. Le seul exemple d'une telle
apparition chez un bourgeois qu'on trouve dans l'oeuvre hoffmannienne figure dans un conte très médiocre, Le Choix d'une fiancée, et
dans ce cas il est hors de doute que la vision du secrétaire Tusman
provient de l'ivresse. Le bourgeois d'Hoffmann, pareil à cet égard
au serviteur de Dostoïevsky, croit fermement que "good people live
honestly, good people live without faking, and they never come

double".[86] Le sentiment d'être double tracasse l'artiste seul:
mais cette conscience aiguë de soi lui est nécessaire pour que son
génie s'épanouisse. Telle est une des leçons de La Princesse
Brambilla:

> Le génie peut du moi faire naître le non-moi,
> déchirer ses propres entrailles et changer en doux
> transports les douleurs de l'existence.[87]

B. Elling, dans une monographie récente, suggère une autre fonction
du double: "sich selbst letztlich als Doppelgänger des Anselmus
ironisierend hat der Erzähler auch den Leser als eine Art Doppelgänger in den Erkenntnisprozess des Anselmus einbezogen".[88]

Pour Baudelaire, la dualité s'avère fondamentale pour l'artiste,
qui "n'est artiste qu'à la condition d'être double et de n'ignorer
aucun phénomène de sa double nature".[89] A la fin du Vin et du
hachish, le poète cite Barbereau qui condamne ceux qui se servent
de drogues pour "arriver à la béatitude poétique". Selon Barbereau

> Les grands poëtes, les philosophes, les prophètes
> sont des êtres qui par le pur et libre exercice de
> la volonté parviennent à un état où ils sont à la
> fois cause et effet, sujet et objet, magnétiseur et
> somnambule.[90]

Et Baudelaire d'ajouter: "Je pense exactement comme lui".

Samuel Cramer est "le produit contradictoire d'un blême Allemand
et d'une brune Chilienne"[91] et fait preuve d'une "nature ténébreuse,
bariolée de vifs éclairs, - paresseuse et entreprenante à la fois,
- féconde en desseins difficiles et en risibles avortements".[92] Il
y a une ressemblance significative, d'ailleurs, entre Samuel Cramer
et Giglio Fava, protagoniste de La Princesse Brambilla et victime
du dualisme chronique. L'homme double de Baudelaire n'est pourtant
pas à vrai dire un Doppelgänger: il représente la lutte morale de
l'individu contre des penchants qui tendent à l'avilir. Néanmoins,
une étude de Giglio Fava et de Samuel Cramer nous aidera à comprendre la nature de l'artiste chez Hoffmann et chez Baudelaire.
Giglio, de même que Samuel, se considère "comme l'égal de ceux
qu'il [sait] admirer",[93] lui aussi est "comédien par tempérament"[94]
et lui aussi peut crier: "Quel triste et lamentable sort que celui

d'un génie harcelé par un million de dettes!".[95] Samuel, à l'instar de Giglio, a

> tellement pris l'habitude de [s']extasier à
> tout propos, [qu'il a] l'air de colporter en
> [sa] personne un mélodrame ennuyeux et perma-
> nent, avec des oh! des ah! des hélas! plus
> ennuyeux encore.[96]

Un trait du caractère de Cramer paraît être directement emprunté
à Fava. On note que

> si quelque fille, dans un accès de jalousie
> brutale et puérile, lui [fait] une égrati-
> gnure avec une aiguille ou un canif, Samuel   [97]
> se [glorifie] en lui-même d'un coup de couteau.

Giacinta donne à son amant romanesque

> une piqûre d'aiguille si profonde qu'il se
> relève avec douleur et se voit forcé de faire
> quelques sauts en arrière en criant: 'Diable!
> diable!'[98]

Un autre passage rappelle non seulement La Fanfarlo mais aussi le
petit poème en prose, La Soupe et les nuages:

> Giglio se mit à déclamer un monologue de certaine
> tragédie de l'abbé Chiari, tirade d'un désespoir
> affreux et sublime. Giacinta, à qui Giglio avait
> cent fois répété ce monologue, le savait tout
> entier par coeur, et sans lever les yeux de son
> ouvrage elle soufflait à son amant désespéré le
> mot suivant dès qu'elle le voyait hésiter. Enfin
> il tira son poignard et se l'enfonça dans le coeur,
> tomba, fit trembler le plancher, se releva, secoua
> la poussière de son habit, essuya la sueur de son
> front et dit en riant:
> - Violà qui prouve le maître, n'est-il pas vrai,
> Giacinta?
> - Sans doute, répondit Giacinta [...]; mais je
> crois qu'il est temps de nous mettre à table.[99]

Mais là où Samuel Cramer échoue, Giglio parvient à réaliser son
vrai génie.

Si l'artiste est souvent double, c'est qu'il refuse de reconnaître son vrai génie, qui s'extériorise pour accomplir les désirs
que l'artiste lui-même refuse d'entériner. Mais parfois ce génie
dort, et il faut un événement extraordinaire pour que l'homme recon-
naisse ses véritables dons.

Le rêve de Peregrinus Tyss contient un élément qui est à la base de la vision hoffmannienne de l'homme: l'escarboucle qui dort dans son coeur. L'image des bijoux que l'homme, et surtout l'artiste, porte en lui symbolise, comme l'a remarqué J. Reddick, "the pristine potential of each man".[100] C'est pourquoi Elis Fröbom s'élance à la recherche de "l'alcmandie d'un rouge cerise éblouissant, sur lequel est gravé le tableau de notre vie".[101] Le thème reparaît dans un passage de La Princesse Brambilla, où le narrateur s'adresse directement au "lecteur bien-aimé":

> Quel beau monde nous enfermons en notre sein!
> Il n'est point resserré entre deux pôles comme
> le nôtre, et toutes les richesses inconnues de
> toute la création visible ne sont rien devant ses
> trésors. L'homme dans cette vie serait mort,
> serait pauvre, serait aveugle comme la taupe
> dans son trou, si l'esprit du monde n'eût mis
> dans le sein des hommes tributaires de la nature,
> cette mine inépuisable de diamants dont les mille
> étincelles éclairent ce royaume intérieur qui fait
> notre riche domaine. Heureux ceux qui connaissent
> leur richesse![102]

J.-P. Richard[103] voit dans le premier tercet du Guignon –

> – Maint joyau dort enseveli
> Dans les ténèbres et l'oubli,
> Bien loin des pioches et des sondes;[104]

– une indication que pour Baudelaire le génie artistique ressemble à une mine remplie de pierres précieuses qu'on n'extrait qu'avec un effort surhumain, effort qui exige le courage d'un Sisyphe. Le critique développe ainsi sa pensée:

> Baudelaire est bien lui-même ce bijou endormi,
> enseveli, cet être séparé de son être, cette
> conscience toujours distante d'elle-même et
> de son objet, perdue dans l'insondable.[105]

On trouve dans l'oeuvre de Baudelaire d'autres images du même ordre: "le trésor variable de la volonté",[106] "le riche métal de notre volonté",[107] et "les écrins de vos riches mémoires, / Ces bijoux merveilleux".[108] Bien que le tercet en question traduise des vers de Thomas Gray, il est évident que Baudelaire ne les aurait pas choisis s'ils n'exprimaient pas un sentiment qui lui était cher. Quand même

ce ne serait pas Hoffmann qui aurait suggéré l'image des joyaux ensevelis, motif assez répandu à cette époque, elle aurait rendu le
monde hoffmannien plus proche de l'univers mental de Baudelaire.

Chez Hoffmann comme chez Baudelaire, les joyaux restent ensevelis jusqu'à ce que l'homme parvienne, par l'art, par l'amour ou
par la terreur, à une compréhension profonde de l'existence. Mais
parvenir à une telle compréhension entraîne l'artiste non seulement
vers le bien et le beau mais aussi vers le mal et le laid. Dans un
monde multiple, l'artiste doit se montrer sensible à toute sorte
d'inspiration. "Pourquoi le poëte", demande Baudelaire,

> ne serait-il pas un broyeur de poisons aussi
> bien qu'un confiseur, un éleveur de serpents
> pour miracles et spectacles, un psyle [sic]
> amoureux de ses reptiles, et jouissant des
> caresses glacées de leurs anneaux en même
> temps que des terreurs de la foule?[109]

Ces lignes font penser au caractère ambigu du prince dans Une mort
héroïque. Ce souverain, "véritable artiste", craint tant l'empire
de l'ennui que "les efforts bizarres qu'il [fait] pour fuir ou pour
vaincre ce tyran du monde lui [attireraient] certainement [...]
l'épithète de 'monstre'". Pour se distraire, il cherche à "véri-
fier jusqu'à quel point les facultés habituelles d'un artiste
[peuvent] être altérées ou modifiées par la situation extraordinaire où il se [trouve]".[110]

Des mages tels que Lindhorst et Celionati sont doués d'un talent
poétique, témoin les mythes qu'ils racontent et qui reflètent avec
tant d'adresse les événements du monde familier. Et pourtant, tous
deux laissent entrevoir un côté diabolique: le charlatan et le
"chimiste expérimentateur"[111] sont bien capables de broyer des
poisons ou d'élever des serpents. Plus équivoque encore, l'orfèvre
René Cardillac (Mademoiselle de Scudéry) cache sous une apparence
de bon bourgeois une obsession meurtrière. Afin de se nourrir,
Cardillac doit vendre l'orfèvrerie qu'il crée: mais la perte de
ses chefs-d'oeuvre lui ronge le coeur d'une douleur insupportable.
Poussé par cette manie qui le détruit, il égorge ses clients.

L'artiste est un homme à part, car, comme l'a bien remarqué

LA SENSIBILITE ARTISTIQUE

M. Thalmann, "Genie und Krankheit sind kaum mehr zu trennnen, und Genie und Kriminalität berühren sich leicht".[112]   Selon H.W. Hewett-Thayer,

> the artist is set apart from other men by his
> very nature; he can never be like them and live
> with them as they live with one another. His
> real home is in the world of dreams, and that
> he persistently lives there seems an affront to
> his environment.[113]

Qu'on se rappelle, pour illustrer cette thèse, la raillerie offensée des bourgeois qui aperçoivent Anselmus en train d'embrasser un arbre et de prier les trois serpents de revenir. La méfiance d'autrui est beaucoup plus intense dans la vision baudelairienne. Le jeune poète trouve que

> Tous ceux qu'il veut aimer l'observent avec crainte,
> Ou bien, s'enhardissant de sa tranquillité,
> Cherchent à qui saura lui tirer une plainte,
> Et font sur lui l'essai de leur férocité.[114]

Cette âme sensible, condamnée à chercher la perfection dans un monde déchu, ne trouve parfois qu'une seule issue: la folie. Il ne s'agit là ni pour Baudelaire, ni pour Hoffmann d'un thème purement littéraire. Tous deux se sentent touchés par la griffe de la démence. Hoffmann déchiré par son amour pour Julia Marc, se sert de ses Journaux comme de confidents: on lit, par exemple, sous la date du 6 janvier 1811:

> humeur exaltée et cocasse - nerveux jusqu'aux
> idées de la folie qui me viennent souvent à
> l'esprit. Pourquoi pensé-je - endormi ou
> éveillé - si souvent à la folie? - je crois
> qu'une décharge spirituelle pourrait avoir
> l'effet d'une saignée.[115]

Et encore:

> Ktch jusqu'à la folie - à la plus grande folie
> - contemplation de ma propre nature - que
> menace la destruction - c'est quelque chose
> d'extraordinaire que je n'ai jamais éprouvé
> auparavant.[116]

Cette peur de la désagrégation de la personnalité, Baudelaire la connaît aussi:

> J'ai cultivé mon hystérie avec jouissance et

97

> terreur. Maintenant j'ai toujours le vertige,
> et aujourd'hui 23 janvier 1862, j'ai subi un
> singulier avertissement, j'ai senti passer sur
> moi le vent de l'aile de l'imbécillité.[117]

Les deux écrivains s'intéressent aux travaux psychologiques
de leurs contemporains. On sait[118] que le nouvelliste a lu les
ouvrages de Pinel et de Reil et qu'il comptait parmi ses amis les
médecins Speyer et Marcus: ce dernier était fondateur et directeur
de l'asile de St. Getreu. K. Ochsner, toutefois, soutient que:
"Hoffmann war [...] für die Darstellung abnormer psychischen
Vorgänge fast ganz auf die Selbstbeobachtung angewiesen".[119] Nul
doute qu'il ne se fie pas trop aux ouvrages techniques. Cyprian,
nanti de la lecture de "tous les livres traitant de la folie qui
[lui] tombèrent entre les mains"[120] croit pouvoir guérir le fou
qui s'appelle Serapion: or, il se trouve "confus et honteux
devant ce fou! Avec la logique de sa folie il m'a complètement
vaincu."[121] Les personnages hoffmanniens que menace la démence
sont présentés, d'ailleurs, avec une vivacité telle qu'on y voit
moins l'influence de la lecture qu'une réminiscence personnelle.
Le conseiller Krespel, par exemple, offre bien des traits du
schizophrène, mais dépeints de manière à faire croire qu'Hoffmann
décrit quelqu'un de sa connaissance:

> il parla beaucoup et avec une chaleur extrême,
> passant quelquefois d'une chose à l'autre sans
> transition, souvent s'étendant sur un sujet
> jusqu'à l'épuiser, y revenant sans cesse, le
> retournant de mille manières [...]. Sa parole
> était tantôt rauque et criarde, tantôt basse
> et modulée; mais jamais elle ne convenait à
> ce dont il parlait.[122]

Baudelaire, lui aussi, fait allusion à des ouvrages cliniques
ayant trait à l'aliénation mentale.[123] En décrivant le comique de
Brueghel le Drôle, par exemple, il soutient que

> Les derniers travaux de quelques médecins,
> qui ont enfin entrevu la nécessité d'expli-
> quer une foule de faits historiques et
> miraculeux autrement que par les moyens
> commodes de l'école voltairienne, laquelle
> ne voyait partout que l'habileté dans

> l'imposture, n'ont pas encore débrouillé
> tous les arcanes psychiques.[124]

D'ailleurs, à la fin de l'essai sur le vin et le haschisch Baudelaire mentionne, mais seulement pour mémoire, "la tentative faite
récemment pour appliquer le hachish à la cure de la folie".[125]

Dans les Petits Poèmes en prose, et surtout dans Le Crépuscule du
soir, Baudelaire analyse quelques aspects de la folie: il semble
que, pour lui, l'aliénation provienne d'une idée fixe qui domine
la vie du sujet. L'"ambitieux blessé",[126] par exemple, porte en
lui "l'inquiétude d'un malaise perpétuel".[127] L'approche de la
nuit, qui fait penser à la fin de la vie, au peu de temps qui
reste pour accomplir ses ambitions, allume dans l'esprit de l'infortuné "la brûlante envie de distinctions imaginaires".[128] Quant
à Mlle Bistouri, celle qui veut se faire aimer par des médecins,
Baudelaire la classe parmi ces "monstres innocents"[129] que sont
les fous et les folles.

Selon J. Lacan, c'est "la captation du sujet par la situation
[qui] donne la formule la plus générale de la folie, de celle qui
gît entre les murs des asiles, comme de celle qui assourdit la
terre de son bruit et de sa fureur".[130] Quel sujet? Quelle situation? Chez Hoffmann comme chez Baudelaire, le sujet est souvent
l'artiste, cet homo duplex chez qui se débattent action et intention,
rêve et réalité. Et la situation est celle que crée "l'incessant
mécanisme de la vie terrestre, taquinant et déchirant à chaque
minute l'étoffe de la vie idéale".[131] Si l'artiste est si souvent
en proie à la démence, c'est parce qu'il est doué d'une imagination
extrêmement fertile et d'une sensibilité exquise.

D'une part, les fantômes de l'imagination dominent sa vie.
Plusieurs personnages d'Hoffmann souffrent de cet

> état exagéré de l'âme, où le principe psychique,
> exhalé en traits de flamme par l'action d'une
> imagination ardente, s'est changé en un poison
> qui dévore les sources de l'existence, et jette
> l'homme dans le rêve perpétuel d'une autre vie,
> que, dans son délire, il prend pour cette vie
> d'ici-bas.[132]

Cette domination n'est pas toujours une source de tourments:
Traugott, protagoniste de La Cour d'Artus, trouve que l'amour qu'il
ressent pour la femme idéale, "adouci par la réflexion, se chang[e]
en un rêve perpétuel qui se répan[d] sur sa vie tout entière".[133]
Le poète qui chante dans La Voix éprouve, lui aussi, la confusion
de l'Innenwelt et de l'Umwelt:

> [...] Derrière les décors
> De l'existence immense, au plus noir de l'abîme,
> Je vois distinctement des mondes singuliers,
> Et, de ma clairvoyance extatique victime,
> Je traîne des serpents qui mordent mes souliers.[134]

D'autre part, pour cette âme sensible une révélation, même
éphémère, de la beauté, crée des dangers. Dans l'oeuvre hoffmannienne c'est le maître de chapelle, Johannes Kreisler, qui présente
l'exemple le plus frappant de ce phénomène:

> Le chant exerçait sur lui une action destructrice,
> car son imagination s'excitait prodigieusement,
> et son esprit se retirait en un monde où nul n'eût
> pu le suivre sans danger.[135]

De façon comparable, l'artiste des Petits Poèmes en prose se plaît
d'abord à "noyer son regard dans l'immensité du ciel et de la mer",
mais bientôt ce délice devient trop intense:

> L'énergie dans la volupté crée un malaise et une
> souffrance positive. [Ses] nerfs trop tendus ne
> donnent plus que des vibrations criardes et dou-
> loureuses.[136]

Si Baudelaire met en scène de véritables aliénés, Hoffmann
s'intéresse plutôt à ceux qui frisent la folie. A ses yeux, nous
sommes tous "enfermés dans la même maison de fous".[137] Si le
narrateur de Conseilleur Krespel tient le conseiller pour un fou,
c'est qu'il ne partage pas la manie particulière de celui-ci.
Krespel lui dit: "Tu ne t'irrites de ce que je crois être Dieu le
père que parce que tu te crois Dieu le fils".[138] Giglio Fava est
sans doute un symbole archétype de l'individu dans n'importe quelle
société quand Hoffmann le compare à un homme "qui s'éveille en
sursaut et se trouve dans une société d'étrangers, d'inconnus et
de fous".[139] A. Béguin aurait pu dire de Baudelaire avec autant

de justesse qu'il dit d'Hoffmann que

> [s'il] s'attache aux êtres que désorganise une
> nervosité particulièrement impressionnable,
> c'est qu'il discerne en eux le drame humain,
> porté simplement à une acuïté qui permet d'en
> prendre mieux conscience.[140]

(b) L'Ame fêlée et la vie bourgeoise

L'artiste n'est pas seulement un rêveur dont l'oeil ensorcelé
"découvre une Capoue / Partout où la chandelle illumine un taudis":[141] il est celui qui s'efforce de donner à ses visions une
forme permanente, celui qui lutte contre les forces du mal, exté-
rieures et intérieures, qui se liguent contre lui. Etranger à lui-
même, connaissant deux postulations simultanées, l'une vers le
Bien, l'autre vers le Mal, l'artiste est un ambitieux que menace
la paresse, un paresseux qui agit sans savoir pourquoi.[142] Pour
les deux écrivains il y a de certaines tares qui vicient avant
tout l'artiste condamné à subir "les vapeurs corruptrices"[143] de
la vie terrestre.

Chez Hoffmann comme chez Baudelaire, l'artiste souffre d'une
volonté vacillante qui le rend incapable de traduire son rêve en
action et susceptible de se laisser dominer par autrui. C'est une
faiblesse qui, de toute évidence, met en danger le talent de
l'artiste, d'où la plainte du mauvais moine:

> O moine fainéant! quand saurai-je donc faire
> Du spectacle vivant de ma triste misère
> Le travail de mes mains et l'amour de mes yeux?[144]

Les protagonistes des contes ont tous tendance à se laisser dominer
par des personnages plus forts. Un médecin qui figure dans La
Maison abandonnée explique qu'il ne croit "nullement à la puissance
absolue d'un principe intellectuel sur un autre": il admet seulement
"une dépendance, résultat d'une faiblesse de volonté, dépendance
qui alterne et réagit selon la disposition des sujets".[145] D'ailleurs, comme le soutient Meister Floh, "la volonté de l'homme est
chose changeante et mobile, un léger souffle la met souvent en
défaut".[146] Si muable, en effet, est la volonté humaine que "tel

homme finit par ne pas savoir ce qu'il a voulu".[147] Baudelaire,
pour qui elle est "de toutes les facultés la plus précieuse",[148]
revêt une pensée analogue à celle d'Hoffmann d'une expression bien
plus originale:

> [...] le riche métal de notre volonté
> Est tout vaporisé par ce savant chimiste.[149]

Le chimiste, bien sûr, c'est le diable. Le poète semble songer
directement à Hoffmann quand il fait dire à Samuel Cramer: "qui
peut savoir sûrement ce qu'il veut et connaître au juste le baromètre de son coeur?".[150] La tranquillité étonnante de cette attitude met en évidence le peu de profondeur du poète manqué, surtout si l'on garde présente à l'esprit l'admiration que suscite
chez Baudelaire le "baromètre spirituel" du nouvelliste.[151]

Aux yeux des deux écrivains, donc, l'instabilité et la faiblesse de la résolution humaine représentent un des écueils les plus
redoutables pour l'artiste.

Néanmoins, si l'âme se rend incapable de volonté parce qu'elle
se satisfait de trop peu, elle court aussi le danger d'avoir des
ambitions trop hautes. Dans son analyse magistrale de l'opéra de
Mozart, Don Juan, Hoffmann met en lumière tout ce qu'il y a de
tragique dans ce vice humain:

> c'est une suite effroyable de notre origine
> que l'ennemi de notre race ait conservé la
> puissance de consumer l'homme par l'homme lui-
> même, en lui donnant le désir de l'infini, la
> soif de ce qu'il ne peut atteindre.[152]

Le premier chapitre du Poème du haschisch, celui qui commence par
une évocation du baromètre spirituel d'Hoffmann, s'intitule "Le
Goût de l'infini". Or, Baudelaire conclut que ce sont précisément
"les vices de l'homme" qui "contiennent la preuve [...] de son goût
de l'infini; seulement, c'est un goût qui se trompe souvent de
route".[153] Ici, l'influence d'Hoffmann paraît indéniable. D'ailleurs, au temps où Baudelaire écrit son Choix de maximes consolantes, don Juan "est devenu, grâce à MM. Alfred de Musset et Théophile Gautier, un flâneur artistique, courant après la perfection
à travers les mauvais lieux".[154] C'est que don Juan est un

artiste qui s'est trompé de route: sa sensibilité exquise, son "aspiration vers l'infini",[155] lui font reconnaître qu'il est une "nature exilée dans l'imparfait et qui voudrait s'emparer immédiatement, sur cette terre même, d'un paradis révélé".[156]

La vie quotidienne, cet état d'imperfection, s'étale aux yeux du poète baudelairien comme "une grande plaine poudreuse, sans chemins, sans gazon, sans un chardon, sans une ortie".[157] Une vision semblable se trouve dans Maître Puce, quand Peregrinus décrit la joie qu'il éprouve à donner aux pauvres:

> Ce sont des fleurs que je répands sur ma vie qui, autrement, ne me semblerait qu'un champ triste et stérile, couvert d'épines et de chardons.[158]

Dans ce monde rebutant, la civilisation dont l'artiste se nourrit le menace sans cesse. Chez Hoffmann, elle consiste surtout à lui faire dénaturer son vrai caractère: il doit, comme Kreisler, se plier aux exigences du monde bourgeois, à ses plaisirs fades et à ses goûts vulgaires. En outre, la "susceptibilité excessive et [l']imagination rêveuse"[159] de l'artiste hoffmannien le rend d'autant plus vulnérable qu'il doit vivre dans "ce siècle positif, qui, tel qu'un lourd géant bardé de fer, marche en avant sans se soucier de ce qu'il broie sur son passage".[160] Selon Baudelaire, la civilisation impose à l'artiste un masque, un "décor suborneur",[161] de sorte que la "sincère face" se cache "à l'abri de la face qui ment".[162] C'est, d'ailleurs, une des tâches de l'artiste que de pénétrer la carapace que l'homme érige et de mettre à nu sa vraie nature. Nathanael échoue à cette épreuve: il se borne à admirer les charmes physiques d'Olimpia sans chercher à la connaître à fond. Le poète des Fleurs du mal, au contraire, peut très bien "s'enivrer d'un mensonge",[163] mais cette ivresse n'exclut pas l'ironie clairvoyante. Pour J. Reddick, la dominante des personnages d'Hoffmann est

> ungenuineness; that is to say: they have no personal organic Self, but possess an identity only in terms of their society; they are in fact prisoners of what Sartre was later to define as 'mauvaise foi'.[164]

Il ajoute que "one of Hoffmann's most persistent metaphors for 'ungenuineness' is significantly the 'mechanical'".[165]

Nombreuses, en effet, sont les images de rigidité, d'Erstarrung.
En parlant de Leuwenhoek et de Swammerdam, scientifiques qui manquent d'"enthousiasme véritable", Peregrinus dit que leur "coeur
est resté mort et pétrifié".[166] La pétrification d'Elis et l'incarcération d'Anselmus sont des images du même ordre. On se rappellera l'horreur qu'éprouve Baudelaire devant les "pauvres corps
tordus" qui habitent le monde moderne: le "dieu de l'Utile" les a
emmaillotés dans "ses langes d'airain".[167] L'Irrémédiable a pour
thème central ce même problème, que Baudelaire illustre en donnant
plusieurs emblèmes de l'échec: on pense avant tout au navire "pris
dans le pôle,/ Comme en un piége de cristal,/ Cherchant par quel
détroit fatal / Il est tombé dans cette geôle".[168] Les deux
écrivains choisissent donc des images d'enlisement, d'Erstarrung,
pour évoquer la condition de l'artiste contraint à vivre dans un
monde hostile.

Même à l'égard de la vie bourgeoise, l'attitude des écrivains
est équivoque, car, bien que le réel étouffe "l'Ame aux songes
obscurs",[169] l'artiste hoffmannien et le poète de Baudelaire connaissent toute la séduction de l'"idylle domestique".[170] M.
Thalmann souligne ce trait saillant de l'oeuvre d'Hoffmann: à son
avis "schon seine Kreisler sind nicht ganz ohne die Sucht nach
'den Wonnen der Gemütlichkeit'".[171] Non seulement dans Maître
Puce,[172] mais aussi dans Le Pot d'or,[173] La Princesse Brambilla[174]
et Datura Fastuosa,[175] Hoffmann peint sous un jour des plus favo-
rables la douce vie domestique. Quelques poèmes de Baudelaire,[176]
reflètent, eux aussi, la "douceur du foyer".[177] La fin du Crépuscule du soir en offre un exemple inoubliable:

> — Plus d'un
> Ne viendra plus chercher la soupe parfumée,
> Au coin du feu, le soir, auprès d'une âme aimée.
>
> Encore la plupart n'ont-ils jamais connu
> La douceur du foyer et n'ont jamais vécu![178]

Comme l'a proposé H.-R. Jauss, "Baudelaire opposes [...] the intérieur of the artist with the familiar foyer, the ecstasies of

sensual communication of sublimated memory of the former with the tranquil joys of the latter."[179] Si Hoffmann et Baudelaire rêvent tous deux de la douceur du foyer, c'est sans doute parce que celle-ci est une vision d'utopie qui, pour banale qu'elle soit, est du moins réalisable sur cette terre.

Pour l'artiste qui se rend compte de l'écart entre le réel et l'idéal, entre ce qu'il est lui-même et ce qu'il devrait être, le passage du temps ne sert qu'à rendre la déchirure encore plus accablante.

Dans le monde hoffmannien le temps presse. "Bei E.T.A. Hoffmann", soutient M. Thalmann dans Romantik und Manierismus, "das Tempo ist angedreht. Seine Helden sind in Eile. Sie rennen durch die Strassen, stolpern um die Ecken, verlieren sich im Gedränge des Korsos und verfallen dem Labyrinth der Stadt".[180] Ce n'est pas seulement la vie bourgeoise qui est réglée par ce tyran: le paradis même n'ouvre ses portes à Anselmus qu'entre midi et six heures, et encore, "de trois à quatre heures, on se repose et on dîne".[181] Cette préoccupation de l'heure qu'il est forme un critère vital dans l'évaluation philistine d'un individu. La tyrannie du temps chez Hoffmann est mise en relief si l'on établit la fréquence des références à l'heure dans ses oeuvres. Dans le Pot d'or, nouvelle qui est, pourtant, assez brève, on relève plus de vingt références[182] à l'heure exacte. La seule sixième veillée, par exemple, en fournit six exemples.[183] Le narrateur même éteint sa lampe à "onze heures précises"[184] afin de se rendre chez Lindhorst où il verra l'Atlantide d'Anselmus. Ce n'est qu'après avoir subi toutes les épreuves, dont l'une est la ponctualité elle-même (ironie digne d'un fonctionnaire!), que l'étudiant a le droit de rester chez Serpentina "à jamais".[185]

Non seulement le temps abrège les joies de l'homme, mais encore il efface le souvenir des plaisirs passés et rappelle sans cesse l'approche de la mort. Pepusch, par exemple, a

> un tempérament mélancolique et impressionnable.
> Dans chaque jouissance qu'il éprouv[e], il
> découvr[e] cet arrière-goût d'amertume qui vient

du ruisseau du Styx, dont les eaux bordent le
chemin de la vie.[186]

A cette manière d'envisager le monde on pourrait comparer l'aveu
de Baudelaire: "Le goût de la mort a toujours régné en moi con-
jointement avec le goût de la vie".[187] Le voyageur enthousiaste
se sent menacé par "les rouages de l'horloge éternelle et formi-
dable du temps".[188] La nuit de la Saint-Sylvestre l'assombrit car
elle lui rappelle le fait que

> chaque année voit se faner et mourir des fleurs sans
> nombre, leur germe s'est éteint pour toujours; au
> retour du printemps, aucun soleil ne rallumera plus
> la vie dans leurs rameaux flétris![189]

Bien que le temps joue un rôle si important chez Hoffmann, sa
présence ne s'annonce qu'à travers les actes et les paroles des
personnages. Dans Les Fleurs du mal et les Petits Poèmes en prose,
au contraire, le temps se personnifie et entre en scène, hideux
vieillard amenant avec lui "son infinie postérité, les Jours, les
Heures, les Minutes, les Secondes",[190] et s'entourant de "tout son
démoniaque cortège de Souvenirs, de Regrets, de Spasmes, de Peurs,
d'Angoisses, de Cauchemars, de Colères et de Névroses".[191] C'est
un "rétiaire infâme",[192] un "ennemi vigilant et funeste",[193] un
"dieu sinistre, effrayant, impassible".[194] La force des images et
l'entassement des substantifs révèlent la puissance de cette hantise chez Baudelaire.

Pour Baudelaire, d'ailleurs, ce "Noir assassin de la Vie et de
l'Art"[195] est un tyran à double face: d'une part, les heures
fugitives mangent la vie; d'autre part, leur écoulement monotone
nourrit le "monstre délicat"[196] qu'est l'Ennui. A plusieurs reprises le poète déplore la marche rapide des secondes: en écoutant
le bois "retentissant sur le pavé des cours",[197] il se rappelle
avec frayeur que "C'était hier l'été; voici l'automne!".[198] Plus
sinistre encore, "avec sa voix / D'insecte, Maintenant dit: Je
suis Autrefois, / Et j'ai pompé ta vie avec ma trompe immonde".[199]
Un passage d'Hygiène met en relief l'importance que Baudelaire
attache à cet aspect de la vie:

> Que de pressentiments et de signes envoyés déjà
> par Dieu, qu'il est grandement temps d'agir, de
> considérer la minute présente comme la plus
> importante des minutes, et de faire ma perpétuelle
> volupté de mon tourment ordinaire, c'est-à-dire du
> Travail![200]

Quelques poèmes expriment le désir de mettre fin à cette tyrannie par un autre moyen encore: le "sommeil stupide" des "plus vils
animaux".[201] C'est qu'il y a des moments où le temps opprime le
coeur non plus à cause de sa vitesse mais à cause de sa lenteur.
Le temps n'écrase plus: il engloutit, "Comme la neige immense un
corps pris de roideur".[202] C'est parfois dans le but de fuir le
despotisme du temps que l'homme a recours aux drogues. Le poète
se conseille, pourtant, de

> ne pas oublier que l'ivresse est la négation
> du temps, comme tout état violent de l'esprit,
> et que conséquemment tous les résultats de la
> perte du temps doivent défiler devant les yeux
> de l'ivrogne, sans détruire en lui l'habitude
> de remettre au lendemain sa conversion, jusqu'à
> complète perversion de tous les sentiments et
> catastrophe finale.[203]

Il faut souligner que, pour Baudelaire, la négation du temps n'est
pas la conquête du temps: si Anselmus peut échapper à la tyrannie
de l'heure en fuyant vers l'Atlantide, cette voie est définiti-
vement fermée au poète plus lucide. Harcelés par l'approche de la
mort ou submergés dans "ce séjour de l'éternel ennui"[204] nous res-
tons, selon Baudelaire, des "esclaves martyrisés du Temps".[205]

Néanmoins, si le monde extérieur opprime et repousse l'artiste,
il y trouve quand même une source très riche d'inspiration. Ayant
examiné l'homme et surtout l'artiste tels qu'Hoffmann et Baudelaire
les décrivent, j'analyserai maintenant les aspects les plus importants de cette existence: la femme, l'amour, la ville et la nature.

(c) Le Monde extérieur

L'ambivalence qui caractérise la Weltanschauung de l'homme
détermine son attitude envers la femme. De même, son dualisme se
retrouve dans cet être qui "vit d'une autre vie que la sienne

propre", qui "vit spirituellement dans les imaginations qu'elle
hante et qu'elle féconde". [206] Ce sont avant tout les charmes
physiques de la femme, ses vêtements, son allure, ses yeux, qui
font rêver l'artiste.

Tous deux, Hoffmann et Baudelaire prennent plaisir à dépeindre
la parure féminine. A plusieurs reprises, par exemple, le conteur
décrit l'habillement de Gamaheh. Une de ses robes dénote son identité mythique:

> Un magnifique diadème brillait dans ses cheveux
> noirs, de riches dentelles couvraient à demi son
> sein; sa robe, de lourd satin jaune et lilas,
> serrait sa taille étroite et se répandait en
> longs plis sur ses petits souliers blancs, et
> ses gants blancs glacés ne montaient pas assez
> haut pour cacher un bras éblouissant. Un riche
> collier, des boucles d'oreilles de diamant com-
> plétaient son ajustement.[207]

Plus tard, elle est "parée [d'une] séduisante robe de gaze de
Chypre lamée d'argent", [208] toilette qui fait penser aux "vêtements
ondoyants et nacrés"[209] de la femme aux yeux "faits de minéraux
charmants".[210] Serpentina, elle aussi, se vêt d'une "longue robe
nacrée"[211] et s'approche d'Anselmus en glissant. Il est possible
que Baudelaire, en écrivant le sonnet XXVII, se soit souvenu
de ce passage. Il décrit ainsi l'allure ondulante de la femme:
"Même quand elle marche on croirait qu'elle danse, / Comme ces
longs serpents que les jongleurs sacrés / Au bout de leurs bâtons
agitent en cadence".[212] Quoi qu'il en soit, les deux écrivains
s'accordent pour aimer "les mousselines, les gazes, les vastes et
chatoyantes nuées d'étoffes dont [la femme] s'enveloppe".[213]
D'ailleurs, Medardus et Samuel Cramer approuvent tous deux le
maquillage. Selon Medardus, "le maquillage des femmes exerce une
magie secrète, à laquelle je ne peux résister sans difficulté".[214]
Cramer, en voyant s'avancer vers lui "la nouvelle déesse de son
coeur, dans la splendeur radieuse et sacrée de sa nudité", est pris
"d'un caprice bizarre".[215] Ce qu'il demande, c'est l'"accoutrement
fantasque et [le] corsage de saltimbanque".[216] Surtout, il veut
qu'elle mette du rouge.

Les yeux de la femme sont aussi un sujet d'inspiration pour l'artiste. Chez Hoffmann, l'expression du thème est plutôt banale: il s'agit avant tout d'une "paire d'yeux célestes, d'un beau bleu foncé" qui contemplent le poète avec "une expression ineffable de désir".[217] Parfois, les yeux ressemblent "à un lac de Ruisdaël".[218] Ce sont les yeux qui révèlent la personnalité de la femme: ceux de Gamaheh ont "quelque chose d'inanimé et de sec",[219] ceux d'Olimpia semblent "singulièrement fixes et comme morts".[220]

Si l'image des yeux reste, chez Hoffmann, assez conventionnelle, elle révèle chez Baudelaire une originalité étonnante: il dit lui-même que, pour exprimer la pureté des yeux de la femme, le poète doit emprunter "des comparaisons à tous les meilleurs réflecteurs et à toutes les plus belles cristallisations de la nature".[221] Ce sont des yeux "pleins de lumières",[222] des "étoiles noires qui commandent la curiosité et l'admiration",[223] ou, car même dans l'admiration le poète ne perd pas sa conscience de soi, des "Lacs où [son] âme tremble et se voit à l'envers".[224] Les yeux ont une valeur ambivalente, car ils contiennent "La douceur qui fascine et le plaisir qui tue".[225]

Chez Hoffmann comme chez Baudelaire des images puisées dans le règne minéral sont souvent employées pour évoquer les yeux de la femme, mais là où le joyau enseveli signifie chez l'homme un talent à réaliser, dans la description de la femme il semble être plutôt un emblème de sa sexualité. Dans les deux oeuvres l'on trouve le réseau d'images: yeux, métaux, sexe. Ainsi, le nom même de Giacinta est celui d'une pierre précieuse et c'est bien en elle que Giglio reconnaît enfin son idéal, sa "mine d'or".[226] Anselmus sait qu'il est aimé de la couleuvre verte car il a "vu les yeux de Serpentina".[227] D'ailleurs le mouvement des serpents rappelle le scintillement de "mille émeraudes"[228] et c'est dans un anneau dont la pierre est précisément une émeraude que l'étudiant aperçoit sa bien-aimée. De façon analogue, Eugène, amoureux de Gabriela, gémit: "la posséder! Hélas! un mendiant peut-il aspirer à la possession des pierres les plus précieuses?".[229] Pour Baudelaire, les métaux,

109

ces réflecteurs excellents, s'associent souvent aux yeux et à la
sexualité de la femme. Les recherches de Freud démontrent à quel
point les yeux symbolisent, pour l'inconscient, le sexe. Dans les
yeux de la "chère indolente",[230] par exemple, "rien ne se révèle /
De doux ni d'amer": ils sont "deux bijoux froids où se mêle / L'or
avec le fer".[231] Mais il y a aussi des yeux

> Qui ne recèlent point de secrets précieux;
> Beaux écrins sans joyaux, médaillons sans reliques,
> Plus vides, plus profonds que vous-mêmes, ô Cieux![232]

Ce sont les yeux de la femme sans coeur. Ailleurs, une jarretière
qui "darde un regard diamanté" est comparée à "un oeil secret qui
flambe".[233] Il se peut que Baudelaire emprunte à Hoffmann ces
images empreintes d'érotisme, où les yeux de la femme sont liés
aux trésors du règne minéral.

Les charmes de la femme sont physiques: l'intellect féminin
répugne à Hoffmann de même qu'à Baudelaire. Berganza, le plus
misogyne des personnages hoffmanniens, fait preuve d'une croyance
inébranlable en "l'imperfectibilité des femmes".[234] A son avis

> toutes les femmes à l'esprit compliqué, rigide
> ou cultivé à l'excès appartiennent sans rémis-
> sion, du moins quand elles ont dépassé l'âge de
> vingt-cinq ans, à l'ospitale degli incurabili;
> leur cas est sans espoir.[235]

Il se moque des femmes cultivées:

> ce que j'exècre plus que tout, ce sont vos femmes
> savantes ou artistes, ou vos poétesses.[236]

Presque aussi acerbe est une remarque qui se trouve dans L'Homme au
sable. Craignant d'être pris dans le piège où est tombé Nathanael,

> beaucoup d'amants [exigent de leurs maîtresses]
> qu'elles parl[ent] quelquefois réellement,
> c'est-à-dire que leurs paroles exprim[ent]
> quelquefois des sentiments et des pensées,
> ce qui [fait] rompre la plupart des liaisons
> amoureuses.[237]

Peregrinus, armé du microscope qui permet de lire dans les pensées
d'autrui, remarque que dès que les femmes lettrées se mettent

> à parler de sciences, d'arts, de perfectibilité
> indéfinie, [les] organes [du cerveau] cess[ent]
> de conduire le fluide intellectuel dans les

> vaisseaux de la tête, en sorte qu'il
> [devient] impossible de démêler leurs
> pensées.[238]

La parenté avec la pensée baudelairienne saute aux yeux.
Baudelaire se moque des "ridicules masculins qui prennent dans la
femme les proportions d'une monstruosité",[239] et il qualifie
presque toutes les femmes artistes de "sacrilèges pastiches de
l'esprit mâle".[240] Le poète soutient que "la peinture de femme,
[...] en général, nous fait songer aux préceptes du bonhomme
Chrysale".[241] Selon lui, d'ailleurs, le bas-bleu n'est qu'un
"homme masqué" et l'actrice "n'est pas une femme dans toute l'ac-
ception du mot, - le public lui étant une chose plus précieuse que
l'amour".[242]

L'attitude envers la femme dont fait preuve l'artiste s'avère
encore plus complexe que celle de l'homme en général. Chez Hoffmann, la femme accomplit l'une de deux fonctions distinctes, celle
de l'épouse ou celle de la muse. L'épouse conduit l'homme qu'elle
aime vers "l'empire des joies indicibles":[243] cet empire, souli-
gnons-le, est celui du monde bourgeois. Elle lui fait oublier le
monde onirique: Elis voit Ulla "planer sur lui comme un ange
lumineux, et oubli[e] toutes les terreurs de l'abîme".[244] Chez
la future épouse on trouve "cette douce réserve de la pureté
virginale"[245] et si elle allume dans le coeur du poète "tous les
brûlants désirs, toutes les ineffables voluptés, toutes les douleurs
de l'amour qui jusqu'alors [ont] sommeillé dans son sein",[246]
c'est avant tout un sentiment chaste, dans lequel la sexualité est
sublimée.

Pour l'artiste, la muse est à la fois plus précieuse et plus
dangereuse que l'épouse. Tandis que celle-ci est un être simple,
la femme idéale est double; elle est à la fois féminine, c'est-à-
dire diabolique, et idéale, c'est-à-dire inaccessible. Dans Maître
Puce, l'épouse raconte à propos de celle qui incarne l'idéal: "On
dit que cette femme est le diable en personne, qui a pris cette
figure pour te perdre".[247] De même, le Démon qui s'agite aux côtés
de Baudelaire, prend parfois la "forme de la plus séduisante des

femmes".[248] Mais la muse "se présente au poète comme un fantôme de son imagination, qu'il ne peut ni oublier ni gagner".[249] L'artiste, tout en renonçant à la possession physique, doit s'efforcer d'atteindre cette image:

> Il voit l'infini, et il sent l'impuissance
> d'y atteindre. Mais bientôt il recouvre un
> courage divin; il combat, il lutte, et le
> désespoir même lui donne la force de poursuivre
> le rêve chéri qu'il voit toujours plus près
> de lui, et qui le fuit sans cesse.[250]

L'idéal demande un adoration absolue: Anselmus se trouve incarcéré dans le cristal et Elis Fröbom meurt d'avoir hésité entre muse et épouse. L'amour qu'inspire la femme idéale est bien plus érotique que celui qu'inspire l'épouse. Dans Maître Puce, Peregrinus se marie avec la femme-épouse tandis que Pepusch choisit la femme idéale. D'eux Hoffmann dit:

> Pérégrinus et Rosine étaient la joie et l'innocence
> même, tandis que Georges et Doertje étaient renfermés
> en eux-mêmes et semblaient respirer uniquement l'un
> et l'autre.[251]

D'ailleurs, les images de la douzième veillée du Pot d'or sont franchement sexuelles:

> Anselme la serre dans ses bras avec toute l'ardeur
> de la passion la plus vive. La fleur de lis s'em-
> brase et jette des torrents de flamme au-dessus de
> sa tête. Un murmure de joie, de bonheur, d'enivre-
> ment, dans les airs, dans les eaux, sur la terre,
> célèbre la fête de l'amour! Tout à coup, des éclairs
> sillonnent les buissons; des diamants, semblables
> à des yeux de feu, percent le sein de la terre et
> regardent sur sa surface; des jets d'eau jaillissent
> des fontaines; de doux parfums se répandent, portés
> sur des ailes frémissantes; ce sont les génies des
> éléments qui rendent hommage à la fleur de lis, et
> publient le bonheur d'Anselme.[252]

Etant donné que la femme idéale inspire à l'artiste un amour sexuel, on ne s'étonne guère de voir que souvent celui qui la possède est puni. Pour Pepusch, le "moment où [ses] désirs ont été remplis a été le moment de [sa] mort".[253] La consommation de l'amour d'Anselmus et de Serpentina a lieu dans un pays mystique, et même si ce n'est pas celui de la mort, il est bien celui de l'imagination.

La femme qu'on possède ici-bas perd son caractère de femme idéale.
On a vu comment Berthold, ayant épousé Angiolina, ne trouve plus
son inspiration: rongé de douleur, il commence à croire que sa
femme n'a "emprunté cette figure céleste que pour [le] jeter dans
un abîme".[254]   Un des meilleurs commentaires sur le rôle complexe
de la femme chez Hoffmann se trouve dans l'oeuvre de Baudelaire
lui-même:

> C'est parce que tous les vrais littérateurs
> ont horreur de la littérature à de certains
> moments, que je n'admets pour eux, - âmes
> libres et fières, esprits fatigués, qui ont
> toujours besoin de se reposer leur septième
> jour, - que deux classes de femmes possibles:
> les filles ou les femmes bêtes, - l'amour ou
> le pot-au-feu.[255]

Soulignons que les Conseils d'où est tirée cette maxime furent
publiés en 1846, à l'époque où Baudelaire s'intéressait le plus
vivement à l'oeuvre d'Hoffmann.

Complexe aussi est l'image de la femme dans l'oeuvre baudelairienne. Le poète s'efforce de donner une forme poétique à une
qualité qu'il admire dans les toiles de Delacroix, la représentation de "la femme moderne dans sa manifestation héroïque, dans le
sens infernal ou divin".[256]   Grâce à son "mystérieux et complexe
enchantement",[257] la femme, cet "être qui projette la plus grande
ombre ou la plus grande lumière dans nos rêves",[258] enflamme les
désirs du poète ou évoque sa compassion, suscite sa haine ou inspire ses "plus délicats bijoux".[259]   Elle le déchire ou le con-
sole: "l'implacable Vénus"[260] peut être une "Douce beauté"[261] des
yeux de qui émane une lumière verdâtre, ou bien un "démon sans
pitié"[262] aux yeux pleins de flamme. Baudelaire, s'adressant à
sa maîtresse, s'exclame:

> Tu me déchires, ma brune,
> Avec un rire moqueur,
> Et puis tu mets sur mon coeur
> Ton oeil doux comme la lune.[263]

Pareillement, comme l'a signalé J. Pommier,[264] Giglio menace de
brûler Rome tout entière si la princesse "ne se hâte de venir et

d'éteindre le feu qui me dévore par un de ses regards doux comme les rayons de la lune".[265] Une "divinité, un astre, qui préside à toutes les conceptions du cerveau mâle",[266] la femme est aussi une "idole redoutable"[267] car "L'éternelle Vénus (caprice, hystérie, fantaisie) est une des formes séduisantes du Diable".[268] Baudelaire découvre en elle une source très riche d'inspiration en dépit ou à cause du fait qu'elle représente une de ses plus grandes tentations. Une attitude semblable se trouve dans une note des journaux d'Hoffmann:

> -Ktch - Ktch - Ktch - O Satan - Satan -
> Je crois que quelque chose de hautement
> poétique me hante sous ce démon, et à
> cet égard il ne faudrait voir en Ktch
> autre chose qu'un masque.
> Démasquez-vous donc mon petit Monsieur![269]

Les seules armes que le poète puisse employer contre la femme sont l'ironie et le détachement. Pour celui qui regarde le monde "du haut de [sa] mansarde",[270] la femme devient "l'objet de l'admiration et de la curiosité la plus vive que le tableau de la vie puisse offrir au contemplateur".[271] Malgré sa curiosité, donc, le poète cherche à rester "contemplateur". D'ailleurs, le genre de beauté dont il dote la femme est "tel que l'esprit ne peut le concevoir que comme existant dans un monde supérieur":[272] en embellissant son idole, le poète lui-même accumule ironiquement "les lieues / Qui séparent [ses] bras des immensités bleues".[273] Grâce à son imagination fertile, le poète connaît un autre moyen encore de s'échapper aux "séductions des femmes".[274] Il sait découvrir en elles des rêves et des souvenirs, elles conduisent ses pensées vers "la mer qui est l'Infini".[275] Autrement dit, c'est précisément la sorcellerie évocatoire de la femme qui permet au poète de s'éloigner d'elle. Ce n'est qu'une fois fatigués et gorgés "des produits de l'Orient"[276] que les pensers de l'amant reviennent à celle qui les a inspirés. Cela ne veut pas dire que le poète s'écarte des tentations charnelles. Comme Alison Fairlie l'a si succinctement fait remarquer:

> intensity of desire may often be brought out more

> strongly in longing than in fulfilment [but]
> the pursuit of the unattainable can also be
> suggested by the sequence of fulfilment,
> satiety, weariness and renewed longing.[277]

Si la femme en tant que telle inspire le génie fertile de l'artiste, c'est dans l'amour que se cristallisent ses émotions les plus fortes et les plus variées. Hoffmann, ainsi que Baudelaire, voit dans l'amour "le sentiment le plus important de la nature".[278] Pourtant, l'amour aussi est un sentiment équivoque: selon Hoffmann, "c'est l'amour dont l'influence immense et mystérieuse éclaire notre coeur et y porte à la fois le bonheur et la confusion".[279]

Les images qui évoquent cette passion révèlent que pour Hoffmann ainsi que pour Baudelaire l'amour "ressembl[e] fort à une torture ou à une opération chirurgicale".[280] Quatre vers de Causerie servent à illustrer cette affirmation:

> – Ta main se glisse en vain sur mon sein qui se pâme;
> Ce qu'elle cherche, amie, est un lieu saccagé
> Par la griffe et la dent féroce de la femme.
> Ne cherchez plus mon coeur; les bêtes l'ont mangé.[281]

Dans le mythe inséré dans Le Pot d'or, Phosphorus avertit la fleur de lis des dangers de l'amour:

> comme un enfant dégénéré, tu quitteras ton père
> et ta mère, tu ne connaîtras plus tes compagnes,
> tu voudras être plus grande et plus puissante que
> tous ceux qui se réjouissent maintenant avec toi.
> Le désir, qui développe dans tout ton être une
> chaleur bienfaisante, plongera bientôt dans ton
> coeur mille dards acérés: car le sens engendrera
> les sens et la volupté qu'allume cette étincelle
> que je dépose en toi, est la douleur sans espoir
> qui te fera périr, pour germer de nouveau sous une
> forme étrangère.[282]

A maintes reprises l'amour entre dans le coeur du poète "comme un coup de couteau",[283] "un poignard brûlant".[284] Pour Baudelaire, le regard même de la femme aimée "coupe et fend comme un dard".[285] Une pointe de cruauté se voit dans quelques passages de Maître Puce:

> Pérégrinus se pencha vers elle, mais dès que
> sa bouche eut touché celle de la petite, elle

le mordit si fort à la lèvre que le sang
en sortit.[286]

De même, "l'humeur de Georges excit[e] la malice de Dorothée, et
[c'est] son bonheur à elle de le tourmenter d'une façon ingénieuse".[287]   Qu'Hoffmann ait honte de ces tendances sadiques, on
le voit dans le fait même qu'elles trouvent leur expression la
plus violente dans le mythe de Famagusta: dans ce monde merveilleux, les passions qu'on refoule dans la vie ordinaire prennent
leur libre essor.   Quand même c'est une sangsue qui embrasse et
tue une tulipe, les symboles sont transparents.[288]   Selon J.
Reddick, "a pattern of violent sexuality"[289]   se trouve au coeur
de plusieurs contes d'Hoffmann, mais le mot "violent" ne se justifie que dans la sens d'"intense" ou de "vif".   G. Blin a étudié en
profondeur la "volupté noire" que Baudelaire éprouve quand il mêle
"l'amour avec la barbarie".[290]   Chez le poète, le sadisme se trouve
d'autant plus corrosif qu'il se cache, souvent, derrière des
galanteries d'une politesse extrême.   En regardant la "très
chère",[291]   par exemple, le poète note que le foyer, "Chaque fois
qu'il pouss[e] un flamboyant soupir, / [...] inond[e] de sang
cette peau couleur d'ambre".[292]   La cruauté plus âpre de "l'ex-
voto" A une madone et de La Femme sauvage et la Petite-Maîtresse
ne trouve pas d'écho dans l'oeuvre hoffmannienne: même dans Les
Elixirs du diable, Medardus ne tire pas ses délices de la cruauté
mais de la transgression.   Si Baudelaire se plaît à épater les
bourgeois, le juriste qui craint les "scènes de jalousie avec la
femme"[293] étouffe de tels sentiments.   Le héros hoffmannien,
d'ailleurs, essaie de sublimer ses passions charnelles en les
transposant sur le plan de l'amour artistique.   Kreisler écoute
avec émotion l'histoire du peintre Leonhard Ettlinger, son double
qui est tombé dans une folie frénétique parce que son amour
n'était pas partagé.   "C'est donc", dit Kreisler, "c'est donc qu'au
coeur de Léonard n'était pas né l'amour de l'artiste".[294]   Un passage fort important amplifie ce concept de la "Liebe des Künstlers":

Il arrive sans doute que des mains invisibles
fassent tomber soudain le voile qui couvre les

yeux des musiciens; ils aperçoivent alors,
errant sur la terre, l'ange idéal qui re-
posait silencieusement en leur coeur, comme
un doux mystère inexploré. Et voici que
jaillit, pur feu céleste qui éclaire et ré-
chauffe sans consumer, tout l'enthousiasme,
toute la félicité ineffable de la vie supérieure, germée au plus secret de l'âme.
L'esprit déploie mille antennes, toutes vi-
brantes de désir, tisse son filet autour de
celle qui est apparue, et elle est à lui, ...
et elle n'est jamais à lui, car la soif de
son aspiration est à jamais insatisfaite...[295]

On trouve chez Baudelaire un sentiment fort semblable qui rappelle
aussi celui qu'éprouve Traugott envers Felizitas: "Malheureux
peut-être l'homme, mais heureux l'artiste que le désir déchire!
Je brûle de peindre celle qui m'est apparue si rarement et qui a
fui si vite".[296]

La femme n'est pas la seule inspiratrice: l'artiste cherche
aussi à dévoiler la magie suggestive du décor dans lequel se
déroule le drame monotone de la vie quotidienne. Hoffmann et
Baudelaire chantent, tous les deux, les charmes et les terreurs de
la ville moderne. Si Hoffmann "macht das Strassennetz zu einer
Aktualität, die knistert",[297] Baudelaire est bien "le créateur
d'une poésie moderne et urbaine".[298]

D'une part, Hoffmann évoque l'ambiance de la vie urbaine en
décrivant les divertissements particuliers à la grande ville: les
tripots, les cafés littéraires, les carnavals avec leurs musiciens
et leurs charlatans de carrefour, et les thés esthétiques dont il
se moque avec tant de vivacité.[299] D'autre part, la couleur locale
anime les Märchen. Afin d'évoquer Rome dans La Princesse Brambilla,
Hoffmann étudia plusieurs ouvrages qui décrivent la cité et ses
traditions.[300] Aussi parvient-il à recréer le quartier du Corso
en plein carnaval avec une exactitude et une vicacité étonnantes.
Le Rossmarkt et la rue de Kalbach à Francfort-sur-le-Mein (Maître
Puce), le café Greco at la rue Condotto à Rome (La Princesse
Brambilla), le Schwarze Tor et les trois pensions, "der goldne
Engel", "der Helm" et "die Stadt Naumburg" à Dresde (Le Pot d'or)

rendent plus réel le décor et encore plus saisissante l'apparition
inattendue du fantastique. Sous la plume d'Hoffmann, Dresde, Rome,
Francfort, Goethabourg et Berlin deviennent tous des "cité[s]
pleine[s] de rêves, / Où le spectre en plein jour raccroche le
passant!".[301]

Chez Baudelaire aussi on trouve une "sensibilité d'homme des
villes".[302] En quoi consiste cette sensibilité? Cl. Pichois la
précise ainsi:

> tempérament nerveux, goût de la modernité,
> culte de l'artificiel, dandysme, passion des
> foules, érotisation qui enveloppe l'individu
> d'une aura électrique, hantise du mystère
> partout perceptible à des yeux clairvoyants.[303]

A part le dandysme, c'est justement là la sensibilité d'Hoffmann.
Au contraire d'Hoffmann, pourtant, Baudelaire ne mentionne que fort
rarement un endroit précis. S'il nomme le Louvre, le nouveau
Carrousel, le restaurant Véfour, il préfère, en général, arracher
à Paris son "côté épique"[304] en recréant son caractère de métropole
plutôt qu'en isolant ses divers éléments. C'est ainsi qu'il met
en relief l'impersonnalité de Paris. Selon Cl. Pichois, en effet,
Baudelaire,

> l'un des hommes qui ont eu de Paris l'expérience
> la plus complète et la plus aiguë, qui ont éprouvé
> Paris au plus intime de leurs fibres, qui ont vibré
> pour Paris d'amour et de haine, est aussi le poète
> qui donne de Paris l'image la moins extérieure, la
> moins pittoresque, la moins facile à traduire par
> l'image.[305]

Les rues perdent leur individualité pour former des "labyrinthes
pierreux":[306] les églises et les ateliers, vus de la mansarde, deviennent "Les tuyaux, les clochers, ces mâts de la cité".[307]
Plusieurs détails réalistes servent à recréer l'ambiance de la
grande ville: Baudelaire évoque le remue-ménage épouvantable du
"chaos mouvant où la mort arrive au galop de tous les côtés à la
fois",[308] les "dômes de métal qu'enflamme le soleil"[309] et le
réverbère "Dont le vent bat la flamme et tourmente le verre".[310]

De même que la grande ville permet à l'imagination d'Hoffmann
de s'élancer vers un monde merveilleux, de même pour Baudelaire les

"palais neufs, échafaudages, blocs, / Vieux faubourgs, tout [...]
devient allégorie".[311] C'est ainsi que dans "les plis sinueux des
vieilles capitales, / [...] tout, même l'horreur, tourne aux
enchantements".[312] Dans la ville, Baudelaire trouve l'inspiration
qui lui permet de "bâtir dans la nuit [de] féeriques palais [,]
[...] des horizons bleuâtres, / Des jardins, des jets d'eau
pleurant dans les albâtres".[313] Dans l'esthétique de Baudelaire,
le rôle de Paris ressemble à celui de la femme: répulsion et attraction simultanées. Le poète doit retracer dans son oeuvre ce
que P. Citron appelle "la discordance entre une harmonie majes-
tueuse, évoquant l'éternel et l'infini, et une misère grinçante
qui est celle de tous les jours".[314] Et de même que la femme
inspire chez le poète des rêves qui sont encore plus beaux qu'elle,
de même "Les plus riches cités, les plus grands paysages, / Jamais
ne cont[iennent] l'attrait mystérieux / De ceux que le hasard fait
avec les nuages".[315]

    Bien que Baudelaire et Hoffmann soient des "Städter par excel-
lence",[316] ils cherchent quand même à dépeindre "le caractère in-
saisissable et tremblant de la nature".[317] Encore faut-il préciser la portée du concept. Chez Baudelaire comme chez Hoffmann, le
mot "nature" peut renvoyer soit à ses manifestations physiques,
tel le "végétal irrégulier",[318] soit à l'essence de la vie, au
principe fondamental de l'existence. Dans l'oeuvre des deux écrivains, le monde animal ne sert qu'à refléter ou à railler le monde
humain: le règne minéral, plus docile à l'art, ne menace pas la
domination humaine. Le végétal, au contraire, suscite chez Hoffmann
de même que chez Baudelaire un sentiment de malaise. Selon A.R.
Chisholm,

> the plant is the symbol of superabundant
> life, of that life which diminishes and
> spoils the absolute. Minerals, on the other
> hand, are nearer the absolute as they are in-
> animate.[319]

C'est le règne végétal, le plus éloigné de l'humain, qui va nous
occuper principalement dans l'étude de la nature.

La riche lignée des Romantiques légua à Hoffmann une tradition
qui prête à la nature physique un rôle primordial. Néanmoins,
bien que le voyageur enthousiaste lise et relise les Confessions
de Rousseau et découvre des analogies entre son propre caractère
et celui du promeneur solitaire,[320] il ne semble pas être sensible
à la beauté de la nature sauvage. Ses idylles, il est vrai, se
déroulent souvent dans un paysage bourgeonnant: et pourtant, on
ne peut que concéder que

> das ist keine Natur, in der man sich ergehen
> kann. Es ist eine Landschaft ohne Mitte, in
> der ein Maximum an Erlebnis an einem Minimum
> von Gegenständen demonstriert wird.[321]

Le végétal, tel qu'il apparaît dans l'oeuvre d'Hoffmann, a toujours
quelque chose d'artificiel: "l'on eût dit que les fleurs de l'arbre
résonnaient comme des cloches de cristal",[322] les feuilles gigantesques des "palmiers à tige d'or" sont "brillantes comme des
émeraudes"[323] et dans le rêve d'Elis les plantes et les fleurs
sont faites d'un "métal resplendissant".[324] Qu'Hoffmann ne soit
pas à l'aise dans ce domaine, deux faits l'indiquent: premièrement,
le caractère factice de la flore et, deuxièmement, la surabondance
des termes dont il se sert pour susciter l'émotion désirée. Le
"beau domaine seigneurial dans l'Atlantide"[325] contient des
"hyacinthes flamboyantes, des tulipes, des roses",[326] des diamants,
des jets d'eau et de doux parfums. Dans le conte médiocre, La
Guérison, Hoffmann perd même son ironie habituelle pour tomber dans
la Schwärmerei des petits Romantiques. La réaction de Gamaheh est
plus caractéristique: "Attirée par le doux murmure des ruisseaux,
par le chant mélodieux des oiseaux, elle s'avança dans le bois,
s'étendit sur le gazon et se livra au sommeil".[327]

Si l'artiste hoffmannien essaie de comprendre la nature physique,
c'est qu'il cherche en elle des symboles d'une réalité métaphysique.
Le Maltais qui sert de guide au jeune Berthold soutient que

> l'artiste initié au secret divin de l'art
> entend la voix de la nature qui raconte ses
> mystères infinis par les arbres, par les plantes,
> par les fleurs, par les eaux et par les montagnes;

>   puis vient sur lui comme l'esprit de Dieu,
>   le don de transporter ses sensations dans
>   ses ouvrages.[328]

Le paysage, donc, comme tout ce qui entoure l'artiste, lui révèle
"l'esprit véritable des arts":

>   Saisir la nature dans l'expression la plus
>   profonde, dans le sens le plus élevé, dans
>   cette pensée qui élève tous les êtres vers
>   une vie plus sublime, c'est la sainte mission
>   de tous les arts.[329]

Les savants Leuwenhoek et Swammerdamm sont punis parce qu'ils ont
"voulu pénétrer la nature sans soupçonner la tendance de ses mouve-
ments intérieurs".[330]   On peut comparer à cette conception du rôle
de la nature dans l'art un commentaire mordant de Baudelaire:

>   Il serait bon que tous les gens qui se cram-
>   ponnent à la vérité microscopique et se croient
>   des peintres, vissent ce petit tableau, et qu'on
>   leur insufflât dans l'oreille avec un cornet les
>   petites réflexions que voici: ce tableau est très-
>   bien, non parce que tout y est et que l'on peut
>   compter les feuilles, mais parce qu'il rend en
>   même temps le caractère général de la nature.[331]

Quelques passages des Salons de 1845 et de 1846 semblent indiquer, de prime abord, que le poète est plus sensible à la nature
physique que ne l'était Hoffmann. Pourtant, ces passages, et surtout celui dans le Salon de 1846 qui s'intitule "De la couleur" et
qui s'efforce de peindre la "grande symphonie du jour",[332] ont à
mon avis quelque chose de contraint et de pompeux, ce qui suggère
que le poète se sent mal à l'aise. Dans quelques oeuvres écrites
plus tard, d'ailleurs, son attitude devient plus claire.[333]   On note,
par exemple, l'ironie et le détachement des premières phrases du
Gâteau:

>   Je voyageais. Le paysage au milieu duquel j'étais
>   placé était d'une grandeur et d'une noblesse
>   irrésistibles.
>   Il en passa sans doute en ce moment quelque
>   chose dans mon âme.[334]

Qui plus est, le "pays de Cocagne" où il veut vivre avec son "cher
ange"[335] est un

>   pays singulier, supérieur aux autres, comme l'Art

l'est à la Nature, où celle-ci est réformée par
le rêve, où elle est corrigée, embellie, refondue.[336]

Ce que Baudelaire admire chez le peintre Théodore Rousseau c'est
sa qualité de "naturaliste entraîné sans cesse vers l'idéal".[337]
D'ailleurs, les paysagistes qu'il qualifie de "plus philosophes et
plus raisonneurs" sont ceux qui s'occupent "des lignes principales,
de l'architecture de la nature"[338] et non pas ceux qui démontrent
"une adoration éternelle de l'oeuvre visible".[339] Et les tableaux
dont il chante les louanges sont ceux où "la nature [est] réfléchie
par un artiste".[340] Si Baudelaire étudie la nature, c'est dans le
seul but d'y découvrir des perspectives sur la condition humaine.
De son propre aveu, il s'est "toujours plu à chercher dans la nature
extérieure et visible des exemples et des métaphores qui [lui]
servissent à caractériser les jouissances et les impressions d'un
ordre spirituel".[341] Ainsi, le caractère mystérieux et secret de
l'homme se reflète dans la mer: l'homme la chérit parce qu'il peut
contempler son propre âme "dans le déroulement infini de sa lame".[342]
La femme à qui s'adresse le poème en prose, L'Invitation au voyage,
trouvera sa "propre correspondance"[343] dans la nature du pays onirique où "tout est beau, riche, tranquille et honnête".[344] L'esprit de l'amant cherche dans la nature des analogies avec sa
maîtresse. C'est ainsi que "le paysage profite occasionnellement
des grâces que la femme aimée verse à son insu sur le ciel, sur la
terre et sur les flots".[345] Traduire "les sensations les plus fugitives, les plus compliquées, les plus morales [...] qui nous sont
transmises par l'être visible",[346] c'est arriver en même temps à
une compréhension plus profonde de soi.

Comme Hoffmann, Baudelaire se sert parfois d'images tirées de
la nature afin d'évoquer une ambiance particulière, afin de com-
muniquer un état d'âme. Dans le poème L'Invitation au voyage, par
exemple, un beau coucher de soleil transmet l'impression de "Luxe,
calme et volupté".[347] Réciproquement, la lutte effrénée que le
poète décrit dans Le Gâteau lui a "embrumé le paysage".[348] Il y
a donc une correspondance entre les émotions de l'homme et le
paysage qui l'entoure.

Le merveilleux concert des sens, auquel sont sensibles les
artistes qu'inspire la femme ou la musique, forme un motif capital
dans l'oeuvre hoffmannienne. Rongé de désirs brûlants, Anselmus
croit qu'autour de lui tout s'anime:

> Les fleurs et les plantes exhal[ent] de doux
> parfums, et ce parfum [est] comme un chant
> suave de mille voix flûtées; et tous leurs
> accents, emportés sur les nuages dorés du
> couchant, [vont] retentir dans des contrées
> lointaines, comme un écho mystérieux.[349]

Pour Baudelaire,

> Comme de longs échos qui de loin se confondent
> Dans une ténébreuse et profonde unité,
> Vaste comme la nuit et comme la clarté,
> Les parfums, les couleurs et les sons se répondent.[350]

Ce qui révèle même plus clairement l'affinité qui unit les deux
écrivains, Baudelaire, en parlant d'une "gamme complète des couleurs
et des sentiments",[351] cite un passage des _Kreisleriana_ qui non
seulement "exprime parfaitement [son] idée" mais encore "qui plaira
à tous ceux qui aiment sincèrement la nature".[352] Aimer la nature
consiste donc, aux yeux de Baudelaire, à dégager d'elle des expériences qui approfondissent notre expérience de la vie et qui
éveillent des sens et des combinaisons des sens jusqu'alors
dormants.

Pour Baudelaire comme pour Hoffmann, la nature physique, riche
de connotations, possède une certaine puissance évocatrice mais
n'a pas de valeur en soi. Elle n'est qu'un dictionnaire de symboles, un reflet de cette vérité plus profonde que l'artiste doit
suivre à la trace dans les "trivialités de la nature déchue".[353]

L'homme de Baudelaire et d'Hoffmann, celui qui éprouve et
transforme en oeuvre d'art l'existence brumeuse du monde familier,
est celui qui se rend compte au degré le plus intense des deux
postulations simultanées, l'une vers le Bien, l'autre vers le Mal.
Il sait que sa nature est double, qu'il est vil par ses instincts,
sublime par son intelligence. L'homme, aux yeux de Baudelaire
ainsi que d'Hoffmann, n'a d'autre moyen de se rendre noble que dans
la représentation la plus lucide possible des "lourdes ténèbres de

l'existence commune et journalière".[354]   Seul l'artiste possède
cette "conscience dans le Mal",[355] l'ironie qui rend l'homme
capable de se dédoubler, de s'extérioriser et ainsi de se juger.
L'artiste projette son image sur ce qui l'entoure, et découvre, en
échange, des correspondances qui relient le monde extérieur et sa
condition individuelle. Nourrie de ces correspondances, l'imagination de l'artiste crée un monde idéal, qu'il traduit en oeuvre
d'art: de la boue de l'existence il sait faire de l'or. La réalité
concrète, signale M. Eigeldinger,

> ne sert que de tremplin à l'activité intel-
> lectuelle de l'artiste, de prétexte à la
> création poétique. Elle est un écran sur
> lequel le poète projette son monde intérieur,
> un instrument dont il dispose à son gré pour
> traduire ses aspirations vers un au-delà.[356]

Quels sont les états d'esprit qui favorisent la perception ou la
création du monde imaginaire? Dans le chapitre qui suit, j'exa-
minerai les moments où l'inspiration artistique se fait sentir
avec le plus d'intensité et la nature de la rêverie que ces
moments suscitent.

CHAPITRE IV

L'ART

(a) Inspiration

Un des thèmes capitaux des contes d'Hoffmann, ainsi que de
l'oeuvre de Baudelaire, est celui de la nature de l'inspiration
poétique. L'artiste hoffmannien et le poète baudelairien connaissent ces "belles heures",[1] ces moments précieux qui les emportent vers "le pays merveilleux"[2] qui est le domaine de l'émotion
esthétique. Selon l'auteur des Kreisleriana,

> pour nous toucher, pour nous émouvoir vive-
> ment, il faut que l'artiste lui-même soit
> profondément ému: et l'art de composer des
> oeuvres d'un grand effet consiste uniquement
> à fixer dans les hiéroglyphes des sons (les
> notes), grâce à une force supérieure, ce
> que l'âme a éprouvé dans l'inconscience de
> l'extase.[3]

Hoffmann et Baudelaire tombent souvent d'accord en signalant les
moyens qui provoquent cet état d'extase, où la profondeur de la vie
se révèle à l'artiste. Chez l'un comme chez l'autre on trouve deux
niveaux d'inspiration, les stimulants étant séparés des autres
voies de la connaissance, tels le rêve, la peinture et la musique.

Pour les deux écrivains, l'alcool n'est qu'une source inférieure
d'inspiration. Le breuvage "délicieux"[4] qu'est le punch ne permet
au narrateur du Pot d'or que de jeter un regard fugitif sur
l'Atlantide. D'ailleurs, si l'on parle "sans cesse de l'inspiration
que les artistes conquièrent par l'usage des boissons fortes",
Hoffmann, malgré son grand renom d'ivrognerie, "n'en croi[t] rien".[5]
Si le vin favorise, "outre le mouvement plus rapide des idées, un

certain bien-être, une gaîté qui facilite le travail",[6] s'il éveill
chez l'artiste "l'heureuse disposition" qu'il lui faut pour que
l'esprit "passe de l'incubation à la création",[7] Hoffmann reste
bien conscient des risques auxquels l'esprit artistique s'expose
en employant ainsi ce stimulant. A son avis, on ne peut pas se
fier à l'alcool, "car il change vite de visage, et, au lieu d'un
ami bienfaisant et créateur de bien-être, il devient soudain un
terrible tyran".[8] Chose plus pertinente encore pour celui qui veut
créer des oeuvres d'art, l'ivresse ne peut qu'exagérer les traits
de l'homme: elle ne peut pas le pourvoir d'un sens nouveau.[9] Ainsi
le bourgeois devient encore plus philistin, témoin la neuvième
veillée du Pot d'or, tandis que la sensibilité de l'artiste s'intensifie jusqu'à la folie. S'il survit à cette épreuve redoutable,
"mille malheurs jetteront un voile épais de brouillard sur [ses]
yeux".[10] Si Anselmus reste dans l'Atlantide tandis que le narrateur doit rentrer dans ce que Baudelaire appelle "l'horrible vie
de contention",[11] c'est que celui-ci ne parvient à y arriver que
grâce à l'alcool, tandis que le "ci-devant étudiant, maintenant
poète Anselme"[12] tire son inspiration de l'amour.

L'attitude qu'adopte Baudelaire à l'égard des stimulants
s'avère également équivoque. D'une part, il décrit les rêveries
joyeuses d'un ivrogne qui, "chargé de ramasser les débris d'une
journée de la capitale",[13] reçoit, grâce au vin, de véritables
visions d'utopie:

> Tout à l'heure il va dicter un code supérieur
> à tous les codes connus. Il jure solennelle-
> ment qu'il rendra ses peuples heureux. La
> misère et le vice ont disparu de l'humanité.[14]

Ce mirage d'un monde meilleur que le vin suscite, on le retrouve
dans la première strophe du Poison:

> Le vin sait revêtir le plus sordide bouge
>   D'un luxe miraculeux,
> Et fait surgir plus d'un portique fabuleux
>   Dans l'or de sa vapeur rouge,
> Comme un soleil couchant dans un ciel nébuleux.[15]

Grâce à l'alcool, donc, on quitte ce monde pour "un ciel féerique

INSPIRATION

et divin".[16] Et pourtant, au coeur de la "végétale ambroisie"[17]
se cache le germe de la destruction:

> Qu'ils sont grands les spectacles du vin,
> illuminés par le soleil intérieur! [...]
> Mais combien sont redoutables aussi ses
> voluptés foudroyantes et ses enchantements
> énervans.[18]

Car si, d'une part, le vin augmente la sensibilité - "Le vin rend
l'oeil plus clair et l'oreille plus fine!"[19] - d'autre part,
l'ivrogne risque la "complète perversion de tous les sentiments".[20]
Outre "l'espoir, la jeunesse et la vie", le vin donne au poète
"l'orgueil, ce trésor de toute gueuserie, / Qui nous rend triom-
phants et semblables aux Dieux".[21] Mais l'orgueil est satanique:
en parlant d'un sentiment pareil provoqué par le haschisch, Baudelaire commente:

> L'homme a voulu être Dieu, et bientôt le voilà,
> en vertu d'une loi morale incontrôlable, tombé
> plus bas que sa nature réelle.[22]

Comme Hoffmann, Baudelaire croit que le vin n'amène pas une vision
nouvelle: il signale que sous l'influence de l'alcool, "l'homme
mauvais devient exécrable, comme le bon devient excellent".[23]

Rappelons que, tout au début de son Du vin et du hachish,
Baudelaire cite "le Kreisleriana du divin Hoffmann":[24] il s'agit
du passage qui donne une "explication des qualités musicales des
vins".[25] Si l'on analyse la manière dont Baudelaire brode sur les
recommandations d'Hoffmann, on découvre que, là où Hoffmann se
contente de lier une boisson à un genre musical, Baudelaire s'efforce de mettre en lumière les qualités qu'ils ont en commun et
qui justifient la comparaison. Hoffmann, par exemple, dit tout
simplement qu'il recommanderait "pour l'opéra-comique, du champagne":[26] Baudelaire, pourtant, transforme ce conseil de la
manière suivante:

> Le musicien consciencieux doit se servir du
> vin de Champagne pour composer un opéra-comique.
> Il y trouvera la gaîté mousseuse et légère que
> réclame le genre.[27]

Souvent, la pensée bariolée mais parfois peu logique d'Hoffmann sert moins à former directement l'esthétique de Baudelaire qu'à l'inciter à se poser des questions dont les réponses aident à établir cette esthétique.

Puisque, au début de son étude sur le haschisch, cet autre moyen de "multiplication de l'individualité",[28] Baudelaire décrit le baromètre moral d'Hoffmann, baromètre "destiné à lui représenter les différentes températures et les phénomènes atmosphériques de son âme",[29] on est porté à se demander, comme le suggère Alison Fairlie,[30] si Baudelaire ne voit pas dans ces graduations, qui ont une "fraternité évidente" avec les "qualités musicales des vins",[31] un reflet des émotions suscitées par la drogue. En effet, on relève plusieurs analogies entre les états d'esprit dont parle Baudelaire dans le quatrième chapitre du Vin et du hachish et les graduations du "baromètre psychologique".[32] Toutefois, Baudelaire ne suit pas fidèlement l'ordre du modèle hoffmannien.

De même que le haschisch crée d'abord, au dire de Baudelaire, une "gaîté [...] insupportable à vous-même",[33] une des divisions du baromètre est une "gaîté sarcastique"[34] qu'Hoffmann trouve insupportable. Cette gaîté fait que la "sagesse de [l'homme qui n'a pas pris de la drogue] vous réjouit outre mesure, son sang-froid vous pousse aux dernières limites de l'ironie".[35] On pourrait comparer cette réaction complexe à l'esprit "légèrement ironique tempéré d'indulgence"[36] que remarque Hoffmann. Grâce à la sensibilité aiguisée de ceux qui se trouvent sous l'empire du haschisch, la musique est aussi prodigue de délices que de tourments. La scène grotesque où un musicien joue du violon devant une société où presque tout le monde se trouve sous l'influence de la drogue passe en revue une gamme d'émotions qui font écho aux "gaîté musicale, enthousiasme musical, tempête musicale"[37] du baromètre de l'âme.

Dans la seconde phase de cet enivrement, des "soupirs rauques et profonds s'échappent de votre poitrine, comme si votre nature ancienne ne pouvait pas supporter le poids de votre nature nouvelle".[38] L'auteur de La Princesse Brambilla connaît bien "l'aspiration à sortir de [son] moi"[39] dont il parle à plusieurs reprises,

tant dans ses journaux que dans ses oeuvres de création.[40] De
temps en temps, dans cette phase qui est aussi celle des hallucinations, "la personnalité disparaît".[41] On reconnaît là l'"objecti-
vité excessive"[42] que Baudelaire range parmi les graduations du
baromètre hoffmannien. Par suite de cette impersonnalité, "vous
vous confondez, dit le poète, avec les êtres extérieurs. Vous
voici arbre mugissant au vent".[43] Plusieurs contes d'Hoffmann,
dont surtout L'Eglise des Jésuites, La Princesse Brambilla et
La Guérison, révèlent le désir ardent d'une "fusion de [son] être
avec la nature".[44]

La troisième phase apporte un sentiment de bonheur tranquille,
qui fait penser à l'"esprit de solitude avec profond contentement de [soi-même]"[45] que note le nouvelliste. On se croit
"supérieur à tous les hommes": on veut vivre "dans la solitude
de [sa] pensée".[46]

Il paraît donc possible que Baudelaire, ayant remarqué la
"fraternité évidente" qui existe entre le baromètre moral et
"l'explication des qualités musicales des vins",[47] se serve d'une
structure analogue quand il analyse les états d'âme que suscite
le haschisch.[48]

Les moyens de connaissance supérieurs, au contraire des stimulants, élargissent et transforment le moi: dans son rêve, Peregrinus Tyss cesse d'être un misogyne vaguement ridicule pour devenir roi, et, qui plus est, pour se montrer noble non seulement à
ses propres yeux mais aussi à ceux du lecteur. Les sources d'inspiration supérieures qu'analysent les deux auteurs sont le rêve et
les oeuvres d'art.

Le thème du rêve, qui a beaucoup d'importance dans l'oeuvre
d'Hoffmann et dans celle de Baudelaire, intéresse bien des écrivains romantiques. Selon Jean-Paul,[49] par exemple,

> der Traum ist das Tempe-Tal und Mutterland der
> Phantasie: die Konzerte, die in diesem dämmernden
> Arkadien ertönen, die elysischen Felden, die es
> bedecken, die himmlischen Gestalten, die es
> bewohnen, leiden keine Vergleichung mit irgend
> etwas, das die Erde gibt.[50]

Nodier, ce fantastiqueur qui s'inspire à plusieurs reprises
d'E.T.A. Hoffmann,[51] soutient dans un "Essai sur les phénomènes du
sommeil" (1830), que "le rêve est non seulement l'état le plus
puissant, mais encore le plus lucide de la pensée, sinon dans les
illusions passagères dont il l'enveloppe, du moins dans les percep-
tions qui en dérivent".[52] Et dans Aurélia Nerval parle de "cette
idée [qu'il s'était] faite du rêve comme ouvrant à l'homme une communication avec le monde des esprits".[53] De façon analogue, le
rêve, pour Baudelaire, est "l'escalier mystérieux par où l'Enfer
donne assaut à la faiblesse de l'homme qui dort".[54]

Pour Hoffmann, l'état onirique a deux niveaux, tous deux étant
des états d'âme extraordinaires. Dans Le Magnétiseur,[55] Fantasie-
stück où Hoffmann analyse les dangers du mesmérisme, il ébauche une
théorie du rêve, transmise sous forme de conversation entre Ottmar,
jeune homme impressionnable, et Franz Bickert, peintre qui est
tour à tour sérieux et bouffon. Le problème n'est pas résolu et
Hoffmann ne donne raison ni à l'un, ni à l'autre. Bickert maintient qu'il "prépare à la lettre [ses] rêves de la nuit, en [se]
faisant passer par la tête mille folies, qu'ensuite [son] imagination reproduit devant [lui] durant [son] sommeil".[56] Le peintre
admet toutefois qu'il existe des rêves qui proviennent de "circonstances étrangères, ou [qui sont] la conséquence d'une impression
physique externe".[57] Pour Ottmar cependant,

> il n'en est pas moins une manière plus noble
> de rêver, et c'est de celle-là seule que
> l'homme profite dans ce sommeil vivifiant et
> bienheureux où son âme, rapprochée du principe
> absolu et essentiel, s'abreuve à cette source
> divine d'une force et d'une vertu magiques.[58]

Baudelaire aussi reconnaît deux espèces de rêve:

> Les uns, pleins de [la] vie ordinaire [...] se
> combinent d'une façon plus ou moins bizarre avec
> les objets entrevus dans la journée, qui se sont
> indiscrètement fixés sur la vaste toile de sa
> mémoire. Voilà le rêve naturel; il est l'homme
> lui-même. Mais l'autre espèce de rêve! le rêve
> absurde, imprévu, sans rapport ni connexion avec
> le caractère, la vie et les passions du dormeur!

> ce rêve, que j'appellerai hiéroglyphique,
> représente évidemment le côté surnaturel
> de la vie, et c'est justement parce qu'il
> est absurde que les anciens l'ont cru divin.[59]

Une passage tiré de la même étude ajoute à notre compréhension de
cette dernière remarque. Baudelaire mentionne "une certaine école
spiritualiste" qui considère

> les phénomènes surnaturels [...] comme des
> manifestations de la volonté divine, attentive
> à réveiller dans l'esprit de l'homme le souvenir
> des réalités invisibles.[60]

Le Rêve parisien, par exemple, semble représenter le côté surnaturel de la vie tandis que Le Jeu ne fait que refléter un aspect de
la vie journalière. De façon analogue, les rêves que décrit Bickert
s'expliquent par les préoccupations de sa journée, alors que le
rêve que fait Julia[61] semble être une allégorie, un hiéroglyphe
de l'existence même. Il paraît donc probable que Baudelaire subit
l'influence d'Hoffmann, quand il distingue dans le rêve ces deux
niveaux.

Les deux écrivains s'accordent, du reste, pour voir dans le
rêve ce que Baudelaire appelle "un dictionnaire qu'il faut étudier,
une langue dont les sages peuvent obtenir la clef".[62] Ainsi, les
rêves qu'Hoffmann enchâsse dans ses Märchen, comme celui de Giglio
au début de La Princesse Brambilla et celui de Peregrinus dans
Maître Puce, non seulement aident le lecteur à comprendre les
contes mais encore projettent de la lumière sur la vocation de
l'artiste. De façon semblable, Baudelaire, dans son Salon de 1859,
démontre qu'il voit dans les oeuvres d'art la transformation d'un
rêve en une forme permanente: "Si une exécution très-nette est
nécessaire, dit-il, c'est pour que le langage du rêve soit très-
nettement traduit".[63]

Les oeuvres d'art, ces phares laissés par d'autres hommes de
génie, offrent aux écrivains non seulement un moyen de connaissance
supérieur, mais aussi un vaste réservoir d'images et d'émotions.
D'ailleurs, ce n'est pas seulement en tant que critiques que
Baudelaire et Hoffmann s'intéressent à la peinture et à la musique.

Tous deux possédaient un certain don pour le dessin et surtout pour la caricature. Hoffmann, en outre, composa plusieurs oeuvres musicales: il ambitionnait d'acquérir la gloire grâce à ces compositions. Lors de la publication des Fantaisies il écrivit: "je ne veux pas me nommer, afin que le monde n'apprenne mon nom que grâce à la réussite d'une composition musicale".[64]

Outre l'aptitude pratique, on trouve chez les deux écrivains un don extraordinaire pour la critique. P. von Matt remarque au sujet d'Hoffmann que

> seine anerkannte Bedeutung als Musik-
> kritiker beruht [...] auf der erstaunlichen
> Sicherheit seines Urteils und auf der neuartigen
> Methode, das Musikerlebnis sprachlich
> nachzuvollziehen.[65]

Baudelaire aurait pu lire deux des plus célèbres morceaux de critique musicale d'Hoffmann: l'analyse de la cinquième symphonie de Beethoven figure parmi les Kreisleriana;[66] une autre analyse fait partie du conte Don Juan, qui paraît avoir laissé sa marque sur le poème de Baudelaire.[67] En outre, Loève-Veimars insère dans sa version des Kreisleriana une traduction du compte rendu: Über die Aufführung der Schauspiele des Calderon de la Barca auf dem Theater in Bamberg,[68] qui, joint aux jugements sur Shakespeare et Gozzi qu'on relève dans Etranges Souffrances d'un directeur de théâtre, révèle en Hoffmann un lucide critique littéraire et dramatique. Baudelaire, lui aussi, s'avère un critique perspicace des oeuvres littéraires de ses contemporains et de la musique de Wagner. Pareillement, sa sensibilité artistique lui permet d'analyser avec justesse et vivacité les peintures exposées dans les Salons. De même que P. von Matt admire chez Hoffmann la capacité "das Musikerlebnis sprachlich nachzuvollziehen", Margaret Gilman reconnaît chez Baudelaire le "gift of recreating a work of art, of making his readers both see it and experience his own impression of it".[69]

L'art, "ce médiateur entre nous et l'Univers éternel",[70] n'inspire pas seulement des jugements critiques: Hoffmann et

Baudelaire trouvent souvent dans des peintures le germe d'une idée qu'ils transforment dans leurs oeuvres de création. Dans Les Phares, par exemple, Baudelaire s'efforce d'évoquer dans chaque strophe la quintessence de l'oeuvre de ces huit artistes qui fournissent aux "coeurs mortels un divin opium".[71] Ce faisant, il donne un exemple éclatant d'un de ses propres mots: "le meilleur compte rendu d'un tableau pourra être un sonnet ou une élégie".[72] Une gravure de Heinrich Goltzius, Quis evadet, inspire plus directement le poème L'Amour et le crâne.[73] Un enfant, assis sur un crâne, fait des bulles de savon. Dans l'oeuvre de Baudelaire, l'enfant devient l'Amour, le crâne, l'Humanité, et le "globe lumineux" qui "Crève et crache son âme grêle / Comme un songe d'or"[74] est fait de la cervelle, du sang et de la chair de l'homme. Par la juxtaposition de l'enfance et de la mort et par le symbole quelque peu banal des bulles éphémères de savon, dont l'une porte l'inscription "nihil", Goltzius illustre le thème de la fragilité de la vie. Ces mêmes motifs servent, dans l'interprétation de Baudelaire, à mettre en relief la puissance destructrice des pulsions sexuelles.

La manière dont Hoffmann s'inspire d'oeuvres d'art plastique est moins subtile: dans Marino Faliéro il raconte l'histoire représentée dans le tableau du même nom exécuté par Karl Wilhelm Kolb[75] et s'il donne libre cours à son imagination il n'essaie pas d'ajouter aux données de la peinture une portée symbolique. Pourtant, il sait tirer des gravures des Balli di Sfessania[76] une leçon d'ordre esthétique quand il crée sa Princesse Brambilla. Chacune de ces gravures, qui mettent en scène les figures traditionnelles de la commedia dell'arte, ne contient que deux personnages, soit deux hommes, soit un homme et une femme, qui dansent, font de l'escrime et se parlent avec gravité, malgré la bizarrerie de leurs costumes. Bien que les Balli aient donné la première secousse au capriccio, l'oeuvre d'Hoffmann les dépasse de beaucoup: Hoffmann ne s'en sert que pour des détails tels les costumes, les épées et les instruments de musique. L'important, c'est que les gravures l'ont poussé à donner un certain cadre à ses idées sur le comique, l'amour et le théâtre.

Ainsi, la peinture, loin d'entraver l'imagination des écrivains, sert de tremplin à celle-ci, et leur permet de broder sur les thèmes suggérés par le peintre, de la même manière qu'ils créent une légende à partir d'un visage entrevu dans la foule.

L'art qui représente pour Hoffmann la source d'inspiration la plus précieuse est sans aucun doute la musique.[77] Comme le fait remarquer A. Béguin, il demande à la musique de le

> mettre en communication avec 'le monde invisible', d'apaiser sa nostalgie, de le réconcilier avec lui-même, non pas en lui offrant un refuge dans l'irréel, mais en établissant un langage qui [soit] à la fois celui de la réalité immédiate et de la réalité spirituelle.[78]

L'harmonie ouvre à l'auteur de Gluck un "monde poétique",[79]

> un royaume inconnu, tout à fait différent du monde sensible qui l'entoure; en quittant celui-ci, il se défait de tout sentiment défini, pour s'abandonner à une aspiration ineffable.[80]

Mais j'ai montré que, pour Hoffmann, la musique n'est pas sans risques. Kreisler, même dans "l'élément [...] qui est sa patrie"[81] se trouve tourmenté par ce "blême fantôme aux yeux rouges et flamboyants" qu'est la folie.[82]

Pour Baudelaire aussi la musique est capable de transporter l'âme dans le domaine des rêves. Un "air mourant", par exemple, "vous parle de vous-même, et semble vous raconter tout votre poëme intérieur d'espérances perdues".[83] La musique de Wagner lui donne

> pleinement l'idée d'une âme se mouvant dans un milieu lumineux, d'une extase faite de volupté et de connaissance, et planant au-dessus et bien loin du monde naturel.[84]

Qu'Hoffmann ait influencé l'appréciation musicale de Baudelaire, comme le suggère L.J. Austin,[85] un commentaire sur Beethoven semble le confirmer. Hoffmann soutient que la "musique instrumentale de Beethoven nous ouvre [...] l'empire du prodigieux et de l'incommensurable"[86] et qu'elle "fait jouer les ressorts de la

peur, de l'effroi, de la terreur, de la souffrance, et éveille
précisément cette aspiration infinie qui est l'essence du romantisme".[87] Baudelaire, qui voit comme caractéristique du romantisme
l'"aspiration vers l'infini",[88] juge que "Beethoven a commencé à
remuer les mondes de mélancolie et de désespoir incurable amassés
comme des nuages dans le ciel intérieur de l'homme".[89] L'image
même rappelle celle d'Hoffmann:

> Des rayons éclatants traversent la profonde
> nuit de ce royaume; des ombres gigantesques
> volent, vont et viennent, nous serrent de
> plus en plus étroitement, et nous anéantissent
> enfin, nous, mais non point l'angoisse, le
> désir infini.[90]

Cette évocation de l'émotion suscitée par la beauté musicale rappelle le troisième poème en prose, où Baudelaire note que "dans
la grandeur de la rêverie, le moi se perd vite".[91] Tous deux
découvrent dans Beethoven un musicien essentiellement moderne,
qui s'efforce de traduire en musique "l'horrible vie de contention"
et la "lutte dans laquelle nous sommes plongés".[92] Hoffmann, en
pensant au changement du style de Beethoven perceptible dans
l'Eroica, demande:

> Quel artiste, jadis, se souciait des événements
> politiques de son époque? L'artiste ne vivait
> que dans son art, s'y enfermait et traversait
> ainsi la vie; mais un temps dur et néfaste est
> venu, qui a saisi l'humanité d'une poigne de
> fer, et la douleur lui arrache aujourd'hui des
> accents qui jadis lui étaient inconnus.[93]

S'il reste moins sensible à la musique que ne l'est Hoffmann,
Baudelaire connaît bien l'ambivalence des sentiments qu'elle suscite:

> La musique souvent me prend comme une mer!
> > Vers ma pâle étoile,
> Sous un plafond de brume ou dans un vaste éther,
> > Je mets à la voile;
> [...] D'autres fois, calme plat, grand miroir
> > De mon désespoir![94]

Le contraste entre les deux ordres d'images dans ce poème - où des
images de mouvement font ressortir une image finale d'immobilité

- répète la tension qui existe entre les poèmes du début et ceux de
la fin de Spleen et Idéal. Puisque cette partie des Fleurs du mal
semble tracer la formation du poète l'antithèse contenue dans le
poème me paraît suggérer que celui-ci décrit non seulement la
musique mais aussi l'inspiration poétique en général.

Une phrase de l'étude sur Wagner montre que diverses sources
d'inspiration peuvent produire des sensations analogues. En
écoutant la musique "ardente et despotique" du grand compositeur,
Baudelaire croit retrouver "peintes sur le fond des ténèbres,
déchiré par la rêverie, les vertigineuses conceptions de l'opium".[95]
Lois B. Hyslop, dans son article "Baudelaire's Elévation and E.T.A.
Hoffmann", met en relief les affinités entre le poème et les passages d'Hoffmann où il est question de musique. Elle déduit,
partant, que l'émotion décrite dans Elévation "is indeed the result
of powerful musical experience".[96] Son analyse très sensible met
en évidence plusieurs ressemblances entre les deux oeuvres, où
elle découvre "the spiritual and psychological response of the
imaginative artist to the ecstasy provoked by great music".[97]
Mais Hyslop ne cite qu'en passant un commentaire de Baudelaire
sur Banville qui, à mon avis, a beaucoup plus d'importance pour le
poème qu'elle n'est prête à lui en accorder. Selon Baudelaire,

> Il y a, en effet, une manière lyrique de
> sentir. Les hommes les plus disgraciés
> de la nature, ceux à qui la fortune donne
> le moins de loisir, ont connu quelquefois
> ces sortes d'impressions, si riches que
> l'âme en est comme illuminée, si vives
> qu'elle en est comme soulevée. Tout l'être
> intérieur, dans ces merveilleux instants,
> s'élance en l'air par trop de légèreté et
> de dilatation, comme pour atteindre une région
> plus haute.[98]

On trouve dans ce passage les mêmes émotions que Baudelaire décrit
dans Elévation, émotions provenant non pas d'une source définie
comme la musique mais de quelque chose de bien plus général.
D'ailleurs, Elévation est l'un des poèmes qui décrivent les passions
et les expériences qui forment le jeune poète. Il semble donc
probable que Baudelaire décrit ici, non seulement l'émotion

qu'évoque la musique, mais l'inspiration poétique en général.
L'important est moins la cause directe de l'émotion que l'émotion
elle-même: une sensation de liberté, d'expansion, de compréhension
de la vie. Si l'on étudie les passages qui évoquent les moments
d'inspiration chez Hoffmann et chez Baudelaire on trouve qu'ils
sont tous caractérisés par les mêmes sensations.

La "manière lyrique de sentir" fait partie d'une

> vie d'intensité supérieure qui non seulement
> nous fait pressentir les mystérieux rapports
> du monde des esprits invisibles, mais laisse
> notre âme planer réellement au delà [sic] des
> limites de l'espace et du temps.[99]

L'âme inspirée "admet et comprend sans effort, dans leur signification la plus intime, les événements surnaturels ou mystiques",[100]
comme le jeune poète d'Elévation espère "plane[r] sur la vie, et
comprend[re] sans effort / Le langage des fleurs et des choses
muettes!".[101] Une fois mis dans cet état, on se sent élevé dans
"une sphère dont l'éclat"[102] vous enivre, on boit "le feu clair
qui remplit les espaces limpides".[103] Une lumière intense, l'essor de l'âme, la capacité de tout comprendre dénotent les moments
d'inspiration chez Hoffmann de même que chez Baudelaire. Que
l'inspiration vienne des drogues, du vin, des rêves, de la peinture
ou de la musique, l'expérience est faite pour les deux écrivains
des mêmes éléments. Reste à savoir comment ils transforment cette
liqueur volatile en oeuvre d'art.

(b) Imagination

"Sensibilité, imagination, travail, dit L.J. Austin, telles
sont les vertus qui seules permettent au poète, d'abord d'atteindre
à cet état de 'rêverie féconde' qui est 'l'état poétique', et ensuite et surtout, de la 'transformer en oeuvre d'art', d'en faire
un poème".[104] Si l'inspiration stimule les sens, c'est l'imagination qui change l'extase en vision. La question se pose de connaître la fonction exacte de l'imagination, cette "reine des
facultés",[105] dans la pensée d'Hoffmann et de Baudelaire.

Si le Salon de 1859 éclaircit la conception que se fait Baudelaire du rôle de l'imagination, le point de vue d'Hoffmann reste,
à cet égard, moins explicite. Même l'étude si fouillée de P. von
Matt, qui porte comme sous-titre Imaginationslehre als Prinzip
seiner Erzählkunst[106] ne réussit pas à préciser la manière dont le
conteur envisage l'action de cet aspect capital de la création
artistique. Ce qui incitera Baudelaire à analyser l'imagination,
à la distinguer de la fantaisie et à déterminer la manière dont
l'artiste s'en sert, c'est la lecture de Poe, et, plus tard, de
l'Anglaise, Catherine Crowe.[107] Néanmoins, il faut souligner que
tous deux, Baudelaire et Hoffmann prêtent à l'imagination un rôle de
première importance. M. Shroder soutient même que "almost alone
among French poets, [Baudelaire] considered the imagination the
shaping faculty, the magical faculty of creation, the faculty that
made man most like God".[108] De même, Hoffmann réclame "die absolute
Autonomie der produktiven Einbildungskraft":[109] s'il ne développe
pas ce jugement, c'est qu'il se préoccupe plus de l'effet
de l'oeuvre que de sa genèse. D'ailleurs, le thème de la nature
de l'art, comme nous avons vu, sous-tend l'oeuvre hoffmannienne
et Baudelaire aurait découvert, éparpillés dans les contes et dans
les conversations esthétiques,[110] des aperçus sur la façon dont le
souvenir aide l'imagination, sur la fonction de l'analogie, et
sur les domaines où le nouvelliste puise ses métaphores.

Il est évident que Baudelaire admire chez Hoffmann le mélange
délicat de la mémoire et de l'imagination. Dans le Salon de 1846
le poète cite, afin de donner plus de poids à sa critique des
tableaux, réalistes avant la lettre, d'Horace Vernet,[111] un passage du Chien Berganza:

> La véritable mémoire, considérée sous un point
> de vue philosophique, ne consiste, je pense,
> que dans une imagination très-vive, facile à
> émouvoir, et par conséquent susceptible d'évoquer
> à l'appui de chaque sensation les scènes du passé,
> en les douant, comme par enchantement, de la vie
> et du caractère propres à chacune d'elles [...].

> [Il] en est sans doute autrement des paroles
> et des discours qui ont pénétré profondément
> dans l'âme et dont on a pu saisir le sens
> intime et mystérieux, que de mots appris par
> coeur.[112]

En février de la même année, Baudelaire, dans un compte rendu de
Prométhée délivré, fait la distinction entre les figures de la
mythologie grecque, symboles dépourvus de vie pour l'homme moderne,
et les emblèmes de la mythologie chrétienne auxquels la "grande
poésie" peut toujours croire. Le poète soutient qu'il ne faut pas
confondre "les fantômes de la raison avec les fantômes de l'imagination; ceux-là sont des équations, et ceux-ci des êtres et des
souvenirs":[113] jugement où les paroles du sage Berganza semblent
avoir laissé leur marque. Le passage que cite le poète révèle que,
pour Hoffmann, la véritable mémoire est la faculté qui permet à
l'artiste d'exprimer "le mystère de la vie"[114] - de sa propre
vie et de la vie en général - et que c'est grâce à cette faculté
que l'imagination extrait de l'existence idéale des oeuvres d'art.
Ainsi, le souvenir de Julia Marc reparaît dans plusieurs oeuvres
hoffmanniennes, mais refondu, agrandi, libéré des contraintes de
l'imitation de l'expérience vécue. W. Segebrecht, dans une analyse d'une admirable clarté,[115] compte parmi les récits où se
trouve le motif du Julia-Erlebnis, La Vie d'artiste, La Cour
d'Artus, L'Eglise des Jésuites, Le Choix d'une fiancée et Le Chat
Murr. Dans Le Chat Murr surtout, le personnage de Julia rappelle, par sa beauté angélique et par la qualité de sa voix,
l'élève d'Hoffmann, mais tandis que celle-ci semble plutôt indif-
férente au romancier, l'heroïne du roman répond à l'amour de
Kreisler. D'ailleurs, Julia devient le symbole de l'inspiration
créatrice, donnant aux souffrances d'Hoffmann une signification
profonde. Ainsi, l'imagination idéalise l'expérience vécue.
Margaret Gilman a donc, peut-être, tort de dire que

> the relation of imagination and memory by
> Hoffmann here is in its balance unlike that
> at which Baudelaire will arrive; for Hoffmann,
> memory is a "reproductive" imagination, quick
> to evoke the past, to make it live again, while

> for Baudelaire memory will be but the hand-
> maid of "creative" imagination.[116]

Dans le _Salon de 1859_, Baudelaire trouve que "ce qu'il y a de
plus fort dans les batailles avec l'idéal, c'est une belle imagination disposant d'un immense magasin d'observations",[117] thèse toute
proche de celle qu'exprime Berganza. Baudelaire approfondit cette
idée dans un passage d'_Un mangeur d'opium_:

> Il revit tout cela [c'est-à-dire sa jeunesse],
> mais il le revit avec variations, fioritures,
> couleurs plus intenses ou plus vaporeuses; il
> revit tout l'univers de son enfance, mais avec
> la richesse poétique qu'y ajoutait maintenant
> un esprit cultivé, déjà subtil, et habitué à
> tirer ses plus grandes jouissances de la soli-
> tude et du souvenir.[118]

C'est la mémoire qui donne aux expériences disparates de la vie
l'unité et la signification qui lui sont propres. Du reste, ce
"maître de sa mémoire"[119] chante le "Charme profond, magique, dont
nous grise / Dans le présent le passé restauré".[120] Pour illustrer
cette pensée dans le poème, Baudelaire choisit une métaphore très
riche, celle du "grain d'encens qui remplit une église":[121] ainsi
un souvenir, banal ou remarquable,[122] peut se développer jusqu'à
se transmuer en oeuvre d'art.

L'affinité entre les deux écrivains se trouve renforcée si
l'on se rappelle que la distinction entre imitation et création se
rencontre aussi dans _De l'essence du rire_. Baudelaire y différencie
le comique significatif, qui serait un art d'imitation, du grotesque,
qu'il considère comme une création. Ce qui lui plaît chez "l'admirable Hoffmann",[123] c'est qu'il a "toujours bien distingué le
comique ordinaire du comique qu'il appelle _comique innocent_".[124]
Cette division, comme celle qu'exprime Berganza, coïncide avec les
idées de Baudelaire lui-même sur les rôles respectifs du souvenir
et de l'imagination.[125]

Tous deux, Hoffmann et Baudelaire, voient dans l'imagination
le principe qui leur permet de comprendre l'univers, et, surtout,
les analogies qui existent entre l'individu et le monde qui l'entoure. "At the very centre of romantic thinking", soutient L.

Dieckmann, nous trouvons l'idée que "Nature is a hieroglyph of God; and art is a hieroglyph of Nature and God".[126]   Dans les contes d'E.T.A. Hoffmann on trouve le reflet parfois sérieux, parfois ironique de cette philosophie. F. Martini souligne qu'il ne s'agit pas, chez le conteur, d'une véritable mythologie,

> sondern primär um die verschwenderische
> Fabulierkraft der schwebenden Phantasie, um
> in allegorische Anschauung gefasste weltan-
> schauliche Spekulationen und um ein primär
> ästhetisches ja geradezu ein artistisches
> Phänomen. In diesem Sinn hat ihn offenbar
> auch Baudelaire verstanden.[127]

L'imagination d'Hoffmann est mise en branle par les Natur-philosophen, par les écrivains et les philosophes pour qui la nature présente "ein Abbild des menschlichen Lebens und Bestrebens".[128]   C'est G.H. Schubert, auteur de la Nachtseite der Natur, qui inspire chez Hoffmann le plus d'enthousiasme: dans une lettre à Kunz, en date du 24 mars 1814, il supplie celui-ci, en parlant de lui-même: "envoie-lui - envoie-lui - ô envoie-lui bientôt la Symbolique du rêve de Schubert - il en a soif".[129]   Selon Schubert, ce traducteur de Louis Claude de Saint-Martin, l'homme peut découvrir dans la nature non seulement "das Bild seines eigenen sinnlichen Daseins" mais encore "sein inneres geistiges Leben abgespiegelt".[130] De telles affirmations, parmi d'autres sources, semblent avoir inspiré les mythes hoffmanniens dans lesquels la nature fournit un répondant de l'état d'âme et du destin du héros. Ainsi, la fleur de lys, dont les pétales s'ouvrent "comme des lèvres ravissantes"[131] pour recevoir les baisers de son père, le soleil, serait l'emblème de la "connaissance de la sainte harmonie de tous les êtres",[132] harmonie dans laquelle Anselmus vivra dès qu'il aura gagné l'Atlantide. Dans le pays merveilleux de Famagusta, la tulipe,[133] symbole chargé d'érotisme, représente la tentation de la femme-maîtresse tandis que le bouton de rose symbolise l'amour de la femme-épouse. De même, l'escarboucle offre l'image du coeur éclairé. Que le poète soit capable de lire les hiéroglyphes de la nature, un passage du Pot d'or l'indique:

> à la vue de tant de points, de lignes, de
> traits de plume et de crochets qui semblaient
> représenter tantôt des plantes, tantôt des
> mousses, tantôt des figures d'animaux, le
> courage faillit lui [c'est-à-dire à Anselmus]
> manquer. [...] "Courage, jeune homme! s'écria
> l'archiviste; si tu as une foi véritable, un
> amour véritable, Serpentina t'aidera!"[134]

Et dans Le Certificat d'apprentissage de Kreisler, le maître de chapelle pose la question suivante:

> le musicien, ne serait-il pas [...] avec la
> nature dans le même rapport que le magnétiseur
> avec la voyante, sa volonté énergique étant
> la question que la nature ne laisse jamais sans
> réponse?[135]

Vers l'époque où Baudelaire commence à lire Hoffmann, il s'intéresse aux écrits des fouriéristes. Or, l'on sait que les années qui voient la publication des oeuvres de Charles Fourier connaissent "l'immense vogue de la Philosophie allemande de la nature".[136] C'est une période qui, selon R. Schérer, "vit en familiarité avec les correspondances poétiques, le symbolisme qui fait de toutes les créations les hiéroglyphes de l'âme, miroir de l'univers et de Dieu".[137] Plus tard, Baudelaire s'engoue de l'oeuvre du fouriériste A. Toussenel, qui, dans son curieux Esprit des bêtes, propose un système d'allégories beaucoup plus complexe que ne l'est celui de Schubert. Selon cet admirateur d'Hoffmann,[1] les animaux et les plantes offrent des emblèmes des passions et des vices humains. Ainsi, l'araignée serait "un admirable emblème du boutiquier [car c'est] un insecte hideux, tout griffes, tout yeux, tout ventre, qui n'a point de poitrine, c'est-à-dire de place pour le coeur - qui tend sa toile comme le trafiquant [sic] sa boutique".[139] De façon pareille, "le hibou [est] l'emblème de l'imposture religieuse et de l'obscurantisme".[140] Dans un compte rendu de L'Esprit des bêtes, E. Pelletan explique que

> l'analogie est la méthode de l'école
> pythagoricienne et cabalistique de Fourier.
> C'est la clef d'or qui ouvre tous les
> mystères de la création.
> Que dit l'école?

> Elle dit que la nature est une série de
> correspondances.[141]

En même temps le critique établit un parallèle entre l'école

fouriériste et la pensée d'outre-Rhin:

> la nature tout entière n'est donc que la
> symbolique universelle de nos facultés,
> notre âme réalisée au dehors, par fragments,
> en mondes, en nombres, en fluides, en herbes,
> en arbres, en animaux, en rochers - le moi
> absolu des Allemands.[142]

Dès 1845 Baudelaire soutient ce qu'il répétera en 1860, à savoir

que "l'allégorie est un des plus beaux genres de l'art",[143] un

genre "si spirituel, que les peintres maladroits nous ont accoutumés

à mépriser, mais qui est vraiment l'une des formes primitives et

les plus naturelles de la poésie".[144] Le concept auquel Baudelaire

applique le nom "allégorie" est très proche de celui que les

fouriéristes appelent "l'analogie", leur "science pivotale".[145]

Ainsi, le poète marche parmi des arbres "qui sont chargés de

symboliser le deuil et la douleur"[146] et il voit dans le coucher

du soleil "la merveilleuse allégorie d'une âme chargée de vie,

qui descend derrière l'horizon avec une magnifique provision de

pensées et de rêves".[147] Dans une lettre qu'il adresse à

Toussenel, le poète dit:

> j'ai pensé souvent que les bêtes malfaisantes
> et dégoûtantes n'étaient peut-être que la
> vivification, corporifaction, éclosion à la
> vie matérielle des mauvaises pensées de
> l'homme.[148]

Pensée qu'il transpose dans le poème liminaire des Fleurs du mal:

> [...] parmi les chacals, les panthères, les lices,
> Les singes, les scorpions, les vautours, les serpents,
> Les monstres glapissants, hurlants, grognants, rampants,
> Dans la ménagerie infâme de nos vices,
>
> Il en est un plus laid, plus méchant, plus immonde![149]

Parfois, bien sûr, Baudelaire se moque de l'application excessive

de ces idées. Dans Le Crépuscule du soir, par exemple, il décrit

l'action d'un de ses amis qui jette "à la tête d'un maître d'hôtel

un excellent poulet, dans lequel il croyait voir je ne sais quel insultant hiéroglyphe".[150]

Ce recours à l'allégorie, qui aide l'imagination à percevoir l'unité du monde, l'intérêt pour l'analogie universelle duquel témoignent Baudelaire et Hoffmann, et l'ironie qui tempère leur enthousiasme à l'égard de la Naturphilosophie, tous ces aspects renforcent l'affinité entre les deux manières d'envisager la vie.

(c) Rêves de bonheur

Sous l'ivresse de l'inspiration, le poëte crée des chants qui, écrit Baudelaire au début de la Seconde République, sont "le décalque lumineux des espérances et des convictions populaires".[151] Il remplit ainsi sa véritable mission: "En décrivant ce qui est, soutient Baudelaire, le poëte se dégrade et descend au rang de professeur; en racontant le possible, il reste fidèle à sa fonction: il est une âme collective qui interroge, qui pleure, qui espère et qui devine quelquefois".[152] La poésie serait donc "une grande destinée": "Joyeuse ou lamentable, elle porte toujours en soi le divin caractère utopique".[153] Comme le remarque L.J. Austin, "le 'paradis perdu' est pour Baudelaire le symbole par excellence du royaume idéal que le poëte cherche à retrouver ou à recréer par son art".[154] Bien que l'attrait de l'éden perdu ne lui serve jamais de base à des jugements esthétiques, Hoffmann, ainsi que Baudelaire, évoque des pays idéaux: chacune de ses grandes nouvelles est empreinte de la nostalgie d'une région lointaine, où l'homme vit en harmonie avec tout ce qui l'entoure. "A passionate personal longing for a happier, a more beautiful world", maintient H.W. Hewett-Thayer, "is a perpetual undertone in everything he wrote".[155]

Qu'il me soit permis d'ouvrir ici, avant d'examiner l'utopie fictive, une parenthèse très brève sur l'attitude politique des deux écrivains.

Les événements politiques de son époque ne semblent avoir laissé que peu de traces sur la pensée d'Hoffmann. S'il s'emporte contre ce qu'il considère comme la tyrannie de Napoléon et s'il

espère que les guerres napoléoniennes donneront naissance à une
Allemagne unie, il préfère, dans ses écrits, rester dans le domaine
de l'art pur. Bien qu'il se tienne à l'écart de toute école de
pensée politique, une tendance républicaine se laisse entrevoir
dans plusieurs de ses oeuvres, et notamment dans Le Chat Murr, où,
en évoquant le petit royaume d'Irenäus, Hoffmann raille les traditions figées et les croyances pompeuses d'une monarchie impo-
tente.[156] D'ailleurs, sa plume satirique tourne en ridicule la
suffisance et la mesquinerie des fonctionnaires présomptueux.
Pourtant, s'il attaque le statu quo, c'est moins pour des raisons
d'ordre purement politique, que parce que, à ses yeux, la société
contemporaine étouffe l'individualité et, surtout, la sensibilité
artistique. Selon H.G. Werner,

> Hoffmann sah nicht die Gesellschaft, deren
> Aufbau und soziale Gliederung die Arbeitsteilung
> erforderten; er sah nur das Individuum, das
> ständig von der Gefahr bedroht ist, im nüchternen
> und platten Alltag zum Philister zu erstarren.[157]

Si Hoffmann se borne à créer des utopies imaginaires, le jeune
Baudelaire partage, jusque vers 1852, les rêves et les ambitions
du fouriérisme, de Toussenel et du "paisible Pierre Leroux".[158]
Aux environs de 1848 il avale "des livres où il est traité de
l'art de rendre les peuples heureux, sages et riches, en vingt-
quatre heures".[159] La virulence du poème en prose écrit seize ans
plus tard, Assommons les pauvres!, est sans doute en raison directe
de l'optimisme qui précédait l'échec de la révolution. Il est bien
nécessaire de souligner cette tendance, car elle a influé sur la
nature des visions d'utopie de Baudelaire et sur les termes dans
lesquels il les transforme en poésie.

Il faut maintenant voir de plus près ce que Baudelaire appelle
la "seconde réalité créée par la sorcellerie de la Muse".[160]
Quelles sont les caractéristiques de cet autre monde, tel qu'il
apparaît chez Hoffmann et chez Baudelaire?

Le thème d'une existence plus belle que la nôtre se trouve
chez la plupart des romanciers allemands écrivant à la même

époque qu'Hoffmann. Tieck évoque les joies mêlées de terreur de
la Waldeinsamkeit, et Chamisso, à la fois botaniste et écrivain,
décrit la flore exotique que découvre Peter Schlemihl. Surtout,
l'oeuvre de Novalis laisse son empreinte sur les visions de bonheur qu'on trouve chez Hoffmann. Dans le troisième chapitre
d'Heinrich von Ofterdingen, par exemple, l'auteur décrit un pays
idyllique, un "irdisches Paradies":

> Frieden der Seele und innres seliges Anschauen
> einer selbst geschaffenen, glücklichen Welt war das
> Eigentum dieser wunderbaren Zeit geworden.[161]

Qui plus est, le nom de ce pays, nom qui n'est prononcé qu'à la
fin du mythe, est Atlantis.

Nombreux sont les contes d'Hoffmann qui enchâssent dans un
cadre bourgeois une vision élyséenne. Gluck fournit la plus artificielle, parce que la première, de ces bunte Welten. Dans ce souve
nir de l'année 1809, l'inconnu mystérieux qui se donne pour le compo
siteur Gluck, mort depuis 1787, décrit en termes allégoriques le
royaume des rêves où il trouve l'inspiration dont il a besoin pour
ses oeuvres musicales. Dans un "vallon ravissant" les fleurs
chantent en choeur. Un tournesol, au calice fermé, attire l'attention de l'artiste, qui y découvre l'oeil qui symbolise la vérité universelle. Du front du compositeur s'échappent "des sons
harmonieux qui se répand[ent] au milieu des fleurs et sembl[ent]
les raviver".[162] Le tournesol devient immense et Gluck se trouve
transporté dans le calice. Ivre de joie, il perd connaissance.
Ce qui frappe dans cette description, c'est la sensualité d'une
émotion qui est présentée comme si elle était essentiellement
artistique.

L'Atlantide du Pot d'or donne l'exemple d'un rêve de bonheur qui
est plus complexe que celle du Chevalier Gluck, mais où, encore une
fois, ce sont les sens plutôt que l'intellect qui se trouvent satis-
faits. Ayant goûté du breuvage mystique que lui offre Lindhorst, le
narrateur croit entendre le "faible écho de l'harmonie d'une région
lointaine":[163]

> toujours de plus en plus resplendissants, les

> rayons succèdent aux rayons, jusqu'à ce
> qu'enfin, doré de tous les feux du soleil,
> apparaisse ce jardin immense où j'aperçois
> Anselme.[164]

Les parfums des fleurs qui poussent dans ce jardin parlent à Anselmus, au "maître fortuné":

> Demeure, demeure parmi nous, être chéri qui
> nous comprends; notre parfum est le désir
> qui naît de l'amour, nous t'aimons et sommes
> à toi pour toujours![165]

L'amour informe tous les éléments du pays idéal. D'ailleurs, la
fleur de lys que Serpentina présente à Anselmus ouvre son calice:
"nos hautes destinées, dit Serpentina, sont accomplies; existe-t-il
un bonheur qui soit égal au nôtre?".[166]   Il est évident que ce
bonheur est érotique aussi bien qu'esthétique, mais, sur les deux
plans, on n'atteint l'harmonie que dans l'Atlantide.

Bonheur, beauté physique, harmonie entre l'homme et la nature:
tels sont les éléments du rêve de félicité hoffmannien qu'on
retrouve dans La Princesse Brambilla. Dès que les jeunes amants
arrivent à une connaissance profonde d'eux-mêmes, il y a "partout
mouvement et métamorphose"[167] et la salle où ils se trouvent prend
la forme d'un paysage riant:

> La coupole s'élève et devient la voûte d'un ciel
> serein; les colonnes sont de hauts palmiers;
> la draperie d'or tombe et se change en un fond
> de verdure émaillée de fleurs, et le grand miroir
> de cristal jaillit en fontaine limpide.[168]

En outre, le symbole de l'amour et de l'harmonie, la fleur de lotus,
"s'élève comme une île brillante au milieu du lac de la fontaine".[169]

Ces rêves de bonheur font appel à tous les sens: parfums, musique, fraîcheur, couleurs s'harmonisent pour créer une impression
de volupté ineffable dans un monde où la nature et l'homme s'en-
tendent de nouveau et où l'artiste peut vivre avec la femme idéale.
Dans ses utopies, Hoffmann s'efforce de recréer ces

> temps miraculeux et de joyeuse mémoire, où la
> nature pressant encore et réchauffant sur son
> sein l'homme son enfant chéri, lui accordait
> l'intuition immédiate de tout ce qui est l'intel-
> ligence du plus sublime idéal et de la plus pure

147

harmonie.[170]

Ce désir ardent d'un monde harmonieux et compréhensible, la
poésie de Baudelaire l'exprime aussi. Les idylles du poète sont
plus variées que celles d'Hoffmann. Parfois il rêve "des époques
nues, / Dont Phoebus se plaisait à dorer les statues".[171] Plus
souvent, il situe son monde idéal hors du temps, dans l'imagination fertile de tout artiste qui connaît "cette volupté / D'évoquer le Printemps avec [sa] volonté".[172] L'idylle est qualifiée
tantôt d'"enfantine": ce sont là des rêves caractérisés par

> [...] des horizons bleuâtres,
> Des jardins, des jets d'eau pleurant dans les albâtres,
> Des baisers, des oiseaux chantant soir et matin.[173]

Tantôt, c'est la rêverie du poète fatigué de la vie et qui ne
cherche plus que "douceur", "loisir", "calme", dans un paradis
où "Le monde s'endort / Dans une chaude lumière".[174]

Les visions de bonheur que Baudelaire admire dans les oeuvres
d'art plastique éclairent sa propre conception du bonheur et
rappellent son intérêt pour les utopistes des années quarante.
D'après les journaux de l'époque, il semble qu'au milieu de la
décennie les artistes, renvoyant "en vibrations plus mélodieuses
la pensée humaine"[175] qui leur est transmise, s'efforcent de
peindre l'idylle dont ils rêvent: le critique Laverdant, écrivant
dans La Phalange de 1845, soutient qu'aux salons de 1842 et 1843,

> les tableaux du mal étaient beaucoup plus
> nombreux que les images du bonheur; et
> voici qu'en deux ans la proportion est
> renversée et au-delà. [...] On peut rap-
> porter, pour une part, ce mouvement au
> succès du Rêve de bonheur de M. Papety.[176]

Si Baudelaire juge que ce peintre, en exécutant son tableau, a
voulu faire "une peinture crânement poétique",[177] il ne peut
qu'en vanter l'intention. De même, E. Pelletan, qui consacre au
tableau un article de La Presse que Baudelaire a peut-être lu,
le trouve "rempli d'intentions heureusement rendues".[178] Il mérite
d'être noté, du reste, que le titre de cette oeuvre monumentale,

titre qui sera repris tant de fois dans les années suivantes,[179]
est entré dans la rhétorique de Baudelaire: en 1859, il parle d'un
tableau qu'il considère comme "un des meilleurs rêves de bonheur
parmi ceux que la peinture a jusqu'à présent essayé d'exprimer".[180]
Le titre que choisit l'artiste devient une des rubriques dont se
sert Baudelaire. Ce fait, qu'on n'a pas encore assez mis en
relief,[181] acquiert encore plus d'importance quand on sait que
l'oeuvre de Papety réalise, aux yeux de Gautier, "quelques-unes
des voluptés de l'Eden fouriériste".[182] D'ailleurs, Baudelaire
paraît avoir assimilé à sa propre esthétique quelques idées sur
le rôle de l'art que chérissent les fouriéristes. Selon Laverdant,
par exemple, "les artistes, s'ils veulent accomplir leur mission,
doivent [...] glorifier le luxe".[183] Parmi ceux qui auraient
"puissamment" accompli cette tâche, on note le peintre Baron. Or,
en 1859, Baudelaire remercie cet artiste de lui avoir procuré "une
sensation délicieuse":

> Quand, au sortir d'un taudis, sale et mal
> éclairé, un homme se trouve tout d'un coup
> transporté dans un appartement propre, orné
> de meubles ingénieux et revêtu de couleurs
> caressantes, il sent son esprit s'illuminer
> et ses fibres s'apprêter aux choses du bonheur.[184]

En outre, la Rêverie du soir de Céleste Pensotti attire l'admiration du poète aussi bien que les louanges de Laverdant, qui l'appelle "une rêverie d'amour tendre, mélancolique et voluptueuse".[185]
De façon analogue, la société idéale que W. Haussoullier représente dans sa Fontaine de Jouvence plaît à Baudelaire par sa
volupté, par sa tranquillité, par sa douce gravité.[186] Le peintre
suggère la possibilité d'un retour à l'Eden pour ceux qui, ayant
subi les déceptions de la vie d'ici-bas, savent la juste valeur
des délices du paradis.

Les qualités que Baudelaire admire dans les peintures qui
expriment un rêve de bonheur se retrouvent dans le pays idyllique
de L'Invitation au voyage: là, le bonheur est "marié au silence"[187]
et tout "n'est qu'ordre et beauté, / Luxe, calme et volupté".[188]

Le poème en prose L'Invitation au voyage, dépeint une vision riche et personnelle de la félicité. Tout se déroule dans un "pays superbe" que le poète aimerait visiter avec "une vieille amie".[189] Je rappelle, en passant, que dans La Chambre double Baudelaire est transporté dans la chambre "spirituelle"[190] grâce à une autre "vieille [...] amie",[191] la fiole de laudanum: et que si la fiole est source à la fois de caresses et de traîtrises, la femme aimée dans le poème, L'Invitation au voyage, laisse briller "à travers leurs larmes", les charmes "Si mystérieux / De [ses] traîtres yeux".[192]

Le pays superbe doit son existence à "la chaude et capricieuse fantaisie" mise en branle par "cette nostalgie du pays qu'on ignore",[193] nostalgie qui imprègne le poème J'aime le souvenir. Hoffmann comprend bien cette émotion: l'idée fixe de plusieurs de ses personnages qui rejettent le monde réel en faveur d'un monde de rêves "n'est souvent [...] que l'ironie d'une existence qui a précédé l'existence actuelle".[194] Puisque c'est la fantaisie qui règne, les heures se trouvent allongées par la richesse des pensées et des sensations: comme dans La Chambre double on a l'impression de connaître une "éternité de délices".[195] D'ailleurs, la fantaisie baudelairienne choisit pour ce rêve de bonheur comme pour toutes ses idylles, de "savantes et délicates végétations".[196] Dans le pays idéal, la nature est "réformée par le rêve, [...] elle est corrigée, embellie, refondue".[197] De même, à Lisbonne, ville que le poète tient pour merveilleuse, le peuple, selon le poète, a "une telle haine du végétal, qu'il arrache tous les arbres".[198] Et Baudelaire de dire à son âme refroidie: "Voilà un paysage selon ton goût; un paysage fait avec la lumière et le minéral, et le liquide pour les réfléchir!".[199] On reconnaît là les caractéristiques du rêve parisien avec son "enivrante monotonie / Du métal, du marbre et de l'eau".[200]

Dans cette atmosphère parfaite, Baudelaire découvre le bonheur marié au silence. D'autres visions de bonheur le bercent "de mystère de silence, de paix et de parfums".[201] A la différence du musicien qu'était Hoffmann, le poète des sensations olfactives ne recherche pas une beauté mélodieuse. Bien qu'il prétende aimer "à la fureur /

Les choses où le son se mêle à la lumière",[202] L'Invitation au
voyage, comme la plupart de ses rêveries, ressemble à une "symphonie muette et mystérieuse".[203] Paysage est la seule évocation
des "minutes heureuses"[204] où ne règne pas le silence.

L'utopie reflète les traits de la femme idéale: c'est elle,
en effet, qui détermine la nature de l'idylle. "Ces trésors, ces
meubles, ce luxe, cet ordre, ces parfums, ces fleurs miraculeuses,
dit Baudelaire, c'est toi."[205] Qu'on se souvienne du passage dans
l'article sur Pierre Dupont, où le poète soutient que

> grâce à une opération d'esprit toute parti-
> culière aux amoureux quand ils sont poëtes,
> ou aux poëtes quand ils sont amoureux, la
> femme s'embellit de toutes les grâces du pay-
> sage, et le paysage profite occasionnellement
> des grâces que la femme aimée verse à son insu
> sur le ciel, sur la terre et sur les flots.[206]

Le rêve de bonheur permet l'accomplissement des désirs. Qu'il
s'agisse de la rêverie diurne ou du rêve nocturne, ces désirs,
transposés, comme ils le sont, dans le monde de l'imagination, ne
sont plus refoulés et la vision se révèle, partant, empreinte
d'érotisme. Hoffmann, comme je l'ai déjà démontré, n'ignore pas
l'importance de l'inconscient en ce qui concerne la création
artistique:

> Le poète intérieur (c'est ainsi que Schubert
> appelle dans la Symbolique du rêve la faculté
> merveilleuse de rêver: mais n'est-ce pas que
> chaque enfantement d'une oeuvre d'art ressemble
> à un rêve magnifique que l'esprit intime a créé
> inconsciemment?) exprime effectivement de sa
> propre manière merveilleuse ce qui autrement
> aurait paru inexprimable, et c'est ainsi que la
> signification la plus profonde du poème se trouve
> dans quelques notes très simples.[207]

Le poète, en transposant le rêve en oeuvre d'art, cherche à dissimuler sa portée érotique qui, pourtant, se laisse deviner à
travers des symboles assez transparents.

Dans La Princesse Brambilla,[208] par exemple, les symboles,
tels la petite boîte où Brambilla pourrait mettre son prince, et
la contrée où s'épanouit la joie, de mystérieux qu'ils étaient au

début deviennent explicitement sexuels. La fascination qu'exerce la nouvelle provient, en partie, de la manière dont le caractère érotique s'affirme à mesure que la fin approche. Le monde où Hoffmann situe l'idylle de l'Urdargarten, par exemple, a la forme d'un oeuf: ce qui ouvre le royaume, c'est "l'aiguille miraculeuse du maître".[209] Le mage qui réunit le couple prononce l'incantation qui suit:

> ouvre à la passion le miroir où la passion
> s'admire en se regardant dans la fontaine
> d'amour! L'eau se soulève; allez, précipitez-
> vous dans les flots, et luttez contre eux avec
> courage; déjà vous avez atteint la rive, et le
> plaisir brille en torrents de feu.[210]

Baudelaire pourrait dire avec Hoffmann que l'idéal est "ce songe qui brille dans nous comme un rayon du ciel et suffit à remplir nos désirs infinis".[211] Souvent, le monde fictif de Baudelaire s'avère franchement érotique, "quelque chose de crépusculaire, de bleuâtre et de rosâtre; un rêve de volupté pendant une éclipse".[212] Ce monde se compose de "pays charmants où il fait toujours chaud et où les femmes sentent aussi bon que les fleurs".[213] Sur le "trône de rêverie et de volupté" se couche l'Idole, que Baudelaire appelle "la souveraine des rêves".[214]

Une étude du monde idéal d'Hoffmann et de Baudelaire, tel qu'il apparaît dans Les Mines de Falun et Rêve parisien, fera ressortir quelques éléments communs à la vision de chacun. Cette comparaison n'a pas pour but, qu'il soit dit dès l'abord, de proposer une "source" du poème, question qui a déjà fait couler beaucoup d'encre. A. Adam souligne que les "architectures féeriques sont un des thèmes de la littérature romantique".[215] Je ne me propose ici que d'indiquer quelques correspondances entre les deux rêves de bonheur.[216]

L'atmosphère de Rêve parisien est déterminée par "l'enivrante monotonie / Du métal, du marbre et de l'eau".[217] Le rêve d'Elis Fröbom se déroule, lui aussi, dans un monde métallique. On ne saurait nier qu'Hoffmann fasse rêver Elis de la beauté souterraine afin de justifier sa décision de se faire mineur. Pourtant, on n'a

qu'à penser aux feuilles cristallines du Pot d'or, aux fleurs
laquées de Maître Jehan Wacht et à toute la nature artificielle de
Signor Formica, aussi bien qu'au thème du Karfunkel dans Maître
Puce, pour se persuader que le minéral joue un rôle de première
importance dans l'oeuvre hoffmannienne. C'est un motif, d'ailleurs,
dont Baudelaire est bien conscient, puisqu'il s'adresse aux "poètes
hoffmaniques [sic] que l'harmonica fait danser dans les régions du
cristal".[218] Il n'est pas impossible, d'ailleurs, que Baudelaire
pense au rêve cristallin d'Hoffmann, quand il écrit dans le Poème
du haschisch:

> je n'affirmerais pas que la contemplation d'un
> gouffre limpide fût tout à fait sans danger
> pour un esprit amoureux de l'espace et du
> cristal, et que la vieille fable de l'Ondine
> ne pût devenir pour l'enthousiaste une tragique
> réalité.[219]

Dans son rêve, Elis croit fendre "la surface brillante des mers
sur un beau vaisseau cinglant à pleines voiles".[220] Mais le ba-
teau descend dans la matière transparente que le rêveur a prise
pour l'océan, jusqu'à ce qu'il se pose sur le sol de cristal. Au-
dessus de lui, le jeune homme voit "une voûte en pierre noirâtre
et scintillante", parsemée, non pas de nuages, mais de "masses de
pierre". Si Baudelaire crée, dans son rêve, des "cataractes pe-
santes, / Comme des rideaux de cristal",[221] la mer dans la vision
d'Hoffmann devient "une masse diaphane d'un éclat étincelant".
Dans les deux cas, l'eau prend une consistance et une luminosité
insolites qui la rend pareille aux métaux.

Si Hoffmann bannit de son rêve le "végétal irrégulier", chez
Baudelaire les étangs s'entourent "non d'arbres, mais de colonnades".
Elis, pour sa part, aperçoit "des plantes et des fleurs merveilleuses, d'un métal resplendissant, dont les calices et les feuilles
se [dressent] du fond de l'abîme et [s'entrelacent] d'une façon
toute gracieuse". Le végétal se transmue en minéral, se fige et
prend des formes harmonieuses.

Détail fait pour plaire à Baudelaire mais qui ne trouve pas
d'écho dans Rêve parisien, les racines de ces fleurs artificielles

sortent des coeurs "d'innombrables jeunes filles aux formes ravissantes et virginales qui se tenaient enlacées les unes les autres
dans leurs bras d'une blancheur éclatante". La présence féminine
n'est pas absente du Rêve parisien: de "gigantesques naïades" se
mirent dans les étangs dormants. Il est donc intéressant de noter
que la reine du monde souterrain est "une femme de haute stature":
Mystilis aussi, à la fin de La Princesse Brambilla, atteint des
proportions gigantesques. Il est possible que, dans leur enfance,
les deux écrivains se sentissent privés de l'amour maternel[222] et
que dans leur monde onirique ils s'offrent une compensation. Dans
le conte, d'ailleurs, Elis vient de perdre sa mère et cette perte
le bouleverse.

Le thème baudelairien des jets d'eau, absent du rêve d'Elis,
se trouve cependant dans un passage du Pot d'or que Th. Toussenel
ne traduit pas:

> dans les ténèbres profondes des groupes denses
> de cyprès luisaient des bassins en marbre,
> d'où s'élevaient des formes merveilleuses,
> qui faisaient jaillir des rayons crystallins,
> rayons qui tombaient en clapotant dans les
> calices lumineux des lys.[223]

De façon semblable, la source d'Urdar dans La Princesse Brambilla
et le torrent qui menace d'engloutir le chevalier Gluck reprennent
le thème de l'eau dans un contexte tel qu'on est porté à y voir
une image sexuelle. L'auteur du Jet d'eau était sans doute sensible à la valeur de ce motif chez Hoffmann et l'on se demande si
Toussenel ne supprima pas exprès le passage du Pot d'or parce que
la nature érotique des images n'était que trop évidente.

Les deux rêves baignent dans une lumière mystérieuse. Pour
Baudelaire, il n'y a

> Nul astre [...], nuls vestiges
> De soleil, même au bas du ciel,
> Pour illuminer ces prodiges,
> Qui brillaient d'un feu personnel!

Dans le rêve hoffmannien, le soir est d'une "lucidité transparente",
la pierre est "scintillante", la mer brille d'un "éclat étincelant",
les métaux resplendissent et l'éther est "lumineux". Quand la

vision revient, Elis voit des "plaines couvertes de plantes et
d'arbres en métal, auxquels [sont] suspendues, en guise de fruits
et de fleurs, des pierres lançant des rayons de flamme".[224] Pareillement, dans la serre de Lindhorst, "une lumière magique et éblouissante illuminait les alentours, sans qu'on pût voir d'où elle pro-
venait".[225]

Comme on s'y attendrait dans un rêve décrit par un mélomane,
"un son mélodieux [roule] sous la voûte immense", tandis que dans
la vision de Baudelaire tout est "pour l'oeil, rien pour les
oreilles".

Plusieurs points de ressemblance s'accusent entre les rêves de
bonheur hoffmanniens et ceux de Baudelaire. La nostalgie des "é-
poques nues", où "l'homme et la femme en leur agilité / Jouissaient
sans mensonge et sans anxiété",[226] n'est pas étrangère à Berganza:

> En ces merveilleuses années que je passai jadis
> sous le ciel méridional dont les rayons pé-
> nètrent jusqu'au coeur la créature et qui embrase
> un choeur d'allégresse universelle, il m'arrivait
> [...] de prêter l'oreille au chant des hommes que
> l'on appelait poètes.[227]

D'ailleurs, la nature, dans les idylles du nouvelliste et du poète,
se trouve transformée en oeuvre d'art: "an den künstlichen Bäumen
und Blumen erkennt man Atlantis".[228] Souvent, la nature n'est
admise qu'à condition d'être exotique, de sorte que "l'esprit
sommeillant est bercé par des sensations de serre-chaude".[229] On
se rappellera les fleurs insolites du poème en prose, L'Invitation
au voyage, et la serre du Pot d'or, où la floraison est formée
d'insectes bariolés. Chez les deux écrivains, d'ailleurs, les
créations de l'homme et celles de la nature se ressemblent. Le
poète mort, soutient Baudelaire dans un article sur Banville, "ne
peut se reposer que [...] dans des palais plus beaux et plus profonds que les architectures de vapeur bâties par les soleils cou-
chants".[230] On se rappellera aussi le poète de Bénédiction qui,
en levant les yeux vers le ciel, voit "un trône splendide".[231]
De même, les colonnes de la salle dans La Princesse Brambilla se
métamorphosent en palmiers et la coupole devient la voûte du ciel.

A cet idéal d'une nature docile à l'homme s'ajoute le caractère
anthropocentrique des idylles. Dans l'Eden retrouvé il n'y a
d'autre dieu que l'homme.

Bien entendu, on aurait tort de prendre trop au sérieux les
paradis que les deux écrivains recréent dans leurs oeuvres d'art.
Baudelaire met en relief la nature éphémère de l'idylle qui n'est
qu'insérée dans la réalité banale. Et F. Martini trouve chez
Hoffmann "die traumhafte Idealisierung und die vernichtende Ironie
– diese Antinomien wurden die Ausgangspunkte seiner Märchendich-
tung".[232] Si tous deux ajoutent parfois à leurs Atlantides un
élément de parodie, c'est que le nouvelliste pourrait dire avec
Baudelaire qu'il y a "deux qualités littéraires fondamentales:
surnaturalisme et ironie".[233] Le monde de l'imagination, le surnaturel, doit être tenu en équilibre par le monde extérieur.

Pour cette raison Hoffmann se plaît à donner une explication
philistine des rêves surnaturels. Parfois, par exemple, il prive
ses héros de leur vision ensorcelée et les oblige à tout voir d'un
point de vue banal. La serre de Lindhorst apparaît à l'Anselmus
embourgeoisé de la neuvième veillée comme un jardin ordinaire,
ayant "force géraniums".[234] Entrant dans la chambre bleue, "il ne
[comprend] pas comment ce bleu grossier, ces tiges de palmiers
dorées en dépit du sens commun, et ce feuillage informe [ont] pu
lui plaire un seul instant".[235]

Baudelaire emploie parfois un procédé analogue. Dans Rêve
parisien et La Chambre double la vision s'écroule en raison de
l'intrusion de la vie sordide et menaçante. Le poème en prose berce
le lecteur de la beauté de cette "vie suprême" que le poète, ce
"démon bienveillant",[236] lui a créée. Mais la vie ordinaire, ainsi
que la chambre, est double, et l'artiste n'est artiste qu'à condition de connaître et de se faire le truchement de cette vérité
inéluctable. La chambre paradisiaque, partant, devient de nouveau
"ce taudis, ce séjour de l'éternel ennui", le "parfum d'un autre
monde" se transmue en "le ranci de la désolation"[237] et au lieu de
l'Idole le poète ne trouve que la fiole de laudanum.

RÊVES DE BONHEUR

L'ironie ne sert pas seulement à établir un équilibre entre la
vie quotidienne et le rêve, tels que l'oeuvre les représente: elle
rappelle au lecteur le caractère fictif de ce qu'il lit. Quand
les jeunes Allemands demandent à Celionati la suite de l'histoire
d'Ophioch, il refuse de répondre à leur question, de peur d'infli-
ger "un ennui mortel [à] certaine personne qui ne nous quitte jamais [...]. Je veux parler, dit-il, du lecteur du caprice intitulé
Princesse Brambilla, histoire où nous-mêmes jouons notre rôle".[238]
L'ironie qui se dégage des Petits Poèmes en prose nous révèle que,
si la forme de la plupart des oeuvres baudelairiennes ne permet
pas l'emploi d'une technique pareille à celle d'Hoffmann, leur
auteur aurait bien goûté cet esprit capricieux. D'ailleurs, Cl.
Pichois a bien fait remarquer à propos de La Fanfarlo, oeuvre où
l'influence d'Hoffmann est bien en évidence, que Baudelaire "est
Cramer, mais il est aussi son créateur, et, comme tel, en le
jugeant, il nous invite à le juger, avec une ironie tempérée
d'indulgence".[239]

Malgré les ressemblances qui existent entre les rêves de bonheur des deux écrivains, ceux d'Hoffmann diffèrent des idylles de
Baudelaire en ce qu'ils évoquent à la fois la terreur et la joie.
Ils éveillent "le mélancolique souvenir de ce qui était à jamais
perdu, ce souvenir qui en même temps déchire le coeur et l'emplit
d'une douce félicité".[240] Ceux de Baudelaire, au contraire, si leur
beauté finit parfois par affliger le rêveur, ne suscitent pas la
combinaison d'émotions si caractéristique d'Hoffmann. Le paysage
du Rêve parisien est "terrible", mais son image "ravit":[241] le
"songe miraculeux" d'Elis provoque en même temps "la volupté et
l'horreur".[242] C'est cette manière diverse de raconter le rêve de
bonheur, l'ambivalence d'Hoffmann faisant contraste avec la bipolarité
de Baudelaire, qui crée l'ambiance caractéristique de chaque oeuvre.

(d) Le Langage du rêve et le travail journalier

Dans l'extase de l'inspiration le rêve ouvre au poète doué
d'une imagination féconde "son royaume d'étincelante splendeur":[243]

mais beaucoup de ceux qui ont franchi la porte d'ivoire "oublient
leur rêve dans le pays des rêves; ils deviennent eux-mêmes des
ombres au milieu de tous ces brouillards".[244] V. Brombert entrevoit chez Baudelaire une tendance à devenir, comme les voyageurs
dont parle le Chevalier Gluck, un rêveur endurci:

> il s'enferme pour rêver, et se dissipe ainsi dans
> la concentration. Comme les victimes du haschisch
> dans Les Paradis artificiels, dont les yeux visent
> à l'infini et qui éprouvent l'étrange sensation de
> s'évaporer lentement en se fumant, il a beau vouloir
> se tasser, se ramasser, se posséder: il se disperse
> tout en restant prisonnier de lui-même.[245]

Le véritable art du poète, aux yeux d'Hoffmann, consiste en "la
capacité de fixer et d'enfermer en des signes écrits, comme par
une force spirituelle particulière, les inspirations, les émotions".[246] Les Journaux d'Hoffmann, comme les Journaux intimes
de Baudelaire, révèlent le désir qu'éprouvent les deux auteurs de
traduire "très-nettement"[247] le langage du rêve.

Comme je l'ai déjà signalé, l'oeuvre d'Hoffmann, comme celle
de Baudelaire, analyse l'acte d'écrire: "le coeur même de la
pensée de Baudelaire, remarque M. Butor, est cette prise de conscience de la poésie".[248] L'oeuvre des deux écrivains, partant,
offre des indications sur le "fraternel et mystique chaînon"[249]
de leur structure, grâce auquel se trouve évoquée l'atmosphère
propre au rêve. Dans le Salon de 1846, Baudelaire chante l'éloge
des lignes flottantes que forment les péripéties de Maître Martin
le tonnelier et ses apprentis et qui aident à créer le "souffle
hoffmannesque".[250] La question se pose de savoir pourquoi il
admire la structure des contes d'Hoffmann et quels sont les procédés structuraux qu'emploie le romancier.

Dans tous les arts, Baudelaire fait preuve d'une préférence
marquée pour "une harmonie ondoyante des lignes".[251] Chez de
Quincey, par exemple, il se délecte à cette manière de penser qui
"n'est pas seulement sinueuse; le mot n'est pas assez fort: elle
est naturellement spirale".[252] Ce qu'il cherche dans un tableau,
c'est "la beauté intelligente des lignes, [...] leur harmonie

sérieuse".[253] S'il exige un ondoiement subtil, c'est parce qu'il
se rend bien compte de "cet amour contradictoire et mystérieux de
l'esprit humain pour la surprise et la symétrie".[254] L'harmonie
qui plaît à Baudelaire n'est donc pas celle qui se dégage d'une
symétrie exacte et artificielle:[255] malgré la distance qui sépare
la beauté féminine de celle d'une oeuvre d'art, la description
suivante n'en éclaire pas moins toute l'esthétique baudelairienne:

> Et l'harmonie est trop exquise,
> Qui gouverne tout son beau corps,
> Pour que l'impuissante analyse
> En note les nombreux accords.[256]

Le "plus spiritualiste des dessins", "le plus idéal de tous",
aux yeux du poète, est "le dessin arabesque".[257] Cette idée trouve
son expression la plus précise dans le poème en prose que Baudelaire dédie à Franz Liszt, Le Thyrse. L'emblème sacerdotal, bâton
autour duquel "se jouent et folâtrent des tiges et des fleurs",
éblouit par une grande "complexité de lignes et de couleurs,
tendres ou éclatantes". Le thyrse réunit, alors, "ligne droite
et ligne arabesque, intention et expression, roideur de la volonté,
sinuosité du verbe, unité du but, variéte des moyens, amalgame
tout-puissant et indivisible du génie".[258] Chez Hoffmann, Baudelaire aurait trouvé l'irrégularité et la sinuosité qu'il admire
chez Liszt et chez de Quincey et qui sont, à ses yeux, "une partie
essentielle et la caractéristique de la beauté".[259]

On relève dans l'oeuvre hoffmannienne maints exemples de ce que
Schlegel appelle la "künstlich geordnete Verwirrung".[260] Un des
meilleurs contes d'Hoffmann, Le Conseiller Krespel, a pour but de
tracer "le calme passage de la folie à travers le spleen jusqu'à la
raison complètement saine":[261] il fournit des aperçus utiles sur la
structure que préfère Hoffmann. Le conseiller Krespel éveille la
curiosité du narrateur non seulement à cause de la manière excentrique dont il a fait bâtir sa maison mais aussi parce qu'il tient
cloîtrée chez lui une jeune fille, Antonie, dont il se montre fort
jaloux. Une seule fois, les villageois ont entendu chanter Antonie
d'une voix si belle qu'auprès du sien, le chant de la plus célèbre

cantatrice semble fade. Le narrateur fait la connaissance du
couple bizarre et essaie, en se servant de toutes sortes de ruses,
d'entendre la voix magnifique d'Antonie, qui ne chante pourtant
plus. Un soir, il semble sur le point d'atteindre son but, mais
le conseiller, devinant cette intention, le menace et lui défend
de revenir. Déçu, le narrateur quitte le village. De retour
après une absence de deux ans, il aperçoit un cortège funèbre et,
quand il voit que Krespel porte autour de son chapeau un morceau
de crêpe noir, il comprend qu'Antonie est morte. Chose navrante
pour le narrateur, la douleur de Krespel s'extériorise en des
bonds de joie macabre. Quelques jours plus tard, le narrateur
aborde le conseiller pour l'accuser du meurtre de la jeune fille.
Krespel lui explique, d'une manière très calme, qu'elle était sa
fille, enfant unique d'un mariage désastreux avec une cantatrice
italienne, Angela, que le conseiller a quittée avant la naissance
d'Antonie. Après la mort de la mère, Krespel, en écoutant chanter
sa fille, qu'il voit pour la première fois, comprend que la
"poitrine d'Antonie offre un défaut d'organisation qui donne à son
chant cette force merveilleuse et ces tons uniques qui dépassent
presque la sphère de la voix humaine". Il est évident que, si
elle continue à chanter, elle "payera de sa mort cette faculté
céleste".[262] Antonie, donc, doit choisir entre, d'une part, son
père et une vie où elle ne chante plus et, d'autre part, son
fiancé et la mort. Le pianiste qui l'aime "n'eût pas renoncé à
entendre cette voix ravissante".[263] Antonie opte pour la vie.
Elle aide son père, qui a la manie de briser les violons rares
qu'il achète dans l'espoir de découvrir le secret du ton parfait.
Le son d'un violon de Crémone donne à la jeune fille l'impression
de s'entendre chanter. Krespel renonce au désir de démanteler ce
violon, jouant pour Antonie tous les airs qu'elle aimait chanter
autrefois. Une nuit, dans un rêve, Krespel croit entendre la
voix d'Antonie, accompagnée par son fiancé, bien que celle-là "ne
chant[e] pas, et [que] le jeune homme ne touch[e] pas le clavier".[264]
A son réveil, Krespel trouve Antonie morte et le violon brisé.

LE LANGAGE DU RÊVE ET LE TRAVAIL QUOTIDIEN

L'influence des __Mille et une nuits__ se laisse voir dans la
structure de ce conte à scènes de rappel et à trois narrateurs.
La première partie, qui décrit la construction de la maison, ne
semble pas, au premier abord, s'intégrer dans l'intrigue principale.
On est tenté de la rejeter comme un hors-d'oeuvre piquant mais
accessoire. Pourtant, l'histoire de "cette folle construction"[265]
nous paraît verser beaucoup de lumière sur la structure du conte
lui-même. La maison, nous dit Hoffmann, a "extérieurement l'aspect
le plus bizarre, car toutes les parties y sembl[ent] jetées au
hasard; mais [...] l'intérieur offr[e] mille agréments, et [...]
l'arrangement [est] d'une commodité extrême".[266] Pareillement, les
péripéties de la nouvelle semblent "jetées au hasard", mais révèlent, pour peu qu'on les examine de près, une unité profonde.

Ce n'est pas là, d'ailleurs, chez le nouvelliste le seul exemple
d'un tel commentaire. Dans une phrase citée par E. Rotermund dans
son analyse fort intéressante, "Musikalische und dichterische
Arabeske bei E.T.A. Hoffmann",[267] l'auteur des __Fantaisies__ maintient
que: "il faut que ce soit l'arbitraire qui paraisse régner, et
plus l'habileté artistique la plus grande s'y cache, plus l'arbitraire doit paraître complet".[268] D'ailleurs, c'est de la façon
suivante qu'Hoffmann introduit le mythe d'Urdar:

> Il faut te résigner, mon cher lecteur, à entendre
> cette histoire qui semble d'abord entièrement
> étrangère aux événements que j'ai entrepris de
> te raconter et ne serait par conséquent qu'un
> misérable épisode. Mais comme il arrive maintes
> fois qu'en suivant hardiment un chemin qui sem-
> blait devoir nous égarer on arrive soudain au but
> que l'on avait perdu de vue, il pourrait bien se
> faire ici que cet épisode qui nous égare en ap-
> parence, nous ramenât au centre de notre histoire
> principale.[269]

Il faut garder présents à l'esprit ces deux passages, quand on
examine de plus près la structure du __Conseiller Krespel__.

Le conte se divise assez nettement en cinq parties principales
dont la première a pour but de dépeindre le caractère de Krespel,
la seconde de poser la question d'Antonie et la troisième d'ap-

161

profondir le mystère en nous obligeant à tout voir à travers les
yeux d'un jeune homme plus curieux que sensible. La quatrième parti
celle qui décrit la conduite du conseiller en deuil, reprend le
thème de la personnalité de Krespel, tandis que la dernière scène
éclaircit le mystère des rapports entre Krespel et Antonie et du
refus de celle-ci de chanter.

Les trois thèmes centraux, à savoir le caractère bizarre de
Krespel, la destruction des violons, et le mystère d'Antonie,
s'entrelacent au fur et à mesure du conte, de sorte que quand la
double énigme de la conduite de Krespel et du comportement d'Antonie se trouve résolue il en reste une plus mystérieuse encore:
celle du rapport entre la jeune fille et le violon. Pourtant,
l'affinité entre un personnage et un instrument de musique a été
soigneusement préparée. Le narrateur explique la brusquerie d'une
réponse du conseiller en disant que son interlocutrice a "touché
une corde qui résonnait d'une manière dissonante dans l'âme de
Crespel".[270] Et le conseiller lui-même analyse ainsi l'art qui
gît dans un violon:

> cet objet inanimé à qui je donne, quand je le
> veux, la vie et la parole, me parle souvent
> d'une façon merveilleuse, et lorsque j'en
> jouai pour la première fois, il me sembla que
> je n'étais que le magnétiseur qui excite la
> somnambule et l'aide à révéler ses sensations
> cachées.[271]

La trame centrale du récit mène droit au but: la mort inéluctable d'Antonie. Mais ce qui caractérise ce conte - et il y a là
un procédé qui se retrouve dans La Princesse Brambilla, Les Aventure
de la nuit de la Saint-Sylvestre, Le Pot d'or et tant d'autres
contes d'Hoffmann - ce sont les lignes ondoyantes, l'arabesque que
forment les évocations de la personnalité excentrique de Krespel,
les caprices d'Angela et la curiosité naïve du narrateur.

Pourtant, ce n'est pas de telles techniques que Baudelaire
adopte dans ses oeuvres de création, et quand il énonce ses théories sur la nouvelle il insiste, à l'instar de Poe, sur la concision

La nouvelle, plus resserrée, plus condensée

> [que le roman], jouit des bénéfices éternels de
> la contrainte: son effet est plus intense; et
> comme le temps consacré à la lecture d'une nou-
> velle est bien moindre que celui nécessaire à
> la digestion d'un roman, rien ne se perd de la
> totalité de l'effet.[272]

Il semble bien que, s'il admire les lignes flottantes des contes
d'Hoffmann et la sinuosité de la prose de Thomas de Quincey, il
fait siennes les doctrines plus sobres de Poe.

*   *   *

Dans bien des contes d'Hoffmann on trouve un artiste qui, tout
en connaissant toujours l'ivresse de l'inspiration, tout en jouissant toujours d'une imagination fertile, n'arrive pas à en extraire
une oeuvre d'art. Qu'est-ce qu'il leur manque, à ces musiciens
qui s'asseyent devant une feuille blanche et qui croient y lire
de la musique,[273] à ces artistes vantant la beauté d'une toile
immaculée,[274] à ces poètes dont les visions restent emmurées dans
le cloître de leur imagination?[275] La sensibilité ne suffit pas:
beaucoup de ceux qui pénètrent dans le royaume des rêves s'y
perdent. Quelles sont donc les qualités dont l'artiste a besoin
pour que la vision devienne une oeuvre d'art?

Comme nous venons de le voir, toute tentative d'atteindre à
"l'Idéal rongeur"[276] est hérissée de dangers. A cause de ces
écueils, la création artistique, comme le fait remarquer G. May,
"implique nécessairement une discipline intellectuelle et morale à
toute épreuve".[277] Plusieurs contes d'Hoffmann décrivent l'apprentissage de l'artiste, mettant en évidence la nécessité d'une connaissance profonde de soi et d'un tempérament dont la sensibilité
n'exclut pas la stabilité. Selon Baudelaire, la "passion frénétique de l'art est un chancre qui dévore le reste et comme l'absence nette du juste et du vrai dans l'art équivaut à l'absence
d'art, l'homme entier s'évanouit".[278] Or, trouver le juste et le
vrai exige de l'artiste une lutte perpétuelle. Lindhorst avertit
ainsi son jeune disciple des problèmes qui le guettent:

163

> ce n'est pas sans livrer de grands combats
> que tu atteindras à ce bonheur suprême. Les
> principes du mal se liguent contre toi, et la
> force intérieure avec laquelle tu repousseras
> leurs attaques peut seule te préserver du dé-
> sespoir et de l'anéantissement.[279]

Les forces du mal, dans le cas d'Anselmus, ce sont les tentations
de la vie bourgeoise, dont, surtout, le mariage et le souci de la
carrière.

Cette double nécessité du travail et de l'inspiration, E.A.
Poe attire les louanges de Baudelaire de l'avoir bien comprise:

> Non-seulement il a dépensé des efforts consi-
> dérables pour [...] rappeller à son degré [...]
> ces états de santé poétique [...]; mais aussi
> il a soumis l'inspiration à la méthode, à
> l'analyse la plus sévère.[280]

A propos des artistes dont il vante le mérite, Baudelaire soutient
que "chacun de ces hommes a compris que sa royauté était un sacri-
fice [...]. Nul d'entre eux ne doute de sa royauté, et c'est dans
cette imperturbable conviction qu'est leur gloire et leur sérénité".[281]

En parlant de l'effort que la création artistique exige de
l'artiste, j'ai effleuré deux qualités qui lui sont indispen-
sables: la foi et la sérénité.

Pour que son oeuvre mérite l'épithète "serapiontisch",[282] il
faut, selon Hoffmann, que l'écrivain ait une croyance inébranlable
dans sa conception de l'univers et qu'il la présente d'une manière
telle que le lecteur la voit avec autant de clarté:

> le poète s'efforce en vain de nous faire
> croire ce que lui-même ne croit pas, ne
> peut pas croire, parce qu'il ne l'a pas vu.[283]

Il ne s'agit pas, bien entendu, du fade réalisme dont se moquera
Baudelaire: "Autant que j'ai pu comprendre ces singulières et
avilissantes divagations, s'indigne le poète, la doctrine voulait
dire [...]: l'artiste, le vrai artiste, le vrai poëte, ne doit
peindre que selon qu'il voit et qu'il sent".[284] La foi dont le
poète hoffmannien doit faire preuve envers la valeur des créations
de son imagination est une foi libératrice, qui lui permet

de dépasser l'imitation stérile. D'ailleurs, si Baudelaire rejette
la doctrine de l'école réaliste, c'est avant tout parce qu'elle
supprime l'imagination: chez Hoffmann, au contraire, la vision
que l'artiste traduit en oeuvre d'art est celle-là même que crée
une imagination féconde. L'artiste hoffmannien doit se convaincre
non seulement de la valeur de ce qu'il invente, mais aussi de la
valeur de l'art en général: "si tu as une foi véritable, promet
Lindhorst, un amour véritable, Serpentina t'aidera".[285] Serpentina est un fantôme de l'imagination d'Anselmus, mais elle est, en
même temps, sa muse, l'incarnation de l'Art.

Cette ferme croyance à la vision poétique protège le poète
contre la moquerie et, sort encore pire, la contagion du monde
philistin. Grâce à elle, l'artiste découvre la sérénité qui est
essentielle à la création d'une oeuvre d'art. "The fusion of
creative spontaneity and artistic consciousness", selon R. Taylor,
"was the cornerstone of the aesthetic theory of German Romanticism".[286] Nul doute que la nécessité de trouver et l'inspiration
et la sérénité ne reflète, chez Hoffmann, la théorie de Schelling,
selon laquelle toute oeuvre d'art se dégage du choc entre l'ivresse
dionysienne et le sang-froid apollonien. Mais pour l'auteur
des _Kreisleriana_, c'est loin d'être un simple cliché que "cette
haute [sérénité], qui est inséparable du vrai génie et qu'exerce
l'étude de l'art".[287] Pour employer l'expression de D.S. Peters,
"it is one of [Hoffmann's] major premisses that the foundation
upon which the genuine artist must build is that of inner har-
mony".[288] Il manque à Kreisler cet élément essentiel: il
"n'aborda jamais au port et ne trouva pas la paix sans laquelle
un artiste est incapable de rien créer".[289] Même Nathanael,
malgré son angoisse, reste "fort calme, et réfléchi"[290] pendant
la composition de son poème macabre.

L'oeuvre de Baudelaire, renferme-t-elle des idées semblables
sur la foi et sur la sérénité? Il est certain que le poète ne
doute pas de la valeur et surtout de la beauté de l'art qui rend
"l'univers moins hideux et les instants moins lourds".[291] Il

trouve d'ailleurs que celui qui veut créer une oeuvre d'art reli-
gieux a besoin plutôt de la foi artistique que de la conviction
chrétienne:

> La seule concession qu'on puisse raison-
> nablement faire aux partisans de la théorie
> qui considère la foi comme l'unique source
> d'inspiration religieuse, est que le poëte,
> le comédien et l'artiste, au moment où ils
> exécutent l'ouvrage en question, croient à
> la réalité de ce qu'ils représentent.[292]

Baudelaire exalte d'ailleurs l'importance de l'art en tant que
tel. Il condamne "cette race, [...] artistes et public, [qui] a
si peu de foi dans la peinture, qu'elle cherche sans cesse à la
déguiser et à l'envelopper comme une médecine désagréable dans des
capsules de sucre".[293]

Le concept de Besonnenheit, lui aussi, trouve un écho dans la
pensée baudelairienne. Selon A. Adam, c'est "la double influence,
paradoxalement convergente, de Gautier et de Poe, [qui] lui apprend
à se méfier des 'passionistes', à insister sur la sérénité harmo-
nieuse de l'Art".[294] Il me semble que l'oeuvre d'Hoffmann, si
explicite à cet égard, peut très bien être vue comme une influence
antérieure à celle de Poe. En tout cas, on ne peut nier l'importance que Baudelaire attache à ce principe artistique. Dans la
préface aux Nouvelles Histoires extraordinaires, par exemple, il
soutient d'après Poe que

> le principe de la poésie est strictement et
> simplement l'aspiration humaine vers une
> beauté supérieure, et [que] la manifestation
> de ce principe est dans un enthousiasme, une
> excitation de l'âme - enthousiasme tout à fait
> indépendant de la passion [...]. Car la passion
> est naturelle, trop naturelle pour ne pas intro-
> duire un ton blessant, discordant, dans le
> domaine de la beauté pure.[295]

D'ailleurs, en glosant les contes de Poe, il signale que "c'est
un fait très-remarquable qu'un homme d'une imagination aussi vaga-
bonde et aussi ambitieuse soit en même temps si amoureux des
règles, et capable de studieuses analyses et de patientes recherches".[296] Il s'agit d'ailleurs d'une qualité que Baudelaire non

seulement admire chez autrui, mais cherche aussi à acquérir lui-
même, témoin le poème Elévation, où il décrit l'essor de l'imagination vers "les champs lumineux et sereins".[297]   On peut se souvenir aussi de son admiration pour la qualité "lumineuse et tranquille"[298] des vers de Leconte de Lisle. Je rappelle, en outre,
que le pays idéal de Baudelaire serait celui qui réunirait ordre
et beauté, luxe, calme et volupté.

Liée au besoin de la sérénité se trouve donc la nécessité de
la discipline: l'inspiration, selon Baudelaire, est "décidément
la soeur du travail journalier. Ces deux contraires ne s'excluent
pas plus que tous les contraires qui constituent la nature".[299]

Chez Baudelaire comme chez Hoffmann, donc, la sérénité, la
discipline et la foi sont toutes les trois nécessaires pour que
la vision artistique, vision évoquée par l'imagination du poète
dans ses moments d'inspiration, se transforme en oeuvre d'art.

CHAPITRE V

UN CATECHISME DE HAUTE ESTHETIQUE

"Si l'on veut bien comprendre mon idée, il faut lire avec
soin Daucus Carota, Peregrinus Tyss, le Pot d'or, et surtout,
avant tout, la Princesse Brambilla, qui est comme un catéchisme
de haute esthétique".[1] Si la plupart des critiques qui examinent
l'influence d'Hoffmann sur la littérature française ou qui analysent les "nourritures étrangères"[2] de Baudelaire citent cette
phrase qui figure dans De l'essence du rire, personne, à ma connaissance, ne l'étudie en profondeur. Pourtant, Baudelaire n'écrit
sur le rire que parce que ses réflexions sur ce sujet sont devenues pour lui "une espèce d'obsession",[3] obsession à laquelle les
contes d'Hoffmann se trouvent étroitement liés. Je voudrais donc
sonder les idées de Baudelaire et celles d'Hoffmann sur ce genre
singulier qu'est le comique afin d'expliquer pourquoi le poète
éprouve une telle sympathie pour le nouvelliste et pourquoi il
découvre dans La Princesse Brambilla "un catéchisme de haute
esthétique".

Hoffmann n'a jamais écrit un traité du rire en tant que tel.
Néanmoins, quelques débats dans Les Frères de Sérapion, Le Chat
Murr, Le Chien Berganza, Etranges Souffrances d'un directeur de
théâtre et La Princesse Brambilla portent directement sur le rôle du
comique. D'ailleurs, les personnages de plusieurs oeuvres dont,
par exemple, Le Chat Murr et La Princesse Brambilla, mettent en
lumière, par leur comportement et par le développement de leur
personnalité, l'importance et la variété du genre comique. Hoffmann
ne présente pas une philosophie rigoureuse: son mérite, c'est

168

d'avoir incarné ses idées dans les mythes et les personnages de son oeuvre.

Son esthétique est formée par quelques théories du rire, par la Geschichte des Grotesk-Komischen de Flögel, par Jean-Paul et ses études du comique, et par l'introduction au Phantasus de Tieck.[4] Parmi les écrivains qui inspirent les idées sur le rire d'Hoffmann, ce sont les Anglais qui dominent. C'est là une préférence commune à la plupart des Allemands de sa génération: selon Jean-Paul, en effet,

> seit einigen Jahrzehenden die deutsche Satire
> und Ironie und Laune, ja der Humor häufiger
> den brittischen Weg einschlägt, und [...] Swifts
> und Sternes herübergetragne Loretto-Häuschen
> oder Studierzimmer zu Gradierhäusern unsers
> komischen Salzes geworden.[5]

Hoffmann admire dans l'oeuvre de Swift et de Sterne "le jeu lumineux du profond humour".[6] Il lit avec délices l'oeuvre de Smollett[7] et la "belle histoire du prince Facardin",[8] ouvrage dû au comte d'Hamilton. Avant tout il vante le comique profond de Shakespeare, trouvant dans Falstaff, par exemple, un "modèle de la plus glorieuse ironie, de l'humour le plus universel".[9] Aux yeux d'Hoffmann, le nom de Shakespeare suffit à lui seul à évoquer une riche ambiance comique: "Je me fie à toi pour trouver comique cette lettre, puisque j'y ai fait trois allusions à Schackespear [sic]".[10] Parmi les humoristes allemands dont Hoffmann parle dans ses contes et dans ses lettres, ce sont le "spirituel écrivain"[11] Jean-Paul, et Lichtenberg, "le plus humoristique de tous les écrivains allemands humoristiques",[12] qui ont exercé le plus d'influence. S'il ne mentionne que fort rarement l'oeuvre de Molière, Hoffmann juge l'Avare "un personnage vraiment comique".[13] La lecture de Scarron, de Voltaire et de Diderot enrichit, elle aussi, sa vision du comique.[14] Mais les écrivains qui provoquent au plus haut degré l'enthousiasme d'Hoffmann sont trois des grands modèles des romantiques allemands: Cervantès,[15] dont il continue l'histoire du chien Berganza, Gozzi, chez qui le conteur admire le mélange du "haut comique et [du] pathétique",[16] et Rabelais,[17] qu'il aurait pu lire soit dans la version originale, soit dans la traduction célèbre de Fischart.

C'est dans l'"article de philosophe et d'artiste"[18] qu'est De l'essence du rire que Baudelaire s'efforce de préciser ses idées sur le comique. Bien que, selon F. Baldensperger, les dernières années du dix-huitième siècle et la première du dix-neuvième siècle soient pour l'humour "l'âge d'or des définitions et des démonstrations",[19] l'essai de Baudelaire lui semble combler une lacune.[20] Il n'ignore pas, bien sûr, les physiologies du rire qui ont précédé la sienne[21] et dont il signale "l'accord unanime"[22] sur l'importance du sentiment de la supériorité dans la genèse du phénomène. Cette observation se trouve renforcée par un article sur le rire publié dans L'Artiste en 1840. Selon le critique Brazier, "les philosophes qui ont traité du rire en ont cherché la cause, les uns dans la joie, les autres dans la folie, d'autres, enfin, dans l'orgueil. Ce dernier sentiment paraît le plus vraisemblable".[23] Deux autres idées de l'article de Brazier méritent l'attention à cause de leur ressemblance avec la pensée de Baudelaire. D'une part le journaliste soutient que "la source du rire ne se trouve pas toujours dans la joie, car il existe plusieurs sortes de rire qui n'ont aucun rapport avec elle";[24] d'autre part, il met en évidence l'écart entre la folie dont font preuve des acteurs comiques sur la scène et la gravité qu'ils montrent en ville.[25] Mais bien qu'il note l'existence d'un "rire satanique", Brazier, au contraire de Baudelaire, n'y voit qu'un élément parmi bien d'autres du phénomène qu'il étudie.

Dans sa préface à Cromwell, Victor Hugo analyse le grotesque d'une façon qui n'aurait pas pu laisser indifférent Baudelaire, bien que les conclusions des deux écrivains soient assez éloignées les unes des autres. Il n'est pas impossible, d'ailleurs, que l'essai de Baudelaire ait été mis en branle par un commentaire de Hugo, selon lequel "il y aurait [...] un livre bien nouveau à faire sur l'emploi du grotesque dans les arts":[26] je rappelle que De l'essence du rire a pour sous-titre "Du comique dans les arts plastiques". Le grotesque, aux yeux de Hugo, est le "germe de la comedie":[27] d'ailleurs, "c'est de la féconde union du type grotesque au type sublime que naît le génie moderne".[28] Bien que ces deux idées correspondent à celles de Baudelaire, pour Hugo le grotesque est "la plus riche source que la nature puisse ouvrir à l'art"[29] tandis que, aux yeux de Baudelaire, le grotesque est "une création mêlée d'une certaine faculté imitatrice d'éléments préexistants dans la nature",[30] création qui provoque un rire exprimant l'idée que l'homme se fait de sa supériorité sur la nature.

Ainsi que dans de telles études générales, Baudelaire aurait trouvé matière à réflexion dans quelques articles de Gautier, un des très rares critiques qui mettent en valeur le comique hoffmannien.[31] Selon Gautier, Hoffmann possède "une gaîté et un comique que l'on n'aurait pas soupçonnés dans un Allemand hypocondriaque et croyant au diable".[32] D'ailleurs, il serait

> doué d'une finesse d'observation merveilleuse,
> surtout pour les ridicules du corps; it saisit
> très-bien le côté plaisant et risible de la
> forme, il a sous ce rapport de singulières
> affinités avec Jacques Callot et principalement
> avec Goya, caricaturiste espagnol trop peu
> connu, dont l'oeuvre à la fois bouffonne et
> terrible produit les mêmes effets que les
> récits du conteur allemand.[33]

Pourtant, si Baudelaire semble avoir profité des études sur le comique qui ont précédé la sienne, elles ne sont guère, à son avis, que des "matériaux".[34]

Comme Hoffmann, il a enrichi son esthétique du rire par sa lecture de plusieurs grands écrivains dont il faut signaler ici les plus importants. Quoiqu'il ne partage pas l'admiration qu'éprouve Hoffmann à l'égard de Swift, que le poète trouve "un farceur froid",[35] dès La Fanfarlo Baudelaire évoque le comique de Sterne, qu'il appelle dans Les Bons Chiens un "sentimental farceur, farceur incomparable".[36] Dans son Salon de 1859, du reste, il commente avec plus d'ampleur ces deux caractéristiques de l'auteur de Tristram Shandy: "Que l'âne soit comique en mangeant un gâteau, cela ne diminue rien de la sensation d'attendrissement qu'on éprouve en voyant le misérable esclave de la ferme cueillir quelques douceurs dans la main d'un philosophe".[37] Aux yeux du poète, Shakespeare fut avant tout un grand peintre de la douleur humaine:[38] au contraire de l'auteur des Etranges Souffrances, il ne s'efforce pas d'analyser la nature ambiguë des fous shake-speariens, chez qui se trouvent, selon Hoffmann, autant d'éléments tragiques que comiques. Deux autres écrivains comiques ont suscité l'admiration de Baudelaire: Cervantès, qui renferme la gaîté, la jovialité et la satire,[39] et "le bon Jean-Paul, toujours si angé-lique quoique si moqueur".[40] Il n'est pas impossible, du reste, que Baudelaire connaisse quelques-uns des écrits sur le comique que nous devons à ce compatriote d'Hoffmann.[41]

Si les sources des idées hoffmanniennes sur le comique semblent être avant tout littéraires,[42] il est évident que non seulement la littérature mais aussi les oeuvres d'art plastiques ont incité Baudelaire à préciser sa pensée sur ce genre singulier. Les deux essais sur les caricaturistes, auxquels De l'essence du rire sert d'introduction, révèlent à quel point le besoin de distinguer en premier lieu entre Goya et Gavarni, par exemple, et, ensuite, entre les éléments éphémères et les aspects durables des caricatures de l'Espagnol, informe les catégories du comique chez Baudelaire.

Dans ses débats sur le comique Hoffmann semble distinguer trois niveaux. Bien qu'il ait tendance à employer les mêmes termes dans des sens assez divers, et qu'il n'en donne pas de définitions précises, je m'efforcerai, pour y voir un peu plus clair, de clas-ser ces niveaux en les distinguant à l'aide de trois étiquettes dont le conteur lui-même se sert: le Possenhaft, l'Ironie et l'Humor.

L'émotion qu'excite le Possenhaft, le plus superficiel des sous-genres comiques, est caractérisée par cette diminution des ten-sions ressentie aux moments où s'atténue l'écart entre le rêve et le réel. L'atmosphère qui favorise cette détente est celle du carnaval, "la plus plaisante des plaisanteries".[43] Il s'agit donc d'un comique de geste et de situation, son symbole étant les masques de la commedia dell'arte, avec leurs singeries et leurs vêtements bizarres. Le peintre Reinhold de la Princesse Brambilla fait ressortir le caractère frivole du Possenhaft, qui serait "le plaisant qui ne paraît qu'à l'extérieur, et qui n'a de motifs qu'au dehors".[44] Dans les Etranges Souffrances aussi, Hoffmann souligne le fait que cette gaîté éphémère "n'est occasionnée que par le monde extérieur".[45]

Les libertés que permet le carnaval, l'emploi des masques et l'abandon des conventions sociales, offrent aux pauvres une égalité apparente avec les riches: en portant la robe de la princesse Brambilla, Giacinta devient effectivement princesse. C'est ainsi que se réalise une diminution des tensions inhérentes à la vie sociale. Et cependant, la détente n'est qu'une illusion, car la "plaisanterie passagère"[46] ne peut anéantir le dualisme ni de la société, ni de la vie individuelle. Les tensions sont toujours présentes mais elles prennent une forme nouvelle. De là, une autre caractéristique du carnaval: la frénésie. Cette transformation donne naissance à la "cruelle et terrible furie de la rage, de la haine et du désespoir"[47] qui s'extériorise dans le cri traditionnel: "Ammazato sia, qui [sic] non porta moccola".[48] Ces mêmes éléments se retrouvent dans quelques scènes de Petit Zaches. Zaches lui-même est un de ces "monstres [...] divertissants [...] enfantés [par] le génie de la joie"[49] que le charlatan Celionati signale comme faisant partie du Possenhaft italien:

> Ce petit bout d'homme [a] la tête profondément
> enclavée entre ses épaules; avec sa double
> protubérance sur le dos et sur la poitrine,
> son buste trapu et ses jambes d'araignée
> longues et grêles, il [ressemble] à une pomme
> fichée sur une fourchette et où l'on [aurait]
> entaillé un masque grotesque.[50]

Les divertissements bouffons des étudiants de l'université de Kerepes, farces qui rendent si ridicule ce savant, grand mais limité, qu'est Ptolomäus Philadelphus, offrent un exemple supplémentaire de la gaîté transitoire.[51]

S'il reconnaît la nature superficielle du Possenhaft, Hoffmann
déclare toutefois qu'il provoque "un chatouillement momentané qui
ne fait pas de mal".[52] Il serait d'une certaine valeur, pourvu
qu'il soit présenté "de façon insouciante et libre",[53] pourvu,
autrement dit, qu'on se rende toujours compte de sa nature fugitive
et qu'on ne lui impose aucune entrave morale. Berganza déplore le
déclin de la comédie allemande, résultat, à ses yeux, d'une tentative de restriction de l'art à des buts moraux. Les effets les
plus comiques, remarque-t-il,

> ne pouvaient plus amuser personne, car on
> voyaient poindre derrière chaque plaisanterie
> la férule du maître d'école moraliste,
> d'autant mieux disposé à punir les enfants
> que ceux-ci s'abandonnent tout entiers au
> plaisir.[54]

L'illusion que parviennent à créer l'ambiance carnavalesque et les
comédies frivoles serait donc salutaire mais transitoire.

L'émotion principale du Possenhaft est la joie: celle qui donne
naissance à l'Ironie, au contraire, est la mélancolie. Selon
le directeur de théâtre qu'Hoffmann appelle "le brun",

> le sentiment du désaccord entre l'esprit et
> toutes les activités qui l'entourent, crée
> l'état maladif de surexcitation, qui éclate
> en l'amère ironie ricaneuse.[55]

Le rire qu'elle provoque n'est ainsi que "le cri douloureux de la
nostalgie".[56] Hoffmann illustre cette pensée en évoquant la personnalité complexe du fou de King Lear, celle de Jacques dans
As You Like It et celle du prince Hamlet. Mais si l'ironie est
née "justement de la profonde souffrance causée par [une] vaine
aspiration",[57] elle est néanmoins "le plus beau don de la Nature".[58]
C'est qu'elle permet de comprendre au plus haut degré la condition
humaine. Tandis que le Possenhaft est tourné vers l'extérieur,
l'ironie se trouve "au coeur de la nature humaine: c'est d'elle,
en effet, que dépendent les couches les plus profondes de la nature humaine".[59] L'ironie de Kreisler, par exemple, ne met en co-
lère les habitants d'Irenäus que parce que le maître de chapelle "se
refuse à admettre l'éternité des conventions [qu'ils ont] conclues

174

sur la forme de l'existence"[60] et que, se rendant compte plus clairement qu'eux des limites de leurs pouvoirs et de l'absurdité de
leurs aspirations, "la solennité avec laquelle [ils] prétend[ent]
gouverner un monde qui [leur] est à jamais fermé lui paraît vraiment comique".[61] L'ironie est aussi la caractéristique principale
des mages hoffmanniens qui, doués d'une intelligence plus profonde
et ayant des aspirations plus hautes que ceux qui les entourent,
se rendent plus amèrement compte des limites de l'existence.
Lindhorst, cette salamandre déchue, ne perd son rire moqueur que
quand Anselmus lui offre la possibilité de regagner le paradis
perdu de l'Atlantide.[62] On voit dans la transformation de l'archiviste l'image d'une affirmation de Kreisler: "cette robuste mère
[c'est-à-dire l'ironie] a enfanté un fils, qui est entré dans la
vie comme un roi puissant: je veux dire l'humour, qui d'a rien de
commun avec son demi-frère, le sarcasme".[63] Ce lien entre l'ironie
et l'humour, Hoffmann le souligne aussi dans Les Frères de Sérapion,
où Lothar parle de "l'ironie, qui engendre l'humour le plus profond et le plus amusant".[64] W. Segebrecht voit dans cette expression "eine für [Hoffmann] sehr aufschlussreiche Definition der
Ironie und des Humors". Le critique continue:

> Ironie ist ihm eine bedrückende, aber notwendige
> Vorstufe des Humors. Sie reisst die Widersprüche
> des Lebens auf, die der Humor nur dann wieder zu
> schliessen vermag, wenn er dem Leben selbst
> zugewandt ist.[65]

Le comique et le tragique sont, aux yeux d'Hoffmann, "rayons
d'un seul foyer",[66] le point où les deux éléments convergent étant
l'humour. C'est grâce à lui que l'homme se rend compte à la fois
de sa propre grandeur et de sa propre misère: c'est grâce à lui
aussi que cette connaissance mène à cette diminution de la tension
qu'est le rire. Le vrai comique, ce qu'Hoffmann appelle le
"wahrhaftig Komische",[67] provoque un "rire de joie merveilleuse,
création, en effet, de chagrin et de désespoir".[68] Loin de la
frénésie du carnaval et du rire agaçant de Liris, l'humour est
l'expression du "triomphe de la force intime et spirituelle".[69]

Ce serait l'oeuvre de Shakespeare qui donnerait les exemples les
plus parfaits de cette synthèse: "il a créé ses fous dans le seul
but de proclamer le vrai humour, qui n'est autre chose que le tragique et le comique eux-mêmes".[70] Les héros de Shakespeare sont
pénétrés d'un humour "qui, dans les moments les plus sublimes,
s'exprime souvent par une improvisation pleine d'esprit".[71] C'est
que l'Humor offre la possibilité de tirer des éléments disparates
de l'existence une certaine harmonie. Dans Le Chat Murr, c'est
Hedwiga qui se rend compte de ce fait: elle dit à Kreisler:

> je comprends votre humour jaillissant. Il est
> exquis, vraiment exquis ... C'est de la seule
> discordance des impressions contraires, des
> sentiments hostiles, que naît la vie supérieure![72]

Plusieurs personnages d'Hoffmann semblent représenter divers
aspects du comique, tel que le nouvelliste l'envisage: on peut
prendre, à titre d'exemples, Murr, Liscov, Kreisler et le jeune
couple de La Princesse Brambilla.

Dans le matou Murr on trouve un exemple du personnage sérieux
qui est comique sans le savoir, servant ainsi à confirmer la remarque de Baudelaire, selon laquelle les "animaux les plus comiques
sont les plus sérieux".[73] Sa vision de la vie se fonde sur des
préjugés, son oeuvre littéraire sur des clichés, mais parce qu'il
traduit l'humain en termes félins, il démasque l'absurdité de nos
conventions, la gratuité de nos espoirs et les limites de notre
compréhension.

Liscov, le faiseur d'orgues qui a exercé une telle influence
sur le jeune Johannes Kreisler, et qui n'est qu'un des masques de
maître Abraham, incarne l'ironie malveillante. Son comique

> n'était point cette rare et merveilleuse
> disposition de l'âme que produisent souvent
> une profonde intelligence de la vie, et la
> lutte des principes les plus hostiles. Ce
> n'était chez lui qu'un sens très aigu, qui
> lui faisait découvrir partout la note dis-
> cordante, et un extrême talent qui lui permet-
> tait de la faire toujours apparaître.[74]

Encore une fois, c'est le sentiment du désaccord entre l'individu et l'univers qui donne naissance à l'ironie. Pourtant

> il faut confesser que l'étrange facteur
> d'orgues était bien fait pour favoriser et
> entretenir le germe d'un humour plus pro-
> fond qui était dans le coeur de Johannès, -
> germe qui, d'ailleurs, prospéra à souhait...[75]

De même que les réflexions de Murr nous dessillent les yeux, de
même le persiflage de Liscov éveille chez Johannes l'ironie qui
est nécessaire au développement de l'humour.

Du fait de sa nature, d'ailleurs, Kreisler se montre plus apte
que les autres personnages du Chat Murr à saisir le vrai comique.
Selon son ami, Meister Abraham,

> Il aime plus que tout cette ironie qui naît
> d'un profond regard sur l'humanité et que
> l'on peut appeler le plus beau don de la
> Nature: car il provient de ses sources les
> plus pures.[76]

Et pourtant, Kreisler, malgré sa perception aiguë de la condition
humaine, ne réussit pas à établir l'équilibre entre le tragique
et le comique. La Weltanschauung qui devrait aider l'homme à
réunir les deux pôles de l'existence crée, chez ce musicien trop
sensible, un tiraillement perpétuel entre misère et grandeur:

> Vous songerez nécessairement au mot Kreis,
> et fasse le ciel que vous évoquiez aussitôt
> les cercles merveilleux dans lesquels se
> meut toute notre existence, d'où nous ne
> pouvons pas sortir, quoi que nous fassions.
> C'est dans ces cercles que circule Kreisler [...].[77]

Giglio et Giacinta, au contraire de Kreisler, parviennent à la
fin de La Princesse Brambilla à atteindre le vrai humour. Non
seulement ils puisent dans les profondeurs de la nature humaine
les personnages qu'ils représentent sur la scène, mais encore ils
acquièrent ensemble l'équilibre qui manque à Kreisler. Celionati,
en effet, dit à Giacinta:

> je pourrais te dire que tu est l'imagination,
> et que l'humour a besoin pour voler des ailes
> de l'imagination fantastique, et que sans cet
> humour qui donne un corps à l'imagination, tu
> planerais dans les airs comme une aile, jouet
> des vents.[78]

Aux yeux d'Hoffmann, c'est le rôle de l'artiste que d'éveiller
chez le public cette conception du monde: le comédien ne se rend
ridicule qu'afin de révéler à l'auditoire ses propres folies.

Ce serait fausser l'esthétique d'Hoffmann que d'en faire une
philosophie rigoureuse. Pourtant, on peut voir dans le comique
hoffmannien une hiérarchie: le comique éphémère et joyeux qu'est
le Possenhaft, la perception aiguë des folies du monde qu'Hoffmann
appelle l'ironie, et, au sommet, l'humour, grâce auquel l'homme
se rend compte non seulement de la laideur et des ridicules de
l'existence, mais aussi et en même temps de sa beauté et de ses
joies.

L'étude du comique qu'on trouve chez Baudelaire est bien plus
ample et plus fouillée que les idées éparses d'Hoffmann. Le rire
aux yeux de Baudelaire est un phénomène complexe, à la fois
physiologique et psychologique. Etant philosophe aussi bien
qu'artiste, Baudelaire analyse le rire de ces deux points de vue,
introduisant, en outre, des observations théologiques. Son essai
se divise nettement en deux parties: l'une s'occupe des causes du
rire en tant que manifestation physiologique et sociale; l'autre
traite le comique dans les arts plastiques et dans la littérature.

Du point de vue physiologique, le rire se rapprocherait des
pleurs: du point de vue théologique aussi, puisqu'ils seraient
tous deux des "phénomènes engendrés par la chute".[79] Le rire,
selon Baudelaire, est une "convulsion nerveuse, un spasme involontaire".[80] Or, si le rire est une convulsion irréfléchie, c'est
qu'il est un des symptômes de la faiblesse de l'homme déchu et
chassé du paradis. Qui pis est, le comique gît "spécialement dans
le rieur, dans le spectateur":[81] c'est d'autrui qu'on rit et l'on
rit parce qu'on est convaincu de sa propre supériorité. C'est
parce qu'il y a, sous-jacent au rire, ce sentiment de supériorité,
que "le Sage ne rit qu'en tremblant".[82]

Cependant, le rire est divers et ses causes sont multiples.
Baudelaire tient à distinguer le rire satanique d'avec la joie.[83]

D'après le poète, la joie, qui "existe par elle-même",[84] est un état d'esprit qui se communique par divers moyens. Quelquefois, dit Baudelaire, "elle est presque invisible; d'autres fois, elle s'exprime par les pleurs".[85] Le rire, au contraire, est un symptôme, l'expression d'un sentiment qu'on cherche à cacher. Or, on ne tenterait pas de refouler ce sentiment de supériorité, si, du moins dans la partie subconsciente de l'esprit, on ne le soupçonnait pas de trahir une certaine faiblesse. Se croire supérieur à son "frère en Jésus-Christ",[86] selon Baudelaire, c'est se montrer inférieur à Dieu. Le rire est donc "à la fois signe d'une grandeur infinie et d'une misère infinie, misère infinie relativement à l'Etre absolu dont il possède la conception, grandeur infinie relativement aux animaux".[87]

La meilleure illustration de cette thèse, aux yeux de Baudelaire, est le rire de Melmoth. Ce protagoniste de Melmoth the Wanderer, roman gothique qui empoigna les lecteurs du dix-neuvième siècle, a vendu son âme au diable en échange d'une vie prolongée. Libéré de la mort, mais fatigué de la vie, il est contraint de parcourir le monde à la recherche d'un mortel qui veuille échanger sa mortalité contre la vie et la damnation de Melmoth. Puisqu'il est immortel, Melmoth se sent infiniment fort par comparaison à "la pauvre humanité": puisqu'il ne possède plus d'âme, il est infiniment vil "relativement au Vrai et au Juste absolus".[88] C'est pour cette raison que le rire de Melmoth,

> qui est l'expression la plus haute de l'orgueil,
> accomplit perpétuellement sa fonction, en déchi-
> rant et en brûlant les lèvres du rieur irrémis-
> sible.[89]

La condition de l'homme, tiraillement incessant entre la grandeur infinie et la misère infinie, serait déterminée par la chute: de là provient aussi la connaissance. La nature de l'homme étant double, ses recherches, ses efforts pour comprendre l'essence des choses et pour regagner le paradis perdu le porteront tour à tour vers le bien et vers le mal. Les peuples primitifs, plus proches de l'harmonie que les nations civilisées, n'ont qu'une perception très limitée du mal. Ils ne conçoivent donc pas le comique. L'homme cultivé, par contre, s'il peut, un jour, rejeter le sentiment de supériorité que lui procure sa connaissance du monde, sera capable de "s'élancer hardiment vers la poésie pure":[90] là, comme dans l'âme de Virginie, l'héroïne du roman, le rire n'existera pas. Aussi le comique s'avère-t-il, aux yeux du poète, un produit inévitable de la civilisation, ou plutôt, d'une civilisation imparfaite. Mais le comique lui-même augmente notre compréhension de la condition humaine en nous représentant nos folies et nos vices. C'est ainsi, par exemple, que le "blasphème" de Daumier, qui "s'est abattu brutalement sur l'antiquité, sur la fausse antiquité" a eu "son utilité" en dévoilant la prétention et l'ignorance.[91] Au moment où il écrit sur le rire, Baudelaire envisage la marche de la civilisation comme allant de l'innocence ignare, passant par une connaissance de plus en plus profonde du bien et du mal, pour atteindre enfin une pureté éclairée:

> nous voyons que les nations primitives [...] ne conçoivent pas la caricature [...], et que, s'avançant peu à peu vers les pics nébuleux de l'intelligence [...] les nations se mettent à rire [...]; et, enfin, que si dans ces mêmes nations ultra-civilisées, une intelligence [veut] s'élancer hardiment vers la poésie pure, dans cette poésie [...] le rire fera défaut.[92]

Si, à l'origine du rire, Baudelaire discerne une émotion double, il trouve le comique lui-même hétérogène.

D'une part, il faut différencier entre les oeuvres comiques qui "ne valent que par le fait qu'elles représentent",[93] telles les caricatures des journaux dont la compréhension exige une connaissance de la personnalité ou des circonstances qu'elles dépeignent, et celles qui "contiennent un élément mystérieux, durable, éternel".[94] Quelques-unes des caricatures de Goya, par exemple, tout en faisant allusion aux événements contemporains, respirent le "comique éternel"[95] parce qu'elles transforment en oeuvre d'art "quelque chose qui ressemble à ces rêves périodiques ou chroniques qui assiégent régulièrement notre sommeil".[96]

D'autre part, le comique éternel comporte deux niveaux: l'ordi-

naire et l'absolu. Le comique ordinaire, ou significatif, serait
un art d'imitation tirant sa raison d'être du sentiment de la supériorité que l'individu éprouve à l'égard des autres. Le comique
absolu, le grotesque, naît quand le génie de l'artiste transforme
les éléments de l'univers réel, pour créer quelque chose de nouveau,
comme l'antiquité nous a laissé des "Hercules tout en muscles,
[de] petits Priapes à la langue recourbée en l'air, aux oreilles
pointues, tout en cervelet et en phallus".[97] Toujours faut-il
reconnaître que notre conception du comique se modifie, de sorte
que ces figures grotesques n'étaient pas risibles pour ceux qui
les inventèrent.

Puisque le comique ordinaire dérive d'une imitation des choses
de la vie quotidienne, il rappelle la condition humaine, la chute.
Libéré de la fidélité à la nature, le grotesque, par contre, permet à l'homme d'oublier le péché originel: le vertige qu'il déclenche emmène les masques de la pantomime, par exemple, vers "une
existence nouvelle".[98] Ch. Mauron fait remarquer qu'en face du
comique absolu, cette "création absurde, étrangère à toute signification morale, Baudelaire retrouve la liberté et l'innocence de
l'artiste pur".[99] La puissance du comique absolu se ressent jusque
dans la transformation de perspective dans l'essai: le critique se
tient à l'écart du comique significatif, il le juge, il l'analyse;
le vertige du comique absolu, au contraire, l'entraîne, le bouleverse, il ne peut plus le disséquer, il ne peut que le décrire.

Le grotesque provoque un rire qui se rapproche de l'expression
de la joie à mesure que le comique devient plus absolu, à mesure,
autrement dit, qu'il se libère de sa soumission à l'existence de
tous les jours. Devenu parfait, le comique absolu exciterait non
plus le rire mais la joie toute pure. C'est un comique qui en appelle à l'intuition tandis que le comique significatif, ayant deux
éléments, l'art et l'idée morale, s'adresse à l'intellect.

Outre ces divisions philosophiques, Baudelaire établit quelques gradations artistiques:

La première [division] est créée par la séparation

> primitive du comique absolu d'avec le comique
> significatif; la seconde est basée sur le genre
> de facultés spéciales de chaque artiste.[100]

En outre, il s'efforce de caractériser le comique des diverses
nations.

Bien que son système ait tendance à s'embrouiller, Baudelaire
propose pour le comique cinq rubriques qui délimitent assez clairement les sous-genres. Le plus accessible est le comique "innocent"
dont le modèle serait "l'emportement carnavalesque de la gaieté
italienne".[101] Le meilleur interprète du comique innocent est
Jacques Callot, l'artiste qui inspire La Princesse Brambilla et
"qui, par la concentration d'esprit et la fermeté de volonté propres
à [la France], a donné à ce genre de comique sa plus belle expression".[102] Le comique innocent, genre avant tout visuel, s'accuse
chez les artistes italiens, qui "sont plutôt bouffons que comiques".[103]

Poussé aux limites, le comique innocent se transforme en grotesque, "l'apanage des artistes supérieurs qui ont en eux la
réceptibilité suffisante de toute idée absolue".[104] Parmi ces
génies, Baudelaire choisit à titre d'exemples Rabelais, "le grand
maître français en grotesque", qui garde pourtant "au milieu de
ses plus énormes fantaisies quelque chose d'utile et de raison-
nable",[105] Grandville, qui aurait "passé sa vie à refaire la
création"[106] et Cruikshank, dont le "mérite spécial [...] est une
abondance inépuisable dans le grotesque".[107] La nation qui donnerait "d'excellents échantillons de comique absolu" est la "rêveuse Germanie".[108]

Au grotesque Baudelaire oppose le comique significatif, dont
Molière fournirait la "meilleure expression française".[109]
D'autres exemples en sont Voltaire, dont le comique "tire toujours
sa raison d'être de la supériorité"[110] et Daumier qui, "comme il
aime très-passionnément et très-naturellement la nature [...]
s'élèverait difficilement au comique absolu".[111]

Intensifier les caractères principaux du comique significatif,
c'est engendrer le comique féroce. C'est dans les "royaumes

brumeux du spleen",[112] dans l'Angleterre, que Baudelaire trouve
"ce je ne sais quoi de sinistre, de violent et de résolu"[113] qui
marque le genre. Les artistes chez qui il éclate sont "toujours
préoccupé[s] du sens moral de [leurs] compositions".[114] Deux
artistes dont l'oeuvre serait un modèle du comique féroce sont
Hogarth et Seymour, chez qui le poète remarque la "violence et
[l']amour de l'excessif; [la] manière simple, archibrutale et
directe, de poser le sujet."[115]

Entre les deux genres principaux, Baudelaire situe le comique
cruel des Espagnols. Ce genre se distingue d'une part du comique
féroce, auquel l'élément moral est essentiel, d'autre part du
comique absolu, qui se rapproche de la joie. "Les Espagnols,
selon Baudelaire, arrivent vite au cruel, et leurs fantaisies les
plus grotesques contiennent souvent quelque chose de sombre".[116]
Chez Goya, par exemple, il trouve

> l'amour de l'insaisissable, le sentiment des
> contrastes violents, des épouvantements de la
> nature et des physionomies humaines étrangement
> animalisées par les circonstances.[117]

Afin de mettre en relief ses idées, Baudelaire analyse en plus
de profondeur deux oeuvres comiques, les contes d'Hoffmann et une
pantomime anglaise.

Parmi les contes d'Hoffmann Baudelaire admire "surtout, avant
tout, la Princesse Brambilla".[118] Il recommande le capriccio
pour deux raisons: non seulement le conte éclaire les idées du
poète lui-même mais encore donne aux thèses d'Hoffmann leur forme la
plus concise et la plus éclatante. Comme W. Segebrecht a bien
noté:

> Das Capriccio kann im Werk Hoffmanns gar nicht
> hoch genug eingeschätzt werden, nicht nur, weil
> es ästhetische Ansichten Hoffmanns zum Humor und
> zur Poesie überhaupt in einer Entschiedenheit
> und Freimütigkeit enthält wie kaum eine andere
> Dichtung, sondern auch, weil es in meisterhafter
> Weise eine Verbindung der Künste zustande bringt,
> denen Hoffmann selbst nahestand: der Dichtung,
> der Musik, dem Theater und der Malerei.[119]

On a déjà observé[120] que, si Heinrich Heine la juge "eine gar köstliche Schöne",[121] la nouvelle rebute plusieurs critiques du dix-neuvième siècle. Il faut chercher la cause de leur déplaisir plutôt dans la structure que dans la philosophie du conte. Il y a dans la structure de La Princesse Brambilla une confusion artistique, une "künstlich geordnete Verwirrung" pour employer l'expression de Schlegel,[122] qui est essentielle à l'esthétique, parce qu'elle reflète un des motifs centraux du capriccio: l'importance du jeu. On pourrait comparer à cet égard la structure du Chat Murr et citer un commentaire de l'auteur:

> peut-être excuseras-tu [...] l'aspect quelque
> peu rhapsodique de l'ensemble, ou peut-être
> aussi jugeras-tu que, malgré cette apparente
> incohérence, un fil conducteur relie ensemble
> toutes les parties.[123]

La confusion provient, en partie, de l'entrelacement habile des trois sphères du conte. Les personnages du Corso ont tous leur contrepartie dans la cour fictive de la princesse: parfois ces rôles se confondent, parfois les Doppelgänger entrent en conflit. La troisième sphère, le monde mythique de l'Urdargarten, est une mise en miroir[124] qui reflète, embellit et explique les événements qui se produisent dans les deux autres sphères.

Je crois qu'il faut rappeler ici les données principales de La Princesse Brambilla. La veille du carnaval, Giacinta Soardi, modiste indigente, rêve de la vie qu'elle pourrait mener si elle pouvait acheter les robes qu'elle fait pour les autres. Son fiancé, Giglio Fava, pauvre tragédien, vaniteux comme un coq et qui ne distingue plus le personnage noble qu'il interprète sur la scène du rôle bien plus médiocre que lui impose la vie réelle, s'imagine que la belle et riche princesse Brambilla l'aime et veut faire de lui son prince. Et le mystérieux charlatan Celionati débite au peuple ses récits merveilleux. Tout à coup un cortège étrange et magnifique traverse le Corso pour disparaître dans le palais du prince Bastianello de Pistoja. Celionati explique que c'est "l'illustrissime princesse de Brambilla"[125] qui est venue chercher son fiancé Cornelio Chiapperi, à qui le charlatan a "glorieusement"[126]

arraché une dent molaire. Ayant vendu au peuple des modèles de la
dent royale, et les lunettes qu'il faudra pour reconnaître le prince
disparu, Celionati se moque des prétentions de Giglio, à qui il
vend une lunette qui, à condition que l'acteur porte le nez et
les vêtements d'un masque de la commedia dell'arte, lui permettra
de voir la princesse de ses rêves. En effet, un Pantalon aborde
le tragédien dans la rue, lui montre dans une bouteille la petite
princesse et disparaît en raillant l'acteur qui n'a pas pu renon-
cer à porter, outre le masque "le plus laid et le plus grotesque
possible",[127] une "culotte de soie bleu-ciel".[128] Puisqu'il ne
cesse de rêver de sa princesse, Giglio est congédié du théâtre et
quand il revient chez Giacinta, c'est pour apprendre qu'elle
n'habite plus son ancienne demeure. Au théâtre où il n'a vu,
auparavant, que des héros de tragédie, Giglio se trouve entouré
des masques et des pantomimes de la commedia. Beatrice, la vieille
amie de Giacinta, apprend à Giglio que sa fiancée est en prison,
parce qu'elle a abîmé la robe qu'elle cousait la veille du carnaval.
Ayant trouvé Bescapi, le tailleur qui, selon Beatrice, a fait
emprisonner la jeune fille, Giglio le menace de façon si confuse
que le tailleur le croit fou et le fait saigner. Libéré, Giglio
met son masque grotesque et parvient à trouver la princesse.
Néanmoins, il n'est pas encore guéri de sa manière ampoulée de
parler: il continue à citer les tragédies dans lesquelles il a
joué, et la princesse, courroucée, le quitte.

Dans un café du quartier, Celionati discute avec des peintres
allemands la valeur relative du comique italien et de celui de
l'Allemagne. A l'appui de ses thèses, le charlatan, chez qui les
peintres reconnaissent un véritable artiste, raconte l'histoire
du roi Ophioch et de la reine Liris. Si le roi souffre d'une
mélancolie inexplicable, Liris, elle, ne cesse jamais de rire.
Le mage Hermod leur porte secours en créant la fontaine d'Urdar
qui leur permet de se voir et de se connaître. Grâce à cette connaissance, ils rétablissent l'harmonie perdue du royaume. Selon
Reinhold, un des peintres allemands, "cette fontaine Urdar, dont

furent gratifiés les heureux habitants du pays d'Urdargarten, est
tout simplement ce que nous autres Allemands appelons humour", [129]
la faculté de reconnaître ses propres ridicules et ceux de l'univers.

Cependant, Giglio s'est aperçu d'un couple qui danse: c'est
Brambilla et Cornelio Chiapperi. La princesse disparaît et le
prince et Giglio exécutent une danse bizarre pour un public joyeux.
Bien que Giglio semble ici sur le point d'abandonner ses prétentions à la tragédie, il cède à la flatterie de l'abbé Chiari,
auteur des pièces tragiques où brillait naguère le jeune acteur.
Chiari vient d'écrire une pièce nouvelle, Il Moro bianco, qu'il
commence à lire à haute voix à Giglio. Mais celui-ci, qui trou-
vait jadis sublimes les vers de l'abbé, s'ennuie jusqu'au point de
s'assoupir. Dans un exposé de ses idées sur la tragédie, qui est
pour Hoffmann l'occasion d'une parodie des plus brillantes, Chiari
s'efforce de sauver Giglio des dangers qui le guettent.

Giglio retrouve Giacinta, qui ne semble pas comprendre ses plaintes et qui lui dit qu'elle est aimée du prince Cornelio Chiapperi.
D'abord furieux, Giglio se calme et, chez Giacinta, qu'il appelle
sa chère princesse et qui en retour l'appelle son cher prince, il
passe une soirée des plus tranquilles. Malheureusement, Giglio
n'est pas encore guéri: le lendemain il se rend chez Bescapi pour
demander l'habit du prince Cornelio Chiapperi. Vêtu de cet habit,
il va chercher la princesse dans le palais du prince de Pistoja.
Là, pourtant, il entre dans une salle où le mage Ruffiamonte poursuit l'histoire du royaume d'Urdar.

Après la mort du couple royal, l'eau de la source se trouble.
Les esprits des éléments lui venant en aide, Hermod fait pousser
un lotus, autour duquel jaillit une source d'eau pure, et dans le
calice duquel on découvre la petite princesse Mystilis. Mais
Mystilis parle une langue inconnue et les ministres, trompées par
la ressemblance entre le mauvais génie Typhon et le mage Hermod,
suivent des conseils pernicieux qui font que la princesse devient
une poupée de porcelaine. Ruffiamonte, l'ami du mage, révèle qu'en

prononçant la formule magique, Typhon fut plus proche de la vérité
qu'il ne le sut: tout ce qu'il reste à faire pour réveiller Mystilis
c'est attraper le "bunter Vogel".[130] Cet "oiseau paré de mille couleurs"[131] n'est autre que Giglio qui s'est paré des vêtements du
prince Cornelio Chiapperi. L'oiseau est pris dans les filets que
font les dames de la cour. Giglio se trouve ainsi abandonné dans
une cage dorée, d'où il n'échappe que grâce à Celionati. Portant
de nouveau son masque burlesque, Giglio rencontre encore une fois
la princesse Brambilla, avec qui il mène une danse frénétique à la
fin de laquelle il tombe évanoui dans les bras du charlatan.
Celui-ci lui apprend que la danseuse, loin d'être la princesse,
était Giacinta. Giglio, se croyant prince mais portant toujours
son masque burlesque, rencontre son deuxième _moi_, Pantalon, qui le
tue dans un duel. Giacinta Soardi, pour sa part, rêve toujours du
prince dont lui a parlé le vieux charlatan.

Dans le café Greco, Chiari et l'imprésario pour lequel travail-
lait autrefois Giglio Fava, abordent un jeune homme qu'ils croient
être le tragédien mais qui ne les reconnaît pas et qui leur dit
que Giglio est mort, l'autopsie ayant montré que le cadavre était
un mannequin rembourré de manuscrits tragiques. Selon Celionati,
le jeune inconnu souffre de dualisme chronique, maladie qui le rend
semblable à des princes jumeaux chez qui on note "une incompatibilité
d'humeur"[132] telle que si l'un pleure, l'autre rit et ainsi de
suite. On découvre que le jeune homme est, en réalité, le prince
Cornelio Chiapperi.

Dans le Corso se promène Pantalon que Brambilla appelle son
bien-aimé. Mais Pantalon, ce double de Giglio, accuse la princesse
d'infidélité et, de nouveau, elle l'abandonne. Le lendemain, pourtant, Pantalon pleure la perte de la fiancée qu'il a rudoyée.
Elle revient, reçoit son serment de fidélité éternelle et le trans-
porte dans le palais du prince de Pistoja. La salle du palais se
transforme en le jardin d'Urdar, le couple se voit dans les eaux
et se jette dans les bras l'un de l'autre, et la princesse Mystilis
devient une femme d'une beauté divine.

187

A la fin du conte, on retrouve Giglio et Giacinta, devenus
acteur et actrice de la commedia dell'arte. Celionati, le prince
de Pistoja qui s'est fait charlatan, leur explique qu'il fallait
trouver

> dans le petit monde appelé théâtre un couple non
> seulement doué de la véritable imagination et du
> véritable humour, mais capable de reconnaître cette
> disposition intérieure dans son âme comme dans
> un miroir, et de la manifester dans la vie extérieure
> afin qu'elle agit [sic] comme une magie puissante
> sur le grand monde dans lequel le petit monde est
> renfermé.[133]

C'était pour accomplir ce but qu'il a fait subir au couple une
éducation sentimentale.

On aura noté les nombreuses identités doubles ou multiples qui
donnent au capriccio son caractère particulier. Si l'on considère
qu'il y a trois sphères dans le récit, celle du Corso, celle du
théâtre, qui est aussi celle de la cour fictive de Brambilla, et
celle de l'Urdargarten, on se rend compte du fait que le charlatan
du Corso est le prince de Pistoja de la sphère du théâtre et qu'il
est aussi lié au monde de l'Urdargarten, parce qu'il est l'ami du
mage Hermod. Ruffiamonte,[134] qui joue dans le monde du théâtre un
rôle analogue à celui de Celionati vis-à-vis du peuple de Rome
(il les tance, leur débite des histoires, les aide à interpréter
les données du monde qui les entoure), est aussi le mage Hermod
du pays d'Urdar. Giacinta est la princesse Brambilla du théâtre
comique et en même temps la princesse Mystilis de l'Urdargarten.
Chiari,[135] ennemi de la commedia dell'arte, offre des analogies
avec Typhon, le mauvais génie qui sème le trouble dans le pays
mythique. Le cas de Giglio est plus complexe. Dans le monde du
théâtre il est tour à tour Pantalon, masque comique, et le prince
Cornelio Chiapperi, héros tragique. La dichotomie de Liris et
d'Ophioch reflète cette dualité qui est aussi celle des frères
jumeaux dont parle Celionati. La révélation graduelle de ces identités est une des beautés de ce conte où, d'ailleurs, une certaine
symétrie dans la structure des chapitres aide le lecteur à ne pas

se perdre dans ce "labyrinthe".[136]

Ces symétries, d'ailleurs, valent d'être examinées de plus près.
A deux reprises les rêveries de Giglio et celles de Giacinta font
pendant les unes aux autres: à la description suffisante de l'attraction qu'exerce sur les femmes un jeune acteur fait contrepartie
l'évocation de la puissance d'une jeune modiste,[137] et le rêve de
Giacinta, dans lequel elle a vu son prince "si petit, si mignon,
si charmant, qu'[elle l'aurait] volontiers croqué"[138] rappelle
celui de Giglio, où la princesse lui a dit qu'il était "si petit,
si petit, [qu'il pourrait] tenir dans une boîte à bonbons".[139]
Plus importante, sans doute, est la symétrie de quelques éléments
structuraux. Chaque chapitre, par exemple, conclut sur une vision
de l'idéal: dans les trois premiers chapitres, de même que dans le
cinquième et le septième, Giglio voit la princesse Brambilla; dans
le sixième c'est Giacinta qui croit entendre la voix du prince; et
dans le quatrième il y a une reconnaissance partielle et éphémère
de l'identité du prince et de Giglio et de la princesse et de
Giacinta. A la fin du récit, on apprend que le jeune couple est
en relations fréquentes avec la reine Mystilis, souveraine du pays
idéal qu'est l'Urdargarten. Outre ces variations sur le thème de
l'idéal, chaque chapitre contient soit un récit, soit un rêve, soit
une pièce de théâtre qui ajoutent à notre compréhension des événements centraux. Ainsi, dans le premier chapitre, Giglio décrit un
rêve où il vit, pour la première fois, la princesse, et dans le
sixième Giacinta décrit à Beatrice les rêves qu'elle fait et dans
lesquels le prince vient la voir. Dans le deuxième chapitre on a
la pantomime que présente la troupe de Brambilla et dans le quatrième la rhétorique ampoulée du Moro bianco qui justifie l'effort
de renouveler le théâtre romain. Les chapitres trois, cinq et huit
racontent l'histoire de l'Urdargarten et dans le septième chapitre
Celionati narre le petit conte des frères jumeaux. En outre, il
y a trois scènes où Giglio et Giacinta soupent ensemble: ces trois
soupers servent à marquer la progression du jeune couple vers la
connaissance.[140]

189

La maîtrise d'Hoffmann est hors de doute. Mais pourquoi Baudelaire a-t-il préféré cette nouvelle à toutes les autres? Pourquoi l'a-t-il appelée un catéchisme de haute esthétique?

Quatre points principaux se dégagent de l'essai sur le rire: le lien entre ce phénomène et la chute de l'homme; la dualité nécessaire à l'acteur ou à l'artiste qui veut faire naître le rire; la valeur de la pantomime; et la distinction entre le comique significatif et le comique absolu. Il faut donc s'efforcer de voir en quelle mesure il y a rapport entre des éléments de La Princesse Brambilla et ces quatre points.

Aux yeux de Baudelaire, le rire, comme les larmes, est "intimement lié à l'accident d'une chute ancienne".[141] Dans le paradis terrestre, que Baudelaire appelle aussi "le paradis de délices",[142] la joie ne s'exprime pas au moyen du rire. Or, si Ophioch est mélancolique, c'est qu'il regrette

> ces temps miraculeux et de joyeuse mémoire, où la
> nature pressant encore et réchauffant sur son sein
> l'homme, son enfant chéri, lui accordait l'intuition
> immédiate de tout ce qui est l'intelligence du plus
> sublime idéal et de la plus pure harmonie.[143]

Maintenant, il se sent éloigné de cet amour maternel, aliéné de lui-même et de l'univers. Les ministres de l'Etat, vivant eux-mêmes après la chute, ne peuvent pas expliquer la tristesse du roi comme ils sont incapables de comprendre l'hilarité creuse de Liris. Il est clair que les deux phénomènes sont des symptômes d'un même malaise: "ces deux âmes royales avaient été faites l'une pour l'autre".[144] Dès qu'ils découvrent dans les eaux de la source "un nouveau monde plein de vie et de joie",[145] ils rient, "si toutefois, ajoute Hoffmann, pour exprimer en eux le triomphe de la force intime et spirituelle, on doit employer l'expression physique du contentement et de la joie intérieure".[146] L'importance du désaccord entre l'homme et la nature dans la création des pleurs et des rires chez Hoffmann est mise en vedette par un condisciple de Baudelaire, Louis Ménard, dans un compte rendu publié dans La Phalange l'année même où le poète, selon Cl. Pichois,[147] rédigea se essai:

> Dans un de ses contes fantastiques, intitulé
> Princesse Brambilla, Hoffmann énonce et déve-
> loppe cette idée que la Pensée, fille de l'Intui-
> tion, après avoir détrôné sa mère dans l'ori-
> gine, finira par la rétablir dans ses droits.
> Ce conte pourrait fournir aux chrétiens rationa-
> listes une explication de la chute originelle;
> l'humanité reviendrait à la science intuitive
> de son berceau, mais de la même manière que les
> artistes d'une époque très-avancée reviennent à
> la naïveté d'un art dans l'enfance, c'est-à-dire
> qu'elle aurait conscience d'elle-même, et, pour
> employer les expressions de Leibnitz, il y aurait
> presque entre le paradis terrestre et la science
> à venir la différence de la perception à l'aper-
> ception. 148

La ressemblance entre ce passage et quelques idées de Baudelaire
saute aux yeux, le poète ayant montré la progression de l'humanité
évoluant d'une naïveté ignorante vers une naïveté riche de connaissance. De même Giglio, du niais qu'il est au début de l'histoire,
apprend à se connaître, à reconnaître la bassesse ainsi que la grandeur de sa nature et il choisit de démontrer cette connaissance par
le plus naïf des théâtres, celui de la commedia dell'arte.

Le mythe d'Urdar révèle en outre qu'Hoffmann, comme Baudelaire,
s'efforce de "bien distinguer la joie d'avec le rire". 149 Hoffmann
met en lumière la différence entre le rire de Liris et l'expression
de sa joie de la manière suivante:

> En effet, son rire était si différent du
> ricanement qui faisait jadis le supplice du
> roi, que beaucoup de gens avisés soutenaient
> que ce n'était pas elle qui riait, mais
> plutôt un être mystérieux caché dans sa
> personne. 150

Selon Baudelaire, le rire des enfants est l'affirmation d'une joie
plutôt qu'un sentiment de supériorité:

> C'est la joie de recevoir, la joie de respirer,
> la joie de s'ouvrir, la joie de contempler, de
> vivre, de grandir. C'est une joie de plante. 151

Pour Hoffmann, bien sûr, le théâtre comique est une "contrée où la
joie de la terre s'épanouit comme une fleur brillante sous le soleil

d'un ciel azuré".[152] Dans la scène finale de La Princesse Brambilla, du reste, ainsi que dans les idylles du Pot d'or, de Petit
Zaches et de Maître Puce, le rire et les pleurs du temps d'apprentissage sont remplacés par une joie tranquille.

Baudelaire soutient que c'est du "choc perpétuel de ces deux
infinis [grandeur et misère] que se dégage le rire".[153] Le rire
serait, donc, "l'expression d'un sentiment double, ou contradictoire".[154] J'ai montré que pour Hoffmann le vrai humour combine
"le comique et le tragique":[155] c'est cette idée que symbolise le
couple Liris/Ophioch et leurs doubles que reflète la source d'Urdar.
Une deuxième illustration de cette théorie se trouve dans le personnage de Giglio Fava qui réunit les caractéristiques de Cornelio
Chiapperi et de Pantalon, et chez qui les frères jumeaux de l'allégorie de Celionati vivent en harmonie. Il y a un autre aspect
encore du dualisme du rire: la dualité de l'artiste qui veut le
provoquer, dualité dont il doit se rendre clairement compte.
"L'artiste, selon Baudelaire, n'est artiste qu'à la condition
d'être double et de n'ignorer aucun phénomène de sa double nature".[156]
Hoffmann exprime une pensée analogue dans l'allégorie de l'Urdarquelle. Giglio ne devient un acteur de génie qu'après s'être re-
gardé dans les eaux de cette source. De façon analogue, Hoffmann
remarque dans les Etranges Souffrances que "l'acteur auquel il manque une perception profonde de la nature humaine et qui tient des
marionnettes bizarrement tordues pour de vrais hommes en chair et
en os ne pénétrera jamais dans le territoire du véritable poète":[157]
commentaire qui rappelle la scène où l'on découvre que celui qu'on
croyait être Giglio Fava n'est qu'un mannequin sans vie.

Bien que l'artiste doive savoir exciter le comique dans le
coeur de son public, "l'essence de ce comique est de paraître
s'ignorer lui-même".[158] Pareillement, "les animaux les plus comiques sont les plus sérieux".[159] Hoffmann, selon Baudelaire,[160]
connaît très bien ce principe. Ainsi, Pantalon marche gravement
le long du Corso "ne faisant point de folies comme à l'ordinaire,
quoique déjà plus comique qu'il ne [veuille] le paraître, par son

UN CATECHISME DE HAUTE ESTHETIQUE

affectation de gravité".[161]

Hoffmann insiste pour que le vrai comique réunisse les caractéristiques contradictoires que sont l'enthousiasme et la calme
raison:

> le rôle fut créé par la personne pleine
> d'enthousiasme, le poète caché, tandis
> que la conscience du vrai moi était la
> compréhension qui suscita le poète caché
> et qui lui donna la capacité d'entrer dans
> la vie, un vrai homme en chair et en os.
> Mais il y a si peu qui sont capables de
> cette dualité.[162]

La danse de Giacinta et de Giglio illustre cette idée: tandis que
la danseuse veut faire un tel bruit que son partenaire n'entende
plus la voix de la raison, lui au contraire, cherche à garder "cette
raison [qu'elle] mépris[e] et sans laquelle on ne réussit en
rien, ce secret de l'équilibre".[163] On retrouve ici la combinaison
d'inspiration poétique et d'analyse lucide que Baudelaire admire
chez Poe.

Baudelaire, comme Gautier, Champfleury[164] et Hoffmann lui-même,
a l'enthousiasme de la pantomime. Pour lui, elle est "l'épuration
de la comédie; [...] l'élément comique pur, dégagé et concentré".[165]
Selon Hoffmann, la pantomime, telle que la commedia dell'arte la
représente, est le "théâtre merveilleux où règnent l'ironie et la
véritable fantaisie".[166] Il est utile d'examiner ensemble le pro-
logue de la pantomime que décrit Baudelaire[167] et celle que joue
la troupe de Brambilla, puisque toutes deux ont pour sujet les
amours de "l'excellent Arlequin et de la douce, piquante et jolie
Colombine".[168]

Les caractéristiques de la pantomime dont parle Baudelaire sont
l'exagération et la violence. Ainsi que dans le grotesque de
Cruikshank on y remarque "la violence extravagante du geste et du
mouvement, et l'explosion dans l'expression".[169] Les deux écrivains font ressortir la violence du genre. Baudelaire évoque un
"éblouissant bouquet de coups de pied, de coups de poing et de
soufflets".[170] De même, Hoffmann remarque que Truffaldin "fourre

sa tête curieuse entre les trois autres, et ne veut pas reculer, quoiqu'il pleuve de toutes parts de bons soufflets".[171] Tous deux notent que cette violence sans rancune provoque "une ivresse de rire",[172] des "applaudissements et [des] cris de joie".[173] Extravagance, explosion, exagération: autant de moyens de faire éclater les contraintes de la vie normale pour déboucher sur le fantastique. Les personnages de la pièce anglaise "s'élancent à travers l'oeuvre fantastique":[174] quant à l'Arlecchino et à la Colombina d'Hoffmann, les esprits élémentaires les "emmènent en triomphe"[175] vers leur "bel et brillant et magnifique empire".[176] Le vertige, cette puissance qui permet aux personnages de la pantomime d'entrer dans le merveilleux, provient d'un acte magique: une fée, "l'éternelle protectrice des mortels amoureux et pauvres",[177] s'intéresse à l'Harlequin de la pièce anglaise; dans la pantomime hoffmannienne, Arlecchino est "protégé par un puissant génie".[178] La vivacité avec laquelle Baudelaire et Hoffmann décrivent la pantomime et l'importance qu'ils prêtent aux mêmes éléments soulignent l'accord qui unit ces deux esprits.

La pantomime, exemple éclatant du comique absolu, est un monde autonome, un monde crée par l'imagination fertile des acteurs. De même, le jardin d'Urdar, où règne le vrai comique hoffmannien, se situe dans un lieu et dans un temps qui n'ont aucun rapport avec le monde quotidien.

Baudelaire a soin de noter que "Théodore Hoffmann [...] a toujours bien distingué le comique ordinaire du comique qu'il appelle comique innocent".[179] D'ailleurs, si le poète soutient que le comique absolu "veut être saisi par l'intuition"[180] et qu'il se rapproche "beaucoup plus de la nature"[181] que le comique significatif, Ophioch devient capable d'éprouver le vrai comique quand l'intuition, détruite par la pensée, renaît, faisant resurgir l'harmonie entre l'homme et la nature. Le comique ordinaire de Baudelaire ressemble à l'ironie chez Hoffmann: c'est ce comique qu'on remarque chez Voltaire de même que chez Kreisler. Le comique "innocent" dont parle Baudelaire semble réunir le Possenhaft, ou

194

reiner Scherz, et l'Humor. Aux yeux de Baudelaire, le comique absolu, dont les contes offrent bien des exemples,[182] est provoqué par "les créations fabuleuses, les êtres dont la raison, la légitimation ne peut pas être tirée du code du sens commun, [et qui] excitent souvent en nous une hilarité folle".[183] Les contes d'Hoffmann abondent en de telles créations fabuleuses. Dans Maître Puce, une des oeuvres que Baudelaire recommande à ses lecteurs,[184] les scientifiques Swammerdam et Leuwenhoeck s'emparent de Pepusch, qui n'est autre que le chardon Zeherit, "et le pétriss[ent] si fort dans leurs mains qu'il [devient] mince comme la tige du chardon".[185] Le génie Thetel et le prince des sangsues, s'étant transformés en douanier et maître de ballet, se battent en duel:

> L'un, homme âgé, fort sale et fort laid, était
> couvert d'une longue et étroite rédingote noire
> d'étoffe luisante. Il savait se rendre tantôt
> mince et plat comme au sortir d'un laminoir, et
> tantôt se ramasser et s'épaissir comme un poupart
> de Nuremberg. L'autre, bien frisé, en habit de
> soie éclatante, vêtu en petit maître de la fin du
> dernier siècle, s'élevait à son gré jusqu'au plafond
> et se laissait doucement descendre, tout en chantant
> des airs discordants dans une langue étrangère.[186]

Et le héraut de Daucus Carota

> semblait vouloir descendre [de son cheval]; mais
> tout à coup il disparaît avec la rapidité de
> l'éclair sous le ventre de son cheval, s'élance
> deux ou trois fois coup sur coup dans les airs,
> à la hauteur de douze coudées, en tournant à
> chaque coudée six fois sur lui-même, et retombe
> enfin la tête en bas sur le pommeau de la selle.
> Il galope dans cette position, décrit avec ses
> petits pieds dans les airs, des trochées, des
> iambes, des dactyles, et fait des sauts périlleux,
> des voltes admirables.[187]

Ce que Baudelaire admire chez Hoffmann, c'est "le mélange involontaire, et quelquefois très-volontaire, d'une certaine dose de comique significatif avec le comique le plus absolu".[188] Dans les conceptions comiques d'Hoffmann, en effet, Baudelaire signale "un sens moral très-visible".[189] Le mélange de ces deux sous-genres se voit très clairement dans La Fiancée du roi, conte dans lequel un

gnome, se donnant pour le roi des carottes, fait la cour à une
jeune paysanne. Eblouie par la richesse de son royaume souterrain,
elle l'accepte. Son père, qui connaît les dangers d'une liaison
entre un mortel et un esprit des éléments, lui révèle les aspects
vils de la vie qu'elle se propose. Dans ce conte, l'entrée des
carottes fournit un exemple inoubliable du comique absolu: l'artiste
imite quelque chose qui existe dans la nature, les carottes, leur
ajoute des caractéristiques, des passions et des vêtements humains,
et en fait ainsi des créatures fabuleuses. Le "revers de la mé-
daille",[190] la révélation que "toute cette splendeur militaire en
bonnet de nuit n'est plus qu'un marécage infect"[191] renferme une
idée morale, mettant en lumière l'écart entre le rêve et la réalité.

En lisant Hoffmann, Baudelaire découvre un écrivain qui

> unit à la raillerie significative française
> la gaieté folle, mousseuse et légère des pays
> du soleil, en même temps que le profond comique
> germanique.[192]

Etudier le comique d'Hoffmann à la lumière de ce jugement, c'est
rendre compte de la finesse critique de Baudelaire à l'égard de
l'oeuvre hoffmannienne.

A l'arrière-plan de La Princesse Brambilla, le carnaval crée
une ambiance de frivolité et de magie: l'homme s'émancipe des
règles sociales et se livre tout entier à l'essor de son imagination. Dans les plaisanteries italiennes que loue Celionati, on
trouve la "gaieté folle, mousseuse et légère des pays du soleil".
Ce comique innocent joue un rôle important en préparant l'esprit du
lecteur au comique plus profond de la trame centrale. Parfois
étincelle dans ce conte à structure complexe, comme dans tant
d'oeuvres d'Hoffmann, la "raillerie significative", la satire. Les
écrivains pompeux, les acteurs qui croient être le personnage qu'ils
interprètent ou qui ne sont pas capables d'oublier leur propre personnalité quand ils jouent sur scène, les conventions même du roman,
Hoffmann les parodie tous. Nous avons vu que le "profond comique
germanique", le wahrhaftig Komisch, imprègne le mythe de l'Urdarquelle. L'homme se dédouble afin de se moquer de la condition

humaine, afin, dans une certaine mesure, de s'en libérer. Le
peuple du Corso, enchanté par l'aspect exotique du cortège de la
princesse

> approchait en foule et voulait voir dans la
> carrosse, mais il ne vit rien que le Corso
> et lui-même, car les fenêtres de la voiture
> étaient de vrais miroirs.[193]

"La foule", dira Baudelaire, qui se souvient peut-être là de La
Princesse Brambilla, "se complaît dans les miroirs où elle se
voit".[194]   Princesse Brambilla et sa cour, cette troupe d'acteurs
qui va renouveler les traditions de la commedia dell'arte,[195] donnent au peuple un reflet de leurs propres illusions et de leurs
propres folies: d'ailleurs, ils leur procurent ainsi une joie qu'ils
contiennent avec difficulté. Hoffmann revêt cette philosophie
d'une forme poétique:

> où [est la contrée où] des figures fantastiques
> et folâtres se jouent dans un petit monde
> enchanté qui prend la forme d'un oeuf? Où
> l'aimable lutin plaça-t-il le siège de son
> empire? Quel est ce moi qui du moi fait
> naître le non-moi, déchire ses propres en-
> trailles et pourtant chasse le chagrin et
> conserve la joie?[196]

La réponse à cette question est: "Rome, où la joie bruyante au
temps du carnaval brouille avec elle-même la gravité sévère, où
des figures fantastiques s'agitent et se jouent dans un petit
monde enchanté qui prend la forme d'un oeuf".[197]

De façon plus générale, Hoffmann proclame dans La Princesse
Brambilla, comme Baudelaire le fera dans son Salon de 1846, la
suprématie de la comédie sur la tragédie. La tragédie, ossifiée
par tant de conventions dramatiques, n'est plus capable de refléter la complexité de la vie réelle. Les tragédiens, loin de figu-
rer l'homme moderne, ne sont que des mannequins. Cet aperçu a,
sans aucun doute, influé sur un passage de Baudelaire, écrit à
l'époque où il s'intéresse le plus à Hoffmann:

> La tragédie consiste à découper certains
> patrons éternels, qui sont l'amour, la
> haine, l'amour filial, l'ambition, etc.,

> et, suspendus à des fils, de les faire
> marcher, saluer, s'asseoir et parler d'après
> une étiquette mystérieuse et sacrée.[198]

Non seulement le sentiment mais aussi l'image de cette phrase rappellent le capriccio où Hoffmann s'efforce de mettre en lumière,
sous forme de parabole, la valeur du vrai comique. D'ailleurs,
c'est dans le "catéchisme de haute esthétique"[199] que se trouve,
me semble-t-il, la source d'un passage qui figure dans le Salon
de 1846: "Jamais, soutient Baudelaire, même à grand renfort de
coins et de maillets, vous ne ferez entrer dans la cervelle d'un
poëte tragique l'idée de l'infinie variété".[200] La complexité de
La Princesse Brambilla reflète bien "l'infinie variété" du monde
moderne, variété que les tragédies d'un Chiari ne sont plus capables de reproduire.

Dans La Princesse Brambilla, donc, on découvre, parfois énon-
cées sous la forme d'un débat, parfois exprimées dans un mythe,
parfois illustrées par les péripéties du récit, bien des thèses
que Baudelaire incorpore dans son essai sur le rire. Bien qu'il
en fasse un système personnel pour expliquer le comique, il est
clair que l'oeuvre d'Hoffmann oriente les idées du poète, surtout
en ce qui concerne la division du genre en deux aspects, un comique
éphémère et un comique durable, division qui coïncide avec celle
qu'établissent Celionati et le peintre Reinhold entre le Possenhaft
et le wahrhaftig Komisch. On retrouve le thème de l'aliénation
entre l'homme et l'univers, entre l'individu et autrui, et aussi
entre l'individu et lui-même. D'ailleurs, j'ai montré comment
Baudelaire adapte un des motifs du mythe d'Urdar, la destruction
de l'intuition par la pensée qui finit par la restaurer pour faire
revivre l'harmonie perdue. Finalement, le capriccio se présente
comme un petit manuel de l'art dramatique exprimé par "apologues
et paraboles".[201] Bien qu'Hoffmann ne mette pas en vedette, à
l'instar de Baudelaire, l'orgueil qui sous-tend le rire ni n'emploie comme lui une terminologie chrétienne, on ne saurait nier
le rôle que ses idées sur le rire ont joué dans la formation du
poète français.

CONCLUSION

Jusqu'ici, les critiques ont indiqué plusieurs points de ressemblance entre l'oeuvre de Baudelaire et celle d'Hoffmann. Pourtant, ces aspects, considérés hors du contexte de l'esthétique
générale des deux écrivains, ne suffisent pas à expliquer l'enthousiasme dont fait preuve Baudelaire à l'égard de l'auteur de La
Princesse Brambilla. Dans mes recherches, je me suis donc efforcée
de comprendre l'attraction qu'exerce sur Baudelaire l'oeuvre hoffmannienne en examinant la manière dont les deux hommes envisagent
la vie et l'art.

L'intérêt de Baudelaire fut éveillé d'abord par le prestige
dont jouissait Hoffmann chez les contemporains du poète: la presse
et les oeuvres littéraires des années quarante témoignent ample-
ment du renom du conteur allemand. Bien que l'an 1840 marque un
"moment de l'éclipse de sa fortune",[1] le nom d'Hoffmann se rencontre à de nombreuses reprises dans des journaux tels que L'Artiste, auquel collabore le jeune Baudelaire, La Presse, qui publie
bien des articles de Théophile Gautier et de Gérard de Nerval, ces
deux amis de Baudelaire, et les deux organes fouriéristes que sont
La Phalange et La Démocratie pacifique, ce dernier étant le journal
où Baudelaire lut pour la première fois un récit d'Edgar Allan Poe.
En comparaison des jugements exprimés dans la période 1829-1840,
ceux de la décennie suivante révèlent plus de finesse critique,
mettant en relief non plus la vie débraillée de l'homme et les
aspects extravagants de son oeuvre, mais plutôt la justesse de sa
critique musicale, la profondeur de son analyse de l'esprit

artistique, et le comique ingénieux de plusieurs de ses contes.
Qui plus est, l'influence d'Hoffmann se voit dans l'oeuvre de
quelques écrivains dont Baudelaire prise les opinions. Parfois le
nom d'Hoffmann se trouve explicitement mentionné, chez Gautier et
Théophile de Ferrière, par exemple; d'autres fois, l'influence est
plus subtile, comme pour l'oeuvre d'un Nerval ou d'un Balzac, qui
ne font que très rarement allusion à Hoffmann mais qui reprennent
quelques-uns de ses thèmes caractéristiques, tels ceux du Doppelgänger et de la gamme d'émotions que suscite la musique. Cette
ambiance a, sans aucun doute, donné envie à Baudelaire de lire
attentivement les contes.

Malgré la diversité de ses talents, Hoffmann reste l'interprète
par excellence du fantastique. Le fond traditionnel de ce mode
subjectif favorise l'étude de certains états d'esprit, tels le
rêve, la folie, l'hallucination, qu'on a tendance à ne pas considérer comme faisant partie de la vie éveillée normale. Il permet
donc à l'écrivain de coucher sous forme de parabole des vérités
métaphysiques et des aperçus psychologiques. Ainsi, Baudelaire,
à l'instar d'Hoffmann, se sert de ce mode littéraire pour mettre
en lumière l'arbitraire du destin individuel: selon les deux écrivains, ce serait le rôle des fées, ces êtres capricieux, de doter
l'homme de ses avantages et de ses faiblesses. De façon analogue,
tous deux emploient le motif du diable pour révéler la perversité
humaine, perversité que l'individu cherche à se dissimuler et qu'il
tâche d'expliquer en projetant sa propre culpabilité sur une force
extérieure et toute-puissante. Néanmoins, si Hoffmann et Baudelaire se tournent si souvent vers le fantastique, c'est surtout
parce que ce mode de présentation littéraire aide la mise à jour
des profondeurs de l'esprit humain. Il semble possible que les
expériences fantastiques se comprennent, en partie, en fonction
des traumatismes infantiles, Hoffmann ayant indiqué à ses lecteurs,
dans L'Homme au sable et dans Le Chat Murr, l'importance de
l'enfance pour la vie affective de l'adulte. D'ailleurs, des phénomènes naturels, telle la brume dans Les Sept Vieillards, peuvent

produire un sentiment d'aliénation, de sorte que l'individu n'est plus capable d'interpréter les données de la vie quotidienne et qu'il se croit en butte à des forces hostiles. L'étude du fantastique, tel que Baudelaire et Hoffmann s'en servent, mène à deux conclusions importantes: d'une part, les fantasmes qui soustendent le fantastique hoffmannien sont principalement érotiques, tandis que ceux de Baudelaire laissent entrevoir la pulsion de mort; d'autre part, le phénomène du fantastique se caractérise dans l'oeuvre des deux écrivains par une oscillation continuelle entre la vie quotidienne et les beautés et les terreurs du merveilleux. C'est ce tiraillement, aussi bien que l'étude de la psyché humaine, qui attire l'admiration de Baudelaire et qui le pousse à emprunter au fantastique d'Hoffmann quelques-uns de ses motifs et de ses procédés.

Les personnages principaux d'Hoffmann sont, sinon des artistes au sens étroit du terme, du moins dignes d'être admis à l'église invisible qui réunit, dans l'oeuvre hoffmannienne, les esprits artistiques. Les contes provoquent les louanges de plusieurs critiques, dont surtout Sainte-Beuve, à cause de leur évocation subtile et complexe de la personnalité artistique. Que Baudelaire estime à sa juste valeur cet aspect de l'oeuvre du maître qu'il prend pour guide, les ressemblances entre Samuel Cramer, ce poète suffisant et voué à l'échec, et le tragédien déchu qu'est Giglio Fava au début de La Princesse Brambilla, en portent témoignage. En outre, la vision de l'artiste que présente l'oeuvre d'Hoffmann et celle qu'on découvre chez Baudelaire coïncident sur deux points capitaux. D'une part, l'artiste est celui qui réunit, selon Baudelaire, la vision de l'enfant et les facultés critiques de l'adulte. Hoffmann donne une illustration de cette manière d'envisager les talents artistiques en mettant en oeuvre des couples tels que Lindhorst et Anselmus, Celionati et Giglio, Meister Floh et Peregrinus, couples où le mage possède une faculté critique qui sert à tempérer et à guider le génie primesautier de l'esprit poétiquement enfantin. D'autre part, la sensibilité maladive qui

201

marque les protagonistes hoffmanniens distingue aussi le poète dont
Baudelaire décrit les émotions et les expériences dans Les Fleurs
du mal et dans les Petits Poèmes en prose. Tous deux dépeignent
l'artiste opprimé par l'incompréhension de ceux qui l'entourent,
tourmenté par les conditions de la vie bourgeoise et déchiré par
l'écart entre le monde des rêves et l'existence réelle. Pourtant,
le monde extérieur offre à l'artiste une riche source d'inspiration, le fascinant autant qu'il lui répugne. Une des grandes
sources d'inspiration, pour Baudelaire comme pour Hoffmann, est la
femme, être dont la dualité, caractéristique de tout ce qui est
humain, se trouve approfondie par la manière ambivalente dont
l'artiste la présente. Chez Hoffmann elle est muse ou épouse,
incarnation de l'art ou bien tentation du foyer bourgeois. Bien
qu'elle inspire ses oeuvres d'art, la femme idéale est dangereuse
pour le personnage hoffmannien, le punissant, soit par la mort,
soit par la perte de ses dons artistiques, s'il vacille entre
l'adoration lointaine et le désir de la possession charnelle de la
femme-épouse. Cette ambiguïté se retrouve, dans une moindre mesure, chez Baudelaire. Dans Les Fleurs du mal la femme est parfois
l'amie dont il implore l'amour maternel et la douce consolation;
d'autres fois elle est l'idole qui le subjugue et qu'il ne cherche
qu'à adorer de loin. Aux yeux des deux écrivains, d'ailleurs, la
femme est avant tout une créature sexuée. J'ai montré à quel point
le motif du joyau sert à souligner la différence entre les atti-
tudes qu'ils adoptent envers l'homme et la femme: chez l'homme,
tant dans l'oeuvre de Baudelaire que dans celle d'Hoffmann, les
pierres précieuses désignent son génie potentiel; dans le cas de
la femme, au contraire, le joyau représente la sexualité.

Non seulement la femme mais aussi les foules, les bâtiments et
les rues de la ville mettent en branle l'imagination fertile de
l'artiste. Dans La Fenêtre du coin Baudelaire découvre une évocation des réactions que lui aussi éprouve face à la foule urbaine.
Cependant, Hoffmann s'intéresse surtout au pittoresque de la ville,
aux heurtoirs qui ressemblent au visage ratatiné d'une vieille

femme, aux charlatans de carrefour, aux marchés pleins de couleur
et de vie, tandis que Baudelaire met en lumière non seulement le
charme mais aussi la laideur et les horreurs de la métropole imper-
sonnelle, dont le chaos roulant menace le rêveur et dont les pas-
sants semblent pareils aux spectres. Ni l'un ni l'autre ne tire
son inspiration de la nature sauvage qu'on trouve chez un Caspar
David Friedrich ou un Jean-Jacques Rousseau. Dans les paysages
qu'ils décrivent, la nature est soumise à l'homme, les fleurs sont
taillées dans le cristal et les arbres sont des colonnes d'or.
Il faut souligner que Baudelaire, à l'instar d'Hoffmann, qui,
lui, s'inspire des Naturphilosophen allemands, voit dans la nature
un dictionnaire d'hiéroglyphes qui reflètent les vices et les
vertus de l'homme. L'artiste est celui qui prend les données de
ce 'dictionnaire' et leur prête une forme cohérente pour en créer
une oeuvre d'art.

Les contes d'Hoffmann, comme les poèmes et les articles critiques de Baudelaire, discutent de nombreux aspects de cet autre
domaine qui caractérise leur oeuvre et qui fait pendant à la vie
quotidienne: celui de l'art. Tous deux étudient la nature de
l'inspiration, le rôle de l'imagination, les rêves de bonheur que
le domaine artistique fournit, et, finalement, les qualités nécessaires pour que le rêve devienne oeuvre d'art. Nous savons que le
poète s'amuse à lire la description hoffmannienne de la manière
dont le vin favorise la création musicale: non seulement il y fait
allusion dans son Du vin et du hachish, mais il s'efforce d'expliquer les connexions qu'Hoffmann suggère entre diverses sortes de
vin et les oeuvres musicales qu'elles inspirent. Mais pour Hoffmann comme pour Baudelaire, le vin n'est qu'un moyen inférieur
de connaissance. Il ne permet pas à l'homme de dépasser réellement
son état mental normal; il ne fournit qu'un stimulant intellectuel
relativement superficiel. Le rêve est autrement important: il possède deux niveaux: l'un, étroitement lié à la vie quotidienne du
rêveur, éclaire ses désirs et ses vices; l'autre, qui paraît surnaturel à Hoffmann de même qu'à Baudelaire, révèle le domaine de

l'inconscient qui reste en dehors des connaissances normales de
l'individu. Nul doute qu'Hoffmann a contribué à former la conception baudelairienne du rêve en tant que moyen de connaissance
supérieur.

Les oeuvres d'art sont pour Hoffmann comme pour Baudelaire une
riche mine à exploiter. Si c'est la musique qui inspire avant
tout le nouvelliste, le germe de plusieurs poèmes et poèmes en
prose paraît être une oeuvre d'art plastique. Pourtant, ni Hoffmann ni Baudelaire ne se bornent à l'imitation stérile d'une
oeuvre antérieure: ils développent les idées qu'elle inspire ou
bien l'emploient de façon à donner un certain cadre aux thèmes
qu'ils veulent examiner.

L'affinité qui existe entre Hoffmann et Baudelaire est peut-
être au plus fort dans l'émotion qu'ils ressentent au moment de
l'inspiration artistique. Tous deux, en évoquant cette émotion,
décrivent une sensation d'élévation, de libre essor; tous deux
décrivent une lumière éblouissante qui se répand sur tout ce qui
les entoure; et tous deux ont l'impression de comprendre "le
langage des fleurs et des choses muettes",[2] langage qui s'avère,
en même temps, la langue natale de l'artiste.

Les moments d'inspiration ne peuvent pas être traduits en
oeuvre d'art sans l'aide de l'imagination, qui pour Hoffmann de
même que pour Baudelaire est la reine des facultés. C'est elle,
qui, à l'aide de la mémoire créatrice, donne une signification et
une unité aux éléments disparates de la vie. C'est dans la conversation du "spirituel Berganza"[3] que Baudelaire découvre une
expression très claire de cette esthétique, expression qu'il cite
dans son Salon de 1846. D'ailleurs, c'est l'imagination qui permet à l'artiste d'interpréter les signes hiéroglyphiques qu'offre
le monde qui nous entoure, hiéroglyphes qui ajoutent à notre compréhension de l'univers.

L'émotion poétique inspire à l'artiste doué d'une imagination
fertile des visions d'un monde plus beau et plus harmonieux que
celui que nous habitons. Dans les rêves de bonheur qu'Hoffmann

nchâsse dans bien de ses contes, Baudelaire aura trouvé plusieurs
léments qu'il incorpore dans ses propres idylles. Le paysage
déal de l'un comme de l'autre se distingue par une nature arti-
°icielle et soumise à l'homme, une nature qui reflète la disposi-
.ion d'esprit de l'artiste. D'ailleurs, la vision de l'utopie en-
hante tous les sens pour créer.un monde où l'homme peut vivre avec
a femme idéale. Malgré ces ressemblances, les rêves de bonheur
.offmanniens évoquent, au contraire de ceux de Baudelaire, la
oie et la terreur, qui se débattent, simultanément, dans le coeur
u rêveur. Chez Baudelaire, quoique l'idylle puisse paraître bien
ragile, on ne trouve pas cette combinaison d'émotions qui carac-
érise, par exemple, les visions de l'Atlantide qu'Anselmus ne
eut qu'entrevoir jusqu'à ce qu'il se montre digne de l'habiter
•our toujours.

Ces rêves de bonheur, pour riches qu'ils soient, ne peuvent
•as servir de base à des oeuvres d'art si l'artiste n'ajoute à
'inspiration non seulement la foi dans ce qu'il crée mais aussi
.ne certaine sérénité. Hoffmann insiste beaucoup plus que ne le
ait Baudelaire avant sa lecture de Poe sur la double nécessité
e l'inspiration et de la sérénité: néanmoins, il se peut bien
ue les idées qu'il exprime à cet égard aient rendu Baudelaire
lus sensible à l'esthétique du conteur américain.

Le comique hoffmannien, qui donne à tant de ses contes leur
aveur particulière, attire aussi l'attention de Baudelaire, bien
ue cet aspect de l'oeuvre ne suscite que très peu de commentaires
le la part des critiques contemporains. Gautier, dont on ne sau-
ait nier l'influence sur Baudelaire, est presque seul à faire
xception à cette règle. Plus important est le fait que les idées
.'Hoffmann sur le rire et sur la comédie ont peut-être inspiré et
ans aucun doute informent l'essai sur le rire que nous devons à
a plume de Baudelaire. Dans les discussions des frères de Sera-
•ion, dans Etranges Souffrances, dans La Princesse Brambilla, et,
'ans une moindre mesure, dans Le Chat Murr, Hoffmann élabore une
•ision complexe du comique: il y a d'abord un comique frivole, le

205

"reiner Scherz", qui favorise une diminution de tensions chez
celui qui le ressent mais qui n'entraîne pas de compréhension profonde de la vie; ensuite, on distingue le comique qui permet une
appréciation plus juste de la condition humaine, appréciation
empreinte de mélancolie et que le nouvelliste appelle l'ironie;
au degré suprême se trouve le vrai humour, qui, aux yeux d'Hoffman
réunit la frivolité et l'ironie et qui ne peut naître que dans
l'esprit de celui qui a acquis une connaissance profonde de lui-
même et de l'existence. Pour Baudelaire, le comique se sépare en
deux niveaux: le comique significatif, "imitation mêlée d'une
certaine faculté créatrice",[4] et le grotesque, qui serait l'apanage de "Théodore Hoffmann", et qui est "une création mêlée d'une
certaine faculté imitatrice d'éléments préexistants dans la nature".[5] Bien que les divisions qu'établissent les deux écrivains
ne coïcident pas exactement, la tentative que fait Hoffmann pour
faire la différence entre un comique éphémère et un comique qui
dure parce qu'il affine notre sensibilité, a, de toute évidence,
laissé des traces sur l'essai de Baudelaire. Le dédoublement nécessaire à l'acteur ou à l'écrivain comique, qui trouve une illustration si éclatante dans La Princesse Brambilla, est sans doute u
des éléments que Baudelaire emprunte à Hoffmann. C'est dans La
Princesse Brambilla, où un auteur de tragédie est savamment tourné
en ridicule, que le poète aura découvert l'affirmation la plus
claire et la plus belle de la supériorité au théâtre du comique,
qui reflète beaucoup mieux que le tragique la complexité et la
variété de la vie moderne.

"Inspirateur, soutient J. Pommier, Hoffmann l'a été dans une
certaine mesure avant E. Poe".[6] Dans ce livre j'ai indiqué la
profondeur de l'affinité entre Hoffmann et Baudelaire et l'étendue
de l'influence des contes sur le développement de l'esthétique
baudelairienne. Reste à savoir dans quelle mesure les contes ont
rendu Baudelaire plus sensible à l'oeuvre de cet autre idéaliste
et interprète du fantastique qu'est Edgar Allan Poe.

De son vivant, les critiques ont déjà cherché dans les récits

de Poe la trace de l'oeuvre d'E.T.A. Hoffmann. L'Américain tente
d'infirmer de tels commentaires en disant:

> If in many of my productions terror has been
> the thesis, I maintain that terror is not of
> Germany, but of the soul, - that I have deduced
> this terror only from its legitimate sources,
> and urged it only to its legitimate results.[7]

Il est néanmoins indiscutable que cette terreur se revêt de motifs
qu'on retrouve chez Hoffmann. On n'a pas pu établir si, comme le
prétend P. Cobb, "the American author possessed at least the abi-
lity to read German in the original":[8] Marie Bonaparte affirme, au
contraire, que "Poe ne semble [...] pas avoir su l'allemand".[9]
Il aurait pu, toutefois, lire plusieurs traductions anglaises des
oeuvres hoffmanniennes.[10] En outre, Poe a donné un compte rendu
de Hyperion, ouvrage où il est longuement question du fantastiqueur
et où l'on trouve une adaptation de Maître Martin le tonnelier et
ses apprentis. En tenant compte de tous ces faits, P. Cobb établit
des parallèles entre plusieurs contes dus aux deux auteurs.[11]

De même qu'on a pu montrer[12] que la vie de Poe et celle de son
traducteur français se ressemblent de plusieurs points de vue, de
même les expériences qui ont fortement marqué la vie d'Hoffmann
offrent des analogies avec celles qui ont formé ces deux écrivains
qui s'inspirent de ses contes. Les oeuvres hoffmanniennes révèlent, comme celles de Poe et de Baudelaire, l'amour profond qu'
Hoffmann a ressenti, enfant, pour sa mère. Si la mère de Baudelaire
se donna à un autre, celle de Poe mourut quand il n'avait que trois
ans, tandis que celle d'Hoffmann, après son divorce en 1778, se
retira dans sa chambre et ne se laissa plus voir. Tous trois ont
subi l'incompréhension et la sévérité de celui qui leur tenait lieu
de père: l'O-Weh Onkel dans le cas d'Hoffmann, John Allan dans le
cas de Poe et le général Aupick pour Baudelaire. Plus tard, ils
connurent tous trois la misère, et, en outre, l'hostilité et la
calomnie des autres. Ces expériences se reflètent, bien sûr, dans
les motifs et les images de leur oeuvre.

A l'instar d'Hoffmann, Poe exploite le fantastique, basant le sien, en grande partie, sur sa connaissance du mesmérisme (La Vérité sur le cas de M. Valdemar) et des sciences naturelles et physiques (la calcification du premier chat dans Le Chat noir). Baudelaire, dans sa notice en date de 1852, remarque que l'Américain "avait une aptitude singulière pour la physique et les sciences naturelles":[13] en 1856 il met en relief le fait que Poe "en [fit] un usage fréquent dans ses étranges contes".[14] Comme le suggère P. Cobb, "it was probably Hoffmann's interest in mesmerism and metempsychosis that attracted Poe's attention".[15] D'ailleurs, l'oeuvre d'Hoffmann, où de tels sujets sont souvent traités d'une manière assez légère, a sans doute rendu cet aspect du fantastique, plus sombre, de Poe plus accessible à Baudelaire. Pourtant, mon étude du fantastique a montré que si Baudelaire et Hoffmann emploient tous deux ce mode de présentation littéraire afin d'exploiter les mystères de l'esprit humain, ce qui domine chez Hoffmann, ce sont les phantasmes de nature érotique, tandis que le fantastique de Baudelaire respire la pulsion de mort. De même, dans les contes de Poe, c'est la mort qui triomphe, que ce soit sous la forme de la fascination qu'exerce la vie d'outre-tombe ou bien sous celle de l'attraction de la mère morte et que l'enfant a vue à l'agonie.[16] Si Hoffmann révèle à Baudelaire la manière dont l'imagination humaine déforme les données de la vie quotidienne, pour en faire quelque chose de plus beau et de plus terrifiant à la fois, c'est chez Poe que le poète trouve les couleurs funèbres et les jugements cyniques qui lui conviennent après l'échec et le carnage de 1848.

Bien que le fantastique soit le lien le plus fort entre Hoffmann et Poe, la manière dont les deux écrivains envisagent la vie et l'art a plusieurs points en commun. Chez Poe comme chez Hoffmann, on découvre le motif de la femme idéale, que l'artiste adore de loin. Mais, tandis que la femme hoffmannienne est soit la muse, soit l'épouse de l'artiste et que Baudelaire chante les joies de l'amour physique aussi bien que le bonheur que fait entrevoir "l'Ange gardien, la Muse et la Madone",[17] la femme poesque est toujours une créature éthérée.

Tous trois, Hoffmann, Poe et Baudelaire, connaissent l'infinie variété de la foule. On a souvent[18] signalé les points de comparaison entre La Fenêtre du coin, L'Homme des foules et les poèmes en prose, Les Foules et Les Fenêtres. Dans chacune de ces oeuvres, le personnage central tire son inspiration des individus qu'il aperçoit dans la foule. Que Baudelaire soit sensible à l'affinité entre le récit d'Hoffmann et celui de Poe, une phrase de sa notice, Edgar Allan Poe, sa vie et ses ouvrages, en fournit la preuve: "nous trouverons [chez Poe] du fantastique pur, moulé sur nature, et sans explication, à la manière d'Hoffmann; l'Homme des foules se plonge sans cesse au sein de la foule; il nage avec délices dans l'océan humain".[19] Un "contresens bizarre"[20] de la version du conte que Baudelaire publie en 1855 me semble indiquer que le poète garde présent à l'esprit le récit hoffmannien au moment où il traduit l'oeuvre de Poe. Au lieu d'écrire: "Le front collé à la vitre",[21] Baudelaire choisit le groupe de mots: "L'oeil posté dans mon lorgnon" pour traduire l'expression: "With my brow to the glass".[22] Or, dans La Fenêtre du coin, dont Champfleury publie une version en 1856 mais que Baudelaire aurait pu voir sous une forme inédite, les deux personnages regardent la foule depuis leur fenêtre, en se servant, précisément, d'un lorgnon.[23]

Aux yeux de Poe, ce qui donne naissance aux oeuvres d'art, c'est "the struggle to apprehend the supernal Loveliness";[24] d'ailleurs, "Poesie is the sentiment of Intellectual Happiness".[25] Les rêves de bonheur hoffmanniens ont donc leur écho dans l'esthétique de Poe, comme ils se retrouvent dans l'oeuvre de Baudelaire. Ici, comme ailleurs, l'oeuvre de Poe, plus énigmatique, prendra le relais de celle d'Hoffmann pour mettre en branle l'imagination de Baudelaire.

Ce qui sépare avant tout l'oeuvre hoffmannienne des contes de Poe, c'est leur forme. Tandis que le fantastiqueur allemand se plaît à insérer dans ses nouvelles des analyses de nature artistique ou éthique, les récits de Poe se distinguent par leur concision

et par leur sobriété. Ce sont bien les idées qu'exprime Poe à
l'égard de la nouvelle, que Baudelaire fait siennes, se bornant à
admirer plutôt qu'à reproduire "le souffle hoffmannesque".[26] Il
paraît, d'ailleurs, que c'est l'économie de moyens, qui, chez Poe,
sert à créer "la totalité d'effet"[27] de l'oeuvre, qui fournit à
Baudelaire un principe littéraire d'une importance égale à ceux
qu'enseigne le catéchisme de haute esthétique.

Il me semble donc que, jusqu'ici, les critiques ont trop
insisté sur l'importance de Poe sans reconnaître à sa juste valeur
cette autre influence, beaucoup plus large et bien plus profonde
qu'on n'a pu le croire, qu'est l'oeuvre d'E.T.A. Hoffmann. Pour
Baudelaire, Hoffmann est ce "grand poëte, dont les compositions
ont un caractère bien [...] moderne et bien [...] romantique".[28]
"Qui dit romantisme", remarque l'auteur du Salon de 1846, à l'époque
où son admiration pour Hoffmann semble être à son apogée, "dit
art moderne, - c'est-à-dire intimité, spiritualité, couleur, aspiration vers l'infini, exprimées par tous les moyens que contiennent
les arts".[29] Hoffmann, qui tire bien des effets de la ville et de
l'existence contemporaines et dont la modernité se voit dans son
apologie du comique, a sans aucun doute contribué à former cette
définition du romantisme. Dans son oeuvre, les scènes intimes de
félicité domestique font pendant aux visions d'un monde autre où
s'accuse la supériorité de la vie d'artiste sur l'existence bourgeoise, visions qui embellissent la vie spirituelle; la couleur
du prosateur, ce sont les contrastes accusés entre humour et
pathos, style élevé et langage parlé, et la variété des techniques
littéraires; enfin les personnages majeurs aspirent toujours à un
infini qu'ils savent ne pouvoir jamais atteindre. Pour Baudelaire,
poète dont les thèmes resteront toujours romantiques, Hoffmann,
avec ses "contes des temps modernes",[30] sert de guide constant et
son influence ne cesse de se faire sentir. On pourrait dire, en
employant une image bien hoffmannienne, que les contes d'Hoffmann
permettent à Baudelaire de découvrir dans son sein des joyaux qui,
sans cette lecture, resteraient ensevelis.

APPENDICE A

Se basant sur les recherches minutieuses de J. Pommier, les
critiques ont signalé les poèmes de Baudelaire, tant en vers qu'en
prose, qui reflètent sinon l'influence d'Hoffmann du moins une
grande affinité d'esprit entre les deux écrivains. Bien que le
rapprochement d'expressions me semble moins révélateur que celui
d'idées, il m'a semblé utile de réunir ici au moins les plus intéressantes de ces suggestions,[1] tout en les commentant brièvement.

Bénédiction: v. 67 "ma couronne mystique" et v. 72 "ce beau diadème
    éblouissant et clair" (Pl, I, p. 9).
Le Club poético-musical: "Ils m'ont présenté une splendide cou-
    ronne, mais ce qui scintille d'un si bel éclat dans les dia-
    mants, ce sont les larmes que j'ai versées" (Kr, p. 143).[2]
    PII, p. 315: FM, p. 288: cf. Adam, p. 266 et Arnold, p. 100.[3]
    Le rapprochement ne me semble pas très convaincant.

Elévation: "L'idée d'une ascension de l'esprit dans un monde de
    pureté fluide et de lumière" (Adam, p. 269).
Le Club poético-musical: "Des ailes invisibles agitent l'air qui
    m'environne, je nage dans une atmosphère parfumée" (traduction
    de Loève-Veimars, cité Adam, p. 269).[4]
    PII, p. 316: Adam, p. 269. C'est là un des parallèles les
    plus importants entre l'oeuvre et la pensée des deux écrivains.

211

Elévation: v. 20 "Le langage des fleurs et des choses muettes!"
 (Pl, I, p. 10).

Le Magnétiseur: "Ainsi vit et se meut, pareille à cette écume, notre
 essence spirituelle qui, affranchie de ses liens terrestres
 et déployant gaiement ses ailes, s'élance avec bonheur au-de-
 vant des esprits supérieurs de même ordre, hôtes de l'empire
 céleste qui nous est à tous promis, et qui admet et comprend
 sans effort, dans leur signification la plus intime, les événements surnaturels ou mystiques" (CF, II, p. 88).[5]
 Adam p. 270.

Correspondances: v. 8 "Les parfums, les couleurs et les sons se
 répondent" (Pl, I, p. 11).

Pensées très détachées: "je trouve une analogie et une réunion intime entre les couleurs, les sons et les parfums" (traduction
 de Loève-Veimars, cité Pl, II, p. 425).[6]
 PI, p. 7: FM, p. 299. Etant donné le commentaire du Salon de
 1846, je trouve ce rapprochement-là très convaincant.

Correspondances: vv. 9-10 "Il est des parfums [...] / Doux comme
 les hautbois" (Pl, I, p. 11).
 Cf. aussi v. 5 "de longs échos qui de loin se confondent" (Ibid)

Pensées très détachées: "j'entends alors comme dans le lointain
 les sons graves et profonds du hautbois" (cité Pl, II, p. 426).[7]
 PI, p. 7: FM, p. 300.

L'Ennemi: v. 1 "Ma jeunesse ne fut qu'un ténébreux orage" (Pl, I,
 p. 16).

Le Chat Murr: "Mon enfance ressemble à une lande déserte, sans
 fleurs, sans arbres, abrutissant par sa désolante monotonie
 l'esprit et le sentiment" (CM, p. 94).[8]

PI, p. 105: cf. FM, p. 311. Est-ce qu'une lande et un orage
ont vraiment quelque chose en commun?

<u>Don Juan aux Enfers</u>: l'idée de révolte.

<u>Don Juan</u>: "[Il se dresse] face à l'Etre inconnu, arbitre de nos
destins, qui n'est plus à ses yeux qu'un monstre pervers, se
jouant cruellement des pitoyables créatures nées de son caprice" (cité Adam, p. 419).[9]

Adam, pp. 292-293, 419. Ne s'agit-il pas d'un lieu-commun du
Romantisme?

<u>Don Juan aux Enfers</u>: v. 13 "la chaste et maigre Elvire" (Pl, I, p.
20).

<u>Don Juan</u>: "La maigre dona Elvira" (CF, II, p. 77).[10]
Détail relevé par H. David:[11] M. Ruff:[12] Adam, p. 293.

<u>La Beauté</u>: v. 5 "Je trône dans l'azur comme un sphinx incompris"
(Pl, I, p. 21).

<u>Chien Berganza</u>: "elle s'agenouilla, étendit les bras sur un tabou-
ret placé devant elle, et contraignit ses yeux [...] à s'immobi-
liser en un regard qui avait quelque chose de péniblement fantasmatique. [...] 'Deux sphinx!' ... 'Il y a deux sphinx en
présence!'".[13]

PII, p. 315. J'y verrais plutôt l'influence des voyages en
Orient d'écrivains tels que Gautier et Nerval.

<u>Le Chat</u>: vv. 4-8 "Lorsque mes doigts caressent à loisir / Ta tête
et ton dos élastique, / Et que ma main s'enivre du plaisir /
De palper ton corps électrique" (Pl, I, p. 35).

<u>Le Chat Murr</u>: "la faculté de faire jaillir de ma fourrure des étin-

celles que l'on entend craquer lorsqu'on me caresse" (CM, p. 55).[14]

PI, p. 315: FM, pp. 355-356.

<u>Un fantôme</u> I <u>Les Ténèbres</u>: v. 11 "sa rêveuse allure orientale" et
v. 14 "C'est Elle!" (Pl, I, p. 38).

<u>Maître Puce</u>: "Sa robe de gaze d'argent, brodée d'or, avait une
forme orientale [...]. - Oui, c'est elle, c'est la princesse!"
(CF, III, p. 185).[15]

PII, p. 314: FM, p. 361.

<u>Harmonie du soir</u>: le poème entier mais surtout vv. 2-4 "Chaque
fleur s'évapore ainsi qu'un encensoir; / Les sons et les parfums tournent dans l'air du soir; / Valse mélancolique et lan-
goureux vertige!" et v. 6 "Le violon frémit comme un coeur qu'
on afflige" (Pl, I, p. 47).

<u>Le Chat Murr</u>: "je me promenais dans un jardin merveilleux où fleuris-
saient [...] les juliennes et les roses dont les doux parfums
emplissaient l'air. Une lueur étrange, comme un clair de lune,
monta, accompagnée de musique et de chants; [...]. Mais je
remarquai bientôt que j'étais moi-même le chant qui passait sur
le jardin, et je sus qu'à l'instant où l'éclat des sons pâli-
rait, il me faudrait mourir aussi en une douloureuse tristesse"
(CM, pp. 196-197).[16]

F. Leakey.[17] Un des rapprochements les plus intéressants.

<u>Chanson d'après-midi</u>: vv. 31-32 "Et puis tu mets sur mon coeur /
Ton oeil doux comme la lune" (Pl, I, p. 59).

<u>La Princesse Brambilla</u>: "si elle ne se hâte de venir et d'éteindre
le feu qui me dévore par un de ses regards doux comme les rayons de la lune" (CF, III, p. 128).[18]

PII, p. 314: FM, p. 400: Adam, p. 351.

Les Chats: v. 5 "Amis de la science et de la volupté" (Pl, I, p. 66).

Le Chat Murr: passim.

PII, pp. 315-316: FM, p. 413: Adam, p. 357. L'humour d'Hoffmann me paraît assez éloigné du sonnet de Baudelaire.

Spleen: (Je suis comme le roi...): v. 5 "Rien ne peut l'égayer" (Pl, I, p. 74).

La Princesse Brambilla: "Sans doute il eût été le plus heureux [des monarques], si lui et beaucoup de gens du pays, qui pouvaient passer pour les plus sages, n'eussent été attaqués d'une certaine mélancolie qui ne laissait point de place au plaisir au milieu de tant de richesses " (CF, III, pp. 48-49).[19]

PII, p. 317: FM, p. 423: mais cf. Adam, p. 363.

Les Sept Vieillards: vv. 35-36 "Car je comptai sept fois, de minute en minute, / Ce sinistre vieillard qui se multipliait!" et v. 49 "Vainement ma raison voulait prendre la barre;" (Pl, I, p. 88).

Chien Berganza: "Tout à coup je me vis entouré de sept vieilles femmes gigantesques et décharnées: sept fois je crus reconnaître la maudite Cannizarès, puis je ne la reconnaissais pourtant en aucune d'elles; car à considérer la multiplicité sans cesse renouvelée de ces visages ratatinés, de ces nez crochus de vautours, de ces yeux d'un vert étincelant, de ces bouches édentées, il me semblait que tout basculait" (Contes (Paris: Livre de Poche, 1969), p. 67).[20]

FM, p. 452.

APPENDICE A

Les Petites Vieilles: vv. 3-4 "Je guette, obéissant à mes humeurs
   fatales, / Des êtres singuliers" (Pl, I, p. 89).
La Maison abandonnée: "il court des journées entières après des inconnus qui ont quelque chose de singulier dans leur marche,
   dans leur costume, dans leur ton ou dans leur regard" (CF, II,
   p. 34).[21]
   Adam, p. 384.

L'Ame du vin: vv. 17-18 "J'allumerai les yeux de ta femme ravie; /
   A ton fils je rendrai sa force et ses couleurs" (Pl, I, p. 105).
Pensées très détachées: "Il est beau de penser qu'un noble fruit
   porte en lui le secret de gouverner l'esprit humain dans ses
   accents les plus originaux, et de si admirable manière" (Kr,
   p. 97).[22]
   PII, p. 316.

L'Ame du vin: v. 23 "Pour que de notre amour naisse la poésie" (Pl,
   I, p. 105).
Pensées très détachées: "je recommanderais pour la musique reli-
   gieuse du vieux vin du Rhin et de France; pour l'opéra, de très
   fin bourgogne; pour l'opéra-comique, du champagne [et ainsi de
   suite]" (Kr, p. 99).[23]
   FM, p. 485. Baudelaire lui-même fait allusion à ce passage
   (Pl, I, p. 378).

Le Vin de l'assassin: v. 1 "Ma femme est morte, je suis libre!"
   (Pl, I, p. 197).
Le Conseiller Krespel: "Oh, je suis libre! Libre! Vivat! je suis
   libre!" (CF, I, p. 20):[24] après la mort d'Antonie.
   Adam, p. 405: mais cf. FM, p. 490 où ce vers est rapporté au
   Démon de la perversité de Poe.

216

APPENDICE A

La Fontaine de sang: v. 1 "Il me semble parfois que mon sang coule
   à flots" et v. 8 "[...] colorant en rouge la nature " (Pl, I,
   p. 115).

Le Pot d'or: "son sang jaillissant de ses artères montait dans le
   corps diaphane du serpent, et le teignait en rouge" (CF, II,
   p. 153).[25]
   PII, p. 317: FM, p. 497: mais cf. Adam, p. 413, qui voit dans
   l'image de Baudelaire l'influence de l'Avatar de Gautier.

La Voix: v. 23 "je ris dans les deuils et pleure dans les fêtes,"
   (Pl, I, p. 170).

La Princesse Brambilla: "les choses les plus comiques me paraissent
   singulièrement sérieuses, comme aussi les choses les plus
   sérieuses me paraissent singulièrement comiques" (CF, III, p.
   123).[26]
   PII, p. 313: FM, p. 547.

Chacun sa chimère: 11.5-6 "Chacun d'eux portait sur son dos une
   énorme Chimère, aussi lourde qu'un sac de farine ou de charbon,
   ou le fourniment d'un fantassin romain" (Pl, I, p. 282).

La Fenêtre du coin: "Le petit charbonnier est, du reste, d'une force
   de géant, et la famille s'en sert pour faire porter les sacs
   de charbon aux pratiques. Je l'ai vu souvent, chargé par la
   femme d'au moins dix grands paniers empilés sur son dos, et il
   s'en allait en sautillant comme s'il n'eût pas senti le poids.
   [...] Il ressemble à une bête fabuleuse".[27]
   Zim, p. 101: Kopp, p. 204.

Le Chien et le flacon: 11.4-6 "le chien, en frétillant de la queue,
   ce qui est, je crois, chez ces pauvres êtres, le signe corres-
   pondant du rire et du sourire" (Pl, I, p. 284).

217

APPENDICE A

Chien Berganza: "[le] mouvement de notre queue, modifié de mille
    façons, par lequel nous savons exprimer toutes les nuances de
    notre satisfaction, depuis la plus légère émotion de plaisir,
    jusqu'aux transports de la joie la plus délirante, et que vous
    désignez assez mal par votre locution: frétiller de la queue".[28]
    PI, p. 182: Kopp, p. 208.

Les Foules: (Pl, I, pp. 291-292).
La Fenêtre du coin: selon Kopp (p. 225) "sans présenter d'analogie
    directe avec Les Foules, cette oeuvre doit néanmoins être rap-
    prochée du poème de Baudelaire, car elle marque une tentative
    curieuse [...] pour saisir le spectacle de la foule".
    Kopp, p. 225: W. Benjamin.[29]

Les Fenêtres: (Pl, I, p. 339).
La Fenêtre du coin: "On y voit le protagoniste [...] contempler
    les passants depuis sa fenêtre et refaire leur histoire avec
    leurs vêtements et avec leurs gestes" (Kopp, p. 316).
    FM, p. 459: Kopp, p. 316: Zim, pp. 132-133.

La Soupe et les nuages: 11.12-14 " - Allez-vous bientôt manger votre
    soupe, s.... b..... de marchand de nuages?" (Pl, I, p. 350).
La Fenêtre du coin: "L'invalide entra dans le cabinet et dit d'un
    air grognon: 'Monsieur devrait pourtant enfin quitter la fe-
    nêtre sans quoi tout va se refroidir'".[30]
    Kopp, p. 340. La situation me semble trop banale pour suggérer
    de véritables affinités.

Les Bons Chiens: 1.21 "Fi du chien bellâtre, de ce fat quadrupède,
    danois, king-charles, carlin ou gredin" (Pl, I, p. 360).

APPENDICE A

Chien Berganza: "je méprisais au-delà de toute expression les car-
lins et les bolonais, qui étaient, à mon avis, de fades et
débiles parasites"   (Contes (éd. cit.) p. 57).[31]
PI, pp. 182-183: mais cf. Kopp, pp. 364-365 qui y voit plutôt
l'influence d'un feuilleton de Roqueplan. Pour une comparaison
plus fouillée de ces deux oeuvres, voir R. Chambers, "The Artist
as Performing Dog" CL, xxiii, 4 (Fall 1971), pp. 312-324.

APPENDICE B

TRADUCTIONS D'HOFFMANN: 1840-1860

1840	Contes fantastiques	H. Egmont	Perrotin
1841	Le Conseiller Krespel	E. La Bédollierre (sic)	Curmer
1842	Contes fantastiques	P. Christian	Lavigne
1843	Contes fantastiques	A. Loève-Veimars	Garnier Frères
1843	Contes fantastiques	X. Marmier	Charpentier
1844	Contes fantastiques	P. Christian	Lavigne
1845	Contes nocturnes	P. Christian	Lavigne
1848	Contes	E. Degeorge	Boursy fils (Lyon)
1849	Contes fantastiques	X. Marmier	Charpentier
1853	Oeuvres	J. Ancelot	Vialat
1853	Contes nocturnes	E. La Bédollière	Barba
1855	Contes nocturnes	E. La Bédollière	Barba
1856	Contes fantastiques	E. La Bédollière	Barba
1856	Contes posthumes	Champfleury	Lévy Frères
1859	Contes	J. Ancelot	A. de Vresse

ABREVIATIONS

BAUDELAIRE:

orr Correspondance. 2 volumes.

M Les Fleurs du mal. Edition critique établie par J. Crépet
     et G. Blin.

L Oeuvres complètes. 2 volumes.

oe E.A. Poe, Oeuvres en prose.

HOFFMANN:

W Briefwechsel. 3 volumes.

F Contes fantastiques complets. 3 volumes.

M Le Chat Murr.

T Die Elixiere des Teufels. Lebens-Ansichten des Katers Murr

S Fantasie- und Nachtstücke.

r Kreisleriana.

B Die Serapionsbrüder.

M Schriften zur Musik. Nachlese.

W Späte Werke.

B Tagebücher.

Pour les détails bibliographiques de ces oeuvres, se référer à la
bibliographie.

NOTES SE REFERANT A L'INTRODUCTION

[1] Corr, I, p. 191: c'est en 1847 que La Démocratie pacifique commence à publier quelques nouvelles de Poe.

[2] Pl, II, p. 425.

[3] Pl, II, p. 536.

[4] Ibid.

[5] Qu'il ne faut pourtant pas exagérer à l'instar de K. Negus: "that [Hoffmann's] works deserved more serious attention is strongly suggested by their overwhelming influence on such writers outside Germany as Dostoïevski, Baudelaire and E.A. Poe, who held him in highest esteem" (E.T.A. Hoffmann's Other World (Philadelphia: University of Pennsylvania Press, 1965), p. 13).

[6] "Hoffmann en France. Etude de littérature comparée", R.H.L.F., XIII (1906), pp. 427-457 et XIV (1907), pp. 74-105.

[7] "Alfred de Musset et trois romantiques allemands: Hoffmann, Jean-Paul, Henri Heine. I: Alfred de Musset et Hoffmann", R.H.L.F., XVIII (1911), pp. 297-334 et "Charles Baudelaire et Hoffmann le fantastique", R.H.L.F., XXVI (1919), pp. 412-416.

[8] "Introduction à une étude sur l'influence d'Hoffmann en France", Neophilologus, XXIII (1938), pp. 271-278.

[9] "E.T.A. Hoffmann und Frankreich", Germanisch-Romanische Monatsschrift, XXVII (1939), pp. 308-318.

[10] Le Conte fantastique en France de Nodier à Maupassant (Paris: Corti, 1962): j'aurai l'occasion d'examiner les conclusions de

P.-G. Castex dans le chapitre "Le Fantastique", pp. 46-54.

[11] _La Fortune d'Hoffmann en France_ (Genève: Droz et Paris: Minard, 1961). Pour une analyse plus détaillée des études de l'introduction d'Hoffmann en France, voir cet ouvrage, pp. 9-13: il contient aussi une bibliographie utile.

[12] _Ibid_, p. 49.

[13] Pl, II, p. 541: Baudelaire l'appelle _Daucus Carota, Le Roi des Carottes_ ou _La Fiancée du roi_.

[14] Pl, II, p. 542.

[15] E. Teichmann, p. 221.

[16] Voir, à titre d'exemple, le commentaire de W. Segebrecht, SW, p. 870: "die _Prinzessin Brambilla_ [hat] nur selten das einhellige Lob der Kenner erfahren. Hitzig, Ellinger und Korff verwehrten dem Capriccio ihr Verständnis". (_La Princesse Brambilla_ n'a reçu que rarement les éloges unanimes des connaisseurs. Hitzig, Ellinger et Korff se montrèrent peu sympathiques à l'égard du capriccio.)

[17] Voir avant tout "Les Nourritures étrangères: E.T.A. Hoffmann", _Dans les chemins de Baudelaire_ (Paris: Corti, 1945), pp. 297-321.

[18] _Ibid_, p. 298: cf. Pl, I, p. 378, II, pp. 19, 249.

[19] _Ibid_, p. 308.

[20] Pl, II, p. 249.

[21] Bien que Kreisler partage bien des caractéristiques d'Hoffmann, il ne me semble pas que les personnages des contes soient tous des reflets fidèles de leur créateur.

[22] J. Pommier, p. 300.

[23] _L'Univers poétique de Baudelaire: Symbolisme et Symbolique_ (Paris: Mercure de France, 1956), pp. 262-263.

[24] "Baudelaire's _Elévation_ and E.T.A. Hoffmann", The French Review,

XLVI, no. 5 (April, 1973), pp. 951-959.

25

Il faut clarifier une allusion que fait Pommier: "Le chant de Mme Haeser est pour le maître de chapelle une Invitation au voyage" (p. 316). Or, la cantatrice dans Ombra adorata reste anonyme: Hoffmann ne fait que justifier l'expression "Du von Himmel gesegnete" quand il dit: "Unserer deutschen Sängerin: Häser [...] riefen die Italiener zu: 'Che sei benedetta dal cielo'". (FS, p. 35).

26

L'Estetica di Baudelaire (Torino: Bottega d'Erasmo, 1961), p. 87. (A eu le mérite de résoudre le problème des rapports entre Baudelaire et Hoffmann.)

27

Pommier n'entend dans ce conte qu'un "ton d'équivoque ironie" (p. 317): or, l'ironie, comme l'a vu Baudelaire (Pl, II, pp. 541-542), est loin d'être équivoque.

28

Je cite quelques vers dans la version de Th. Toussenel: "un coeur innocent peut seul aimer, croire, folâtrer, roucouler avec les colombes et goûter les plaisirs que chante le poète. Il s'envole dans cet heureux et lointain je ne sais où, il traverse un ciel d'or, il est entouré de songes délicieux et devient à jamais ce qu'il était. Mais si l'amour allume dans son sein le feu de la passion, alors caresses et baisers, fleurs, parfums, songes, germes de vie, d'amour et d'espoir [...]" (CF, I, p. 317: SB, p. 991).

29

J. Pommier, p. 313.

30

Pl, II, p. 542.

31

Pl, II, p. 541.

32

Pl, II, p. 542: Baudelaire l'appelle Peregrinus Tyss, nom du protagoniste.

33

Ibid.

34

Ibid.

35

Pl, II, p. 277.

36

Deschanel, cité J. Pommier, p. 320: l'expression est devenue un lieu commun de la critique des années cinquante et soixante.

37 L'Esthétique de Baudelaire (Paris: Hachette, 1933), p. 441.

38 L'Originalité de Baudelaire (1927; Bruxelles: Palais des Académies, 1965), p. 134.

39 From Symbolism to Baudelaire (Carbondale: Southern Illinois
University Press, 1964), pp. 35-36.

40 A. Ferran, op.cit., p. 89.

41 Ibid.

42 "Some Notes on Cultural Relations between France and Germany
in the 19th Century", M.L.Q., VIII, no. 2 (1947), p. 222.

43 Baudelaire (Paris: Hatier-Boivin, 1957), p. 45.

44 "Literary Synesthesia", The Journal of Aesthetics and Art Criticism, XV, no. 4 (June 1957), p. 407. Je n'étudie pas dans
ce livre la synesthésie, motif qui a suscité tant de commentaires. Des analyses très intéressantes sur ce sujet se
trouvent dans les travaux de G. O'Malley, L.J. Austin et J.
Prévost.

45 "Charles Baudelaire et Hoffmann le fantastique", R.H.L.F.,
XXVI (1919), p. 415.

46 A. Ferran, op.cit., p. 152.

47 Ibid, p. 153.

48 Baudelaire (Cambridge: Bowes and Bowes, 1952), p. 33.

49 Voir mes Prolégomènes, pp. 24-25 (Nerval) et pp. 28-29 (Balzac).

50 L'Esprit du mal et l'esthétique baudelairienne (Paris: Colin,
1955), pp. 239-240.

51 L'Univers poétique de Baudelaire (Paris: Mercure de France,
1956), p. 261.

52 Baudelaire (Paris: Mercure de France, 1968), p. 41: cet ouvrage, d'ailleurs excellent, fut écrit vers 1943-44. Cf. p. 69

où il est question de "la théorie des 'Correspondances' tirée d'Hoffmann".

53
Pl, II, p. 542.

54
Ibid.

55
"Que la théorie des correspondances ne dérive pas de Sweden-borg", Travaux de linguistique et de littérature, XI, 2 (1973), p. 36.

56
Hoffmann (London: Bowes and Bowes, 1963), p. 61.

57
La Mystique de Baudelaire (1932; Genève: Slatkine Reprints, 1967), p. 8.

58
On trouvera dans l'appendice A les emprunts à Hoffmann que les critiques décèlent dans Les Fleurs du mal et dans les Petits Poèmes en prose.

NOTES SE REFERANT AU CHAPITRE I

[1] Pl, II, p. 3.

[2] Voir par exemple Pl, II, 19.

[3] Pl, II, pp. 425-426.

[4] Pl, II, p. 470: voir aussi p. 462.

[5] Voir Cl. Pichois, "La datation de l'essai sur le rire", Baudelaire: Etudes et témoignages (Neuchâtel: A la Baconnière, 1967),
pp. 80-95.

[6] Pl, II, p. 247.

[7] Pl, I, p. 378.

[8] Pl, I, p. 401: Baudelaire reprend l'image dans son étude sur
Gautier (Pl, II, p. 115).

[9] Voir, par exemple, Pl, II, pp. 249, 250, 275, 277, 289, 291,
296.

[10] Pl, II, p. 90

[11] Corr, I, p. 537: voir aussi p. 573.

[12] Le Figaro, 9 novembre 1929.

[13] Voir mon étude "Sur Hoffmann, Poe et Baudelaire", Bulletin
baudelairien, tome 11, ii (hiver 1976), p. 12.

14 Pl, I, p. 222.

15 SB, pp. 877-878: ce conte figure parmi les Oeuvres complètes traduites par Th. Toussenel en 1830 (t. IX) et dans les Contes fantastiques dont la version française est due à H. Egmont (t. III).

16 Pl, II, p. 393.

17 [Anon.], "Le Salon de 1842", L'Artiste, 3e série, t. i (1842), p. 275.

18 Pl, II, p. 542.

19 CF, III, p. 120: "chronischen Dualismus" (SW, p. 311).

20 "Sur Baudelaire et Hoffmann", R.L.C., XXVII (1953), pp. 98-99.

21 Voir aussi J. Pommier, Dans les chemins de Baudelaire (Paris: Corti, 1945), pp. 297-298. On trouvera dans l'appendice A une liste des versions des oeuvres d'Hoffmann publiées entre 1840 et 1860.

22 Cf. Corr, I, p. 505.

23 Voir E. Teichmann, La Fortune d'Hoffmann en France (Genève: Droz et Paris: Minard, 1961), pp. 26-28, et J. Pommier, pp. 299-300.

24 Contes fantastiques (Paris: Camuzeaux, 1836), I, p. xxx.

25 Pl, II, p. 542.

26 L'Artiste, 2e série, t. vii (1841), p. 56.

27 L'Artiste, 2e série, t. vii (1841), p. 58: la traduction est de La Bédollière.

28 Ibid.

29 Pl, II, p. 652.

30 Pl, II, p. 653.

31 Voir Corr, I, p. 520 et II, p. 29.

32 Pl, II, p. 559: Gavarni figure parmi les amis dans la "liste de distribution pour mes livres", Corr, II, p. 275.

33 Contes posthumes (Paris: Michel Lévy, 1856), p. 30.

34 Ibid, p. 31: voir E. Teichmann, p. 10 pour des détails sur la découverte de cette édition qu'on a cru perdue.

35 Voir Champfleury, pp. 30, 33, 34.

36 Voir l'appendice A, pp. 217-218.

37 On trouve toujours, bien entendu, des commentaires tels que celui d'A. Jubinal qui parle de trois hommes qui "n'étaient pas allemands à la façon d'Hoffmann, c'est-à-dire pour la taverne et le vin clairet" (L'Artiste, 2e série, t. vii (1841), p. 322).

38 L'Artiste, 4e série, t. ii (1844), pp. 71-72.

39 "Feuilleton", La Démocratie pacifique, 3 janvier 1844: Baudelaire lui écrit pour solliciter un article sur sa traduction de Poe (voir Corr, I, pp. 273-274).

40 "Le Salon de 1845", La Démocratie pacifique, 7 avril 1845.

41 "Revue dramatique", La Démocratie pacifique, 7 février 1844.

42 La Démocratie pacifique, 17 mai 1845: pour une brève étude de la pensée de cet illuminé, voir A. Mercier, Les Sources ésotériques et occultes de la poésie symboliste, I (Paris: Nizet, 1969), pp. 62-68.

43 Voir Corr, I, p. 891.

44 Voir E. Teichmann, pp. 138-139.

45 La Presse, 13 janvier 1840.

46
CF, I, p. 336: "nichts wunderlicher und toller sei, als das wirkliche Leben" (FS, p. 344).

47
Pl, II, p. 496: je tiens à remercier le professeur L.J. Austin de m'avoir signalé ce parallèle.

48
"Causeries", L'Artiste, 2e série, t. vii (1841), p. 119.

49
Pour l'importance de Toussenel dans la formation du poète, voir la lettre que Baudelaire lui adresse (Corr, I, pp. 335-337), l'oeuvre de J. Pommier, La Mystique de Baudelaire (1932; Genève: Slatkine Reprints, 1967), passim, et l'étude de P.S. Hambly, Baudelaire et le fouriérisme, à paraître chez Minard.

50
"Le Jardin-des-Plantes", La Démocratie pacifique, 10 mai 1844: il fait allusion au Pot d'or.

51
"Salon de 1846", La Démocratie pacifique, 22 avril 1846.

52
L'Artiste, 4e série, t. viii, p. 234.

53
L'Artiste, 4e série, t. ix (1847), p. 23.

54
L'Artiste, 2e série, t. v (1840), p. 323.

55
[Anonyme], "Critique musicale", L'Artiste, 3e série, t. iii (1843), p. 84.

56
Cf., par exemple, Th. Gautier, "Feuilleton", La Presse, 3 mai 1844.

57
Le critique pense sans doute au Kreislerianum: "Pensées sur la haute dignité de la musique" (Kr, pp. 60-61, FS, p. 37).

58
"François Schubert", L'Artiste, 3e série, t. iv (1843), p. 65.

59
L'Artiste, 4e série, t. viii (1847), p. 174: cf. BW, I, p. 118 et la note au bas de la page.

60
J'examine plus tard (pp. 25-28) l'influence d'Hoffmann sur les oeuvres de création de Gautier.

61
"Poètes et Romanciers de la France", R.D.M., 1834, p. 448.

62 "Oeuvres complètes d'Hoffmann - Traduction nouvelle par Henry Egmont", La Presse, 27 septembre, 3 octobre et 6 octobre 1836.

63 Art.cit., 6 octobre 1836.

64 L'Artiste, 2e série, t. viii (1841), pp. 70-82, 91-94, 103-104.

65 Art.cit., p. 92.

66 Ibid: la réussite de cette méthode inspire le feuilletoniste lui-même, qui termine un conte en écrivant: "Peut-être me blâmerez-vous, ayant un projet si philosophique, d'avoir écrit d'un style légèrement ironique et badin. Eh! lecteur, il faut bien être de son siècle!" ("Un mariage", L'Artiste, 2e série, t. vii (1841), p. 31).

67 Baudelaire (Pl, II, p. 465) et Champfleury (voir ce chapitre, p. 30) citent quelques-unes de ces "sages paroles".

68 Art.cit., p. 104.

69 Ibid.

70 Pl, II, p. 12.

71 La Presse, 2 décembre 1844: Gautier confond ici les Fantasiestücke in Callots Manier et Gaspard de la nuit, d'A. Bertrand, oeuvre qui porte le sous-titre: Fantaisies à la manière de Rembrandt et de Callot.

72 Cf. Pl, II, p. 542.

73 La Presse, 3 mai 1844.

74 "Théâtres", La Presse, 3 février 1845.

75 "Théâtres", La Presse, 18 mars 1840: cf. FS, pp. 439-455.

76 Pl, II, p. 351: mais cf. Pl, II, p. 50. Planche chante les louanges d'Hoffmann dans une revue dramatique publiée dans la R.D.M. du 1er avril 1851.

77 L'Artiste, 2e série, t. iv (1839), p. 135.

78 CF, II, p. 88: "durch die Liebe, durch den Genuss des Weibes, schon auf Erden das erfüllt werden könne, was bloss als himmlische Verheissung in unserer Brust wohnt" (FS, p. 75).

79 Pl, I, p. 551.

80 Musset, Namouna, chant deux, strophe XXIV.

81 Namouna, chant deux, strophe LIII.

82 Pl, II, p. 150.

83 Th. Gautier, Poésies complètes (Paris: Nizet, 1970), t. II, p. 39.

84 "Théâtres", La Presse, 27 janvier 1845.

85 Pour une analyse de l'importance d'Hoffmann pour le développement de ce motif voir L. Weinstein, "The Metamorphoses of Don Juan", Stanford Studies in Language and Literature, XVIII, 1959.

86 E. Teichmann, p. 227.

87 "Hoffmann", Oeuvres, I (Paris: Gallimard, Pléiade, 1949), p. 384.

88 Sainte-Beuve, p. 388.

89 Voir surtout N.H. Barlow, Sainte-Beuve to Baudelaire (Durham, North Carolina: Duke University Press, 1964).

90 M. Gilman, Baudelaire the critic (1943; New York: Octagon Books, 1971), p. 17.

91 Pl, I, pp. 206-208: cf. Pl, I, pp. 1236-1237.

92 Baudelaire (London: Faber and Faber, 1957), p. 55.

93 Dans Premiers lundis.

94 Corr, I, p. 420: cf; M. Proust, "Sainte-Beuve et Baudelaire", Contre Sainte-Beuve (Paris: Gallimard, Pléiade, 1971), pp. 243-263.

95

CF, III, p. 16: "goldgleissende Tulpe" (SW, p. 221).

96

Corr, I, p. 421: pour la voix du mage, voir CF, III, p. 86 (SW, p. 283): G. Blin a percé cette allusion dans une étude publiée dans la RSH (juillet-septembre 1967), p. 462.

97

Pl, II, p. 577.

98

Pl, II, pp. 231-240.

99

La vie que mène Heine à Paris, qui n'est pas sans intérêt pour cette étude à cause de l'amitié qui existe entre lui et des amis de Baudelaire, tels Nerval, Gautier et Balzac, est solidement documentée par J. Dresch dans Heine à Paris (Paris: Didier, 1956).

100

Pl, II, p. 577.

101

Qui paraît chez Renduel en 1835, tomes V et VI des Oeuvres complètes: Baudelaire y fait allusion dans son Salon de 1845 (Pl, II, 394).

102

H. Heine, Werke (Berlin: Akademie Verlag et Paris: Editions du CNRS, 1972), VIII, p. 72. (était, en réalité, une maladie. A cet égard on a dit que l'analyse de ses ouvrages n'était pas la tâche du critique mais celle du médecin.)

103

"On the Supernatural in Fictitious Composition", Foreign Quarterly Review (juillet 1827), p. 97: pour une discussion de la concurrence entre Scott et Hoffmann, voir E. Teichmann, pp. 22-23, 26-28.

104

Pl, II, p. 436.

105

Heine, p. 71. (il avait l'impression d'être changé lui-même en revenant: la nature toute entière lui paraissait maintenant un miroir mal poli où il se voyait, déchiré en mille morceaux, comme son propre masque funéraire, et ses oeuvres ne sont rien qu'un terrible cri d'angoisse en vingt volumes.)

106

Pl, II, pp. 231-240: pour les rapports entre Baudelaire et Janin voir Le Gâteau des rois, éd. J.-M. Bailbé (Paris: Minard, 1972), pp. 30-31 et J.-F. Delesalle, "Baudelaire rival de Jules Janin", Etudes baudelairiennes III (Neuchâtel: A la Baconnière, 1973), pp. 41-53.

107 Corr, I, p. 102 (lettre à Mme Aupick du 16 novembre 1843).

108 Voir, par exemple, "Le Dîner de Beethoven" (5 janvier 1834), "Hoffman [sic], conte fantastique" (30 mars et 6 avril 1834) et "L'Homme Vert" (14 décembre 1834), tous trois publiés dans La Revue et Gazette musicale; voir également l'édition de Bailbé, pp. 31-32 et Teichmann, pp. 10, 139-140 et passim.

109 Cité dans Teichmann, p. 157.

110 J. Janin, p. 272.

111 Pl, II, p. 25.

112 Voir A. Tabarant, La Vie artistique au temps de Baudelaire (Paris: Mercure de France, 1963), p. 19.

113 Pl, II, p. 24.

114 Dans les chemins de Baudelaire (Paris: Corti, 1945), pp. 90-98.

115 E. Teichmann, p. 152: voir aussi p. 167.

116 Th. de Ferrière, Les Contes de Samuel Bach: Il Vivere (Paris: Bureaux de la France littéraire, 1836), p. 22: Slatkine Reprints (Genève) a réimprimé ce recueil en 1973.

117 Ferrière, p. 21.

118 Ibid, p. 73.

119 Publié en 1842.

120 Pl, I, p. 275.

121 Pl, II, p. 177.

122 Reproduit dans Leconte de Lisle, Articles - Préfaces - Discours, éd. E. Pich (Paris: Société d'édition "Les Belles Lettres", 1971), pp. 29-36.

123 Leconte de Lisle, p. 36: il se peut que l'article de Chaudes-

Aigues ait influencé la "génération présente" dont parle
Leconte de Lisle.

124
Leconte de Lisle, p. 32.

125
Le Socialisme et le romantisme en France (Oxford: Clarendon
Press, 1935), p. 289.

126
Pl, II, p. 176.

127
La Démocratie pacifique, 1er avril 1846.

128
Ibid, 15 février 1846.

129
Loc.cit.

130
Loc.cit.

131
"Artémis ou Les Fleurs du désespoir [...]", R.L.C., XIV (1934),
p. 340.

132
Voir E. Teichmann, p. 33.

133
Ibid, p. 63.

134
E. Teichmann illustre la manière dont Nerval utilise la version de Toussenel: voir sa monographie, pp. 258-259.

135
Pl, II, p. 156: pour la rencontre des deux poètes voir Pl, I,
p. 784, mais cf. E. Crépet, Baudelaire (Paris: Messein, 1906),
p. 22.

136
Cf. l'article de F. Constans.

137
Oeuvres, 2 vols (Paris: Gallimard, Pléiade, 1966), I, p. 242.

138
Ibid, p. 246.

139
"La Cour d'Artus", Revue de Paris, V (1829), p. 163: "Sie
hatte die Züge der Felizitas, sie war es aber nicht" (SB, p.
165). La traduction est de Loève-Veimars.

40

Voir, par exemple, Nerval, I, p. 380.

41

Pour la question du prénom de l'héroïne nervalienne, voir J.
Guillaume, Gérard de Nerval: Aurélia (Namur: Presses universitaires de Namur, 1972).

42

Nerval, p. 5: d'autres analogies sont signalées par M.C.
Amblard, "Les Contes fantastiques de Nerval", R.L.C., XLVI
(1972), pp. 194-208.

43

Voir A. Houssaye, Les Confessions, I (Genève: Slatkine Reprints, 1971).

44

Voir Nerval, "Sensations d'un voyageur enthousiaste", L'Artiste,
4e série, t. xv (1845-46), pp. 276-279 et J. Richer, Nerval
(Paris: Hachette, 1963), p. 372. A-t-on noté, d'ailleurs,
que peu avant de citer Hoffmann, dans son Salon de 1846,
Baudelaire se sert lui-même de cette expression: "il [Vernet]
vous raconte votre gloire, et c'est la grande affaire. - Eh!
qu'importe au voyageur enthousiaste, à l'esprit cosmopolite
qui préfère le beau à la gloire?" (Pl, II, p. 470).

45

J. Richer, p. 449.

46

L'Esthétique de Baudelaire (Paris: Hachette, 1933), p. 88.

47

Spoelberch de Lovenjoul, Histoire des oeuvres de Théophile
Gautier, I (Paris: Charpentier, 1887), p. 15: La Cafetière
fut publié dans le Cabinet de lecture du 4 mai 1831 et re-
parut en 1842 dans le troisième volume d'un recueil nommé
Le Fruit défendu, titre apte à attirer l'attention de Baudelaire, d'autant plus que ses amis, Ourliac et Esquiros, aussi
bien que Balzac, J. Janin et A. Houssaye y publient des contes
(voir P. Chollet, "Un livre ignoré de l'époque romantique",
R.H.L.F., XIII (1906), pp. 501-504).

48

R. Jasinski, Les Années romantiques de Th. Gautier (Paris:
Librairie Vuibert, 1929), p. 142, indique que, pour Les
Jeunes France, "notre conteur emprunte jusqu'aux noms de ses
personnages: Théodore, Albert, Elis, Roderick, Jacintha se
rencontrent chez Hoffmann". Précisons que Théodore se trouve
parmi les frères de Serapion, Albert dans L'Esprit élémentaire,
Elias dans La Cour d'Artus, Roderick dans Le Majorat, Jacintha
dans La Princesse Brambilla.

49

Gautier, Contes fantastiques (Paris: Corti, 1969), p. 19: cf.

CF, III, p. 26 (SW, p. 232).

[150] Gautier, Contes, p. 15.

[151] Ibid, p. 33: Tusmann se rencontre dans Le Choix d'une fiancée Trabacchio dans Ignaz Denner, Tyss dans Maître Puce et Krespel et Antonie se trouvent dans Le Conseiller Krespel.

[152] Ibid, p. 60.

[153] Gautier, Poésies complètes (Paris: Nizet, 1970), I, p. 184.

[154] Ibid, p. 132.

[155] Cf. la strophe IX (Poésies, p. 131) et CF, II, pp. 166-167 (FS, pp. 208-209).

[156] Gautier, Poésies, p. 136.

[157] CF, II, p. 191: "Sie warf den schwarzen Mantel ab und stand da in ekelhafter Nacktheit" (FS, p. 243).

[158] Gautier, Poésies, p. 136.

[159] Publié dans Le Musée des familles en juillet 1840.

[160] Publié dans Le Musée des familles en juillet 1841: voir P. Whyte, "Gérard de Nerval, inspirateur d'un conte de Gautier, 'Deux Acteurs pour un rôle'", R.L.C., LX, 3 (1966), pp. 474-478.

[161] Gautier, Contes, p. 182: Cardillac est un des personnages de Mademoiselle de Scudéry: cf. SB, p. 693.

[162] Voir Pl, I, p. 784: cf. E. Crépet, op.cit., p. 22.

[163] Pour une liste des romans de Balzac auxquels Baudelaire fait allusion soit explicitement, soit implicitement, se référer à la préface de Cl. Pichois à La Fanfarlo (Monaco: Editions du Rocher, 1957), p. 16: P.-G. Castex étudie les rapports entre les deux écrivains dans "Baudelaire et Balzac", Orbis litterarum, XII, 1 (1957), pp. 179-192.

164 L'ouvrage de base est toujours celui de F. Baldensperger,
Orientations étrangères chez Honoré de Balzac (Paris: Champion,
1927), pp. 99-118, mais voir aussi L'Année balzacienne, 1970,
qui contient plusieurs études sur les orientations étrangères
de Balzac, dont notamment L. Wanufflé, "La Vision balzacienne
de l'Allemagne 1829-1835", pp. 21-32 et "Présence d'Hoffmann
...", pp. 45-56, celle de R. Guise, "Balzac lecteur des
'Elixirs du Diable'", pp. 57-67 et celle de M.-F. Jamin,
"Quelques Emprunts possibles ...", pp. 69-75.

165 Balzac, Correspondance, I (Paris: Garnier, 1960), lettre du
25 août 1831, p. 571.

166 Balzac, Lettres à Madame Hanska (Paris: Delta, 1967), I, lettre du samedi 2 novembre 1833, p. 102.

167 Il me semble possible que les Kreisleriana aient influencé la
sensibilité musicale de Balzac: voir sa lettre à Mme. Hanska
(op.cit.), p. 554, où il décrit sa réaction au finale d'une
symphonie de Beethoven. Cette description ressemble, de
plusieurs points de vue, à la quatrième partie des Kreisleriana,
"Beethovens Instrumental-Musik".

168 Balzac, "Gambara", Oeuvres complètes (Paris: Calmann-Lévy,
s.d.), XV, p. 333.

169 Balzac, Correspondance, III (Paris: Garnier, 1964), lettre du
29 mai 1837, p. 294.

170 [E. Pelletan], La Presse, 9 juin 1840.

171 Oeuvres complètes, IX, p. 19.

172 Oeuvres complètes, II, p. 522.

173 Pl, I, p. 379; II, p. 3, p. 247, p. 249; Corr, I, p. 537.

174 Cf. J. Crépet, Propos sur Baudelaire (Paris: Mercure de France,
1957), pp. 187-188.

175 "Histoire littéraire", L'Artiste, IVe série, t. viii (1847),
p. 235.

176 Anonyme, "Beaux-Arts", L'Artiste, IVe série, t. ix (1847),
p. 224.

[177] Compte rendu de Pauvre Trompette de Champfleury, La Démocratie pacifique, 24 juin 1847.

[178] Le récit reparaît dans Les Excentriques (1852; Genève: Slatkine Reprints, 1967); la citation se trouve à la page 230 de cette édition.

[179] Champfleury, Les Excentriques, pp. 164-165.

[180] Ibid, p. 164: cf. FS, p. 98: le titre du recueil fut sans doute suggéré par ce passage.

[181] Pl, II, p. 465: les sages paroles auxquelles pense Baudelaire ont trait à Corinne, héroïne du roman de Mme de Staël.

[182] Pl, I, p. 170.

[183] J. Fleury, art.cit.

[184] Pl, II, p. 22: l'influence de l'article de La Démocratie pacifique se voit aussi dans la remarque qu'il y a, dans Grandeur et décadence, "une excellente description de la méchanceté et de la sottise provinciales" (ibid): Fleury a dit: "cette histoire [...] se détache avec beaucoup de grâce sur le cadre de ces vulgarités prétentieuses empruntées aux moeurs de province".

[185] Contes posthumes (Paris: Michel Lévy, 1856), p. 24.

[186] Ibid, p. 19.

[187] Ibid, p. 9.

[188] Contes posthumes, p. 25.

[189] Les Excentriques, p. 165.

[190] Contes posthumes, p. 10.

[191] Ibid, p. 16: pour Champfleury, Goya est "l'auteur fantastique des Caprices" (p. 16).

[192] Cf. Pl, II, p. 571 où Callot est mentionné comme "le meilleur

bouffon italien".

193 Contes posthumes, p. 16.

194 Ibid, p. 17.

195 Ibid, pp. 30-33.

NOTES SE REFERANT AU CHAPITRE II

1
Exploité par les Lewis Carroll, les J.R.R. Tolkien etc.

2
"Le Fantastique", Travaux de linguistique et de littérature, XI (1973), 2, p. 204.

3
Les Sources du merveilleux chez E.T.A. Hoffmann (Paris: Librairie Félix Alcan, 1912), passim.

4
Compte rendu de Sucher in Euphorion, XX (1913), pp. 261-276.

5
In SB, pp. 1128-1131.

6
"Rembrandtschen oder Höllenbreughelschen Gemäld[e]". FS, p. 221: Toussenel n'ayant pas traduit cette expression, je l'ai traduite moi-même.

7
Hoffmann, Contes (Paris: Livre de Poche, 1969), p. 18: "sind nur Reflexe aller der fantastischen wunderlichen Erscheinungen, die der Zauber seiner überregen Fantasie hervorrief" (FS, p. 12): la traduction est celle d'Henry Egmont revue par A. Béguin.

8
"Märchenhafte Abenteuer gerade in dem Moment, als sie, Luft- bilder des aufgeregten Geistes, in nichts verschwimmen wollten, zu erfassen und zu gestalten". SW, p. 229.

9
M. Thalmann, "Der Trivialroman des 18. Jahrhunderts und der romantische Roman", Germanische Studien, XXIV (1923), p. 308. (Ce compendium galant, pour ainsi dire, de toutes les classes des esprits).

10
CF, III, p. 274: "die Lehre von Sylphen, Undinen, Salamandern und Gnomen [...], wie du sie in den Unterredungen des Comte de

242

Gabalis finden kannst" (SW, p. 388). Je signale que Lehre
devrait être traduit ici par science plutôt que par leçon.

11 CF, I, p. 279: "Erfahre mein holdes mit Unwissenheit beglücktes
Kind, dass die tiefe Erde, die Luft, das Wasser, das Feuer
erfüllt ist mit geistigen Wesen höherer und doch wieder besch-
ränkterer Natur als die Menschen. Es scheint unnötig, dir, mein
Dümmchen, die besondere Natur der Gnomen, Salamander, Sylphen
und Undinen zu erklären" (SB, p. 958).

12 Die natürliche Magie, aus allerhand belustigenden und nützlichen
Kunststücken bestehend, zusammengetragen von Johann Christian
Wiegleb (Berlin und Stetten, 1782-1805).

13 Voir TB, p. 53 et pp. 287-288 et cf. SW, p. 58.

14 Ph. Pinel, Traité médico-philosophique sur l'aliénation mentale
ou la manie (1801): cf. SB, p. 1037.

15 J.C. Reil, Über die Erkenntnis und der Cur der Fieber (1802):
cf. SB, p. 1037.

16 F.A. Mesmer, Mesmerismus... Hrsgg. von K.C. Wolfart (1814): cf.
ET, p. 445 et voir aussi TB, p. 186.

17 E.D.A. Bartels, Grundzüge einer Physiologie und Physik des
Magnetismus (1812): cf. SB, p. 265.

18 C.A.F. Kluge, Versuch einer Darstellung des animalischen Magnetismus, als Heilmittel (1811): cf. SB, p. 265.

19 Pour une analyse plus détaillée de l'influence de Schubert,
voir P. Sucher: cf. ici-même le chapitre IV, pp. 141-142.

20 M. Pirker, p. 272. (Seule une étude exacte des prédécesseurs
littéraires d'Hoffmann nous permettrait de connaître jusqu'à
quel point il innovait ou jusqu'à quel point il était séduit
par un mode littéraire.)

21 Pour une étude historique de ce genre, voir K. Kanzog in
Reallexikon der deutschen Literaturgeschichte, zweite Auflage,
hrsgg. W. Kohlschmidt und W. Mohr, Band I (Berlin: Walter de
Gruyter, 1958), pp. 573-576.

22 Die Gespenster (1797) et Neue Gespenster-Erzählungen (1801-1802).

23 Voir SB, p. 642.

24 Cf. FS, p. 496.

25 Cf. SB, p. 105 et p. 610: voir aussi les notes, pp. 1049 et
    1086.

26 Das Bild in der Dichtung, II Band (Marburg: N.G. Elwert, 1963),
    p. 134. (une forme nouvelle et ouverte du conte, qui réunit
    les possibilités de la légende et du conte de fées, et qui
    exprime les tensions qui existent entre les hommes et les puis-
    sances surnaturelles, afin que, en les entremêlant comme pour
    tisser une mystérieuse toile fatale, on puisse développer ou
    du moins laisser entrevoir l'écriture hiéroglyphique dont la
    signification pénètre la vie entière.)

27 "Phantasus", Ier Teil, Schriften IV (Berlin: G. Reimer, 1828),
    (une manière d'envisager la vie la plus normale comme si elle
    était un conte de fées: c'est ainsi qu'on peut se familiariser
    avec ce qu'il y a de plus merveilleux comme si ce n'était que
    ce qu'il y a de plus quotidien.)

28 "die Basis der Himmelsleiter, auf der man hinaufsteigen will in
    höhere Regionen, befestigt sein müsse im Leben, so dass jeder
    nachzusteigen vermag". SB, p. 599.

29 Le Conte fantastique en France de Nodier à Maupassant (Paris:
    Corti, 1962), pp. 13-24.

30 Cf. le commentaire de R. Kopp dans son édition des Petits
    Poëmes en prose (Paris: Corti, 1969), pp. 263-264.

31 Th. Gautier, "Théâtres", La Presse, 12 mai 1845.

32 G. de Nerval, "Cazotte", Oeuvres: Les Illuminés, introduction
    et notes par A. Marie (Paris: Librairie Grund, s.d.), p. 315:
    l'article fut publié en 1845 en deux parties dans L'Artiste.

33 "Defining the Grotesque", Journal of Aesthetics and Art Criti-
    cism, XXIX, no. 2 (Winter, 1970), pp. 253-260.

34 Voir ce chapitre, p. 61 et ch. IV, pp. 133-134.

35 Baudelaire (Paris: Mercure de France, 1968), p. 127: voir aussi

Kopp, pp. 202-203.

[36] Voir M. Lepore, The Life and Times of Goya (N.Y.: Curtis Books and Arnaldo Mondadori Editore, 1967), p. 30.

[37] Pl, I, p. 282.

[38] Un mangeur d'opium, éd. M. Stäuble-Lipman Wulf (Neuchâtel: A la Baconnière, 1976), p. 183.

[39] Un mangeur d'opium, p. 183.

[40] Ibid.

[41] Ibid, p. 191

[42] Pl, I, p. 76.

[43] Pl, I, p. 88.

[44] Ibid.

[45] Le Conte fantastique en France (Paris: Corti, 1962), surtout pp. 5-106.

[46] Que Baudelaire cite dans Le Possédé (Pl, I, p. 38) et auquel il fait allusion dans ses Journaux intimes (Pl, I, p. 660): voir FM, pp. 359-360.

[47] Reproduit dans Anthologie du conte fantastique français, éd. P.-G. Castex (Paris: Corti, 1947), pp. 40-58.

[48] J. Cazotte, Le Diable amoureux dans Romanciers du XVIIIe siècle, II (Paris: Gallimard, Pléiade, 1965), p. 371.

[49] Cazotte, p. 373: voir aussi p. 378.

[50] Sade, p. 49.

[51] Sade, p. 49.

[52] P.-G. Castex, Le Conte fantastique, p. 456.

[53] Pl, II, p. 322 et p. 617.

[54] Nerval, Les Illuminés, p. 317.

[55] Corr, II, p. 53: lettre du 26 juin 1860: cf. Pl, I, p. 286.

[56] Poe, p. 236.

[57] H.P. Lovecraft, Supernatural Horror in Literature (New York: Ben Abramson, 1945), p. 48.

[58] CF, II, p. 139: "'Ja renne - renne nur zu, Satanskind - ins Kristall bald dein Fall - ins Kristall!'" (FS, p. 179). Je garde l'orthographe allemande des noms propres.

[59] CF, II, p. 144: "ein Paar herrliche dunkelblaue Augen" (FS, p. 183).

[60] CF, II, p. 144: "ein nie gekanntes Gefühl der höchsten Seligkeit und des tiefsten Schmerzes" (FS, p. 183).

[61] CF, II, p. 151: "es bedarf dazu eines Mannes, der sich darauf versteht mit der Feder zu zeichnen, um mit der höchsten Genauigkeit und Treue alle Zeichen auf Pergament, und zwar mit Tusche, übertragen zu können" (FS, pp. 189-190).

[62] CF, II, p. 162: "fatale Kreatur" (FS, p. 202).

[63] CF, II, p. 181: "ein kindliches poetisches Gemüt" (FS, p. 230).

[64] CF, II, p. 188: "o Himmel! ein grosser Klecks fiel auf das ausgebreitete Original" (FS, p. 239).

[65] CF, II, p. 189: "er sass in einer wohlverstopften Kristall-flasche auf einem Repositorium im Bibliothekzimmer des Archivarius Lindhorst" (FS, p. 239).

[66] CF, II, p. 201: "das Leben in der Poesie, der sich der heilige Einklang aller Wesen als tiefstes Geheimnis der Natur offen-baret" (FS, p. 255).

[67] Voir CF, II, p. 140 (FS, p. 180).

[68] L'article perspicace de John Reddick, "E.T.A. Hoffmann's 'Der goldne Topf'" (MLR, July 1976, pp. 577-594), analyse l'ironie de la nouvelle.

[69] "La Fiction et ses fantômes: une lecture de l'Unheimliche de Freud", Poétique 10 (1972), p. 205.

[70] "Notes sur le fantastique", Littérature, no. 8 (décembre 1972), p. 5.

[71] CF, I, p. 322: "ganz eigne, tief in mein Leben eingreifende Beziehungen" (FS, p. 331).

[72] CF, I, p. 323: "wenn ich sage, der Sandmann kommt, so will das nur heissen, ihr seid schläfrig und könnt die Augen nicht offen behalten, als hätte man euch Sand hineingestreut" (FS, p. 332).

[73] CF, I, p. 323: "Das ist ein böser Mann, der kommt zu den Kindern, wenn sie nicht zu Bett gehen wollen und wirft ihnen Händevoll Sand in die Augen, dass sie blutig zum Kopf herausspringen, die wirft er dann in den Sack und trägt sie in den Halbmond zur Atzung für seine Kinderchen; die sitzen dort im Nest und haben krumme Schnäbel, wie die Eulen, damit picken sie der unartigen Menschenkindlein Augen auf" (FS, pp. 332-333).

[74] CF, I, p. 325: "seine grossen knotigen, haarigen Faüste" (FS, p. 335).

[75] S. Freud, "Das Unheimliche", Gesammelte Schriften, Bd. 10 (Leipzig: Internationaler psychoanalytischer Verlag, 1942), p. 384.

[76] CF, I, p. 327: "der Alte hat's verstanden!" (FS, p. 336): cf. Faust, "Prolog im Himmel", v. 350: "Mephistopheles: Von Zeit zu Zeit seh ich den Alten gern".

[77] Le Conte fantastique..., p. 119: je n'ai pu lire la remarquable thèse de Peter Whyte, The "conte fantastique", mémoire dactylographié, Cambridge, 1967, qu'après avoir achevé mon étude.

[78] Cf. FS, p. 203: "alle die fremden Gestalten aus einer fernen wundervollen Welt, die ich sonst nur in ganz besondern merkwürdigen Träumen schaute, jetzt in mein waches reges Leben

geschritten sind".

79

P.-G. Castex, p.8.

80

Cf. les conclusions de Freud: voir ce chapitre p. 55.

81

Oeuvres complètes (Paris: Calmann Lévy, s.d.), IX, p. 366.

82

P.-G. Castex, pp. 42-56.

83

Ibid, p. 8.

84

"Anstossen der poetischen Welt mit der prosaïschen". TB, pp. 130-131.

85

"Feenhaft und wunderbar [...] keck ins gewöhnliche alltägliche Leben [treten] und sei[ne] Gestalten ergreife[n]". BW, I, p. 408.

86

FS, p. 232: n'apparaît pas dans la version de Toussenel.

87

"die höchste Wonne sowie das tiefste Entsetzen". FS, p. 198: Toussenel n'a pas traduit cette expression.

88

CF, I, p. 170 (SB, p. 559).

89

CF, II, p. 185 (FS, p. 236).

90

CF, II, p. 186: "eigentlich ein grauer Papagei war" (FS, p. 237).

91

CF, II, p. 170 (FS, p. 213).

92

ET, p. 207.

93

FS, pp. 439-455.

94

CF, I, pp. 35-36 (SB, pp. 176-177).

95

"Le Fantastique dans l'oeuvre d'E.T.A. Hoffmann", Etudes germaniques, VI (1951), p. 104.

96
H. Egmont donne un commentaire intéressant sur Hoffmann et le magnétisme: cette note est reproduite dans CF, II, pp. 106-107.

97
CF, II, p. 128: "es ist die unbedingte Herrschaft über das geistige Prinzip des Lebens, die wir [...] erzwingen. Sich unter seinem Zauber schmiegend, muss das unterjochte fremde Geistige nur in uns existieren, und mit seiner Kraft nur uns nähren und stärken" (FS, p. 170). La version d'Egmont est très libre dans ce passage.

98
CF, III, p. 59: "der menschliche Geist selbst das allerwunderbarste Märchen ist, das es nur geben kann" (SW, p. 260).

99
CF, I, p. 336: "nichts wunderlicher und toller sei, als das wirkliche Leben und dass dieses der Dichter doch nur, wie in eines matt geschliffnen Spiegels dunklem Widerschein, auffassen könne" (FS, p. 344).

100
CF, III, p. 160: "ein ekelhaftes Gewirr der scheusslichsten Kreaturen erfüllte den ganzen Raum. Das Geschlecht der Pucerons, der Käfer, der Spinnen, der Schlammtiere bis zum Übermass vergrössert, streckte seine Rüsell aus, schritt daher auf hohen haarichten Beinen" (SW, p. 700).

101
CF, II, p. 78: "die poetische Welt" (FS, p. 70).

102
CF, II, p. 85: "Dschinnistan voller Herrlichkeit, wo ein unaussprechlicher, himmlischer Schmerz, wie die unsäglichste Freude, der entzückten Seele alles auf Erden Verheissene über alle Massen erfüllt!" (FS, p. 78): chez Hoffmann, les noms Dschinnistan et Atlantide désignent un paradis imaginaire.

103
Cf. sa lettre du 26 mars 1856 où il détaille divers aspects de ce qu'il appelle "un fantastique plus relevé": "hallucinations, maladies mentales, grotesque pur, surnaturalisme" (Corr, I, p. 344).

104
Pl, I, p. 408;

105
Pl, I, pp. 420-421.

106
Pl, I, p. 421.

107
Pl, I, p. 421.

108
    Pl, I, p. 397.

109
    Cf. l'apparition inexplicable de Serpentina qui raconte
l'histoire de son père, salamandre bannie du paradis. On
pourrait citer comme exemple de "l'hallucination dans l'ivresse" la douzième veillée du Pot d'or, où le narrateur, au moyen
du breuvage mystérieux, parvient à voir, momentanément, l'Atlantide.

110
    Pl, I, p. 420.

111
    CF, III, p. 13: "Der junge Schauspieler [...] ist ein wandeln-
der Roman, eine Intrige auf zwei Beinen, ein Liebeslied mit
Lippen zum Küssen" (SW, pp. 218-219).

112
    Pl, II, p. 568.

113
    Pl, II, p. 567.

114
    Voyage en Espagne (Paris: Charpentier, 1856), p. 118.

115
    Nerval, Les Illuminés, p. 303.

116
    Pl, II, p. 570.

117
    Pl, II, p. 568.

118
    Pl, II, p. 573.

119
    Ibid.

120
    Pl, I, p. 75.

121
    Pl, I, p. 76.

122
    Qui porta d'abord le titre Fantômes parisiens: voir l'étude
de F.W. Leakey et Cl. Pichois, "Les Sept Versions des 'Sept
Vieillards'", Etudes baudelairiennes III (Neuchâtel: A la
Baconnière, 1973), pp. 262-289.

123
    Pl, I, p. 87.

124
Expression qu'on trouve à la fois chez Hoffmann et chez
Baudelaire (Hoffmann, CF, III, pp. 33-34 (SW, p. 238) et
Baudelaire, Pl, II, p. 11).

125
Pl, I, p. 87.

126
Pl, I, p. 88.

127
Pl, I, p. 87.

128
Pl, I, p. 88.

129
Pl, I, p. 658.

130
Pl, I, p. 659.

131
Pl, I, p. 430.

132
Cf. la lettre citée plus haut, n. 103.

133
Voir Pl, I, p. 658: sur le surnaturel baudelairien, voir aussi
L.J. Austin, L'Univers poétique de Baudelaire, pp. 176-184,
et son article, "Baudelaire et l'énergie spirituelle", RSH,
jan-mars 1957, pp. 35-42.

134
Cité dans Baudelaire, Les Fleurs du mal, éd. A. Adam (Paris:
Garnier, 1968), p. 282: voir aussi Pl, II, pp. 432-433 et
Sainte-Beuve, Oeuvres (Paris: Gallimard, Pléiade, 1949), I,
p. 555.

135
J. Prévost, p. 69.

136
Pl, II, p. 596.

137
Ibid.

138
Cf. TB, pp. 134-135.

139
Pl, I, p. 43.

140
Pl, I, p. 46.

141

Pl, I, p. 43: cf. Kr, p. 129: "peut-être ne vous est-il jamais
arrivé de vouloir chanter quelque lied devant des yeux qui
semblaient vous regarder du haut du ciel, qui, dans leur
rayonnement, répandaient sur vous l'image embellie de tout
le meilleur de votre propre être" (FS, p. 287).

142

CM, p. 78: "Nur einen Engel des Lichts gibt es, der Macht hat
über den bösen Dämon. Es ist der Geist der Tonkunst, der oft
aus mir selbst sich siegreich erhebt, und vor dessen mächtiger
Stimme alle Schmerzen irdischer Bedrängnis verstummen" (ET,
p. 356).

143

Pl, II, p. 568.

144

"Das Unheimliche", Gesammelte Schriften, Bd. 10 (Leipzig:
Internationaler psychoanalytischer Verlag, 1942), pp. 369-408.

145

Freud, p. 369: (Sans aucun doute, ce concept est apparenté à
ceux d'effroi, de peur, d'angoisse, et il est certain que le
terme n'est pas toujours employé dans un sens strictement
déterminé, si bien que le plus souvent il coïncide avec "ce
qui provoque l'angoisse": Freud, Essais de psychanalyse appliquée (Paris: Gallimard, 1976), pp. 163-164.)

146

Ibid, p. 373: (est, d'une manière quelconque, un genre de
"heimlich": Freud, op. cit., pp. 174-175) cf. SW, p. 725: "es
wurde ihm so heimisch und dabei so ängstlich zumute" (expression que Loève-Veimars ne traduit pas). (Il avait l'impression d'être chez lui, et pourtant il était saisi d'angoisse.)

147

Ibid, p. 391: (l'impression d'inquiétante étrangeté produite
par la répétition de l'identique dérive de la vie psychique
infantile: Freud, op. cit., p. 190.)

148

Ibid, p. 394: (n'est en réalité rien de nouveau, d'étranger,
mais bien plutôt quelque chose de familier, depuis toujours,
à la vie psychique, et que le processus du refoulement seul
a rendu autre. Et la relation au refoulement éclaire aussi
pour nous la définition de Schelling, d'après laquelle l'"Unheimliche", l'inquiétante étrangeté, serait quelque chose qui
aurait dû demeurer caché et qui a reparu: Freud, op. cit., p.
194.)

149

In "La Fiction et ses fantômes: une lecture de l'Unheimliche
de Freud", Poétique, 10 (1972), pp. 199-216: voir aussi la
réfutation moins habile de L. Vax, La Séduction de l'étrange

(Paris: Presses universitaires de France, 1964), pp. 30-41 et comparer l'analyse enthousiaste de S. Weber, "The Sideshow, Or: Remarks on a Canny Moment", M.L.N., LXXXVIII, 6 (décembre 1973), pp; 1102-1133.

50   H. Cixous, p. 211.

51   "Fantasme: Scénario imaginaire où le sujet est présent et qui figure, de façon plus ou moins déformée par les processus défensifs, l'accomplissement d'un désir, et, en dernier ressort, d'un désir inconscient. Le fantasme se présente sous des modalités diverses: fantasmes conscients ou rêves diurnes, fantasmes inconscients, ... fantasmes originaires" (J. Laplanche et J.-B. Pontalis, Vocabulaire de la psychanalyse (Paris: Presses universitaires de France, 1967), p. 152). "Fantasmes originaires: structures fantasmatiques typiques (vie intra-utérine, scène originaire, castration, séduction) que la psychanalyse retrouve comme organisant la vie fantas- matique, quelles que soient les expériences personnelles des sujets" (Ibid, p. 157).

52   "was haben Sie denn nun davon! ich meine von der besonderen Geistesfunktion, die man Bewusstsein nennt, und die nichts anders ist, als die verfluchte Tätigkeit eines verdammten Toreinnehmers - Akziseoffizianten - Oberkontrollassistenten, der sein heilloses Comptoir im Oberstübchen aufgeschlagen hat, und zu aller Ware, die hinaus will! sagt: 'Hei ... hei ... die Ausfuhr ist verboten ... im Lande, im Lande bleibt's'. ET, pp. 217-218. Freud semble avoir connu cette affirmation: cf. The Standard Edition of the Complete Psychological Works, vol. XVII (London: Hogarth Press and the Institute of Psycho- Analysis, 1955), note au bas des pages 233-234.

53   Voir, par exemple, CF, II, p. 148 (FS, p. 186).

54   Voir, par exemple, CF, II, p. 153 (FS, p. 191).

55   CF, II, p. 186: "die grüne Schlange liebt mich, denn ich [...] habe Serpentinas Augen geschaut" (FS, p. 236).

56   Ibid: "Die wird der Kater auskratzen" (Ibid).

57   CF, II, p. 192: "endlich schlug der Papagei mit den starken Fittigen den Kater zu Boden, und mit den Krallen ihn durch- spiessend und festhaltend, dass er in der Todesnot grässlich heulte und ächzte, hackte er ihm mit dem scharfen Schnabel die glühenden Augen aus" (FS, p. 244). La version française

omet la référence explicite à la mort du chat.

158
Téléscope plutôt que lorgnette.

159
CF, I, p. 353: "nur zu deutlich hatte er gesehen, Olimpias toderbleichtes Wachsgesicht hatte keine Augen, statt ihrer schwarze Höhlen; sie war eine leblose Puppe" (FS, p. 359).

160
Mais cf. J.M. McGlathery, "The Suicide Motif in E.T.A. Hoffmann's 'Der goldne Topf'", Monatshefte, LVIII, no. 2 (Summer 1966), pp. 115-123.

161
CF, II, p. 191 (FS, p. 242).

162
CF, II, p. 153: "er wollte den Türpfosten ergreifen, aber seine Hand erfasste die Klingelschnur" (FS, p. 191).

163
Ibid: "[Die Klingelschnur wurde] zur weissen durchsichtigen Riesenschlange, die umwand und drückte ihn, fester und fester ihr Gewinde schnürend, zusammen, dass die mürben zermalmten Glieder knackend zerbröckelten und sein Blut aus den Adern spritzte, eindringend in den durchsichtigen Leib der Schlange und ihn rot färbend. [...] Die Schlange erhob ihr Haupt und legte die lange spitzige Zunge von glühendem Erz auf die Brust des Anselmus, da zerriss ein schneidender Schmerz jähling die Pulsader des Lebens und es vergingen ihm die Gedanken" (Ibid)

164
CF, I, p. 339: "glühende Tropfen deines eignen Herzbluts" (FS, p. 347).

165
Ibid: "es ist der Tod, der mit Claras Augen ihn freundlich anschaut" (FS, p. 348).

166
Pl, I, p. 280.

167
Pl, I, p. 75.

168
Pl, I, p. 72.

169
Ibid.

170
Pl, I, p. 73.

171
Pl, I, p. 74.

172
Pl, I, p. 75.

173
Pl, I, p. 77.

174
Pl, I, p. 78.

175
Voir le commentaire de Gautier (La Presse, 8 octobre 1849):
"le regard va du premier plan au fond sans rien trouver où
s'arrêter; il glisse toujours de cadavre en cadavre, ne ren-
contrant que la Mort, l'épouvante et l'abandon".

176
Voir Champfleury, "La danse des morts de l'année 1849",
L'Artiste, 5e série, t. iii, pp. 185-186 et Pl, II, pp. 599-
600. Selon Champfleury, le tribun qui a guidé le peuple aux
barricades et qui est la Mort "a tenu ce qu'il avait promis:
liberté, égalité, fraternité. Ne sont-ils pas à cette heure
pâles, étendus sur les pavés, frères, libres et égaux?" (p.
186).

177
Je cite un passage révélateur du Salut public: "les pavés de
nos rues sont encore rouges du sang de nos pères morts pour la
liberté" (2e numéro 1848; Paris: L'Arche du livre, 1970).
Pour l'importance de ce theme au milieu du 19e siècle, voir
L. Nochlin, Realism (Harmondsworth: Penguin, 1971), pp. 57-101 et
T.J. Clark, The Absolute Bourgeois (London: Thames and Hudson,
1973), pp. 9-30. L'étude de M. Eigeldinger, "Baudelaire et
la conscience de la mort", Poésie et Métamorphoses (Neuchâtel:
A la Baconnière, 1973), pp. 137-154 offre des aperçus valables.

178
Pl, I, p. 119.

179
Freud, p. 387: (La création d'un pareil redoublement [comme]
une assurance contre la destruction du moi: Freud, op. cit.,
p. 186.)

180
Pl, I, p. 118.

181
Ibid.

182
Pl, I, p. 159.

183
Ibid.

184
Cf. ce chapitre, p. 58.

185
Poe, p. 395.

186
"Baudelaire and Mortimer", French Studies, VII, 2 (April 1953), pp. 101-115: voir aussi A. Fairlie, "Reflections on the Successive Versions of 'Une gravure fantastique'", dans Etudes baudelairiennes III (Neuchâtel: A la Baconnière, 1973), pp. 217-231.

187
Pl, I, p. 69.

188
Pl, I, p. 70.

189
F.W. Leakey, art.cit., p. 107.

190
Pl, II, p. 679.

191
Ibid.

192
Pl, II, p. 678: cf. "The Nightmare Life-in-Death" dans The Rime of the Ancient Mariner, troisième partie, de S.T. Coleridge.

193
"Des formes fantastiques aux thèmes fantasmatiques", Littérature, 2 (mai 1971), pp. 103-118 et "Notes sur le fantastique (Textes de Théophile Gautier)", Littérature, 8 (Décembre 1972), pp. 3-23: voir aussi T. Todorov, Introduction à la littérature fantastique (Paris: Editions du Seuil, Poétique, 1970).

194
J. Bellemin-Noël, "Notes...", p. 3.

195
"Notes...", p. 20.

196
Cf. CM, p. 268 (ET, pp. 528-529).

197
CF, III, p. 139: "Gegenwärtiger Herausgeber des wunderbaren Märchens" (SW, p. 677).

198
"diese wunderbare Geschichte". SW, p. 805: Loève-Veimars n'a pas traduit ce passage.

199
CF, III, p. 200: "ein fantastischer Märchenschreiber könnte nicht tollere, verwirrte Begebenheiten ersinnen, als ich sie in dem geringen Zeitraum von wenigen Tagen wirklich erlebt

habe" (SW, p. 763).

200
J. Bellemin-Noël, "Notes...", p. 20.

201
E.T.A. Hoffmann, Sämtliche Werke, éd. Maassen (München: Müller, 1908), I, p. xi.

202
"Notes...", p. 20.

203
Pl, I, p. 340.

204
Pl, I, p. 118.

205
Pl, I, p. 38.

206
Pl, I, p. 101.

207
"Notes...", p. 20.

208
CF, II, pp. 153-155 (FS, pp. 192-193).

209
CF, II, p. 181 (FS, pp. 227-231): la version de Toussenel réduit ce récit presque à rien.

210
CF, II, p. 197 (FS, p. 249).

211
Ibid: "eine poetische Allegorie" (FS, p. 249).

212
CF, II, p. 166: "erscheint in einem hellpolierten Metallspiegel ein wunderliches Gemisch von allerlei Figuren und Gestalten" (FS, p. 207).

213
"wundervolles Reich", FS, p. 230 (pas traduit dans la version de Toussenel).

214
A. Vircondelet (éditeur), La Poésie fantastique française (Paris: Seghers, 1973).

215
Mise à part la ballade, où la poésie est subordonnée au récit, et qui, de par sa longueur, ressemble plus au conte.

216
"Notes...", p. 21.

217
"fantastischen Erscheinungen". FS, p. 233. Toussenel ne traduit pas cette expression.

218
"fantastischen Einbildungen". FS, p. 235. Toussenel ne traduit pas cette expression.

219
CF, II, p. 183: "die fantastische Sage von der Vermählung des Salamanders mit der grünen Schlange" (FS, p. 234): voir aussi CF, I, p. 336 (FS, p. 344).

220
Une gravure fantastique (Pl, I, p. 59) et "le soleil / Rougit, mais n'éteint pas leur flamme fantastique" (Pl, I, p. 44).

221
"Notes...", p. 21.

222
Pl, I, p. 82.

223
Pl, I, p. 69.

224
Pl, I, p. 20.

225
Pl, I, p. 101.

226
Pl, I, p. 280.

227
"Notes...", p. 21.

228
Cazotte, Le Diable amoureux, p. 376.

229
Voir CF, II, p. 210 (FS, pp. 261-262).

230
Dans FS, p. 791. (Un reflet fidèle du frontispice de la première édition du Peter Schlemihl de Chamisso.)

231
Poésies complètes I (Paris: Nizet, 1970), pp. 128, 132, 133, 134, 184 etc.

232
J. Bellemin-Noël, "Notes...", p. 22.

233
CM, p. 276: "Irgendwo heisst es von dem Kapellmeister Johannes Kreisler, dass seine Freunde es nicht dahin hätten bringen können, dass er eine Komposition aufgeschrieben" (ET, p. 537: Hoffmann fait allusion ici à FS, p. 26).

234 Pl, I, p. 101: cf. le début de deux poèmes de Leconte de Lisle: "J'ai vécu, je suis mort" (Le Dernier Souvenir) et "Trois spectres familiers hantent mes heures sombres" (Les Spectres).

235 Pl, I, p. 87.

236 Ibid: cf. un titre antérieur du poème, Fantômes de Paris.

237 Pl, I, p. 96.

238 "Notes...", p. 3.

239 Vocabulaire de la psychanalyse, p. 152.

240 CF, II, p. 201: "in wenigen Minuten bin ich selbst aus diesem schönen Saal, [...] versetzt in mein Dachstübchen, und die Armseligkeiten des bedürftigen Lebens befangen meinen Sinn und mein Blick ist von tausend Unheil wie von dickem Nebel umhüllt" (FS, pp. 254-255).

241 R. Kopp, dans son excellente édition des Petits Poèmes en prose, ne semble pas avoir lu Les Aventures de la nuit de la Saint-Sylvestre et ne mentionne pas le rapprochement entre ces deux oeuvres. La popularité de l'oeuvre hoffmannienne est attestée par Champfleury dans son introduction aux contes posthumes:
> "il n'est personne en France qui ne connaisse la nouvelle qui a pour titre La Nuit de la Saint-Sylvestre" (Contes posthumes (Paris: Michel Lévy, 1856), p. 27).

242 CF, II, p. 205: "etwas Köstliches" (FS, p. 257).

243 CF, II, p. 205: "alles Lustige, was er mühsam ersonnen, untergeht in komischen Jammer" (FS, p. 257).

244 Ibid: "aus der Mitte der Damen auf dem Sofa strahlte mir ihre Gestalt entgegen. Sie war es - sie selbst [...], die seligsten Momente des Lebens blitzten in einem mächtigen zündenden Strahl durch mein Innres" (Ibid).

245 CF, II, p. 208: "in dem nur von einer Albaster-Lampe erleuchteten Kabinett" (FS, p. 260).

246
Ibid: "unser Gespräch, sehnsüchtige Liebesklage" (Ibid).

247
Ibid: "eine tölpische, spinnenbeinichte Figur mit herausste-
henden Froschaugen" (Ibid).

248
Pl, I, p. 281.

249
Pl, I, p. 281.

250
D'autres études intéressantes du fantastique se trouvent dans
R. Caillois, Au coeur du fantastique (Paris: Gallimard, 1965),
P. Mabille, Le Miroir du merveilleux (Paris: Les Editions de
Minuit, 1962), P. Penzoldt, The Supernatural in Fiction (Lon-
don: Peter Nevill, 1952), J.-P. Sartre, "Aminadab ou du fantastique considéré comme un langage", Situations I (Paris: Gallimard, 1947), pp. 122-142 et L. Vax, "L'Art de faire peur",
Critique, XII, 2 (1959), 150, pp. 915-942 et 151, pp. 1026-
1048 et L'Art et la littérature fantastiques (Paris: Presses
universitaires de France, Collection 'Que sais-je?', 1960).
D'un intérêt plutôt historique sont les deux articles de
Walter Scott, "On the Supernatural in Fictitious Composition:
and particularly the works of Ernest Theodore William Hoffman
[sic]", Foreign Quarterly Review, I (juillet 1827), pp. 60-
98, et "Du merveilleux dans le roman", Revue de Paris, I (1829),
pp. 25-33 et celui de Nodier, "Du fantastique en littérature",
Revue de Paris, XX (1830), pp. 205-226. Je tiens à signaler
de nouveau l'étude fouillée et perspicace de P. Whyte.

251
Voir, par exemple, TB, pp. 220-222, et surtout ce qu'il écrit
le 29 août 1813: "Was ich so oft im Traume gesehn ist mir
erfüllt worden - auf furchtbare Weise - Verstümmelte zerrissene Menschen!!" (ce que j'ai vu tant de fois dans mes rêves
s'est accompli - d'une manière effrayante - des hommes mutilés,
déchirés); (TB, p. 222). Le renouveau d'intérêt à l'égard du
fantastique aujourd'hui se lie peut-être à l'invention de
nouvelles armes, telles le napalm.

252
Pl, I, p. 306.

253
Pl, I, p. 305.

254
Pl, I, p. 305.

255
CF, II, p. 244: "Die ältesten Leute im Dorfe versicherten,
dass [...] die Dame niemals anders ausgesehen habe": "[Sie
war] eine Frau in der höchsten vollendetsten Blüte ihrer Jahre"

(SW, p. 12).

256
CF, II, p. 318: "Zinnober ist und bleibt, Ihrer gütigen Hülfe ungeachtet, ein kleiner missgestalteter Schlingel" (SW, p. 69).

257
Pl, I, p. 305.

258
Ibid.

259
Pl, I, p. 306.

260
CF, II, p. 318: "die Damen oft sich in dem Bizarrsten sehr wohl gefallen, den Einfall, den der Augenblick gebar, rastlos und rücksichtslos verfolgend" (SW, p. 70).

261
F. Mossé et al., Histoire de la littérature allemande (Paris: Aubier, 1970), pp. 578-579.

262
Nerval, Les Illuminés, p. 301.

263
Pl, I, p. 276.

264
Pl, II, p. 542.

265
Pl, I, p. 305.

266
L'ouvrage de base pour l'étude du thème du diable dans la littérature française du XIXe siècle est celui de M. Milner, Le Diable dans la littérature française: de Cazotte à Baudelaire, 2 vols. (Paris: Corti, 1960). Voir aussi les Entretiens sur l'homme et le diable, publiés sous la direction de M. Milner (Paris: Mouton, 1965), l'article du même critique "Signification politique de la figure de Satan dans le romantisme français", dans Romantisme et politique 1815-1851, Colloque de l'Ecole Normale Supérieure de Saint Cloud (Paris: Colin, 1969), pp. 157-163 et E.M. Butler, The Fortunes of Faust (Cambridge: Cambridge University Press, 1952). En outre, un passage de Th. Gautier, publié sous la rubrique "Théâtres" dans La Presse du 24 septembre 1844, révèle le prestige du diable à cette époque: "Notre siècle a beau nier l'intervention du diable dans les affaires humaines, le malin esprit se fait un jeu de mettre à néant les audacieuses prétentions des esprits forts. Il montre partout et toujours le bout de ses cornes; et, sans qu'il soit besoin de rappeler les locutions

proverbiales, - avoir le diable au corps, faire le diable à quatre, se donner à tous les diables, loger le diable en sa bourse, - les romans, les opéras comiques et autres, les ballets, voire les vaudevilles témoignent hautement de l'existence de Belzébut. Voyez défiler devant vous le cortège infernal: - le Diable boiteux, le Diable amoureux, le Diable à l'école, les Mémoires du diable, le Part du Diable, les Sept Châteaux du Diable, le Diable à Paris et dites-nous s'il est possible de ne pas devenir manichéen".

267
Introduction à la littérature fantastique (Paris: Editions du Seuil, 1970), p. 97: bien qu'il contienne quelques aperçus fort perspicaces, l'argument de cet ouvrage me semble trop diffus pour projeter beaucoup de lumière sur le fantastique.

268
CF, III, p. 274: "nichts, als der Drang zur Vereinigung mit einem geistigen Wesen aus einer andern Region, die durch deinen glücklich gemischten Organismus bedingt ist" (SW, p. 388).

269
Pl, I, p. 42.

270
Pl, I, p. 42.

271
"Es wurde mir klar, dass nicht ich, sondern die fremde Macht, die in mein Wesen getreten, alles das Ungewöhnliche bewirke, und ich nur das willenlose Werkzeug sei, dessen sich jene Macht bediene, zu mir unbekannten Zwecken". ET, p. 129.

272
CF, I, p. 332: "die dunkle physische Macht, haben wir uns durch uns selbst ihr hingegeben, oft fremde Gestalten, die Aussenwelt uns in den Weg wirft, in unser Inneres hineinzieht, so, dass wir selbst nur den Geist entzünden, der, wie wir in wunderlicher Täuschung glauben, aus jener Gestalt spricht" (FS, pp. 340-341).

273
Pl, I, p. 358.

274
Pl, I, p. 286: cf. Au Lecteur où c'est Satan qui vaporise notre volonté.

275
Pl, I, p. 287.

276
Ibid.

277
Ibid.

278

CF, II, p. 16: "Armer - armer unglücklicher Mann!" rief ich aus, "welch eine Teufelsfaust griff so grimmig zerstörend in dein Leben." - "Oh!" sprach der Professor: "die Hand samt dem Arm ist ihm an den Leib gewachsen - ja, ja! - er selbst war gewiss sein eigner Dämon - sein Luzifer, der in sein Leben mit der Höllenfackel hineinleuchtete" (FS, p. 423).

279

Pl, II, p. 168.

280

Voir Pl, II, pp. 794-795.

281

CF, II, p. 83: "Vom schönen Weibe zum schönern rastlos fliehend; bis zum Überdruss, bis zur zerstörenden Trunkenheit ihrer Reize mit der glühendsten Inbrunst geniessend; immer in der Wahl sich betrogen glaubend, immer hoffend, das Ideal endlicher Befriedigung zu finden, musste doch Juan zuletzt alles irdische Leben matt und flach finden, und [er lehnte] sich auf gegen die Erscheinung, die, ihm als das Höchste im Leben geltend, so bitter ihn getäuscht hatte" (FS, pp. 75-76): Baudelaire, avait-il ce passage présent à l'esprit quand il dit qu'on ne voit pas chez Tannhäuser "un libertin ordinaire, voltigeant de belle en belle, mais l'homme général, universel, vivant morganatiquement avec l'idéal absolu de la volupté" (Pl, II, p. 796)?

282

Pl, II, p. 794.

283

CF, II, pp. 82-83: "Dieser Konflikt der göttlichen und der dämonischen Kräfte erzeugt den Begriff des irdischen, sowie der erfochtene Sieg den Begriff des überirdischen Lebens" (FS, p. 75).

284

Pl, I, p. 795.

285

Pour l'attitude des critiques envers la question de Baudelaire et le satanisme, se référer à P. Arnold, Esotérisme de Baudelaire (Paris: Librairie philosophique J. Vrin, 1972), pp. 33-35. Pour Hoffmann, voir surtout H.W. Hewett-Thayer, Hoffmann: Author of the Tales (Princeton: Princeton University Press, 1948), pp. 121-131.

286

Pl, I, p. 123.

287

Pl, I, p. 124.

288
Pl, I, p. 307.

289
Ibid.

290
Pl, I, p. 89.

291
Pl, I, p. 703: cf. Kr, p. 146: "il [i.e. le diable] se masque sous mille déguisements extravagants, tour à tour braconnier ... chef d'orchestre ... charlatan ... ricco mercante" (FS, p. 295).

292
CF, I, p. 10: "Wollt ich doch, dass der schwarzgefiederte Satan den verruchten Tonverdreher zehntausend Millionen Klafter tief in den Abgrund der Hölle schlüge!" (SB, p. 34).

293
CF, II, p. 141: "ist es nicht ein schreckliches Verhängnis, dass ich, als ich denn doch nun dem Satan zum Trotz Student geworden war, ein Kümmeltürke sein und bleiben musste?" (FS, p. 181).

294
CF, II, pp. 141-142: "Bin ich denn ein einziges Mal ins Kollegium, oder wo man mich sonst hinbeschieden, zu rechter Zeit gekommen? [...] Sowie ich mit dem Glockenschlage aufdrücken wollte, goss mir der Satan ein Waschbecken über den Kopf" (FS, p. 181

295
CF, I, p. 324: "die Bahn des Wunderbaren" (FS, p. 333).

296
CF, I, p. 324: "Nichts war mir lieber, als schauerliche Geschichten von Kobolten, Hexen, Däumlingen u.s.w. zu hören oder zu lesen" (FS, p. 333).

297
CF, I, p. 324: "obenan stand immer der Sandmann, den ich in den seltsamsten, abscheulichsten Gestalten überall auf Tische, Schränke und Wände mit Kreide, Kohle, hinzeichnete" (FS, p. 333).

298
FS, p. 335: "vraiment diabolique" (c'est moi qui traduis).

299
CF, I, p. 326: "Der Vater betrug sich gegen ihn, als sei er ein höheres Wesen, dessen Unarten man dulden und das man auf jede Weise bei guter Laune erhalten müsse" (FS, p. 335).

300
CF, I, p. 326: "Als ich nun diesen Coppelius sah, ging es

grausig und entsetzlich in meiner Seele auf, dass ja niemand anders, als er, der Sandmann sein könne, aber der Sandmann war mir nicht mehr jener Popanz aus dem Ammenmärchen [...] - nein! - ein hässlicher gespenstischer Unhold, der überall, wo er einschreitet, Jammer - Not - zeitliches, ewiges Verderben bringt" (FS, p. 335).

301
Goethe, Faust (New York: Anchor Books, 1962), p. 160. Nerval traduit ainsi ce passage: "Je suis l'esprit qui toujours nie; et c'est avec justice: car tout ce qui existe est digne d'être détruit, il serait donc mieux que rien n'existât. Ainsi, tout ce que vous nommez péché, destruction, bref, ce qu'on entend par le mal, voilà mon élément", Faust (Paris: Garnier, 1956), p. 62.

302
CF, I, pp. 326-327: "wie sich nun mein alter Vater zum Feuer herabbückte, da sah er ganz anders aus. Ein grässlicher krampfhafter Schmerz schien seine sanften ehrlichen Züge zum hässlichen widerwärtigen Teufelsbilde verzogen zu haben. Er sah dem Coppelius ähnlich" (FS, p. 336). Cet incident a tout l'air d'une scène originaire, pour employer la terminologie freudienne: la contraction du visage, la nature illicite de l'expérience et la fureur de Coppelius quand il découvre le petit voyeur, tout porte à voir ici une réminiscence, peut-être même inconsciente, d'un moment où Hoffmann, enfant, observa le coït de ses parents.

303
FS, p. 338. Cf. la version française: "Coppelius! Monstre infâme! Tu as assassiné mon père!" (CF, I, p. 329).

304
CF, I, p. 329: "mild und sanft" (FS, p. 338).

305
CF, I, p. 329: "Tröstend ging es in meiner Seele auf, dass sein Bund mit dem teuflischen Coppelius ihn nicht ins ewige Verderben gestürzt haben könne" (FS, p. 338).

306
Cf. Pl, I, p. 505: l'expression est de De Quincey.

307
Voir plus haut, pp. 52-53.

308
Pl, II, p. 253. Le commentaire est bien de Baudelaire: voir l'édition de W.T. Bandy, Edgar Allan Poe: sa vie et ses ouvrages (Toronto: University of Toronto Press, 1973).

309
Pl, I, pp. 497-498.

310 Pl, I, p. 497. Le commentaire est de Baudelaire: voir l'édition de M. Staüble-Lipman Wulf, Un mangeur d'opium (Neuchâtel: A la Baconnière, 1976), pp. 220-223.

NOTES SE REFERANT AU CHAPITRE III

1 Pl, II, p. 598.

2 Pl, I, p. 785.

3 Pl, I, p. 10.

4 Cf. J. Bellemin-Noël, "Notes sur le fantastique", Littérature, No. 8 (déc. 1972), p. 8.

5 CF, II, p. 181: "ein kindliches poetisches Gemüt" (FS, p. 230).

6 CF, III, p. 45: "Die unsichtbare Kirche" (SW, p. 248).

7 Pl, I, p. 401.

8 Pl, I, p. 7.

9 CF, II, p. 7: "das ganze zerrissene Leben eines unglücklichen Künstlers" (FS, p. 415).

10 Pl, I, p. 95.

11 CF, II, p. 16: " er selbst war gewiss sein eigner Dämon - sein Luzifer, der in sein Leben mit der Höllenfackel hineinleuchtete" (FS, p. 423).

12 CF, II, p. 7: "der tiefste im Innersten wühlende Schmerz" (FS, p. 415).

13 CF, II, pp. 10-11: "einer der geübtesten Architektur-Maler, die

es geben mag" (FS, p. 418).

14
CF, II, p. 11: "die Verwegenen [...], welche taub für das Klir-
ren der Sklavenkette, fühllos für den Druck des Irdischen, sich
frei ja selbst sich Gott wähnen und schaffen und herrschen wollen über Licht und Leben" (FS, p. 418).

15
CF, II, p. 12: "dem Höchsten" (FS, p. 419).

16
Ibid: "nicht Fleischeslust, wie Tizian - nein das Höchste der
göttlichen Natur, der Prometheusfunken im Menschen - Herr! -
es ist eine Klippe - ein schmaler Strich, auf dem man steht -
der Abgrund ist offen! - über ihm schwebt der kühne Segler und
ein teuflischer Trug lässt ihn unten - unten das erblicken, was
er oben über den Sternen erschauen wollte!" (FS, p. 419).

17
CF, II, p. 25: "den Reiz der Natur, in ihr aber beständig mehr
das menschliche Prinzip mit reger Lebendigkeit auffasste" (FS,
p. 431).

18
CF, II, p. 29: "sein Ideal [...] wurde [...] zum toten Wachs-
bilde, das ihn mit gläsernen Augen anstierte" (FS, p. 436):
on reconnaît ici un thème de L'Homme au sable.

19
CF, II, p. 31: "da er nicht das mindeste mitgenommen, und man
ein paar Tage darauf Hut und Stock unfern des O-Stromes fand,
glauben wir alle, er habe sich freiwillig den Tod gegeben"
(FS, p. 438).

20
CF, I, p. 36: "das freundliche Licht des Tages" (SB, p. 177).

21
Cité dans SW, p. 906. (Eu l'intention - et dans la mesure de
ses capacités y avoir réussi - [...] non seulement de tourner
ouvertement en ridicule une règle commandée par sa royale ma-
jesté, une règle à l'élaboration de laquelle Hoffmann lui-même
a été appelé à collaborer avec la plus grande confiance - mais
aussi de la présenter comme le produit de mobiles personnels
de la plus vile espèce.)

22
L'histoire du procès et d'autres détails sur le conte se
trouvent dans SW, pp. 899-913.

23
Pl, II, p. 542.

24
J. Pommier a étudié ces liens dans son ouvrage, Dans les chemins

de Baudelaire (Paris: Corti, 1945), p. 308.

5 CF, III, p. 145: "Peregrinus wollte von der wirklichen Welt nichts wissen, der Alte lebte nur in ihr" (SW, pp. 684-685).

6 CF, III, p. 146: "da werden sie ihn wohl herausrütteln aus seinen Träumereien" (SW, p. 686).

7 Ibid: "Es ist unbekannt geblieben, wohin Peregrinus eigentlich seine Reise gerichtet; manche wollen behaupten, er sei in dem fernen Indien gewesen, andere meinen dagegen, er habe sich das nur eingebildet" (SW, p. 686).

8 CF, III, p. 142: "eine naturhistorische Merkwürdigkeit" (SW, p. 680).

9 CF, III, pp. 151-152: "die kalten Schweisstropfen [ihm] auf der Stirne standen" (SW, p. 691).

10 CF, III, p. 163: "begraben lieg[t] in der alten Kirche zu Delft, seit dem Jahre Eintausend siebenhundert und fünfundzwanzig" (SW, p. 702): c'est Antony van Leuwenhoek qui, le premier, découvrit les "petites bêtes" que nous appelons maintenant les micro-organismes.

1 CF, III, p. 164: "er ist der ärgste Blutsauger von der Welt" (SW, p. 703): la traduction se montre assez fade ici.

2 CF, III, p. 165: "eine schöne lila und gelb gefärbte Tulpe" (SW, p. 705).

3 CF, III, p. 166: "mittelst des geschickten Gebrauchs verschiedener Gläser" (Ibid).

4 CF, III, p. 168: "die Betäubung des Blumenschlafs, aus der sie ins Leben zurückkehren durften, wiewohl in anderer Gestalt" (SW, p. 708).

5 CF, III, p. 180: "die Liebe zur schönen Gamaheh, die in meiner Brust emporgelodert stärker als jemals, gab mir Riesenkraft; ich zerriss meine Ketten, ich sprang mit einem mächtigen Satz der Holden auf die Schulter - ein einziger kleiner Stich gnügte das stockende Blut in Wallung zu setzen" (SW, p. 721).

6 Ibid: "dieser Stich wiederholt werden muss, wenn die Prinzessin

in Schönheit und Jugend fortblühen soll" (Ibid).

37
CF, III, p. 212: "Als strahlender Karfunkel, [lag er] damals
im tiefen Schacht der Erde" (SW, p. 779): on peut voir ici un
fantasme de la vie intra-utérine.

38
CF, III, p. 213: "wenn seine schlummernde Kraft erweckt werden
soll" (SW, p. 779).

39
CF, III, p. 238: "die furchtbaren Geheimnisse jener Urtiefen"
(SW, p. 811).

40
CF, III, p. 238: "Meister Floh [...] sprang, indem er laut gel
lend rief: 'Alte Liebe rostet nicht! mit einem tüchtigen Satz
hinein in Dörtjens Nacken'" (SW, p. 812): Loève-Veimars ne
traduit pas le cri, pourtant très comique, de la puce.

41
CF, III, p. 239: "[Die] grossblumig[e] Fackeldistel" (SW, p.
813).

42
Ibid: "eine lila- und gelbgestreifte Tulpe, die auch den
Pflanzentod gestorben" (SW, p. 813).

43
La Fortune d'Hoffmann en France (Genève: Droz et Paris: Minard
1961), p. 42.

44
Cf. CF, III, pp. 198-199 (SW, p. 760): Gamaheh s'appelle aussi
Aline.

45
CF, III, p. 183: "Ein kleines Kind, das sich irgendeiner Unart
bewusst, kann sich nicht so vor der Rute der Mutter fürchten,
als Herr Peregrinus sich fürchtete vor den Vorwürfen des alten
Weibes" (SW, p. 725).

46
Sainte-Beuve, Oeuvres, I (Paris: Gallimard, Pléiade, 1949),
p. 384.

47
Kr, pp. 142-143: "sie tragen mich ins Land der ewigen Sehnsuch
aber wie sie mich erfassen, erwacht der Schmerz und will aus
der Brust entfliehen, indem er sie gewaltsam zerreisst" (FS,
p. 294).

48
Kr, p. 36: "seinem überreizbaren Gemüte, seiner bis zur zerstörenden Flamme aufglühenden Fantasie zu wenig Phlegma beige-
mischt" (FS, p. 25).

49
Kr, p. 142: "Holde Geister sind es, die die goldnen Flügel
regen in überschwenglich herrlichen Klängen und Akkorden" (FS,
p. 294).

50
Kr, p. 146: "das bleiche Gespenst mit den rot funkelnden
Augen": "er schmeisst mir Lichtscheren in die Saiten, damit
ich nur nicht spielen soll" (FS, p. 295).

51
Kr, p. 142: "der Duft erglänzt in flammenden, geheimnisvoll
verschlungenen Kreisen" (FS, pp. 293-294).

52
Kr, p. 146: "toller Lebensspuk, was rüttelst du mich so in
deinen Kreisen?" (FS, p. 295).

53
Kr, p. 144: "Welch lustiges Leben in Flur und Wald in holder
Frühlingszeit" (FS, p. 294).

54
Kr, p. 146: "Verruchter, du hast mir alle Blumen zertreten -
in schauerlicher Wüste grünt kein Halm mehr - tot - tot - tot
-" (FS, p. 296).

55
Kr, p. 144: "[die] Geistersprache" (FS, p. 294).

56
Pl, I, p. 278.

57
Pl, I, p. 24.

58
Pl, I, pp. 278-279.

59
Pl, I, p. 278.

60
Ibid.

61
Pl, I, p. 10.

62
Pl, I, p. 79.

63
Pl, I, p. 53.

64
Pl, I, p. 279.

65
CF, II, p. 326: "Jünglinge [...], in deren Innerm noch jene

herrlichen Akkorde widerhallen, die dem fernen Lande voll göttlicher Wunder angehören, das meine Heimat ist" (SW, p. 75).

66
CF, II, p. 21: "Dem Berthold war es zwar, als habe der Malteser
irgend einen wunden Fleck seines Innersten schmerzhaft berührt,
aber so wie der wohltätige Wundarzt, um zu forschen und zu
heilen" (FS, p. 418).

67
Pl, II, p. 691.

68
Pl, II, p. 690.

69
Ibid.

70
E.A. Poe, "Romance", The Complete Poetry and Selected Criticism
of Edgar Allan Poe, éd. A. Tate (New York: Signet Classics,
1968), p. 64.

71
Pl, II, p. 687.

72
Pl, I, p. 291.

73
Pl, I, p. 339.

74
CF, II, pp. 34-35: "die mir begegnenden Gestalten zu betrachten,
ja wohl manchem in Gedanken das Horoskop zu stellen" (FS, p.
461).

75
Baudelaire, Petits Poèmes en prose, éd. M. Zimmerman (Manchester: Manchester University Press, 1968), pp. 132-133.

76
Pl, I, p. 291.

77
Il se peut aussi qu'il y ait un écho d'Hoffmann dans la description du promeneur qui "entre dans la foule comme dans un immense
réservoir d'électricité" (Pl, II, p. 692). On connaît l'intérêt
dont témoigne le nouvelliste en ce qui concerne les théories
du magnétisme animal, selon lesquelles un fluide invisible
passe entre certaines gens, les reliant les unes aux autres.

78
Cf. Pl, I, p. 339.

79
CF, I, p. 234: "Mein eignes Ich schien mir entfremdet" (SB,
p. 634).

80
CF, I, p. 56: "er fühlte sich wie in zwei Hälften geteilt" (SB, p. 193).

81
Pl, I, p. 78.

82
Traduit en français en 1829, mais attribué à Spindler: Baude-laire aurait pu lire aussi la version anglaise, qui date de 1824.

83
"Ich bin das, was ich scheine, und scheine das nicht, was ich bin, mir selbst ein unerklärlich Rätsel, bin ich entzweit mit meinem Ich", ET, p. 59.

84
Les Sources du merveilleux chez E.T.A. Hoffmann (Paris: Librairie Félix Alcan, 1912), p. 42.

85
Das Doppelgängermotiv in der Romantik (Berlin: Verlag von Emil Ebering, 1930), p. 106. (L'idée du double symbolise l'emprisonnement de l'homme entre son être terrestre, qui incarne son désir d'une satisfaction finie, et les puissances plus hautes, qui sont, en partie, la manifestation de sa soif de l'infini.)

86
F.M. Dostoyevsky, The Double (Harmondsworth: Penguin, 1972), p. 222. Pour l'influence d'Hoffmann sur Dostoïevsky, voir C.E. Passage, Dostoevski the Adapter (Chapel Hill: University of N. Carolina Press, 1959), passim.

87
CF, III, p. 130: "Der Genius mag aus dem Ich gebären / Das Nicht-Ich, mag die eigne Brust zerspalten, / Den Schmerz dès Seins in hohe Lust verkehren" (SW, p. 320).

88
Leserintegration im Werk E.T.A. Hoffmanns (Bern: Haupt, 1973), p. 30. (A la fin du conte, le narrateur non seulement s'est ironiquement introduit lui-même, mais a introduit aussi le lecteur, l'un et l'autre en tant que doubles d'Anselmus, dans le processus de son éducation.)

89
Pl, II, p. 543.

90
Pl, I, p. 398.

91
Pl, I, p. 553.

92
Ibid.

93
Pl, I, p. 554.

94
Ibid.

95
Ibid.

96
CF, III, p. 74: "Euch ist es so geläufig geworden über alles in Ekstase zu geraten, dass Ihr umherwandelt, ein stetes langweiliges Trauerspiel mit noch langweiligerem Oh, Ach, und Weh!" (SW, p. 273).

97
Pl, I, p. 554.

98
CF, III, p. 72: "Plötzlich fühlte er aber einen tiefen Nadelstich seinen Finger durchbohren, so dass er vor Schmerz in die Höhe fuhr und sich genötigt fühlte unter dem Ausruf: 'Teufel! Teufel!' - einige Sprünge zu verführen" (SW, p. 271).

99
CF, III, p. 76: "Giglio verfiel in den grässlichen Verzweiflungsmonolog irgendeines Trauerspiels des Abbate Chiari. Giacinta hatte diesen Monolog, den ihr Giglio sonst hundertfältig vordeklamiert, bis auf den kleinsten Vers im Gedächtnis und soufflierte, ohne von der Arbeit aufzusehen, dem verzweifelnden Geliebten jedes Wort, wenn er hie und da ins Stocken geraten wollte. Zuletzt zog er den Dolch, stiess ihn sich in die Brust, sank hin, dass das Zimmer dröhnte, stand wieder auf, klopfte sich den Staub ab, wischte sich den Schweiss von der Stirne, fragte lächelnd: 'Nicht wahr, Giacinta, das bewährt den Meister?' 'Allerdings', erwiderte Giacinta [...] 'aber nun wollen wir, dächt ich, uns zu Tische setzen'" (SW, p. 275).

100
"E.T.A. Hoffmann" dans German Men of Letters, vol. V, éditeur A. Natan (London: Oswald Wolff, 1966), p. 97.

101
CF, I, p. 58: "der kirschrot funkelnde Almandin, auf den unsere Lebenstafel eingegraben" (SB, p. 194).

102
CF, III, p. 59: "Welch eine herrliche Welt liegt in unserer Brust verschlossen! Kein Sonnenkreis engt sie ein, der ganzen sichtbaren Schöpfung unerforschlichen Reichtum uberwiegen ihre Schätze! - Wie so tot, so bettelarm, so maulwurfsblind, wär unser Leben, hätte der Weltgeist uns Söldlinge der Natur nicht ausgestattet mit jener unversieglichen Diamantgrube in unserm Innern, aus der uns in Schimmer und Glanz das wunderbare Reich aufstrahlt, das unser Eigentum geworden! Hochbegabt die, die sich dieses Eigentums recht bewusst!" (SW, p. 260).

103 "Profondeur de Baudelaire", Poésie et Profondeur (Paris: Editions du Seuil, 1955), p. 93.

104 Pl, I, p. 17.

105 J.-P. Richard, p. 93.

106 Pl, I, p. 700.

107 Pl, I, p. 5.

108 Pl, I, p. 131.

109 Pl, II, p. 238.

110 Pl, I, p. 320.

111 CF, II, p. 151: "einen experimentierenden Chemiker" (FS, p. 189).

112 Romantiker entdecken die Stadt (München: Nymphenburger, 1965), p. 114. (Le génie et la maladie sont devenus presque inséparables, et le génie avoisine le crime.)

113 Hoffmann: Author of the Tales (Princeton: Princeton University Press, 1948), p. 195.

114 Pl, I, p. 8.

115 "exaltirte humoristische Stimmung - gespannt bis zu Ideen des Wahnsinns, die mir oft kommen. Warum denke ich schlafend und wachend so oft an den Wahnsinn? - ich meine, geistige Ausleerungen könnten wie ein Aderlass wirken", TB, p. 112.

116 "Ktch bis zum Wahnsinn zum höchsten Wahnsinn - ... Betrachtungen über das Selbst - dem der Untergang droht - es ist etwas ungewöhnliches noch nicht erlebtes", TB, p. 139: le symbole "Ktch" désigne Julia Marc pour qui Hoffmann, bien que beaucoup plus âgé qu'elle, conçut un amour orageux mais riche en inspiration.

117 Pl, I, p. 668.

118 Voir "Hoffmanns Quellung", SB, pp. 1128-1131.

119 _E.T.A. Hoffmann als Dichter des Unbewussten_ (Frauenfeld/
Leipzig: Huber and Co., 1936), p. 35. (Pour la représentation
des processus psychiques anormaux Hoffmann dépendait presque
entièrement de ses observations sur sa propre personnalité.)

120 "alle mögliche Bücher über den Wahnsinn, die [ihm] nur zur
Hand kamen", SB, p. 24.

121 "vor diesem Wahnsinnigen verwirrt - beschämt! - Mit der Kon-
sequenz seiner Narrheit hatte er mich gänzlich aus dem Felde
geschlagen", SB, p. 20.

122 CF, I, p. 10: "Dabei sprach er viel und heftig, bald [...]
sprang er schnell von einer Sache auf die andere, bald konnte
er von einer Idee gar nicht loskommen, immer sie wieder ergrei-
fend [...]. Sein Ton war bald rauh und heftig schreiend, bald
leise gedehnt, singend, aber immer passte er nicht zu dem, was
Krespel sprach" (SB, pp. 33-34).

123 Mais voir R. Galand, "La Vision de l'inconscient chez Baudelaire", _Symposium_, XXVI, no. 1 (Spring 1972), p. 15: "lorsqu'-
il nomme les aliénistes les plus réputés de son époque, [...]
c'est pour les tourner en ridicule".

124 Pl, II, p. 573.

125 Pl, I, p. 397: l'auteur de cette tentative est Moreau de
Tours, qui la décrit dans son livre: _Du haschisch et de_
l'aliénation mentale (1845): Baudelaire aurait-il lu les
traités d'Alfred Maury, qui, après _Les Fées_ (1843), donna
plusieurs études sur le sommeil et son rapport avec l'aliénation mentale (voir A. Mercier, _Les Sources ésotériques et_
occultes de la poésie symboliste, I (Paris: Nizet, 1969),
pp. 57-58)?

126 Pl, I, p. 311.

127 Pl, I, p. 312.

128 _Ibid._

129 Pl, I, p. 353.

130
   J. Lacan, _Ecrits_ (Paris: Editions du Seuil, 1966), p. 99.

131
   Pl, II, p. 87: on retrouve le thème de la folie et de ses rapports avec la vision artistique dans d'autres oeuvres romantiques. Cf., par exemple, Nodier, _Contes_ (Paris: Garnier, 1961):
"que sais-je, infortuné qu'ils appellent fou, [...] si la nature, en exaltant toutes les facultés, ne les rendit pas propres à percevoir l'inconnu?" (p. 21).

132
   Hoffmann, "Zacharias Werner", _Revue de Paris_, IX (1829), pp.
17-18: la traduction est de Loève-Veimars: "jene[r] abnorm[e]
Seelenzustand [...], in dem das psychische Prinzip durch das
Glühfeuer überreizter Fantasie, zum Sublimat verflüchtigt,
ein Gift worden, das die Lebensgeister angreift, so dass sie
zum Tode erkranken und der Mensch in dem Delirium dieser
Krankheit den Traum eines andern Seins für das wache Leben
selbst nimmt" (SB, p. 856).

133
   Hoffmann, "La Cour d'Artus", _Revue de Paris_, V (1829), p. 163:
traduit par Loève-Veimars: "milder war diese Sehnsucht geworden, sie gestaltete sich in Innern, wie ein wonnevoller Traum,
dessen duftiger Schimmer sein ganzes Leben umfloss" (SB, p.
164).

134
   Pl, I, p. 170.

135
   Kr, p. 37: "Der Gesang wirkete beinahe verderblich auf ihn,
weil seine Fantasie dann überreitzt wurde und sein Geist in
ein Reich entwich, wohin ihm niemand ohne Gefahr folgen konnte" (FS, p. 26).

136
   Pl, I, p. 278.

137
   CF, I, p. 22: "in demselben Irrenhause eingesperrt" (SB, p.
44): rappelons le nom du petit domaine dans _Kater Murr_,
Irenäus.

138
   CF, I, p. 22: "du mich darüber, dass ich Gott der Vater zu
sein wähne, nur deshalb schiltst, weil du dich für Gott den
Sohn hältst" (SB, p. 44).

139
   CF, III, p. 28: "einer, der plötzlich aus dem Schlafe erwacht
und sich umringt sieht von fremder, ihm unbekannter toller
Gesellschaft" (SW, p. 234).

140

L'Ame romantique et le rêve (Marseille: Editions des Cahiers du Sud, 1937), II, p. 270.

141

Pl, I, p. 131.

142

Si le héros de Baudelaire connaît "ces crises et [...] ces élans, qui nous autorisent à croire que des Démons malicieux se glissent en nous et nous font accomplir, à notre insu, leurs plus absurdes volontés" (Pl, I, p. 286), un personnage d'Hoffmann souffre d'un "vertige insensé qui, dit-il, s'empare quelquefois de [lui] et [le] pousse au-delà des bornes de la raison et de la bienséance" (CF, II, p. 216: FS, p. 266).

143

Pl, I, p. 288.

144

Pl, I, p. 16.

145

CF, II, p. 51: "ich keinesweges an unbedingte Herrschaft eines geistigen Prinzips über das andere glauben, sondern vielmehr annehmen will, dass entweder irgend eine Abhängigskeit, Schwäche des innern Willens, oder eine Wechselwirkung stattfinden muss, die jene Herrschaft Raum gibt" (FS, pp. 477-478).

146

CF, III, p. 228: "des Menschen Wille ist ein gebrechliches Ding, oft knickt ihn ein daherziehendes Lüftchen" (SW, p. 793).

147

Ibid: "mancher weiss vor lauter Wollen am Ende selbst nicht was er will" (Ibid).

148

Pl, I, p. 438: Cf. Pl, I, p. 441.

149

Pl, I, p. 5.

150

Pl, I, p. 579.

151

Pl, I, pp. 378-379 et p. 401.

152

CF, II, p. 82: "das ist die entsetzliche Folge des Sündenfalls, dass der Feind die Macht behielt, dem Menschen aufzulauern, und ihm selbst in dem Streben nach dem Höchsten, worin er seine göttliche Natur ausspricht, böse Fallstricke zu legen" (FS, p. 75).

153 Pl, I, p. 402.

154 Pl, I, p. 551.

155 Pl, II, p. 421.

156 Pl, II, p. 114.

157 Pl, I, p. 282.

158 CF, III, p. 190: "Das sind die Blumen in meinem Leben, das mir sonst vorkommt, wie ein trauriges unwirtbares Feld voll Disteln" (SW, p. 740).

159 CF, II, p. 105: "einen überaus zarten, beinahe weiblich weichlichen Charakter und eine idyllische Schwärmerei" (FS, p. 154).

160 Ibid: "in der jetzigen Zeit, die wie ein gehärnischter Riese, nicht dessen achtend, was die donnernden Tritte zermalmen, vorüberschreitet" (Ibid).

161 Pl, I, p. 24.

162 Ibid.

163 Pl, I, p. 41.

164 J. Reddick, p. 82.

165 Ibid, p. 83.

166 CF, III, p. 238: "euer Herz blieb tot und starr, niemals hat die wahrhafte Liebe euer Wesen entzündet" (SW, p. 811).

167 Pl, I, p. 12.

168 Pl, I, p. 80.

169 Pl, I, p. 169.

170 CF, III, p. 233: "[die] häuslich[e] Idylle" (SW, p. 798).

171
Romantiker als Poetologen (Heidelberg: Lothar Stiehm Verlag,
1970), p. 45. (Même ses Kreisler ne sont pas complètement
dépourvus du désir des joies qui proviennent d'une ambiance
agréable.)

172
CF, III, p. 233 (SW, p. 798).

173
CF, II, p. 150 (FS, pp. 188-189).

174
CF, III, pp. 77-78, 132-137 (SW, pp. 275-276, 322-326).

175
CF, III, pp. 312-313 (SW, pp. 514-515).

176
Cf. par exemple, les poèmes XCIX et C des Fleurs du Mal.

177
Pl, I, p. 36.

178
Pl, I, p. 95.

179
"La Douceur du foyer", Romanic Review, LXV, 3 (May 1974), p.
209.

180
Romantik und Manierismus (Stuttgart: W. Kohlhammer Verlag,
1963), p. 102. (Chez Hoffmann le rythme est accéléré. Ses
héros sont pressés. Ils courent à travers les rues, trê-
buchent aux coins, se perdent dans les foules du Corso et se
livrent au labyrinthe de la ville.)

181
CF, II, p. 152: "Von drei bis vier Uhr wird geruht und
gegessen" (FS, p. 190).

182
FS, pp. 181, 190 (3 références), 191 (2), 196, 200, 202, 212,
216 (3), 217, 218, 224, 231, 232, 234, 237, 238, 252.

183
auf den Schlag zwölf Uhr (FS, p. 212),
auf den Schlag drei Uhr (FS, p. 216),
Auf den Schlag vier Uhr (Ibid),
bis die Glocke sechs Uhr schlug (Ibid),
morgen um zwölf Uhr (FS, p. 217),
morgen Punkt zwölf Uhr (FS, p. 218).
Th. Toussenel réduit ces six références à quatre:
au coup de trois heures (CF, II, p. 172),
A quatre heures sonnant (Ibid),
jusqu'au moment où six heures sonnèrent (CF, II, p. 173),
demain à midi (Ibid).

184 "Punkt eilf Uhr", FS, p. 252: Toussenel ne traduit pas cette expression.

185 CF, II, p. 201: "immerdar" (FS, p. 254).

186 CF, III, pp. 169-170: "Pepusch hatte ein reizbares melancholisches Temperament; in jedem Genuss spürte er zu sehr den bittern Beigeschmack, der freilich aus dem schwarzen stygischen Bächlein kommt, das durch unser ganzes Leben rinnt" (SW, p. 709).

187 Pl, I, p. 592.

188 CF, II, p. 203: "als rühre die Zeit hörbar ihr ewiges furchtbares Räderwerk" (FS, p. 256).

189 CF, II, p. 204: "Immer mehr und mehr Blüten fallen jedes Jahr verwelkt herab, ihr Keim erlosch auf ewig, keine Frühlingssonne entzündet neues Leben in den verdorrten Ästen" (FS, p. 257).

190 Pl, I, p. 306.

191 Pl, I, p. 281.

192 Pl, I, p. 133.

193 Ibid.

194 Pl, I, p. 81.

195 Pl, I, p. 40.

196 Pl, I, p. 6.

197 Pl, I, p. 56.

198 Pl, I, p. 57.

199 Pl, I, p. 81.

200 Pl, I, p. 668: cf. p. 669.

201   Pl, I, p. 33.

202   Pl, I, p. 76.

203   Pl, I, p. 592.

204   Pl, I, p. 281.

205   Pl, I, p. 337.

206   Pl, I, p. 398.

207   CF, III, p. 151: "Ein prächtiges Diadem blitzte in den schwarzen Haaren, reiche Kanten bedeckten nur halb den vollen Busen, das lila und gelb gegatterte Kleid von schwerer Seide, schmiegte sich um den schlanken Leib und fiel nur in Falten so weit herab, dass man die niedlichsten weissbeschuhten Füsschen erblicken konnte, so wie die Spitzenärmel kurz genug waren, und die weissen Glacéhandschuhe aber nur so weit hinaufgingen, um den schönsten Teil des blendenden Arms sehen zu lassen. Ein reiches Halsband, brillantne Ohrgehenke vollendeten den Anzug" (SW, p. 691).

208   CF, III, p. 229: "in das fabelhafte verführerische Gewand von Silberzindel gekleidet" (SW, p. 794).

209   Pl, I, p. 29.

210   Ibid.

211   CF, II, p. 180: "flatterndes, wie in schillernden Farben glänzendes Gewand" (FS, p. 227).

212   Pl, I, p. 29.

213   Pl, II, p. 714.

214   "Der Putz der Weiber übt einen geheimnisvollen Zauber, dem wir nicht leicht widerstehen können", ET, p. 154.

215   Pl, I, p. 576.

216   Pl, I, p. 577.

217 CF, II, p. 144: "ein Paar herrliche dunkelblaue Augen blickten ihn an mit unaussprechlicher Sehnsucht" (FS, p. 183): comparez CF, II, p. 78 (FS, p. 71), CF, II, p. 180 (FS, p. 227), et CF, III, p. 231 (SW, p. 796).

218 CF, I, p. 337: un poète "verglich [...] Claras Augen mit einem See von Ruisdael" (FS, p. 345).

219 CF, III, p. 229: "etwas seltsam Lebloses, Starres" (SW, pp. 794-795).

220 CF, I, p. 344: "die Augen schienen [Nathanael] gar seltsam starr und tot" (FS, p. 352).

221 Pl, II, p. 165.

222 Pl, I, p. 43.

223 Pl, I, p. 280.

224 Pl, I, p. 49.

225 Pl, I, p. 92.

226 CF, III, p. 13: "Goldschacht" (SW, p. 219).

227 CF, II, p. 186: "[ich] habe Serpentinas Augen geschaut" (FS p. 236).

228 CF, II, p. 144: "tausend funkelnde Smaragde" (FS, p. 183).

229 CF, III, p. 337: "sie besitzen! - Ha! der armselige Bettler soll trachten nach dem schönsten Edelstein des reichen Perus?" (SW, p. 536).

230 Pl, I, p. 29.

231 Pl, I, p. 30.

232 Pl, I, p. 99.

233 Pl, I, p. 112.

234
Hoffmann, Contes (Paris: Livre de Poche, 1969), p. 105: "die Unverbesserlichkeit der Weiber" (FS, p. 114).

235
Hoffmann, Contes (Paris: Livre de Poche, 1969), p. 105: "Alle verschrobenen, überbildeten oder geistig erstarrten Weiber gehören, wenigstens nach dem fünfundzwanzigsten Jahr, unerbittlich ins ospitale degli incurabili, es ist mit ihnen nichts mehr zu machen" (FS, p. 114).

236
Contes, p. 78: "vorzüglich sind mir eure vielseitig gebildeten, poetischen, künstlerischen Weiber in den Tod zuwider" (FS, p. 95).

237
CF, I, p. 355: "[es] wurde von mehrern Liebhabern verlangt, dass die Geliebte [...] manchmal in der Art spreche, dass dies Sprechen wirklich ein Denken und Empfinden voraussetze. Das Liebesbündnis vieler wurde fester und dabei anmutiger, andere dagegen gingen leise auseinander" (FS, p. 36); on notera que Loève-Veimars est bien plus misogyne à cet égard que ne l'est Hoffmann.

238
CF, III, p. 197: "wenn die Leute [i.e. schriftstellerische Frauen] über Kunst und Wissenschaft, über die Tendenzen des höhern Lebens überhaupt ganz ausnehmend herrlich sprachen, [das seltsame Geflecht von Adern und Nerven] gar nicht eindrangen in die Tiefe des Gehirns sondern wider zurückwuchsen, so dass von deutlicher Erkennung der Gedanken gar nicht die Rede sein konnte" (SW, pp. 758-759).

239
Pl, II, p. 146.

240
Ibid.

241
Pl, II, p. 377.

242
Pl, II, p. 19.

243
CF, III, p. 231: "das Reich namenloser Liebeswonne und Sehnsucht" (SW, p. 796).

244
CF, I, p. 47: "wie ein leuchtender Engel sah er ihre Gestalt über sich schweben und vergass alle Schrecken des Abgrundes" (SB, p. 186).

245
CF, III, p. 231: "jenes zarte Geheimnis jungfräulicher Rein-

heit" (SW, p. 796).

246   CF, I, p. 44: "alle Himmelslust, allen Liebesschmerz - alle Inbrunst die in ihm verschlossen" (SB, p. 183).

247   CF, III, p. 237: "die kleine Dörtje gar nichts anders sei, als ein kleines verkapptes Teufelchen, welches, um dich zu verlocken, in Menschengestalt umherwandle" (SW, p. 804).

248   Pl, I, p. 111.

249   "stell[t] sich [dem Dichter] dar als ein geistig Bild, das er nie verlieren, nie gewinnen könne", SB, p. 166: phrase que Loève-Veimars ne traduit pas.

250   Hoffmann, "La Cour d'Artus", Revue de Paris, X (1829), p. 155: "Er schaut das Ideal und fühlt die Ohnmacht es zu erfassen, es entflieht, meint er, unwiederbringlich. - Aber dann kommt ihm wieder ein göttlicher Mut, er kämpft und ringt, und die Verzweiflung löst sich auf in süsses Sehnen, das ihn stärkt und antreibt, immer nachzustreben der Geliebten, die er immer näher und näher erblickt, ohne sie jemals zu erreichen" (SB, p. 153).

251   CF, III, p. 239: "Peregrinus und sein holdes Röschen [waren] die heitre kindliche Unbefangenheit selbst, George und Dörtje dagegen [waren] tief in sich gekehrt [...] und Blick in Blick gesenkt, nur sich zu schauen, zu fühlen, zu denken schienen" (SW, p. 813): soulignons le mot kindliche, enfantin.

252   CF, II, p. 200: "Anselmus umschlingt sie mit der Inbrunst des glühendsten Verlangens - die Lilie brennt in flammenden Strahlen über seinem Haupte. Und lauter regen sich die Bäume und die Büsche, und heller und freudiger jauchzen die Quellen - die Vögel - allerlei bunte Insekten tanzen in den Luftwirbeln - ein frohes, freudiges, jubelndes Getümmel in der Luft - in den Wässern - auf der Erde feiert das Fest der Liebe! - Da zucken Blitze überall leuchtend durch die Büsche - Diamanten blicken wie funkelnde Augen aus der Erde! - hohe Springbäche strahlen aus den Quellen - seltsame Düfte wehen mit rauschendem Flügelschlag daher - es sind die Elementargeister, die der Lilie huldigen und des Anselmus Glück verkünden" (FS, p. 254).

253   CF, III, p. 239: "der höchste Augenblick alles erfüllten Sehnens war auch der Augenblick [des] Todes" (SW, p. 813).

254
CF, II, p. 29: "nur [ihm] zum rettungslosen Verderben hatte sie trügerisch jenes Himmelsweibes Gestalt und Gesicht geborg" (FS, p. 436).

255
Pl, II, p. 20.

256
Pl, II, p. 594.

257
Pl, II, p. 713.

258
Pl, I, p. 399.

259
Pl, II, p. 713: expression qui a sans doute aussi une signification sexuelle. Cf. plus haut pp. 109-110.

260
Pl, I, p. 284.

261
Pl, I, p. 57.

262
Pl, I, p. 28.

263
Pl, I, p. 60.

264
Dans les chemins de Baudelaire, p. 314.

265
CF, III, p. 128: "wenn sie nicht alsbald komme und mit den feuchten Mondesstrahlen ihrer holdseligen Augen die Glut lösche" (SW, p. 317).

266
Pl, II, p. 713.

267
Pl, II, p. 766.

268
Pl, I, p. 693.

269
- Ktch - Ktch - Ktch / O Satanas - Satanas -
Ich glaube, dass irgend etwas hochpoetisches
hinter diesem Daemon spukt, und in so fern
wäre Ktch nur als Maske anzusehn -
demasquez [sic] vous donc, mon petit Monsieur! - TB, pp.
134-135.

270
   Pl, I, p. 82.

271
   Pl, II, p. 713.

272
   Pl, II, p. 165.

273
   Pl, I, p. 27.

274
   CF, III, p. 182: "die Verlockung der Weiber" (SW, p. 724).

275
   Pl, I, p. 303.

276
   Ibid.

277
   Baudelaire: Les Fleurs du Mal (London: Edward Arnold, 1965),
   p. 39.

278
   Pl, II, p. 443.

279
   CF, II, p. 83: "sie [die Liebe] ist es, die so geheimnisvoll
   und so gewaltig wirkend, die innersten Elemente des Daseins
   zerstört und verklärt" (FS, p. 75).

280
   Pl, I, p. 651.

281
   Pl, I, p. 56.

282
   CF, II, p. 154: "dann wirst du, wie ein entartet Kind, Vater
   und Mutter verlassen, du wirst deine Gespielen nicht mehr
   kennen, du wirst grösser und mächtiger sein wollen als alles,
   was sich jetzt als deinesgleichen mit dir freut. Die Sehnsucht, die jetzt dein ganzes Wesen wohltätig erwärmt, wird in
   hundert Strahlen zerspaltet, dich quälen und martern, denn
   der Sinn wird die Sinne gebären, und die höchste Wonne, die
   der Funke entzündet, den ich in dich hineinwerfe, ist der
   hoffnungslose Schmerz, in dem du untergehst, um aufs neue
   fremdartig emporzukeimen" (FS, pp. 192-193).

283
   Pl, I, p. 33.

284
   "ein glühender Dolch", SW, p. 334.

285
   Pl, I, p. 35.

286
CF, III, p. 219: "Peregrinus bückte sich hinab, als aber sein
Mund den Mund der Kleinen berührte, biss sie ihn so heftig in
die Lippen, dass das Blut hervorsprang" (SW, p. 785).

287
CF, III, p. 173: "Gerade diese Eifersüchtelei reizte aber
Dörtjes etwas schalkischen Humor und es war ihre Lust, den
armen Herrn Georg Pepusch auf die sinnreichste Weise zu
quälen" (SW, p. 713).

288
En allemand, Egel (sangsue) est masculin, Tulpe (tulipe) féminin: cf. M. Bonaparte, Edgar Poe (Paris: Presses universitaires de France, 1958), III, pp. 679 et 683. Dans plusieurs
caricatures de 1848, Louis-Philippe apparaît comme une sangsue, ce qui aurait ajouté au plaisir que Baudelaire éprouvait
à lire Maître Puce.

289
J. Reddick, p. 88.

290
Le Sadisme de Baudelaire (Paris: Corti, 1948), p. 56.

291
Pl, I, p. 158.

292
Pl, I, p. 159.

293
"EifersuchtsSzenen mit der Frau", TB, p. 128.

294
CM, p. 160: "so war in Leonhards Brust nicht die Liebe des
Künstlers aufgegangen" (ET, p. 430).

295
CM, p. 161: "es begibt sich wohl, dass besagten Musikanten
unsichtbare Hände urplötzlich den Flor wegziehen, der ihre
Augen verhüllte, und sie erschauen, auf Erden wandelnd, das
Engelsbild, das, ein süsses unerforschtes Geheimnis, schwei-
gend ruhte in ihrer Brust. Und nun lodert auf in reinem Him-
melsfeuer, das nur leuchtet und wärmt, ohne mit verderblichen
Flammen zu vernichten, alles Entzücken, alle namenlose Wonne
des höheren aus dem Innersten emporgekeimenden Lebens, und
tausend Fühlhörner streckt der Geist aus in brünstigem Verlan-
gen, und umnetzt die, die er geschaut, und hat sie, und hat
sie nie, da die Sehnsucht ewig dürstend fortlebt!" (ET, p.
431). Loève-Veimars a supprimé ce passage dans sa version
du roman: voir E. Teichmann, p. 121, n. 206.

296
Pl, I, p. 340.

297
M. Thalmann, Romantiker entdecken die Stadt, p. 41. (Fait du
réseau des rues une réalité pétillante.)

298
S. Bernard, Le Poème en prose de Baudelaire jusqu'à nos jours
(Paris: Nizet, 1959), p. 146.

299
Voir, par exemple, CF, II, pp. 273-281 (SW, pp. 35-40), et SB,
pp. 942-944.

300
Les plus importants étant K.P. Moritz, Reisen eines Deutschen
in Italien, C.L. Fernow, Sitten und Kulturgemälde von Rom et
un chapitre, "Das römische Carnaval", de Dichtung und Wahrheit
de Goethe.

301
Pl, I, p. 87.

302
P. Citron, La Poésie de Paris dans la littérature française
de Rousseau à Baudelaire (Paris: Editions de Minuit, 1961),
p. 332.

303
Baudelaire à Paris (Paris: Hachette, 1967), p. 28.

304
Pl, I, p. 407.

305
Cl. Pichois, p. 27.

306
Pl, I, p. 312.

307
Pl, I, p. 82.

308
Pl, I, p. 352.

309
Pl, I, p. 192.

310
Pl, I, p. 106.

311
Pl, I, p. 86.

312
Pl, I, p. 89.

313
Pl, I, p. 82.

314
P. Citron, p. 360.

315
Pl, I, p. 131.

316
M. Thalmann, Romantik und Manierismus (Stuttgart: W. Kohlhammer Verlag, 1963), p. 56. (Citadins par excellence.)

317
Pl, II, p. 356.   318
                                    Pl, I, p. 101.

319
A.R. Chisholm, Towards Hérodiade (Melbourne: Melbourne University Press, 1934), p. 74.

320
Voir TB, p. 73: "Ich lese Rousseaus 'Bekenntnisse' vielleicht zum 30sten mahl - ich finde mich ihm in manchem ähnlich - Auch mir verwirren sich die Gedanken wenn es darauf ankomt, Gefühle in Worte zu fassen!"

321
M. Thalmann, Romantiker entdecken die Stadt p. 74. (Ce n'est pas une nature où l'on peut flâner. C'est un paysage sans centre, où un maximum d'aventures est produit avec un minimum d'effets.)

322
CF, II, p. 143: "es war, als ertönten die Blüten wie aufgehangene Kristallglöckchen" (FS, p. 182).

323
CF, II, p. 171: "die goldbronzenen Stämme hoher Palmbäume [...], welche ihre kolossalen, wie funkelnde Smaragden glänzenden Blätter oben zur Decke wölbten" (FS, p. 214).

324
CF, I, p. 37: "Blumen und Pflanzen von blinkendem Metall" (SB, p. 178).

325
CF, II, p. 201: "Rittergut in Atlantis" (FS, p. 254).

326
CF, II, p. 200: "Glühende Hyazinthen und Tulipanen und Rosen" (FS, p. 253).

327
CF, III, pp. 163-164: "Verlockt von dem lieblichen Säuseln des Abendwindes, dem Murmeln des Bachs, dem melodischen Gezwitscher der Vögel, streckte die Prinzessin sich hin in das weiche duftige Moos und fiel bald in tiefen Schlaf" (SW, p. 703).

328
CF, II, p. 23: "Der Geweihte vernimmt die Stimme der Natur,

die in wunderbaren Lauten aus Baum, Gebüsch, Blume, Berg und
Gewässer von unerforschlichem Geheimnis spricht, die in seiner
Brust sich zu frommer Ahnung gestalten; dann kommt, wie der
Geist Gottes selbst, die Gabe über ihn, diese Ahnung sicht-
lich in seine Werke zu übertragen" (FS, p. 429).

329
CF, II, p. 22: "Auffassung der Natur in der tiefsten Bedeutung
des höhern Sinns, der alle Wesen zum höheren Leben entzündet,
das ist der heilige Zweck aller Kunst" (FS, p. 429).

330
CF, III, p. 238: "Ihr trachtetet die Natur zu erforschen, ohne
die Bedeutung ihres innersten Wesens zu ahnen" (SW, p. 811).

331
Pl, II, p. 397: c'est à noter que ce passage fut écrit en
1845.

332
Pl, II, p. 423: pour une étude très riche et fort perspicace
du Salon de 1846 voir l'édition de David Kelley (Oxford: Clarendon Press, 1975).

333
Pour une étude fouillée de l'évolution de la pensée baudelairienne à l'égard de la nature, voir F.W. Leakey, Baudelaire
and Nature (Manchester: Manchester University Press, et New
York: Barnes and Noble, 1969).

334
Pl, I, p. 297.

335
Pl, I, p. 301.

336
Ibid.

337
Pl, II, p. 485.

338
Pl, II, p. 480.

339
Ibid.

340
Pl, II, p. 418.

341
Pl, II, p. 148.

342
Pl, I, p. 19.

343
 Pl, I, p. 303.

344
 Pl, I, p. 301.

345
 Pl, II, p. 174.

346
 Pl, II, p. 132.

347
 Pl, I, p. 53.

348
 Pl, I, p. 299.

349
 CF, II, pp. 144-145: "Blumen und Blüten dufteten um ihn her, und ihr Duft war wie herrlicher Gesang von tausend Flöten- stimmen und was sie gesungen, trugen im Widerhall die golde- nen vorüberfliehenden Abendwolken in ferne Lande" (FS, p. 184).

350
 Pl, I, p. 11.

351
 Pl, II, p. 425.

352
 Ibid.

353
 Pl, II, p. 650.

354
 Pl, I, p. 401.

355
 Pl, I, p. 80.

356
 Le Platonisme de Baudelaire (Neuchâtel: A la Baconnière, 1951), pp. 61-62.

[1] Pl, II, p. 164.

[2] "wunderbares Reich", BW, I, p. 408.

[3] Kr, p. 187: "der Künstler muss, um uns zu rühren, um uns gewaltig zu ergreifen, selbst in eigner Brust tief durchdrungen sein, und nur das in der Ekstase bewusstlos im Innern Empfangene mit höherer Kraft festzuhalten in den Hieroglyphen der Töne (den Noten) ist die Kunst, wirkungsvoll zu komponieren" (FS, p. 316): Le Paradoxe sur le comédien, qui exprime l'avis contraire, a sans doute attiré, lui aussi, l'attention de Baudelaire qui admirait beaucoup le théâtre de Diderot (voir Corr, I, 299 et Pl, II, 43).

[4] CF, II, p. 199: "köstlich" (FS, p. 253).

[5] Kr, p. 97: "Man spricht so viel von der Begeisterung, die die Künstler durch den Genuss starker Getränke erzwingen [...]. Ich glaube nicht daran" (FS, pp. 55-56).

[6] Kr, pp. 98-99: "da es dem Künstler nächst dem rascheren Schwunge der Ideen eine gewisse Behaglichkeit, ja Fröhlichkeit gibt, die die Arbeit erleichtert" (FS, p. 56): cf. BW, I, p. 333.

[7] Kr, p. 97: "in der glücklichen Stimmung", "wenn der Geist aus dem Brüten in das Schaffen übergeht" (FS, p. 56).

[8] Kr, p. 99: "da er schnell die Miene ändert und statt des wohltuenden behaglichen Freundes, zum furchtbaren Tyrannen wird" (FS, p. 57).

[9] Cf. CF, II, p. 24 (FS, p. 430).

10 CF, II, p. 201: "mein Blick ist von tausend Unheil wie von dickem Nebel umhüllt" (FS, p. 255).

11 Pl, II, p. 168.

12 CF, II, p. 198: "de[r] vormalig[e] Studen[t], jetzige[r] Dichte[r] Anselmus" (FS, p. 251).

13 Pl, I, p. 381.

14 Pl, I, p. 382.

15 Pl, I, p. 48.

16 Pl, I, p. 109.

17 Pl, I, p. 104.

18 Pl, I, p. 379.

19 Pl, I, p. 115.

20 Pl, I, p. 592.

21 Pl, I, p. 109.

22 Pl, I, p. 438.

23 Pl, I, p. 387.

24 Pl, I, p. 378.

25 Pl, I, p. 379.

26 Kr, p. 99: "bei der komischen Oper Champagner" (FS, p. 56).

27 Pl, I, p. 378.

28 Pl, I, p. 377.

29 Ibid. Comme J. Pommier le signale (Dans les chemins de Baude-

laire, pp. 299-300), Loève-Veimars et W. Scott font tous deux
mention de ce baromètre dans leurs notices sur Hoffmann. Pourtant, les graduations qu'ils notent ne coïncident pas les unes
avec les autres; qui plus est, celles de Baudelaire s'écartent
de ces deux versions. Hoffmann lui-même ne se sert pas d'une
telle expression pour désigner les états d'âme qu'il décrit dans
ses journaux intimes, mais le commentaire suivant, tiré d'une
lettre à son ami Hippel, pourrait être la source du terme:
> Meine Laune ist der erste Wetterprophet, den
> ich kenne, und wenn ich Lust und Langeweile
> hätte, könnt ich Kalendar machen.

(BW, I, p. 77). (Mon humeur est le premier prophète météoro-
logique que je connaisse, et si j'avais envie et que je m'en-
nuyasse, je pourrais faire un calendrier.) Il ne semble pas
possible de décider si Baudelaire invente les graduations qu'
il mentionne ou bien s'il cite quelque critique aujourd'hui
inconnu.

30
"Some remarks on Baudelaire's Poème du haschisch", dans The
French Mind (Oxford: Clarendon Press, 1952), note au bas de la
page 298.

31
Pl, I, p. 379.

32
Pl, I, p. 378.

33
Pl, I, p. 390.

34
Pl, I, p. 379: cf. l'"unangenehm exaltirte Stimmung" (TB, p.
117).

35
Pl, I, p. 390.

36
Pl, I, p. 378: cf. TB, p. 139: "Sehr komische Stimmung - Ironie
über mich selbst - ungefähr wie im Shakespeare / wo die Menschen um ihr offnes Grab tanzen -", et TB, pp. 185, 193.

37
Pl, I, p. 379: cf. l'"exaltirt musikalische St[immung]" (TB,
p. 143) et plusieurs "poetische Stimmungen" (TB, pp. 116, 125,
150).

38
Pl, I, p. 392.

39
Pl, I, p. 379: cf. SW, p. 292; TB, p. 153.

40 Cf. Pl, II, p. 536.

41 Pl, I, p. 393.

42 Pl, I, p. 379.

43 Pl, I, p. 393.

44 Pl, I, p. 379.

45 Pl, I, pp. 378-379. Cf. TB, p. 150.

46 Pl, I, p. 394.

47 Pl, I, p. 379.

48 Pour des études intéressantes sur Baudelaire, le vin et les drogues, voir A. Avni, "A Revaluation of Baudelaire's 'Le Vin'", The French Review, XLIV, 2 (déc. 1970), pp. 310-321, M. Butor, "Les Paradis artificiels", Essais sur les modernes (Paris: Gallimard: Collection "Idées", 1964), pp. 7-15, G.T. Clapton, Baudelaire et de Quincey (Paris: Société d'édition "Les Belles Lettres", 1931), A. Fairlie, "Some Remarks on Baudelaire's Poème du haschisch" dans The French Mind, éd. W. Moore, R. Sutherland et E. Starkie (Oxford: Clarendon Press, 1952), pp. 291-317 et E.J. Michel, "Baudelaire's Changing View of the Artificial Paradises", Romance Notes, XII, 2 (Spring 1971), pp. 318-325.

49 Qui écrivit la préface aux Fantaisies et dont plusieurs des "Rêves" furent traduits en français par Loève-Veimars (1829), Philarète Chasles (1830) et Gérard de Nerval (1830): voir E. Teichmann, La Fortune d'Hoffmann en France (Genève: Droz et Paris: Minard, 1961), p. 68.

50 Jean-Paul, Werke, herausgegeben von N. Miller, IV (München: Carl Hanser Verlag, 1962), p. 197. (Le rêve est la vallée de tempé et le pays maternel de la fantaisie: les concerts qui résonnent dans cette arcadie crépusculaire, les champs élyséens qui la couvrent, les formes divines qui l'habitent, ne souffrent aucune comparaison avec quoi que ce soit qui se trouve ici-bas.)

51 Voir l'étude sur Nodier de P.-G. Castex, Le Conte fantastique en France (Paris: Corti, 1962), pp. 121-167 et l'édition de ses Contes due au même critique (Paris: Garnier, 1961), passim

et surtout p. 38. Cf. E. Teichmann, op.cit., p. 130.

52

Cité dans Nerval, Aurélia, éd. P.-G. Castex (Paris: S.E.D.E.S.,
1971), pp. 91-92.

53

Nerval, op.cit., p. 60.

54

Pl, I, p. 307: pour une analyse du rêve chez Baudelaire, voir
l'essai de M. Butor, Histoire extraordinaire (Paris: Gallimard,
1961). L'importance du rêve chez Hoffmann est soulignée par
D.S. Peters, "The Dream as Bridge in the Works of E.T.A. Hoffmann", Oxford German Studies, VIII (1973-74), pp. 60-85. Quant
à l'ouvrage lumineux d'A. Béguin, L'Ame romantique et le rêve
(Marseille: Editions des Cahiers du Sud, 1937), il analyse les
thèmes plutôt que le fonctionnement du rêve.

55

Titre originaire: Träume sind Schäume (cf. TB, p. 207).

56

CF, II, p. 97: "[Ich] präpariere förmlich die Träume der Nacht,
indem ich mir tausend närrische Dinge durch den Kopf laufen
lasse, die mir dann nachts meine Fantasie in den lebendigsten
Farben auf eine höchst ergötzliche Weise darstellt" (FS, p.
149).

57

CF, II, p. 98: "[Der Traum], den eine besondere durch äussere
Zufälle herbeigeführte Gemütsstimmung, oder ein äusserer phy-
sischer Eindruck erzeugt" (FS, p. 149).

58

CF, II, p. 101: "Überdem gibt es eine höhere Art des Träumens,
und nur diese hat der Mensch in dem gewissen beseelenden und
beseligenden Schlafe, der ihm vergönnt, die Strahlen des Welt-
geistes, dem er sich näher geschwungen, in sich zu ziehen, die
ihn mit göttlicher Kraft nähren und stärken" (FS, p. 151).

59

Pl, I, pp. 408-409.

60

Pl, I, p. 402.

61

CM, pp. 196-197 (ET, pp. 463-464): cf. aussi le rêve de Kreisler, CM, p. 277 (ET, pp. 537-538).

62

Pl, I, p. 409.

63

Pl, II, p. 625.

64

"ich mag mich nicht nennen, indem mein Nahme nicht anders als durch eine gelungene musikalische Composition der Welt bekannt werden soll", BW, I, p. 399. Je cite aussi à cet égard un passage tiré d'une lettre à Hippel: "es ist als müsse sich bald was grosses ereignen - irgend ein Kunst Produkt müsse aus dem Chaos hervorgehen! - ob das nun ein Buch - eine Oper - ein Gemählde seyn wird - quod diis placebit - meinst Du nicht, ich müsse noch einmahl den GrossKanzler fragen, ob ich zum Mahler oder zum Musikus organisirt bin?" (BW, I, p. 183). (C'est comme si quelque chose de grand devrait se produire - je ne sais quelle oeuvre d'art devrait s'élever du chaos - s'il s'agit d'un livre - d'un opéra - d'une peinture - quod diis placebit - ne crois-tu pas que je devrais demander encore une fois au grand chancelier si je suis fait pour devenir peintre ou musicien?)

65

Die Augen der Automaten (Tübingen: Max Niemeyer Verlag, Studien zur Deutschen Literatur, Band 24, 1971), p. 1. (Son importance incontestée en tant que critique musical repose sur la justesse étonnante de son jugement et sur sa méthode nouvelle de recréer par écrit l'expérience musicale.)

66

Tome XIX de la version de Loève-Veimars (1830).

67

Voir l'appendice A, p. 213.

68

Reproduit dans SM, pp. 595-601: voir aussi E. Teichmann, p. 123.

69

M. Gilman, Baudelaire the Critic (1943; New York: Octagon Books, 1971), p. 81.

70

Hoffmann, Contes (Paris: Livre de Poche, 1969), p. 97: "diese Mittlerin zwischen uns und dem ewigen All" (FS, p. 108).

71

Pl, I, p. 14.

72

Pl, II, p. 418.

73

Voir Baudelaire, Les Fleurs du mal, édition de A. Adam (Paris: Garnier, 1968), pp. 417-418: mais cf. FM, p. 506. Voir aussi pour les sources plastiques de Baudelaire, J. Prévost, Baudelaire (Paris: Mercure de France, 1968); B. Gheerbrandt, Baudelaire critique d'art (Paris: Club des Libraires de France, 1956); F. Leakey, "Baudelaire et Mortimer", French Studies, VII, 2 (April 1953), pp. 101-115; et l'édition des Fleurs du mal de J. Pommier et Cl. Pichois (Paris: Corti, 1968).

74 Pl, I, p. 120.

75 Cf. la note relative à la page 145, ligne 22 (SB, p. 1050) et
surtout le conte Die Fermate, oeuvre mise en branle par un
tableau de Hummel: voir E. Scheyer, "Johann Erdmann Hummel und
die deutsche Dichtung", Aurora, XXXIII (1973), pp. 43-62, qui
reproduit la peinture en question. Je rappelle pour mémoire
que Delacroix donna à un de ses tableaux le titre Marino
Faliero (1827) et bien que l'inspiration de cette oeuvre soit
la pièce de théâtre de Byron (1820), il se peut que le fait que
les deux oeuvres portent le même titre ait fait que Baudelaire
porte un plus grand intérêt à la nouvelle hoffmannienne.

76 De Jacques Callot, dont s'inspire aussi Baudelaire: les gravures sont reproduites dans l'édition de La Princesse Brambilla
donnée par M.M. Raraty.

77 Voir J. Mittenzwei, "Die Musik als 'die romantischste aller
Künste'", dans Das Musikalische in der Literatur (Halle: Veb
Verlag, 1962), pp. 124-143 et D. Sölle et W. Seifert, "In
Dresden und in Atlantis - E.T.A. Hoffmann und die Musik", Neue
Zeitschrift für Musik, CXXIV, 7/8 (1963), pp. 260-273.

78 A. Béguin, op.cit., II, pp. 267-268.

79 CF, II, p. 78: "poetische Welt" (FS, p. 70).

80 Kr, p. 69: "eine Welt, die nichts gemein hat mit der äussern
Sinnenwelt, die ihn umgibt, und in der er alle bestimmten Gefühle zurücklässt, um sich einer unaussprechlichen Sehnsucht
hinzugeben" (FS, p. 41).

81 Kr, p. 143: "dem Element, [...] das [s]eine Heimat ist" (FS,
p. 294).

82 Kr, p. 146: "das bleiche Gespenst mit den rot funkelnden Augen"
(FS, p. 295).

83 Pl, I, p. 548.

84 Pl, II, p. 785: c'est Baudelaire qui souligne.

85 L'Univers poétique de Baudelaire (Paris: Mercure de France,
1956), pp. 262-263.

86

Kr, p. 72: "Beethovens Instrumental-Musik [öffnet uns] das
Reich des Ungeheuern und Unermesslichen" (FS, p. 43).

87

Kr, p. 73: "Beethovens Musik bewegt die Hebel der Furcht, des
Schauers, des Entsetzens, des Schmerzes, und erweckt eben jene
unendliche Sehnsucht, welche das Wesen der Romantik ist" (FS,
p. 43).

88

Pl, II, p. 421: cf. Hoffmann, Kr, p. 69: "[la musique] est le
plus romantique de tous les arts [...] car l'infini seul est
son objet" (FS, p. 41).

89

Pl, II, p. 168.

90

Kr, p. 72: "Glühende Strahlen schiessen durch dieses Reiches
tiefe Nacht, und wir werden Riesenschatten gewahr, die auf-
und abwogen, enger und enger uns einschliessen und uns vernichten, aber nicht den Schmerz der unendlichen Sehnsucht" (FS,
p. 43).

91

Pl, I, p. 278.

92

Pl, II, p. 168.

93

Kr, pp. 96-97: "Welcher Künstler hat sich sonst um die poli-
tischen Ereignisse des Tages bekümmert - er lebte nur in seiner Kunst, und nur in ihr schritt er durch das Leben; aber
eine verhängnisvolle schwere Zeit hat den Menschen mit eiser-
ner Faust ergriffen, und der Schmerz presst ihm Laute aus, die
ihm sonst fremd waren" (FS, p. 55).

94

Pl, I, p. 68.

95

Pl, II, p. 785.

96

"Baudelaire's Elévation and E.T.A. Hoffmann", The French Review,
XLVI, 5 (April 1973), p. 951.

97

Ibid, p. 958.

98

Pl, II, p. 164: c'est moi qui souligne.

99

CF, II, p. 88: "ein höheres intensives Leben [...], in dem wir
alle Erscheinungen der uns fernen Geisterwelt nicht nur ahnen,
sondern wirklich erkennen, ja in dem wir über Raum und Zeit
schweben" (FS, p. 142). Passage qui semble très proche de la

phrase de Baudelaire déjà citée: "une extase <u>faite de volupté</u> <u>et de connaissance</u>, et planant au-dessus et bien loin du monde naturel" (Pl, p. 1214).

00 CF, II, p. 88: "alle wundervollen Erscheinungen in ihrer tief-sten Bedeutung wie das Bekannteste aufnimmt und erkennt" (FS, p. 142).

01 Pl, I, p. 10.

02 CF, II, p. 23: "ein höheres Reich, dessen Abglanz du zu schauen wähntest" (FS, p. 429).

03 Pl, I, p. 10.

04 <u>L'Univers poétique de Baudelaire</u> (Paris: Mercure de France, 1956), p. 58.

05 Pl, II, p. 619.

06 <u>Die Augen der Automaten</u>.

07 Voir R. Beilharz, "Fantaisie et imagination chez Baudelaire, Catherine Crowe et leurs prédécesseurs allemands", in <u>Baude-laire: Actes du Colloque de Nice</u> (25-27 mai 1967), p. 34: une excellente étude du concept se trouve dans J. Starobinski, "L'Empire de l'imagination", <u>L'Oeil vivant</u>, II (Paris: Gal-limard, 1970), pp. 174-254.

08 <u>Icarus</u> (Cambridge, Mass.: Harvard University Press, 1961), pp. 194-195.

09 P. von Matt, p. 18: (l'autonomie absolue de l'imagination créatrice.) Cf. plusieurs des idées exprimées par Jean-Paul dans son <u>Über die natürliche Magie der Einbildungskraft</u>: par exemple: "es [gibt] eine geniessende und eine schaffende Phan-tasie [und] jenes [ist] die poetische Seele, die den Sinn des Unendlichen feiner hat, und dieses ist die schöpferische, die ihn versorgt und nährt, oft ohne ihn zu haben", <u>Werke</u>, IV (München: Carl Hanser Verlag, 1962), p. 205. (Il y a une fantaisie qui jouit et une fantaisie qui produit; celle-là est l'esprit poétique, qui a un sens plus délicat de l'infini; celle-ci est l'esprit créateur, qui soigne et nourrit l'autre, souvent sans la posséder.)

110
Etranges Souffrances, Le Poète et le Compositeur, Les Frères (
Sérapion etc.

111
Que Baudelaire flétrit encore une fois en 1859 dans le chapitre du Salon qui s'appelle Le Gouvernement de l'imagination
(Pl, II, p. 626): Vernet, aux yeux de Baudelaire, prête trop
d'attention au détail et en attache trop peu à l'impression
totale que produira l'oeuvre.

112
Cité Pl, II, p. 465: "Das eigentliche Gedächtnis höher genom-
men, besteht, glaube ich, auch nur in einer sehr lebendigen
regsamen Fantasie, die jedes Bild der Vergangenheit mit allen
individuellen Farben und allen zufälligen Eigenheiten im
Moment der Anregung hervorzuzaubern vermag. [...] Also möcht
es sich auch mit Worten und Reden, die tief ins Gemüt drangen,
und die man im innersten tiefsten Sinn aufnahm, anders verhalten als mit auswendig gelernten Vokabeln" (FS, p. 90).

113
Pl, II, p. 11: on pourrait comparer à cette distinction celle
qu'établit Proust entre mémoire volontaire et mémoire involontaire.

114
Pl, II, p. 131.

115
W. Segebrecht, Autobiographie und Dichtung (Stuttgart: Metzlersche Verlag, 1967).

116
Baudelaire the critic (1943; New York: Octagon Books, 1971),
p. 120.

117
Pl, II, p. 622.

118
Pl, I, p. 505: voir l'édition Stäuble-Lipman Wulf, p. 238 et p
476 et cf. "le génie n'est que l'enfance retrouvée à volonté,
l'enfance douée maintenant, pour s'exprimer, d'organes virils
et de l'esprit analytique qui lui permet d'ordonner la somme
de matériaux involontairement amassée" (Pl, II, p. 690).

119
Pl, II, p. 331.

120
Pl, I, p. 39.

121
Ibid.

122 Comme ceux qui inspirent Je n'ai pas oublié et La Charogne,
par exemple.

123 Pl, II, p. 542.

124 Pl, II, p. 536.

125 Pour une comparaison intéressante entre la mémoire chez
Baudelaire et chez Proust, voir M. Mein, "Proust and Baudelaire", Australian Journal of French Studies, X, 2 (avril-
juin 1973), pp. 144-163, pour qui "Baudelaire's act of
remembering is static" (p. 154).

126 "The Metaphor of Hieroglyphics in German Romanticism", Comparative Literature, VII (1955), pp. 310-311.

127 "Die Märchendichtungen E.T.A. Hoffmanns", Der deutsche Unter-
richt, VII, 2 (1955), p. 63. (Mais [il s'agit] surtout de la
généreuse puissance narrative de la fantaisie qui prend son
essor; de spéculations sur la vie exprimées sous forme d'allégorie; et d'un phénomène qui est avant tout esthétique, ou
plutôt artistique. C'est évidemment ainsi que Baudelaire l'a
compris.)

128 G.H. Schubert, Die Symbolik des Traumes (1814; réédition en
facsimilé. Heidelberg: Verlag Lambert Schneider, 1968), p.
35. (Une image du tohu-bohu humain.)

129 "Schicke - schicke - o schicke ihm bald Schuberts Symbolik
des Traumes! - Er dürstet darnach!", BW, I, p. 461.

130 Schubert, pp. 35-36. (L'image de sa propre existence matérielle
[...] un reflet de sa vie intime et spirituelle.)

131 CF, II, p. 153: "wie holdselige Lippen" (FS, p. 192).

132 CF, II, p. 201: "die Erkenntnis des heiligen Einklangs aller
Wesen" (FS, p. 254).

133 L'intérêt qu'inspire la tulipe à cette époque mérite d'être
souligné: Baudelaire parle de sa "tulipe noire" (Pl, I, p.
303) et dans Gaspard de la nuit on lit: "la tulipe est parmi
les fleurs ce que la paon est parmi les oiseaux. L'une est
sans parfum, l'autre est sans voix: l'une s'enorgueillit de

sa robe, l'autre de sa queue" (Paris: Flammarion, 1972, p. 66). Chez Hoffmann la tulipe et la fleur du lotus sont les symboles féminins par excellence.

134
CF, II, p. 179: "bei dem Anblick der vielen Pünktchen, Striche und Züge und Schnörkel, die bald Pflanzen, bald Moose, bald Tiergestalten darzustellen schienen, wollte ihm beinahe der Mut sinken [...]. 'Mut gefasst, junger Mensch!' rief der Archivarius, 'hast du bewährten Glauben und wahre Liebe, so hilft dir Serpentina!'" (FS, p. 226).

135
Kr, p. 206: "mag der Musiker sich dann nicht zu der ihn umgebenden Natur verhalten, wie der Magnetiseur zur Somnambule, indem sein lebhaftes Wollen die Frage ist, welche die Natur nie unbeantwortet lässt?" (FS, p. 326). Cf. aussi CF, II, pp. 23-24 (FS, p. 430).

136
R. Schérer, Charles Fourier: ou, la Contestation globale (Paris: Editions Seghers, 1970), p. 75.

137
Ibid: on se demande si Schérer a raison d'ajouter: "mais s'inspirant de cette culture, de plain-pied avec elle Fourier ne s'y intègre pas; son oeuvre est au contraire la réplique, que nous pouvons penser ironique, d'une Philosophie de la Nature réactionnaire dans son essence".

138
Voir mes Prolégomènes, p. 14.

139
"Toujours sous prétexte de Canards", La Démocratie pacifique, 30 janvier 1844.

140
L'Esprit des bêtes: Le Monde des oiseaux, vol. I (Paris: E. Dentu Librairie Phalanstérienne, 1864), p. 29.

141
La Presse, 30 janvier 1848.

142
Ibid: l'allusion est à l'Ur-Ich de Fichte, qu'Hoffmann parodie dans La Princesse Brambilla, CF, III, p. 93 (SW, p. 288).

143
Pl, II, p. 368.

144
Pl, II, p. 430.

145
A. Toussenel, "Sous prétexte de Canards", La Démocratie pacifique, 29 janvier 1844.

146 Pl, II, p. 309.

147 Pl, II, p. 320.

148 Corr, I, p. 337: il est digne de remarque qu'un autre admirateur d'Hoffmann, Dostoïevski, fut déporté en Sibérie pour
avoir fait partie d'un cercle de gens qui étudièrent les idées
de Fourier.

149 Pl, I, p. 6.

150 Pl, I, p. 311.

151 Pl, II, p. 35.

152 Pl, II, p. 139.

153 Pl, II, p. 35.

154 L'Univers poétique de Baudelaire (Paris: Mercure de France,
1956), p. 127.

155 H.W. Hewett-Thayer, Hoffmann: Author of the Tales (Princeton:
Princeton University Press, 1948), p. 121.

156 Voir surtout CM, pp. 45-52 (ET, pp. 325-331). Maître Puce,
d'ailleurs, prend soin de préciser la portée exacte de son
titre: "le peuple que je gouverne, explique-t-il, jouit d'une
constitution républicaine. Un sénat qui ne peut être composé
de plus de quarante-cinq mille neuf cent quatre-vingt-dix-
neuf membres, afin de voter plus facilement, tient la place
du régent; mais celui qui est à la tête de ce sénat porte le
nom de maître, parce qu'il doit en effet être passé maître
dans toutes les choses de la vie. [...] Cette nation est animée
d'un esprit de liberté qu'on ne saurait dompter" (CF, III, p.
177) (SW, pp. 717-718).

157 E.T.A. Hoffmann (Weimar: Arion Verlag, 1962), p. 138: cf.
aussi G. Lukács, Skizze einer Geschichte der neueren deutschen
Literatur (1953; Berlin: Luchterhand, 1963), pp. 86-87 et H.
W. Hewett-Thayer, op.cit. (Hoffmann ne voyait pas la société,
dont la structure et la formation sociale rendent nécessaire
la division du travail; il voyait seulement l'individu que la
vie quotidienne, banale et prosaïque, menace sans cesse de
paralyser jusqu'à le rendre philistin.)

158 Pl, II, p. 40.

159 Pl, I, p. 357.

160 Pl, II, p. 121.

161 Novalis, Dichtungen (Hamburg: Rowohlt, 1963), p. 106. (La paix spirituelle et la vision intime et bienheureuse d'un monde joyeux qu'on crée soi-même, telles étaient les propriétés de cette époque merveilleuse.)

162 CF, II, p. 69: "Ich sass in einem herrlichen Tal, und hörte zu, wie die Blumen miteinander sangen" (FS, p. 19); "Nun zogen die Töne, wie Lichtstrahlen, aus meinem Haupte zu den Blumen, die begierig sie einsogen" (FS, p. 19); les "vapeurs adorantes" de la version française sont une pure invention de la part de Loève-Veimars. Je discuterai plus tard les implications sexuelles de ces rêves de bonheur.

163 CF, II, p. 200: "Wundern, die wie aus weiter Ferne holdselige Harfentöne verkünden" (FS, p. 253).

164 CF, II, p. 200: "immer blendender häuft sich Strahl auf Strahl, bis in hellem Sonnenglanze sich der unabsehbare Hain aufschliesst, in dem ich den Anselmus erblicke" (FS, p. 253).

165 CF, II, p. 200: "Wandle, wandle unter uns, Geliebter, der du uns verstehst - unser Duft ist die Sehnsucht der Liebe - wir lieben dich und sind dein immerdar!" (FS, p. 253).

166 Ibid: "das Höchste ist erfüllt, gibt es denn eine Seligkeit, die der unsrigen gleicht?" (FS, p. 254).

167 CF, III, p. 131: "begann sich alles zu regen und wogte durcheinander" (SW, p. 320).

168 Ibid: "Die Kuppel stieg auf und wurde zum heitern Himmelsbogen, die Säulen wurden zu hohen Palmbäumen, der Goldstoff fiel nieder und wurde zum bunten gleissenden Blumengrund und der grosse Kristallspiegel zerfloss in einen hellen herrlichen See" (SW, p. 320).

169 CF, III, p. 131: "wie eine leuchtende Insel aus der Mitte des Sees emporragte" (SW, p. 321).

170 CF, III, p. 49: "jen[e] wunderbar[e] Vorzeit der höchsten Lust, als die Natur dem Menschen, ihn als ihr liebstes Schoss-kind hegend und pflegend, die unmittelbare Anschauung alles Seins und mit derselben das Verständnis des höchsten Ideals, der reinsten Harmonie verstattete" (SW, p. 251).

171 Pl, I, p. 11.

172 Pl, I, p. 82.

173 Ibid.

174 Pl, I, pp. 53-54.

175 Pl, II, p. 27.

176 "Le Salon de 1845", La Phalange, 1845, p. 275: voir aussi son "Salon de 1844" dans La Démocratie pacifique du 26 avril 1844.

177 Pl, II, p. 9: article publié le 3 février 1846 dans Le Corsaire-Satan.

178 "Variétés", La Presse, 3 octobre 1842.

179 Dans La Presse du 20 mars 1843 et du 1er avril 1847, dans L'Artiste, 3e série, t. iii (1843), pp. 19-20, 305-306; 4e série, t. ii (1845), p. 82; 4e série, t. iii (1845), p. 179; 4e série, t. ix (1847), p. 59, dans La Démocratie pacifique du 7 avril 1846, et j'en passe.

180 Pl, II, p. 646.

181 Je tiens à remercier pour cette indication mon directeur de thèse, Dr P.S. Hambly.

182 "Salon de 1844", La Presse, 28 mars 1844.

183 "De la mission de l'art", La Phalange, 1845, p. 261.

184 Pl, II, p. 646.

185 "Le Salon de 1845", La Phalange, 1845, p. 281: cf. Pl, II, p. 383.

186
Pl, II, pp. 358-360. Ici Baudelaire s'écarte du jugement de Laverdant, car si le journaliste considère le tableau comme "un rêve féerique des natures tendres ou voluptueuses" (art.cit., p. 282), il condamne le "fâcheux parti pris de pastiche de vieux maîtres". A. Ferran, dans son édition critique du Salon de 1845 (Toulouse: Aux Editions de l'Archer, 1933) ne voit dans l'éloge d'un Haussoullier qu'une "reprise de l'éloge d'un Delacroix" (p. 118); il faut ajouter à la liste des comptes rendus contemporains de ce tableau que donne A. Ferran (p. 118), celui de L'Artiste, 4e série, t. iv (1845), p. 35.

187
Pl, I, p. 301.

188
Pl, I, p. 53.

189
Pl, I, p. 301.

190
Pl, I, p. 280.

191
Pl, I, p. 281.

192
Pl, I, p. 53.

193
Pl, I, p. 302.

194
CF, III, p. 172: "nichts anders sein mag, als die Ironie eines Seins, welches dem jetzigen vorausging" (SW, p. 713).

195
Pl, I, p. 281.

196
Pl, I, p. 301.

197
Pl, I, p. 302.

198
Pl, I, p. 356.

199
Ibid.

200
Pl, I, p. 101.

201
Pl, I, p. 281.

202
Pl, I, p. 158.

203
Pl, I, p. 302.

204
Pl, I, p. 37.

205
Pl, I, p. 302.

206
Pl, II, p. 174.

207
"Der innere Poet (so nennt Schubert in der Symbolik des
Traumes die wunderbare Traumgabe: aber ist nicht jedes Emp-
fangen eines Kunstwerks wie ein herrlicher Traum, von dem innern Geiste bewusstlos geschaffen?) spricht auf seine eigne,
wunderbare Weise das wirklich aus, was sonst unaussprechlich
geschienen, und so liegt oft in wenigen, einfachen Tönen eben
die tiefste Bedeutung des Gedichts", SM, p. 238: le passage
se trouve dans un compte rendu publié le 12 octobre 1814
dans l'Allegemeine musikalische Zeitung.

208
J'analyse cette nouvelle dans le chapitre V.

209
CF, III, p. 130: "Erschlossen hat das Reich die Wundernadel /
Des Meisters" (SW, p. 320): Hoffmann, bien sûr, en donne une
explication convenable: le petit monde serait le théâtre et
l'aiguille celle du tailleur qui crée les vêtements pour les
acteurs.

210
CF, III, pp. 130-131: "Geh auf, du Zauberland voll tausend
Wonnen, / Geh auf der Sehnsucht, Sehnsucht auszutauschen, /
Wenn sie sich selbst erschaut im Liebesbronnen! / Das Wasser
schwillt - Fort! stürzt euch in die Fluten! / Kämpft an mit
Macht ! Bald ist der Strand gewonnen, / Und hoch Entzücken
strahlt in Feuergluten!" (SW, p. 320).

211
CF, III, p. 60: "Strahl des Himmels in unserer Brust entglom-
men, mit der unendlichen Sehnsucht die Erfüllung verheisst"
(SW, p. 260).

212
Pl, I, p. 280.

213
Pl, I, pp. 327-328.

214
Pl, I, p. 280.

215 Baudelaire, Les Fleurs du mal, éd. A. Adam (Paris: Garnier,
1961), p. 397: cf. aussi FM, pp. 477-482. L'étude très belle
de G. Poulet, "Piranèse et les poètes romantiques français",
dans Trois essais de mythologie romantique (Paris: Corti, 1966)
pp. 135-187 projette beaucoup de lumière sur ce sujet.

216 Il me semble, pourtant, que si l'on a pu voir dans le poème
l'influence de Novalis, (R. Vivier, L'Originalité de Baudelaire (1927; Bruxelles: Palais des Académies, 1965), p. 162),
il est plus que probable que cette influence, loin d'être
directe, a été transmise par Hoffmann et par Poe: cf. W.
Vordtriede, Novalis und die französichen Symbolisten (Stuttgart: W. Kohlhammer Verlag, 1963).

217 Pl, I, p. 101.

218 Pl, I, p. 546: J. Pommier en glosant cette phrase (Dans les
chemins de Baudelaire, pp. 300-301) se demande si Baudelaire
a lu la description "peu élogieuse" de l'instrument qu'on
trouve dans Une lettre du maître de chapelle Johannes Kreisler
(SM, pp. 327-332). Pourtant, cette lettre ne figure que dans
la version de Champfleury (1856), tandis que le Choix de
maximes consolantes parut en 1846, et, bien qu'il soit possible que Champfleury ait déjà traduit cette lettre dix ans
avant de la publier, plusieurs autres contes d'Hoffmann, où
il est question de l'harmonica, auraient pu inspirer l'expression de Baudelaire. Dans Die Fermate (La Vie d'artiste, t.
II des Contes fantastiques traduits par Loève-Veimars en 1829),
par exemple, on trouve la phrase suivante: "Den Harmonika-
Triller, [...], kann ich nun gar nicht leiden, es wird mir
ängstlich und weh dabei" (SB, p. 68) ("le trille de l'harmonica
[...] m'est insupportable: il me remplit d'angoisse et de
douleur"): cf. SB, p. 350; CF, II, p. 289 (SW, p. 47); CF, III,
p. 16 (SW, p. 221). Le cristal figure souvent dans les contes
d'Hoffmann: qu'on pense, par exemple, à la fiole dans laquelle Anselmus est incarcéré et au monde cristallin dont rêve
Elis. La phrase de Baudelaire continue: "et que le violon
déchire comme une lame qui cherche le coeur" (Pl, I, p. 546).
Il mérite d'être noté que si Hoffmann ne parle pas de violons
qui déchirent le coeur, dans Le Conseiller Krespel se trouve
la description suivante: "Mir war es bald als hörte ich die
Akkorde eines feierlichen Chorals durch die Lüfte schweben
[...] 'Was ist das? - was ist das?' rief ich, indem es wie
ein glühender Dolch durch meine Brust fuhr!" (SB, p. 41)
("Bientôt il me semblait que j'entendais les accords d'un cho-
ral solennel portés par le vent. 'Qu'est-ce que c'est', m'écri
je, pendant qu'ils me perçaient le sein comme un poignard
brûlant"): Loève-Veimars ne traduit pas cette expression, mais

Baudelaire aurait pu lire le conte dans plusieurs autres versions. Cf. E. Teichmann, p. 245 et l'appendice B.

219   Pl, I, pp. 431-432: Hoffmann, qui donne souvent à ses narrateurs le titre "der reisende Enthusiast" (le voyageur enthousiaste), a mis en musique l'Ondine de von Fouqué.

220   Le rêve d'Elis est décrit dans CF, I, pp. 37-38 (SB, pp. 177-179).

221   Le Rêve parisien se trouve dans Pl, I, pp. 101-103.

222   La mère d'Hoffmann, après son divorce, s'est retirée dans sa chambre et ne s'est laissé voir que très rarement: celle de Baudelaire s'est remariée et l'a donc obligé de partager son amour avec cet inconnu qu'était son beau-père. La haute stature des figures maternelles s'explique en raison de la taille de la mère en comparaison avec celle de son enfant.

223   "Im tiefen Dunkel dicker Zypressenstauden schimmerten Marmorbecken, aus denen sich wunderliche Figuren erhoben, Kristallenstrahlen hervorspritzend, die plätschernd niederfielen in leuchtende Lilienkelche", FS, p. 212.

224   CF, I, p. 53: "Er blickte in die paradiesischen Gefilde der herrlichsten Metallbäume und Pflanzen, an denen wie Früchte, Blüten und Blumen feuerstrahlende Steine hingen" (SB, pp. 190-191).

225   "Ein magisches blendendes Licht verbreitete sich überall, ohne dass man bemerken konnte, wo es herkam", FS, p. 212: passage que Toussenel ne traduit pas: cf. Nerval: "Chacun sait que dans les rêves on ne voit jamais le soleil, bien qu'on ait souvent la perception d'une clarté plus vive. Les objets et les corps sont lumineux par eux-mêmes" (Aurélia, texte présenté et commenté par P.-G. Castex (Paris: S.E.D.E.S., 1971), p. 39).

226   Pl, I, p. 11.

227   Hoffmann, Contes (Paris: Livre de Poche, 1967), p. 77, "in einer herrlichen alten Zeit unter dem südlichen Himmel, der seine Strahlen in die Brust der Kreatur wirft und den Jubelchor der Wesen entzündet [...] horchte ich dem Gesange der Menschen zu, die man Dichter nannte" (FS, p. 94).

311

228
P. von Matt, p. 152. (C'est aux arbres et aux fleurs artificielles qu'on reconnaît l'Atlantide.)

229
Pl, I, p. 280.

230
Pl, II, p. 166.

231
Pl, I, p. 8.

232
"Die Märchendichtungen E.T.A. Hoffmanns", Der Deutschunterricht,
VII, 2 (1955), p. 64. (L'idéalisation qui appartient à la
rêverie, et l'ironie destructrice - ces antithèses devinrent
les points de départ de sa création romanesque.)

233
Pl, I, p. 658.

234
CF, II, p. 187: "allerlei Geranien" (FS, p. 238).

235
CF, II, p. 187: "er begriff nicht, wie ihm das grelle Blau
und die unnatürlichen goldnen Stämme der Palmbäume mit den
unförmlichen blinkenden Blättern nur einen Augenblick hatten
gefallen können" (FS, p. 238).

236
Pl, I, p. 281.

237
Ibid.

238
CF, III, p. 119: "sollte ich das alles jetzt noch einmal
widerholen, so würde das einer Person entsetzliche Langeweile
erregen, die uns nie verlässt [...]. Ich meine nämlich den
Leser des Capriccios, Prinzessin Brambilla geheissen, einer
Geschichte, in der wir selbst vorkommen und mitspielen" (SW,
p. 310).

239
Baudelaire, La Fanfarlo, éd. Cl. Pichois (Monaco: Editions
du Rocher, 1957), p. 331.

240
CM, p. 251: "die Wehmut der Erinnerung an das ewig Verlorne,
die in demselben Augenblick die Brust zerreisst und mit süs-
ser Wonne erfüllt" (ET, p. 513).

241
Pl, I, p. 101.

242
CF, I, p. 38: "Wonne und Entsetzen" (SB, p. 179).

243
Kr, p. 204: "sein schimmerndes, herrliches Reich" (FS, p. 325).

244
CF, II, p. 67: "viele verträumen den Traum im Reiche der
Träume - sie zerfliessen im Traum - sie werfen keinen Schatten
mehr, sonst würden sie am Schatten gewahr werden den Strahl,
der durch dies Reich fährt" (FS, p. 18): Loève-Veimars a mal
traduit cette phrase: les rêveurs ne deviennent pas des ombres
mais plutôt ne projettent plus d'ombre, ce qui les empêche
de voir le rayon de lumière qui traverse l'empire.

245
"Claustration et infini chez Baudelaire", Baudelaire: Actes
du Colloque de Nice, 1968, p. 50.

246
Kr, p. 206: "die Fähigkeit, jene Anregungen wie mit einer
besonderen geistigen Kraft festzuhalten und festzubannen in
Zeichen und Schrift, ist die Kunst des Komponierens" (FS, p.
326).

247
Pl, II, p. 625.

248
"Les Paradis artificiels", Essais sur les modernes (Paris:
Gallimard: Collection "Idées", 1964), p. 8.

249
Pl, I, p. 40.

250
Pl, II, p. 462.

251
Pl, II, p. 373.

252
Pl, I, p. 515.

253
Pl, II, p. 375.

254
Pl, II, p. 179.

255
Cf. Pl, II, p. 160 où Baudelaire condamne la "symétrie
mathématique" des Deux Amours de Hégésippe Moreau.

256
Pl, I, p. 42.

257
Pl, I, p. 652.

258   Pl, I, pp. 335-336.   259   Pl, I, p. 656.

260

Athenaeum (Hamburg: Rowohlt, 1969), I, p. 178. (Une confusion artistiquement réglée.)

261

"Den sanften Übergang vom Wahnsinn durch den Spleen in die völlig gesunde Vernunft", SB, p. 30: le traducteur n'a pas reproduit la conversation qui précède le conte, et où figure cette remarque.

262

CF, I, p. 26: "Antonie leidet an einem organischen Fehler in der Brust, der eben ihrer Stimme die wundervolle Kraft und den seltsamen, ich möchte sagen über die Sphäre des menschlichen Gesanges hinaustönenden Klang gibt. Aber auch ihr früher Tod ist die Folge davon" (SB, p. 48).

263

Ibid: "nicht der Versuchung würde widerstehen können, Antonien singen zu hören" (SB, p. 48).

264

CF, I, p. 28: "Die Töne des Liedes und des begleitenden Pianofortes dauerten fort, ohne dass Antonie sichtbar sang oder B... das Fortepiano berührte" (SB, p. 51).

265

CF, I, p. 8: "den unsinnigen Bau" (SB, p. 32).

266

CF, I, p. 9: "ein völlig eingerichtetes Haus [...], welches von der Aussenseite den tollsten Anblick gewährte, [...] dessen innere Einrichtung aber eine ganz eigene Wohlbehaglichkeit erregte" (SB, pp. 32-33).

267

Poetica, II, 1 (janvier 1968), pp. 48-69.

268

"Es muss anschienende Willkür herrschen, und je mehr sich die höchste Künstlichkeit dahinter versteckt, desto vollkommener" (SM, p. 16).

269

CF, III, p. 47: "Hier musst du, sehr geneigter Leser! es dir also gefallen lassen, eine Geschichte zu hören, die ganz aus dem Gebiet derjenigen Begebenheiten zu liegen scheint, die ich dir zu erzählen unternommen, mithin als verwerfliche Episode dasteht. Wie es manchmal aber zu geschehen pflegt, dass man den Weg, der scheinbar irreleitete, rüstig verfolgend plötzlich zum Ziel gelangt, das man aus den Augen verlor, so möcht es vielleicht auch sein, dass diese Episode, nur schein-

barer Irrweg, recht hineinleitet in den Kern der Hauptge-
schichte" (SW, pp. 249-250).

270
   CF, I, p. 11: "eine Saite berührt hatte, die in Krespels Innerm widrig dissonieren musste" (SB, p. 34).

271
   CF, I, p. 15: "dies tote Ding, dem ich selbst doch nur erst
Leben und Laut gebe, spricht oft aus sich selbst zu mir auf
wunderliche Weise, und es war mir, da ich zum ersten Male
darauf spielte, als wär ich nur der Magnetiseur, der die Somnambule zu erregen vermag, dass sie selbsttätig ihre innere
Anschauung in Worten verkündet" (SB, p. 38).

272
   Pl, II, p. 119.

273
   Le Chevalier Gluck.

274
   La Cour d'Artus.

275
   La Fenêtre du coin.

276
   Pl, I, p. 46.

277
   Diderot et Baudelaire: critiques d'art (Genève: Droz, 1967),
p. 5.

278
   Pl, II, pp. 48-49.

279
   CF, II, p. 173: "nur dem Kampfe entspriesst dein Glück im
höheren Leben. Feindliche Prinzipe fallen dich an, und nur
die innere Kraft, mit der du den Anfechtungen widerstehst,
kann dich retten von Schmach und Verderben" (FS, p. 217).

280
   Pl, II, p. 331.

281
   Pl, II, p. 472.

282
   L'ouvrage d'Ilse Winter, Untersuchungen zum serapiontischen
Prinzip E.T.A. Hoffmanns (La Haye: Mouton, 1976) n'a paru
qu'après que j'avais achevé mon étude.

283
   "Vergebens ist das Mühen des Dichters uns dahin zu bringen,
dass wir daran glauben sollen, woran er selbst nicht glaubt,
nicht glauben kann, weil er es nicht erschaute" (SB, p. 54).

NOTES AUX PAGES 164-167

284
Pl, II, p. 620.

285
CF, II, p. 179: "hast du bewährten Glauben und wahre Liebe,
so hilft dir Serpentina!" (FS, p. 226).

286
Hoffmann (London: Bowes and Bowes, 1963), pp. 34-35.

287
Kr, p. 74 (Béguin traduit Besonnenheit par le mot "conscience"
qui ne s'accorde pas avec le contexte): "hohe Besonnenheit,
welche vom wahren Genie unzertrennlich ist und von dem Studium
der Kunst genährt wird" (FS, p. 44).

288
"The Dream as Bridge", p. 64.

289
Kr, p. 36: "schien vergebens den Port zu suchen, der ihm end-
lich die Ruhe und Heiterkeit geben sollte, ohne welche der
Künstler nichts zu schaffen vermag" (FS, p. 25).

290
CF, I, p. 339: "sehr ruhig und besonnen" (FS, p. 348).

291
Pl, I, p. 25.

292
Pl, II, p. 629.

293
Pl, II, p. 614.

294
Baudelaire, Les Fleurs du mal, éd. A. Adam (Paris: Garnier,
1961), p. 295.

295
Pl, II, p. 334.

296
Pl, II, p. 273.

297
Pl, I, p. 10.

298
Pl, II, p. 178.

299
Pl, II, p. 18.

Pl, II, p. 542.

J. Pommier, Dans les chemins de Baudelaire (Paris: Corti, 1945), p. 297.

Pl, II, p. 525.

J'ajoute le Dictionnaire comique, satirique, critique, burlesque, libre et proverbial par P.J. Le Roux qui aurait familiarisé Hoffmann avec les expressions humoristiques et argotiques de la langue française.

FS, p. 10. (Depuis quelques décades la satire, l'ironie et le caprice allemands, et souvent même l'humour, suivent la route britannique, et la petite maison de Swift et de Sterne qu'on a transportée jusqu'ici – leur petite maison ou leur salle d'étude – est devenue l'endroit où se décernent nos diplômes de verve comique.) Le calembour de Jean-Paul ne se laisse pas traduire en français.

"das Brillantfeuer des tiefen Humors" (SB, p. 925).

Cf. SB, p. 1115.

CF, I, p. 79: "vorzügliche Geschichte vom Prinzen Fakardin" (SB, p. 217).

"Ausbund der herrlichsten Ironie, des reichhaltigsten Humors" (FS, p. 655).

"ich stelle dir anheim diesen Brief für humoristisch zu halten weil ich dreymahl den Schackespear allegirt habe" (BW, I, p. 174).

11 CF, II, p. 97: "ein geistreicher Schriftsteller" (FS, p. 149: cf. p. 786).

12 "den humoristischsten aller humoristischen deutschen Schriftsteller" (FS, p. 647).

13 "ein wahrhaft komischer Charakter" (FS, p. 657).

14 Cf. SW, p. 597 pour Scarron: BW, I, p. 184 et TB, p. 65 pour Voltaire et FS, pp. 16, 31, 138, 779 pour Diderot.

15 Cf. BW, II, p. 367: "Könnten Sie mir wohl den Don Quixote übersetzt von Tieck noch heute, wo möglich gebunden oder wenigstens geheftet verschaffen, es ist mir erstaunlich viel daran gelegen, da der Don Qu: ein wahres AufheiterungsBuch ist".

16 "Hochkomische[s] [und] Pathetisches" (FS, p. 698): pour les rapports entre Hoffmann et Gozzi voir H. Rusack, Gozzi in Germany (New York: AMS Press, 1966).

17 Voir BW, III, p. 460 et SW, p. 707.

18 Pl, II, p. 525.

19 "Les Définitions de l'humour", Etudes d'histoire littéraire (Paris: Hachette, 1907), p. 192.

20 "Le travail [une histoire générale de la caricature] est encore à faire" (Pl, II, p. 525).

21 Cf. Corr, I, p. 172, où Baudelaire écrit: "vous pourrez ajouter [à la liste de mes oeuvres] Physiologie du rire qui paraîtra prochainement à la Revue de Paris sans doute".

22 Pl, II, p. 530.

23 L'Artiste, 2e série, t. vi, p. 415.

24 Ibid. Cf. Pl, II, p. 534.

25 Cf. Pl, II, p. 532: "Les animaux les plus comiques sont les plus sérieux".

26 *Théâtre complet*, I (Paris: Gallimard, Pléiade, 1963), p. 419.

27 *Théâtre*, p. 420: Cf. Pl, II, p. 535.

28 *Théâtre*, p. 417.

29 *Théâtre*, p. 419.

30 Pl, II, p. 535.

31 Voir plus haut, p. 17.

32 "Etudes littéraires: Hoffmann", *Musée des familles*, janvier 1841, p. 119.

33 *Ibid.*

34 Pl, II, p. 525.

35 Pl, I, p. 703.

36 Pl, I, p. 360: voir aussi Pl, I, p. 554.

37 Pl, II, p. 630.

38 Pl, II, p. 440.

39 Pl, II, p. 568.

40 Pl, II, p. 88.

41 Voir Cl. Pichois, *L'Image de Jean-Paul Richter dans les lettres françaises* (Paris: Corti, 1963), pp. 198-229.

42 Hoffmann ne parle que très rarement de caricaturistes: voir toutefois l'évocation d'une caricature de Gillray (FS, p. 630) et plusieurs allusions à Hogarth (SW, pp. 601, 892 et SB, p. 925).

43
CF, III, p. 43: "den tollsten, spasshaftesten Spass alles
Spasses" (SW, p. 246).

44
CF, III, p. 44: "das eben nur in der äussern Erscheinungen
liegt und seine Motive nur von aussen her erhält" (SW, p. 247).

45
"nur von der Aussenwelt bedingte" (FS, p. 653).

46
"nichtigen Spass" (FS, p. 654).

47
CF, III, p. 45: "jene grauenhafte, entsetzliche Furie der Wut,
des Hasses, der Verzweiflung" (SW, p. 247).

48
CF, III, p. 45 (SW, p. 248).

49
CF, III, p. 43: "die ergetzlichsten Missgeburten, die der
lachende Hohn gebar" (SW, p. 246).

50
CF, II, p. 263: "dem kleinen Knirps steckte der Kopf tief
zwischen den hohen Schultern, er war mit seinem Auswuchs auf
Brust und Rücken, mit seinem kurzen Leibe und seinen hohen
Spinnenbeinchen anzusehen wie ein auf eine Gabel gespeisster
Apfel, dem man ein Fratzengesicht eingeschnitten" (SW, p. 27).

51
Voir CF, II, pp. 254-256 (SW, pp. 20-21).

52
"einen augenblicklichen Kitzel [...], der gerade nicht übel
tut" (FS, p. 654).

53
"in rücksichtsloser Freiheit" (FS, p. 654).

54
Hoffmann, Contes (Paris: Livre de Poche, 1969), p. 131: "Das
Lustigste konnte nicht mehr erfreuen, denn hinter jedem Scherz
ragte die Rute des moralischen Schulmeisters hervor, der gerade
dann am geneigtesten ist, die Kinder zu strafen, wenn sie dem
Vergnügen ganz überlassen" (FS, p. 132).

55
"Das Gefühl des Missverhältnisses, in dem der innere Geist mit
allen äussern irdischen Treiben um ihn her steht, erzeugt den
krankhaften Überreiz, der ausbricht in bittre höhnende Ironie"
(FS, p. 658).

56
"der Schmerzeslaut der Sehnsucht nach der Heimat" (FS, p. 658).

57 CM, p. 74: "der tiefe Schmerz dieser Sehnsucht mag nun wieder eben jene Ironie sein" (ET, p. 352).

58 CM, p. 236: "die schönste Gabe der Natur" (ET, p. 499).

59 "die tief in der menschlichen Natur liegt, ja die eben die menschliche Natur in ihrem innersten Wesen bedingt" (FS, p. 654).

60 CM, p. 236: "Er will die Ewigkeit der Verträge, die ihr über die Gestaltung des Lebens geschlossen, nicht anerkennen" (ET, p. 499).

61 CM, p. 236: "Er will die Ewigkeit der Verträge, die ihr über herrschen glaubt, das euch unerforschlich, sich gar spasshaft ausnehme" (ET, p. 499).

62 Voir CF, II, p. 173 (FS, p. 217): la version française laisse ici beaucoup à désirer.

63 CM, p. 74: "die kräftige Mutter einen Sohn gebar, der in das Leben eintritt wie ein gebietender König. Ich meine den Humor, der nichts gemein hat mit seinem ungeratenen Stiefbruder, dem Spott" (ET, p. 352).

64 "Ironie, aus der sich der tiefste ergötzlichste Humor erzeugt" (SB, p. 169).

65 SB, p. 1051 (Une définition de l'ironie et de l'humour qui est fort révélatrice pour Hoffmann [...]. L'ironie est pour lui une première étape vers l'humour, une étape tyrannique mais nécessaire. Elle montre à nu les contradictions de la vie, que l'humour ne réussit à englober que s'il est tourné vers la vie elle-même): voir aussi SB, p. 114.

66 "Strahlen aus einem Fokus" (FS, p. 654).

67 Ibid.

68 "Lachen der wunderbaren Lust, die eben erst von Schmerz und Verzweiflung erzeugt wurden" (FS, p. 654).

69 CF, III, p.55: "Freude über den Sieg innerer geistiger Kraft" (SW, p. 256).

70
"Als laute Verkündiger des eigentlichen Humors, der das Komische und Tragische selbst ist, hat er seine Narren aufgestellt" (FS, p. 655).

71
"die sich oft in den höchsten Momenten witzig fantasierend ausspricht" (FS, p. 655).

72
CM, p. 145: "jetzt verstehe ich Ihren springenden Humor - Er ist köstlich, in der Tat köstlich! - Nur in dem Zwiespalt der verschiedensten Empfindungen, der feindlichsten Gefühle, geht das höhere Leben auf!" (ET, p. 416).

73
Pl, II, p. 532.

74
CM, p. 121: "war nicht jene seltne wunderbare Stimmung des Gemüts, die aus der tieferen Anschauung des Lebens in all seinen Bedingnissen, aus dem Kampf der feindlichsten Prinzipe sich erzeugt, sondern nur das entschiedene Gefühl des Ungehörigen, gepaart mit dem Talent es ins Leben zu schaffen, und der Notwendigkeit der eignen bizarren Erscheinung" (ET, p. 394).

75
CM, p. 122: "Zu leugnen ist aber auch nicht, dass der wunderliche Orgelbauer recht dazu geeignet war, den Keim des tiefern Humors, der in des Knaben Innern lag, zu hegen und zu pflegen, der denn auch sattsam gedeihte und emporwuchs" (ET, p. 394).

76
CM, p. 236: "Vor allen Dingen liebt er jenen Scherz, der sich aus der tiefern Anschauung des menschlichen Seins erzeugt und der die schönste Gabe der Natur zu nennen, die sie aus der reinsten Quelle ihres Wesens schöpft" (ET, p. 499).

77
CM, p. 74: "Sie können nicht wegkommen von dem Wort Kreis, und der Himmel gebe, dass Sie denn gleich an die wunderbaren Kreise denken mögen, in denen sich unser ganzes Sein bewegt, und aus denen wir nicht herauskommen können, wir mögen es anstellen wie wir wollen. In diesen Kreisen kreiselt sich der Kreisler" (ET, p. 352).

78
CF, III, p. 135: "ich könnte sagen, du seist die Fantasie, deren Flügel erst der Humor bedürfe um sich emporzuschwingen, aber ohne den Körper des Humors wärst du nichts, als Flügel und verschwebtest, ein Spiel der Winde, in den Lüften" (SW, p. 324).

79
Pl, II, p. 528: cf. l'article sur le rire que Marmontel rédige pour L'Encyclopédie (t. XIV) et le commentaire de Buffon, Oeuvres complètes X (Paris: A. Eymery, 1825), p. 140 et p. 142

aussi bien que celui de Descartes, <u>Les Passions de l'âme</u> (Paris: Vrin, 1964), p. 15.

80 Pl, II, p. 530.

81 Pl, II, p. 543.

82 Pl, II, p. 526: cette vision satanique du rire se rencontre aussi chez Descartes, <u>op. cit.</u>, p. 154 et surtout chez Hobbes, <u>Leviathan</u> (Oxford: Blackwell, 1946), p. 36.

83 Cf. Descartes, <u>op. cit.</u>, p. 153.

84 Pl, II, p. 534.

85 <u>Ibid</u>.

86 Pl, II, p. 530.

87 Pl, II, p. 532: je signale en passant la ressemblance entre cette phrase et la célèbre pensée de Pascal.

88 Pl, II, p. 531.

89 <u>Ibid</u>: cf. Jean-Paul, <u>Vorschule der Ästhetik</u>, para. 33: "der Teufel, als die wahre <u>verkehrte</u> Welt der göttlichen Welt, als den grossen Weltschatten, der eben dadurch die Figur des Licht-Körpers abzeichnet, kann ich mir leicht als den grössten Humoristen und whimsical man denken, der aber, als die Moreske einer Moreske, viel zu unästhetisch wäre; denn sein Lachen hätte zu viel Pein; es gliche dem bunten blühenden Gewande des Guillotinierten".

90 Pl, II, p. 533.

91 Pl, II, p. 556.

92 Pl, II, pp. 532-533.

93 Pl, II, p. 525.

94 Pl, II, p. 526.

95 Pl, II, p. 568.

96 Ibid.

97 Pl, II, p. 533.

98 Pl, II, p. 540.

99 "Le Rire baudelairien", Europe, XLV, 456-457 (avril-mai 1967),
    p. 59.

100 Pl, II, p. 536.

101 Pl, II, p. 546.

102 Pl, II, p. 571: pour le style de Callot, voir G. Sadoul,
     Jacques Callot: Miroir de son temps (Paris: Gallimard, 1969).

103 Ibid.

104 Pl, II, p. 536.

105 Pl, II, p. 537.

106 Pl, II, p. 558.

107 Pl, II, p. 566: des jugements intéressants sur Cruikshank se
     trouvent dans J.R. Harvey, Victorian Novelists and Their Illus-
     trators (London: Sidgwick and Jackson, 1970), pp. 30-44, 45-49,
     66-71 etc.

108 Pl, II, p. 538.

109 Pl, II, p. 537.

110 Ibid.

111 Pl, II, p. 557: d'excellentes reproductions des caricatures de
     Daumier se trouvent dans H.P. Vincent, Daumier and his World
     (Evanston: Northwestern University Press, 1968) et dans A.
     Rossel, H. Daumier prend parti (Paris: Editions hier et demain,
     1971).

112 Pl, II, p. 538.

113 Pl, II, p. 565.

114 Pl, II, p. 564.

115 Pl, II, pp. 565-566: pour des commentaires sur ces deux ar-
tistes, voir G.C. Lichtenberg, Lichtenberg's Commentaries on
Hogarth's Engravings (traduit par I. et G. Herdan) (London:
The Cresset Press, 1966) et J.R. Harvey, op. cit., p. 30.

116 Pl, II, p. 538.

117 Pl, II, p. 568.

118 Pl, II, p. 542.

119 Dans SW, p. 870 (On ne peut guère placer le capriccio trop
haut dans l'oeuvre hoffmannienne, non seulement parce qu'il
exprime des vues esthétiques d'Hoffmann sur le comique et sur
l'art en général avec plus de clarté et de franchise que presque tout autre ouvrage, mais aussi parce qu'il réunit de façon
magistrale les arts auxquels Hoffmann lui-même était le plus
attaché: la poésie, la musique, le théâtre et la peinture):
d'autres commentaires importants sur La Princesse Brambilla
se trouvent dans M. Gravier, "E.T.A. Hoffmann et la psychologie du comédien", Revue d'histoire du théâtre, VII, 3 (1955),
pp. 255-277; C.F. Köpp, "Realismus in E.T.A. Hoffmanns Erzählung 'Prinzessin Brambilla'", Weimarer Beiträge, XII, 1
(1966), pp. 57-80; R. Mühlher, "Prinzessin Brambilla: Ein
Beitrag zum Verständnis der Dichtung", Mitteilungen der E.T.A.
Hoffmann-Gesellschaft, V (1958), pp. 5-24; K. Negus, E.T.A.
Hoffmann's Other World (Philadelphia: University of Philadel-
phia Press, 1965), pp. 139-149; P. Requadt, "Norden und Süden
in der Allegorik von E.T.A. Hoffmanns Prinzessin Brambilla",
Die Bildersprache der deutschen Italiendichtung (Bern und
München: Francke Verlag, 1962), pp. 125-130; H. Slessarev,
"E.T.A. Hoffmann's Prinzessin Brambilla: A Romanticist's
Contribution to the Aesthetic Education of Man", Studies in
Romanticism, IX, 3 (Summer 1970), pp. 147-160; J. Starobinski,
"Ironie et mélancolie", Critique, 227 (avril 1966), pp. 291-
308 et 228 (mai 1966), pp. 438-457; I. Strohschneider-Kohrs,
Die romantische Ironie (Tübingen: Max Niemeyer Verlag, 1960),
pp. 362-424; et B. Tecchi, "E.T.A. Hoffmanns 'Prinzessin
Brambilla'", Weltbewohner und Weimaraner (Zürich: Artemis
Verlag, 1960), pp. 301-316.

120
Voir plus haut, p. 2.

121
H. Heine, Werke und Briefe (Berlin: Aufbau Verlag, 1961),
III, p. 556: (Une beauté vraiment exquise.)

122
Athenaeum: eine Zeitschrift 1798-1800 (Hamburg: Rowohlt, 1969),
I, p. 178: (Une confusion artistiquement réglée.)

123
CM, p. 57: "dann wirst du vielleicht das rhapsodische Wesen
der Ganzen entschuldigen, vielleicht aber auch meinen, dass,
trotz des Anscheins der Abgerissenheit, doch ein fester durch-
laufender Faden alle Teile zusammenhalte" (ET, p. 336).

124
Voir plus haut, Le Fantastique, pp. 63-64.

125
CF, III, p. 18: "die weltberühmte Prinzessin Brambilla" (SW,
p. 223).

126
Ibid: "glücklich" (SW, p. 223).

127
CF, III, p. 22: "abenteuerlich und abscheulich" (SW, p. 226).

128
CF, III, p. 23: "ein hübsches himmelblau seidnes Beinkleid"
(SW, p. 227).

129
CF, III, p. 56: "so ist die Urdarquelle, womit die Bewohner
des Landes Urdargarten beglückt wurden, nichts anders, als
was wir Deutschen Humor nennen" (SW, p. 258).

130
SW, p. 288.

131
CF, III, p. 92.

132
CF, III, p. 121: "die gänzliche Verschiedenheit des Sinns"
(SW, p. 312).

133
CF, III, p. 135: "In der kleinen Welt, das Theater genannt,
sollte nämlich ein Paar gefunden werden, das nicht allein von
wahrer Fantasie, von wahrem Humor im Innern beseelt, sondern
auch imstande wäre, diese Stimmung des Gemüts objektiv, wie in
einem Speigel, zu erkennen und sie so ins äussere Leben treten
zu lassen, dass sie auf die grosse Welt, in der jene kleine
Welt eingeschlossen, wirke wie ein mächtiger Zauber" (SW, pp.
324-325).

134
C.F. Köpp, p. 67, combine Celionati, Hermod et Ruffiamonte:
pourtant, au début du conte Ruffiamonte fait partie du cortège
pendant que Celionati parle au peuple (CF, III, p. 16: SW, p.
221).

135
R. Mühlher, p. 18, voit dans Celionati et Chiari une seule personne: cf. pourtant CF, III, p. 117 (SW, p. 308): "les artistes allemands les saisirent tous deux et les jetèrent [i.e.
Chiari et l'imprésario] si rudement à la porte qu'ils passèrent
avec la rapidité de l'éclair au nez du vieux Celionati qui
venait à propos leur crier bon voyage!".

136
CF, III, p. 25 (SW, p. 231).

137
CF, III, p. 13 et pp. 74-75: SW, pp. 218-219 et pp. 273-274.

138
CF, III, p. 109: "so klein, so niedlich, so allerliebst, dass
ich ihn hätte aufessen mögen" (SW, p. 302).

139
CF, III, p. 36: "so klein, so klein, dass ich glaube, Ihr
hättet Platz in meinem Konfektschächtelchen" (SW, p. 241).

140
CF, III, pp. 10-14, 72-78, 132-137 (SW, pp. 216-219, 271-276,
322-326).

141
Pl, II, p. 528.

142
Ibid.

143
CF, III, p. 49: "jen[e] wunderbar[e] Vorzeit der höchsten Lust,
als die Natur dem Menschen, ihn als ihr liebstes Schosskind
hegend und pflegend, die unmittelbare Anschauung alles Seins
und mit derselben das Verständnis des höchsten Ideals, der
reinsten Harmonie verstattete" (SW, p. 251).

144
CF, III, p. 50: "so schienen schon deshalb beide königliche
Seelen füreinander geschaffen" (SW, p. 252).

145
CF, III, p. 54: "eine neue herrliche Welt voll Leben und Lust"
(SW, p. 256).

146
CF, III, p. 55: "muss man nämlich den physischen Ausdruck des
innigsten Wohlbehagens nicht sowohl, als der Freude über den
Sieg innerer geistiger Kraft Lachen nennen" (SW, p. 256).

147
    "La Datation de l'essai sur le rire", <u>Baudelaire: Etudes et Témoignages</u> (Neuchâtel: A la Baconnière, 1967), pp. 80-95.

148
    <u>La Phalange</u>, 1846, p. 633.

149
    Pl, II, p. 534.

150
    CF, III, p. 55: "Denn so himmelweit war dieses Lachen von dem Gelächter verschieden, womit sie sonst den König quälte, dass viele gescheute Leute behaupteten, sie sei es gar nicht die da lache, sondern ein anderes in ihrem Innern verstecktes wunderbares Wesen" (SW, p. 256).

151
    Pl, II, p. 534.

152
    CF, III, p. 93: "das Land, des blauer Sonnenhimmel / Der Erde Lust in reicher Blüt entzündet" (SW, p. 288).

153
    Pl, II, p. 532.

154
    Pl, II, p. 534.

155
    "das Komische und Tragische selbst" (FS, p. 655).

156
    Pl, II, p. 543.

157
    "dem Schauspieler, dem die tiefere Anschauung der menschlichen Natur mangelt, der die seltsam verzerrte Marionetten irgend eines launenhaften Puppendrehers für wahrhaft lebendige Menschen hält, jenes Gebiet des wahrhaftigen Dichters ewig verschlossen bleiben muss" (FS, p. 653).

158
    Pl, II, p. 543.

159
    Pl, II, p. 532.

160
    Pl, II, p. 543.

161
    CF, III, p. 125: "ohne aber irgend Tolles zu beginnen, wie sonst, wiewohl eben seine grenzenlose Gravität ihm beinahe noch ein komischeres Ansehen gab, als er sonst behauptete" (SW, p. 315).

162 "die Rolle wurde geschaffen von der begeisterten Person, von
dem versteckten Poeten, während das Bewusstsein des eignen
Ichs der Verstand war, der den versteckten Poeten hervorlockte
und ihm die Kraft verlieh körperlich geründet mit Fleisch und
Bein ins Leben zu treten. - Wie wenige sind aber dieser Du-
plizität fähig" (FS, p. 638).

163 CF, III, p. 99: "der Verstand, von dem du nichts hältst, unerachtet man ohne denselben nichts versteht und auch das
Äquilibrium, das zu manchen Dingen nütze" (SW, p. 293).

164 Champfleury a écrit des pantomines telle que Pierrot valet de
la mort: c'est à propos de cette oeuvre que Gérard de Nerval
fait une remarque fort intéressante: "sera-ce la première fois
que le rire jaillira d'un sujet funèbre? Le Malade imaginaire,
Le Légataire, et tant d'autres chefs-d'oeuvre n'ont pour sujet
que la maladie et la mort" (L'Artiste, 4e série, t. vi (1846),
p. 207).

165 Pl, II, p. 540.

166 CF, III, p. 136: "[das seltne] Theate[r], wo Ironie gilt und
echter Humor" (SW, p. 325).

167 Pour des renseignements sur cette pantomime voir la note de
J. Mayne dans The Mirror of Art (London: Phaidon Press, 1955),
pp. 147-148; L'Artiste, 3e série, t. ii (1842); La Presse,
samedi 23 juillet 1842; et le compte rendu de Gautier, publié
dans La Presse du 13 août 1842. Si l'on compare le compte
rendu de Gautier et les remarques de Baudelaire, bien des
différences s'accusent. Pour Gautier, ce qui a emporté le
plus de succès "parmi toutes ces bouffonneries" c'est "une
parodie de la catchucha", dansée par Mathews: Baudelaire, au
contraire, n'en fait même pas mention. Bien que Gautier
prétende avoir une "prédilection pour ce genre de spectacle"
sa description du dénouement nous semble bien froide en comparaison de l'enthousiasme de Baudelaire: "au dénoûment Pantalon recouvre sa batte magique volée par Arlequin, et va
punir ce suborneur, lorsque la bonne fée se présente et sauve
les amans qu'on allait séparer. Le dieu d'hymen les unit dans
un jardin magnifique, et il est censé qu'ils deviennent heureux".

168 CF, III, p. 32: "de[r] vortrefflich[e] Arlecchino, mit der
süssen, neckisch holden Colombina" (SW, p. 237).

169 Pl, II, p. 566.

170
P1, II, pp. 540-541.

171
CF, III, p. 33: "Truffaldin [...] steckt neugierig den Kopf dazwischen, will nicht weichen, unerachtet es reichliche Ohrfeigen regnet von allen Seiten" (SW, p. 238).

172
P1, II, p. 539: mais cf. Gautier (art.cit.): "Il [Arlequin père] donne des coups de pied et des coups de botte et l'on ne rit pas".

173
CF, III, p. 32: "Beifall [und] Freudengeschrei" (SW, p. 237).

174
P1, II, p. 541.

175
CF, III, p. 32: "führten [...] im Triumph davon" (SW, p. 237).

176
CF, III, p. 33: "ein schönes, herrliches, glänzendes Reich" (SW, p. 238).

177
P1, II, p. 540.

178
CF, III, p. 32: "von einem mächtigen Zauber beschirmt" (SW, p. 237).

179
P1, II, p. 536.

180
Ibid.

181
Ibid.

182
P1, II, p. 542.

183
P1, II, p. 535.

184
P1, II, p. 542: Baudelaire l'appelle Peregrinus Tyss.

185
CF, III, p. 198: "und strichen und drückten ihn mit ihren Fäusten so, dass er immer dünner und dünner wurde [...] Zuletzt, als Pepusch so dünn geworden wie ein Distelstengel" (SW, pp. 760-761).

186
CF, III, p. 205: "Der eine, ein alter Mensch von abscheulichem

schmutzigen Ansehen, war in einen langen sehr engen Überrock
von fahlschwarzem glänzendem Zeuge gekleidet. Er wusste sich
bald lang und dünn zu machen, bald schrumpfte er zu einem
kurzen dicken Kerl zusammen und es war seltsam, dass er sich
dabei ringelte wie ein glatter Wurm. Der andere hochfrisiert,
im bunten seidnen Rock, ebensolchen Unterkleiden, grossen sil-
bernen Schnallen, einem Petit Maitre aus der letzten Hälfte
des vorigen Jahrunderts gleichend, flog dagegen ein Mal über
das andere hoch hinauf an die Stubendecke und liess sich sanft
wieder herab, indem er mit heiterer Stimme misstönende Lieder
in gänzlich unbekannter Sprache trällerte" (SW, p. 769).

187 CF, I, p. 284: "Er schien absteigen zu wollen, plötzlich fuhr
aber mit der Schnelligkeit des Blitzes unter dem Bauch des
Pferdes hinweg, schleuderte sich auf der andern Seite zwei -,
dreimahl hintereinander zwölf Ellen hoch in die Lüfte, so dass
er sich auf jeder Elle sechsmal überschlug, bis er mit dem
Kopf auf dem Sattelknopf zu stehen kam. So galoppierte er,
indem die Füsschen in den Lüften Trochäen, Pyrrhichien,
Daktylen u.s.w. spielten" (SB, p. 962).

188 Pl, II, p. 542.

189 Ibid.

190 Pl, II, p. 541.

191 Ibid.

192 Ibid: on pourrait comparer à cette description un commentaire
de Ferrière, dont j'ai rappelé l'importance pour l'oeuvre du
jeune Baudelaire (Prolégomènes, pp. 22-23): "C'est en Allemagne
que j'ai compris pour la première fois comment une nation
pouvait avoir quelque ressemblance avec son breuvage habituel.
Examinez un verre de bierre allemande: quelle liqueur épaisse,
pesante, matérielle! Voilà ce qui frappe d'abord. Eh bien!
cette liqueur est traversée par des atômes brillants comme des
étincelles, minces et déliés comme un nuage d'orient, pétille
au haut du verre" (Contes de Samuel Bach, éd.cit., p. 21).

193 CF, III, p. 16: "drängte sich heran und wollte in die Kutsche
hineinschauen, sah aber nichts, als den Korso, und sich selbst;
denn die Fenster waren reine Spiegel" (SW, p. 221).

194 Pl, II, pp. 119-120.

195
Pour une excellente étude de la commedia, voir H. Daniel,
The Commedia dell'Arte and Jacques Callot (Sydney: The Went-
worth Press, 1965).

196
CF, III, p. 93: "Wo gaukeln froh der Fantasei Gestalten, / In
bunter Welt, die klein zum Ei gerundet? / Wo mag die Macht
anmutgen Spukes walten? / Wer ist der Ich, der aus dem Ich
gebären / Das Nicht-Ich kann, die eigne Brust zerspalten, /
Und schmerzlos hoch Entzücken mag bewähren?" (SW, p. 288).

197
CF, III, p. 130: "Rom, wo lustiges Getümmel, / Zur Maskenzeit,
den Ernst vom Ernst entbindet! / Es gaukeln froh der Fantasei
Gestalten / Auf bunter Bühne klein zum Ei gerundet" (SW, p.
319).

198
Pl, II, p. 480.

199
Pl, II, p. 542.

200
Pl, II, p. 480.

201
Pl, II, p. 542.

NOTES SE REFERANT A LA CONCLUSION

E. Teichmann, p. 227.

Pl, I, p. 10

Pl, II, p. 465.

Pl, II, p. 535.

Ibid.

Dans les chemins de Baudelaire (Paris: Corti, 1945), p. 320.

Préface aux Tales of the Grotesque and Arabesque dans Introduction to Poe, éd. E.W. Carlson (Glenview, Illinois: Scott, Foresman and Company, 1967), p. 484.

"The Influence of E.T.A. Hoffmann on the Tales of Edgar Allan Poe", Studies in Philology, III, 1908, p. 29.

Edgar Poe: Sa Vie - son oeuvre (Paris: Presses universitaires de France, 1958), I, p. 83.

[0] Voir Cobb, p. 10.

[1] Le Majorat et The Fall of the House of Usher et Metzengerstein, ce dernier ayant porté jusqu'en 1840 le sous-titre "A Tale in Imitation of the German". Le comparatiste découvre aussi dans The Oval Portrait des réminiscences de L'Eglise des Jésuites, dans William Wilson un reflet des Elixirs du Diable, dans le Tale of the Ragged Mountains un écho du Magnétiseur et dans The Assignation un remaniement de Doge et Dogaresse.

12
C.P. Cambiaire, The Influence of Edgar Allan Poe in France
(New York: G.E. Stechert and Co., 1927), pp. 99-100 et P.M.
Wetherill, Charles Baudelaire et la poésie d'Edgar Allan Poe
(Paris: Nizet, 1962), pp. 19-32, par exemple.

13
Pl, II, p. 258: Baudelaire traduit ici l'expression du critiqu
américain J.M. Daniel: voir l'édition de Bandy.

14
Pl, II, p. 301.

15
Cobb, p. 103.

16
Pour une analyse très fouillée de cet aspect de la vie et de
l'oeuvre de Poe, voir M. Bonaparte, passim.

17
Pl, I, p. 43.

18
Voir l'appendice A.

19
Pl, II, p. 277.

20
Poe, p. 1085, note 10.

21
Poe, p. 316.

22
Poe, p. 1085.

23
SW, p. 600: voir Champfleury, "Nouveaux Documents sur la vie
et les oeuvres d'Hoffmann", Revue de Paris, 15 avril 1855, et
sa version des Contes posthumes, p. 282.

24
Poe, Introduction, p. 457.

25
Ibid, p. 473.

26
Pl, II, p. 462.

27
Pl, II, p. 329.

28
Pl, II, p. 462.

29
Pl, II, p. 421.

30   "Märchen aus der neuen Zeit".   Sous-titre du <u>Pot d'or</u>.

NOTES SE REFERANT AUX APPENDICES

[1]
J'écarte, par exemple, l'idée plus ingénieuse que profonde qui
consiste à voir dans l'expression "le triste coeur d'Agathe"
(Pl, I, p. 63) un écho du conte d'Hoffmann, Le Coeur d'Agate
(Das steinerne Herz): voir Pommier, Dans les chemins de Baudelaire
(Paris: Corti, 1945), p. 318 et FM, p. 413. Dans cet appendice
je me sers des sigles suivants:
    PI: J. Pommier, La Mystique de Baudelaire (Genève: Slatkine
    Reprints, 1967)
    PII: J. Pommier, Dans les chemins de Baudelaire (éd.cit.)
    Adam: Baudelaire, Les Fleurs du mal, éd. A. Adam (Paris:
    Garnier, 1968)

[2]
"Sie haben mir eine herrliche Krone gereicht, aber was in den
Diamanten so blitz und funkelt, das sind die tausend Tränen, die
ich vergoss" (FS, p. 294).

[3]
P. Arnold, Esotérisme de Baudelaire (Paris: Vrin, 1972).

[4]
"Unsichtbare Fittige wehen auf und nieder - ich schwimme im
düftigen Äther" (FS, p. 293): voir aussi L.B. Hyslop, "Baudelaire's 'Elévation' et E.T.A. Hoffmann", The French Review, XLVI,
5 (April 1973), pp. 951-959.

[5]
"so lebt und webt im Schaum das höhere geistige Prinzip, das
frei von dem Drange des Materiellen frisch die Fittige regend,
in dem fernen uns allen verheissenen himmlischen Reiche sich zu
dem verwandten höheren Geistigen freudig gesellt, und alle wundervollen Erscheinungen in ihrer tiefsten Bedeutung wie das
Bekannteste aufnimmt und erkennt" (FS, p. 142).

[6]
"eine Übereinkunft der Farben, Töne und Düfte" (FS, p. 50): cf.
Kr, p. 86.

7   "[ich] höre dann, wie aus weiter Ferne, die anschwellenden und
     wieder verfliessenden tiefen Töne des Bassetthorns" (Ibid): on
     a souvent signalé l'écart entre la version de Loève-Veimars et
     le texte allemand: cf. Kr, p. 86 pour la traduction de Béguin.

8   "meine Jugendzeit gleicht einer dürren Heide ohne Blüten und
     Blumen, Geist und Gemüt erschlaffend im trostlosen Einerlei!"
     (ET, p. 371).

9   "dem unbekannten, schicksallenkenden Wesen, das ihm wie ein
     schadenfrohes, mit den kläglichen Geschöpfen seiner spottenden
     Laune ein grausames Spiel treibendes Ungeheuer erschien, kühn
     entgegenzutreten" (FS, p. 76): Loève-Veimars ne semble pas
     avoir compris (voulu comprendre?) cette phrase: voir CF, II,
     p. 83. Adam ne donne pas le nom du traducteur qu'il cite.

10   "die lange, hagere Donna Elvira" (FS, p. 69).

11   "Sur le Don Juan aux Enfers de Baudelaire", R.H.L.F., XLIV, 1
     (jan.-mars 1937), pp. 65-76.

12   L'Esprit du mal et l'esthétique baudelairienne (Paris: Colin,
     1955), p. 197.

13   Hoffmann, Contes (Paris: Livre de Poche, 1969), p. 100: "[sie]
     kniete hin und streckte die Arme auf ein Tabouret vor sich her,
     indem sie ihre [...] Augen zu einem stieren, unangenehmen ge-
     spenstischen Blicke zwang 'Zwei Sphinxe - zwei Spinxe im Kon-
     flikt!'" (FS, p. 110): il faut savoir que le chien parodie ici
     sa maîtresse.

14   "die Macht, knisternde Funken aus meinen Pelz hervorstrahlen zu
     lassen, wenn man mich streichelt" (ET, p. 334).

15   "Ihr Anzug, wirklich Silberzindel mit seltsamer bunter Sticke-
     rei, war ganz fantastisch [...]. 'Ja sie ist es, es ist Prin-
     zessin Gamaheh!'" (SW, pp. 729-730).

16   "ich wandle in einem herrlichen Garten, in dem [...] Nachtviolen
     und Rosen durcheinander blühten, und ihr süsses Aroma in die
     Lüfte streuten. Ein wunderbarer Schimmer, wie Mondesglanz,
     ging auf in Ton und Gesang [...]. Da gewahrte ich aber, dass
     ich selbst der Gesang sei, der durch den Garten ziehe, doch so
     wie der Glanz der Töne verbleiche, müsse ich auch vergehen in
     schmerzlicher Wehmut!" (ET, p. 463).

17   "Pour une étude chronologique des 'Fleurs du mal'", R.H.L.F.,
LXVII, 2 (avril-juin 1967), pp. 343-356.

18   "wenn sie nicht alsbald komme und mit den feuchten Mondesstrahlen ihrer holdseligen Augen die Glut lösche!" (SW, p. 317).

19   "Das hätte er auch wirklich sein können, wenn nicht allein er,
sondern gar viele im Lande, die man zu den Weisesten rechnen
durfte, von einer gewissen seltsamen Traurigkeit befallen worden wären, die mitten in aller Herrlichkeit keine Lust aufkom-
men liess" (SW, p. 251).

20   "Plötzlich sah ich mich umgeben von sieben riesenhaft grossen
dürren alten Weibern; siebenmal glaubte ich die vermaladeite
Cannizares zu sehen, und doch war es wieder keine, denn eine
stets wechselnde Varietät in diesen verschrumpften Gesichtern
mit den spitzigen Habichtsnasen, den grünfunkelnden Augen, den
zahnlosen Mäulern, machte das Bekannteste fremd, das Fremdeste
bekannt" (FS, p. 87).

21   "er oft unbekannten Menschen, die irgend etwas Verwunderliches
in Gang, Kleidung, Ton, Blick haben, tagelang nachläuft" (FS,
p. 460).

22   "Es ist wohl herrlich, dass eine edle Frucht das Geheimnis in
sich trägt, den menschlichen Geist in seinen eigensten Anklänge▸
auf eine wunderbare Weise zu beherrschen" (FS, p. 56).

23   "So würde ich z.B. bei der Kirchenmusik alte Rhein- und Franz-
weine, bei der ernsten Oper sehr feinen Burgunder, bei der
komischen Oper Champagner [...] anraten" (FS, p. 56): voir
aussi Pl, I, p. 378.

24   "nun bin ich frei - frei - frei - Heisa frei!" (SB, p. 42).

25   "sein Blut aus den Adern spritzte, eindringend in den durchsichtigen Leib der Schlange und ihn rot färbend" (FS, p. 191).

26   "so kommt es, dass mir die ernsthaftesten Dinge oft ganz ungemein spasshaft, und umgekehrt die spasshaftesten Dinge oft
ganz ungemein ernsthaft vorkommen" (SW, pp. 313-314).

27   Cité dans Kopp, p. 204 (la traduction est de Champfleury): "Der
Kleine hat übrigens Riesenkräfte, weshalb die Familie ihn dazu
braucht, die verkauften Kohlensäcke des Käufern ins Haus zu

schaffen. Ich sah oft, ihn von den Weibern mir wohl zehn grossen Körben bepacken, die sie hoch übereinender auf seinen Rük-
ken häuften, und er hüpfte damit fort, als fühle er keine Last.
[...] Es schien ein fabelhaftes Tier" (SW, pp. 617-618). En
considérant les Petits Poèmes en prose je me sers des sigles
suivants:

> Kopp: Baudelaire, Petits Poèmes en prose, éd. R. Kopp
> (Paris: Corti, 1969)
> Zim: Baudelaire, Petits Poèmes en prose, éd. M. Zimmerman
> (Manchester: Manchester University Press, 1968)

28 Cité par Kopp, p. 208 (la traduction est d'Henry Egmont): "das-
jenige hundertfach modifizierte Hin- und Herbewegen unseres
Schweifes, wodurch wir alle Nuancen unseres Wohlgefallens, von
der leisesten Rührung der Lust bis zur ausgelassensten Freude,
zu bezeichnen wissen, und welches ihr schlecht genug: wedeln,
nennt" (FS, p. 85).

29 Charles Baudelaire, tr. H. Zohn (London: New Left Books, 1973),
pp. 48-49, 129-130. Voir aussi mon article "Sur Hoffmann,
Poe et Baudelaire", Bulletin baudelairien, tome 11, ii (hiver
1976), pp. 11-12.

30 Cité Kopp, p. 340: "der grämlich Invalide trat ins Kabinett,
und meinte mit verzogenem Gesicht: der Herr möge doch nun endlich das Fenster verlassen und essen, da sonst die aufgetrage-
nen Speisen wieder kalt würden" (SW, p. 621).

31 Hoffmann, Contes, p. 57: "Möpse und Bologneser verachte ich
unendlich als saft- und kraftlose Schmarotzer ohne Heldensinn"
(FS, pp. 80-81).

BIBLIOGRAPHIE

Les abréviations utilisées dans le texte sont données entre crochets.

I TEXTES:

   (a) Baudelaire

Oeuvres complètes. Deux volumes. Texte établi, présenté et annoté par Claude Pichois. Paris: Gallimard, Bibliothèque de la Pléiade, 1975-76. [P1]

Art in Paris 1845-1862: Salons and other Exhibitions. Translated and edited by J. Mayne. London: Phaidon Press, 1965.

L'Art romantique. Chronologie, préface, établissement du texte par L.J. Austin. Paris: Garnier-Flammarion, 1968.

Baudelaire critique d'art. 2 volumes. Texte établi et présenté par Cl. Pichois. Paris: Colin, Bibliothèque de Cluny, 1965.

Baudelaire critique d'art: Curiosités esthétiques, poèmes, oeuvres diverses, lettres. Textes et documents présentés et rassemblés par Bernhard Gheerbrandt. Paris: Club des Libraires de France, 1956.

Correspondance: I (janvier 1832 - février 1860) II (mars 1860 - mars 1866). Texte établi, présenté et annoté par Cl. Pichois avec la collaboration de J. Ziegler. Paris: Gallimard, Bibliothèque de la Pléiade, 1973. [Corr]

Edgar Allan Poe: sa vie et ses ouvrages. Edited by W.T. Bandy. Toronto: University of Toronto Press, 1973.

La Fanfarlo. Texte établi, présenté et annoté par Cl. Pichois. Monaco: Editions du Rocher, 1957.

Les Fleurs du mal. Les Epaves - Bribes - Poèmes divers - Amoeni-tates belgicae. Paris: Garnier Frères, 1961.

341

Les Fleurs du mal. Edition critique établie par J. Crépet et G.
    Blin. Paris: Librairie José Corti, 1942. [FM]

Les Fleurs du mal. Edition critique: J. Crépet et G. Blin; refondue
    par G. Blin et Cl. Pichois. Paris: Librairie José Corti, 1968.

Les Fleurs du mal: texte de 1861. Les Epaves, Sylves. Avec cer-
    taines images qui ont pu inspirer le poëte. Edition établie
    par J. Pommier et Cl. Pichois. Paris: Club des Libraires de
    France, 1959.

Lettres à sa mère. Texte de M. Crepet [sic]. Paris: Calmann-Lévy,
    1932.

Lettres inédites aux siens. Présentées et annotées par P. Auserve.
    Paris: Editions Bernard Grasset, 1966.

The Mirror of Art: Critical Studies by Charles Baudelaire. Trans-
    lated and edited with notes and illustrations by J. Mayne.
    London: Phaidon Press, 1955.

The Painter of Modern Life and Other Essays. Translated and edited
    by J. Mayne. London: Phaidon Press, 1964.

Petits Poëmes en prose. Edition critique par R. Kopp. Paris:
    Librairie José Corti, 1969.

Petits Poëmes en prose. Edition with introduction and notes by M.
    Zimmerman. Manchester: Manchester University Press, 1968.

Salon de 1845. Edition critique établie avec introduction, notes
    et éclaircissements par A. Ferran. Toulouse: Aux Editions de
    l'Archer, 1933.

Salon de 1846. Texte établi et présenté par David Kelley. Oxford:
    Clarendon Press, 1975.

Un mangeur d'opium. Avec le texte parallèle des "Confessions of
    An English Opium-Eater" et des "Suspiria de Profundis". Edi-
    tion critique et commentée par Michèle Stäuble-Lipman Wulf.
    Neuchâtel: A La Baconnière, Etudes baudelairiennes VI-VII,
    1976.

Baudelaire, Champfleury et Toubin. Le Salut public. 2 numéros,
    1848. Paris: L'Arche du livre, 1970.

Baudelaire et Gautier. Hashish, wine, opium. Translated by M.
    Stang. With an introduction by D. Stanford. London: Calder
    and Boyars, Signature Series 14, 1972.

BIBLIOGRAPHIE

(b) Hoffmann

Briefwechsel: Erster Band. 1794-1814. Gesammelt und erläutert von
    H.v. Müller und F. Schnapp. München: Winkler Verlag, 1967. [BWI]

    Zweiter Band. 1814-1822. Gesammelt und erläutert von H.v.
    Müller und F. Schnapp. München: Winkler Verlag, 1968. [BWII]

    Dritter Band. Ämtliche Briefe, Dokumente, Gesamtregister. Gesam-
    melt und erläutert von H.v. Müller und F. Schnapp. München:
    Winkler Verlag, 1969. [BWIII]

Die Elixiere des Teufels. Lebens-Ansichten des Katers Murr. Nach-
    wort von W. Müller-Seidel und Anmerkungen von W. Kron. München:
    Winkler Verlag, 1969. [ET]

Fantasie- und Nachtstücke. Herausgegeben und mit einem Nachwort
    versehen von W. Müller-Seidel und Anmerkungen von W. Kron.
    Munchen: Winkler Verlag, 1967. [FS]

Poetische Werke. 12 volumes. Berlin: Walter de Gruyter, 1957-1961.

Prinzessin Brambilla. Edited by M.M. Raraty. Oxford: Basil Black-
    well, 1972.

Sämtliche Werke. Historische-kritische Ausgabe mit Einleitungen,
    Anmerkungen und Lesarten von C.G. von Maassen. Bd. 1-4, 6-10.
    München und Leipzig (Bd. 9/10: München): G. Müller (Bd. 8: und
    Berlin: Propyläen-Verlag), 1908-1928.

Schriften zur Musik. Nachlese. Herausgegeben von F. Schnapp.
    München: Winkler Verlag, 1963. [SM]

Die Serapionsbrüder. Mit einem Nachwort von W. Müller-Seidel und
    Anmerkungen von W. Segebrecht. München: Winkler Verlag, 1966.
    [SB]

Späte Werke. Nachwort von W. Müller-Seidel und Anmerkungen von
    W. Segebrecht. München: Winkler Verlag, 1969. [SW]

Tagebücher. Nach der Ausgabe H.v. Müllers mit Erläuterungen heraus-
    gegeben von F. Schnapp. München: Winkler Verlag, 1971. [TB]

Traductions d'Hoffmann

Le Chat Murr. Traduction intégrale par A. Béguin. Paris: Gal-
    limard, 1950 (édition originale 1943). [CM]

Contes d'Hoffmann. Edition intégrale des contes réalisée sous la
    direction d'Albert Béguin. Paris: Les Librairies Associées,1964.

343

BIBLIOGRAPHIE

Contes: Fantaisies à la manière de Callot. Notice et notes d'A.
Béguin. Préface de C. Roy. Paris: Livre de Poche, 1969.

Contes fantastiques complets. 3 volumes. Paris: Flammarion, Collection "L'Age d'or", 1964. [CF]

"La Cour d'Artus". [Traduit par Loève-Veimars.] Revue de Paris,
V (1829), pp. 148-165.

Kreisleriana. Traduction d'A. Béguin. Paris: Gallimard, 1949.
[Kr]

Princesse Brambilla/Prinzessin Brambilla. Traduit et présenté par
P. Sucher. Paris: Editions Montaigne, Collection bilingue,
1951.

"Singulières Tribulations d'un directeur de théâtre" dans
Oeuvres complètes. Traduites par Th. Toussenel. Paris: J.
Lefebvre, 1830, t. xi et t. xii, pp. 3-160.

"Souvenir du siège de Dresde". [Traduit par Loève-Veimars.]
Revue de Paris, IV (1829), pp. 121-128.

"Du Théâtre et de Zacharias Werner". [Traduit par Loève-Veimars.]
Revue de Paris, IX (1829), pp. 5-22.

II   ETUDES CRITIQUES:

   (a) Sur Baudelaire

Accaputo, Nino. L'Estetica di Baudelaire e le sue fonti germaniche.
Torino: Bottega d'Erasmo, 1961.

Ahearn, Edward J. "The Search for Community: The City in Hölderlin,
Wordsworth and Baudelaire", Texas Studies in Literature and
Language, XIII, 1 (Spring 1971), pp. 71-89.

Arnold, Paul. Le Dieu de Baudelaire. Paris: Savel, 1947.

   Esotérisme de Baudelaire. Paris: J. Vrin, 1972.

Austin, Lloyd James. L'Univers poétique de Baudelaire: symbolisme
et symbolique. Paris: Mercure de France, 1956.

   'Baudelaire et l'énergie spirituelle', RSH (jan.-mars 1957), pp.
   35-42.

   'Baudelaire: Poet or Prophet', in Studies in Modern French Literature, ed. L.J. Austin et al. Manchester: Manchester University Press, 1961, pp. 18-34.

BIBLIOGRAPHIE

Avni, Abraham. "A Revaluation of Baudelaire's 'Le Vin': Its Ori-
ginality and Significance for Les Fleurs du mal", French Review,
XLIV, 2 (December 1970), pp. 310-321.

Barlow, Norman H. Sainte-Beuve to Baudelaire: A Poetic Legacy.
Durham N.C.: Duke University Press, 1964.

Beilharz, R. "Fantaisie et imagination chez Baudelaire, Catherine
Crowe et leurs prédécesseurs allemands" dans Baudelaire: Actes
du colloque de Nice (25-27 mai 1967). Monaco: Minard, 1968,
pp. 31-40.

Benjamin, Walter. Charles Baudelaire: A Lyric Poet in the Era of
High Capitalism. [Charles Baudelaire: ein Lyriker im Zeitalter
des Hochkapitalismus.] Translated from the German by H. Zohn.
London: New Left Books, 1973.

Bernard, Suzanne. "Baudelaire et le lyrisme moderne", Le Poème en
prose de Baudelaire jusqu'à nos jours. Paris: A.G. Nizet, 1959,
pp. 103-150.

Blin, Georges. Baudelaire. Préface de J. Crépet. Paris: Gallimard, N.R.F., 1939.

"Baudelaire et Alexandre Weill", Revue d'histoire littéraire de
la France, LXIII, 1 (jan.-avril 1963), pp. 28-45.

'Les Fleurs de l'impossible', Revue des Sciences Humaines (juillet-sept. 1967).

Le Sadisme de Baudelaire. Paris: José Corti, 1948.

Brombert, Victor. "Claustration et infini chez Baudelaire", dans
Baudelaire: Actes du colloque de Nice (25-27 mai 1967). Monaco:
Minard, 1968, pp. 49-59.

Butor, Michel. Histoire extraordinaire: Essai sur un rêve de
Baudelaire. Paris: Gallimard, 1961.

"Les Paradis artificiels", Essais sur les modernes. Paris: Gallimard, Collection Idées, 1964, pp. 7-15.

Cargo, Robert T. Baudelaire Criticism, 1950-1967. Alabama: University of Alabama Press, 1968.

A Concordance to Baudelaire's "Les Fleurs du mal". Chapel Hill:
The University of North Carolina Press, 1965.

Castex, Pierre-Georges. "Baudelaire et Balzac", Orbis Litterarum,
XII, fasc. 1 (1957), pp. 179-192.

Cattaui, Georges. "Le Dualisme de Baudelaire", Orphisme et prophétie chez les poètes français. 1850-1950. Paris: Librairie Plon, 1965, pp. 83-107.

Cellier, Léon. Baudelaire et Hugo. Paris: José Corti, 1970.

Clapton, G.T. "Baudelaire and Catherine Crowe", Modern Language Review, XXV, 3 (July 1930), pp. 286-305.

Baudelaire et De Quincey. Paris: Société d'édition "Les Belles Lettres", 1931.

Crépet, Eugène. Charles Baudelaire. Etude biographique d'Eugène Crépet, revue et mise à jour par Jacques Crépet. Paris: Messein, 1906.

Crépet, Jacques. Propos sur Baudelaire. Rassemblés et annotés par Cl. Pichois. Préface de J. Pommier. Paris: Mercure de France, 1957.

David, Henri. "Sur le Don Juan aux enfers de Baudelaire", Revue d'histoire littéraire de la France, XLIV, 1 (jan.-mars 1937), pp. 65-76.

Delesalle, Jean-François. "Baudelaire rival de Jules Janin?" dans Etudes baudelairiennes III: Hommage à W.T. Bandy. Recueil publié par J.S. Patty et Cl. Pichois. Neuchâtel: A la Baconnière, 1973, pp. 41-53.

Eigeldinger, Marc. "Baudelaire et la conscience de la mort", Poésie et métamorphoses. Neuchâtel: A la Baconnière, 1973, pp. 137-154.

Le Platonisme de Baudelaire. Neuchâtel: A la Baconnière, 1951.

Eliot, T.S. "Baudelaire", Selected Essays. London: Faber and Faber, 1972 (édition originale 1932).

Fairlie, Alison. "The Ambitions of Baudelaire", Times Literary Supplement, 6 May 1977, p. 567.

Baudelaire: Les Fleurs du Mal. London: Edward Arnold, Studies in French Literature, 6, 1965.

"Expression in Baudelaire's Art Criticism" dans French 19th Century Painting and Literature. Edited by U. Finke. Manchester: Manchester University Press, 1972, pp. 40-64.

BIBLIOGRAPHIE

"'Mène-t-on la foule dans les ateliers?' - Some Remarks on
Baudelaire's variants" in Order and Adventure in Post-Roman-
tic French Poetry. Edited by E.M. Beaumont et al. Oxford:
Blackwell, 1973, pp. 17-37.

"Observations sur les 'Petits Poèmes en Prose'" in Baudelaire.
Herausgegeben von A. Noyer-Weidner. Darmstadt: Wissenschaft-
liche Buchgesellschaft, 1976, pp. 394-409.

"The Procrastinations of a Poet", Times Literary Supplement, 28
June 1974, pp. 688-689.

"Quelques remarques sur les 'Petits Poèmes en prose'" dans
Baudelaire: Actes du colloque de Nice (25-27 mai 1967). Monaco:
Minard, 1968, pp. 89-97.

"Reflections on the Successive Versions of 'Une Gravure fantastique'" dans Etudes baudelairiennes III: Hommage à W.T.
Bandy. Recueil publié par J.S. Patty et Cl. Pichois. Neuchâtel: A la Baconnière, 1973, pp. 217-231.

"Some Remarks on Baudelaire's Poème du haschisch" dans The
French Mind: Studies in Honour of G. Rudler. Edited by W.
Moore, R. Sutherland and E. Starkie. Oxford: Clarendon Press,
1952, pp. 291-317.

Ferran, André. L'Esthétique de Baudelaire. Paris: Hachette, 1933.

Fondane, Benjamin. Baudelaire et l'expérience du gouffre. Préface de J. Cassou. Paris: Pierre Seghers, 1947.

Galand, René. Baudelaire: Poétiques et poésie. Paris: A.G.
Nizet, 1969.

"La Vision de l'inconscient chez Baudelaire", Symposium, XXVI, 1
(Spring 1972), pp. 15-23.

Gheerbrandt, B. Baudelaire critique d'art. Paris: Club des Libraires de France, 1956.

Gilman, Margaret. Baudelaire the Critic. New York: Octagon Books,
1971 (édition originale 1943).

Grava, A. "L'Intuition baudelairienne de la réalité bipolaire",
Revue des Sciences Humaines, 127 (juillet-septembre 1967),
pp. 397-415.

Guiette, Robert. "Des 'Paradis artificiels' aux 'Petits Poëmes en
prose'" dans Etudes baudelairiennes III: Hommage à W.T. Bandy.
Recueil publié par J.S. Patty et Cl. Pichois. Neuchâtel: A
la Baconnière, 1973, pp. 178-184.

Hambly, Peter S. Baudelaire et le fouriérisme. A paraître chez Minard.

"Baudelaire et l'utopie", Bulletin baudelairien, tome 6, i (août 1970), pp. 5-7.

"Notes sur deux poèmes de Baudelaire: 'Réversibilité' et 'Châtiment de l'orgueil'", Revue d'histoire littéraire de la France, LXXI, 3 (mai-juin 1971), pp. 485-488.

"The Structure of Les Fleurs du mal: Another Suggestion", Australian Journal of French Studies, VIII, 3 (September-December 1971), pp. 269-296.

Hofmann, Werner. "Baudelaire et la caricature", Preuves, année 18, 207 (mai 1968), pp. 38-43.

Hyslop, Lois B. "Baudelaire's Elévation and E.T.A. Hoffmann", The French Review, XLVI, 5 (April 1973), pp. 951-959.

Jones, P. Mansell. Baudelaire. Cambridge: Bowes and Bowes, 1952.

"Poe and Baudelaire: The 'Affinity'", Modern Language Review, XL (Oct. 1945), pp. 279-283.

Juden, Brian. "Que la théorie des correspondances ne dérive pas de Swedenborg", Travaux de linguistique et de littérature, XI, 2 (1973), pp. 33-46.

Laforgue, René. L'Echec de Baudelaire. Genève: Editions du Mont-Blanc, 1964 (édition originale 1931).

Leakey, F.W. "Baudelaire and Mortimer", French Studies, VII, 2 (April 1953), pp. 101-115.

Baudelaire and Nature. Manchester: Manchester University Press, and New York: Barnes and Noble, 1969.

"Pour une étude chronologique des 'Fleurs du mal': 'Harmonie du soir'", Revue d'histoire littéraire de la France, LXVII, 2 (avril-juin 1967), pp. 343-356.

et Pichois, Claude. "Les Sept Versions des 'Sept Vieillards'" dans Etudes baudelairiennes III: Hommage à W.T. Bandy. Neuchâtel: A la Baconnière, 1973, pp. 262-289.

Lloyd, Rosemary. "Sur Hoffmann, Poe et Baudelaire", Bulletin baudelairien, tome 11, ii (hiver 1976), p. 12.

Lockspeiser, Edward. "Baudelaire and Music", The Listener, LXXVIII (July-December 1967), pp. 108-110.

BIBLIOGRAPHIE

Mauron, Charles. "Le Rire baudelairien", Europe, XLV, 456-457
    (avril-mai 1967), pp. 54-61.

May, Gita. Diderot et Baudelaire: critiques d'art. Genève: Droz,
    1967.

Mein, Margaret. "Proust and Baudelaire", Australian Journal of
    French Studies, X, 2 (1973), pp. 144-163.

Mickel, Emanuel J. "Baudelaire's Changing View of the Artificial
    Paradises", Romance Notes, XII, 2 (Spring 1971), pp. 318-325.

Mossop, D.J. Baudelaire's Tragic Hero: A Study of the Architecture
    of "Les Fleurs du mal". London: Oxford University Press, 1961.

Neumeister, Sebastian. "Bürger und Dandy", Der Dichter als Dandy:
    Kafka, Baudelaire, Thomas Bernhard. München: Wilhelm Fink
    Verlag, 1973, pp. 40-77.

Peyre, Henri. Connaissance de Baudelaire. Paris: José Corti,
    1951.

Pichois, Claude. Baudelaire à Paris. Paris: Hachette, 1967.

    "La Datation de l'essai sur le rire", Baudelaire: Etudes et
    témoignages. Neuchâtel: A la Baconnière, 1967, pp. 80-95.

    "Sur Baudelaire et Hoffmann", Revue de littérature comparée,
    XXVII (1953), pp. 98-99.

    et Kopp, Robert. "Baudelaire et l'opium", Europe, XLV, 456-467
    (avril-mai 1967), pp. 61-79.

Pommier, Jean. Dans les chemins de Baudelaire. Paris: José Corti,
    1945.

    La Mystique de Baudelaire. Genève: Slatkine Reprints, 1967
    (édition originale 1932).

Prévost, Jean. Baudelaire: Essai sur la création et l'inspiration
    poétiques. Paris: Mercure de France, 1968 (édition originale
    1953).

Proust, Marcel. "Sainte-Beuve et Baudelaire", Contre Sainte-
    Beuve. Edition établie par P. Clarac avec la collaboration
    d'Y. Sandre. Paris: Gallimard, Bibliothèque de la Pléiade,
    1971, pp. 243-262.

Richard, Jean-Pierre. "Profondeur de Baudelaire", Poésie et pro-
    fondeur. Paris: Editions du Seuil, 1955, pp. 91-162.

BIBLIOGRAPHIE

Ruff, Marcel A. Baudelaire. Nouvelle édition mise à jour. Paris: Hatier-Boivin, Connaissance des Lettres, 1957.

L'Esprit du mal et l'esthétique baudelairienne. Paris: Librairie Armand Colin, 1955.

"La Pensée politique et sociale de Baudelaire" dans Littérature et société. Recueil d'études en l'honneur de B. Guyon. Paris: Desclée de Brouwer, 1973, pp. 65-75.

Sartre, Jean-Paul. Baudelaire. Précédé d'une note de M. Michel Leiris. Paris: Gallimard, N.R.F., 1947.

Starkie, Enid. Baudelaire. London: Faber and Faber, 1957.

Starobinski, Jean. "Sur quelques répondants allégoriques du poète", Revue d'histoire littéraire de la France, LXVII, 2 (avril-juin 1967), pp. 402-412.

Vivier, Robert. L'Originalité de Baudelaire. Bruxelles: Palais des Académies, 1965 (réimpression de l'édition de 1927).

Weber, Jean-Paul. "Charles Baudelaire", Genèse de l'oeuvre poétique. Paris: Gallimard, N.R.F., 1960, pp. 185-223.

Wetherill, Peter Michael. Charles Baudelaire et la poésie d'Edgar Allan Poe. Paris: A.G. Nizet, 1962.

(b) Sur Hoffmann

Baldensperger, F. "Pour les débuts d'Hoffmann en France. I: Une mention diplomatique de Meister Floh", Revue de littérature comparée, XIII (1933), p. 353.

Bauer, J.P. "Le Marchand de sable: Remarques sur le fantastique", Etudes freudiennes, III-IV (1970), pp. 59-74.

Beardsley, Christa-Maria. E.T.A. Hoffmann: Die Gestalt des Meisters in seinem Märchen. Bonn: Bouvier Verlag, 1975.

Belgardt, Raimund. "Der Künstler und die Puppe: Zur Interpretation von Hoffmanns Der Sandmann", German Quarterly, XLII, 4 (November 1969), pp. 686-700.

Béziau, R. "Une étude inconnue de Gobineau sur Hoffmann", Revue de littérature comparée, XL, 3 (juillet-septembre 1966), pp. 402-415.

350

Bieber, Konrad. Compte rendu de La Fortune d'Hoffmann en France par E. Teichmann, Yearbook of Comparative and General Literature, II (1962), pp. 66-67.

Bollnow, Otto Friedrich. "Der 'Goldene Topf' und die Naturphilosophie der Romantik", Unruhe und Geborgenheit im Weltbild neuerer Dichter. Stuttgart: W. Kohlhammer Verlag, 1953, pp. 207-226.

Braak, S. "Introduction à une étude sur l'influence d'Hoffmann en France", Neophilologus, XXIII (1938), pp. 271-278.

Breuillac, M. "Hoffmann en France: Etude de littérature comparée", Revue d'histoire littéraire de la France, XIII (1906), pp. 427-457 et XIV (1907), pp. 74-105.

Champfleury. "De l'introduction des contes d'Hoffmann en France" et "Essai sur les oeuvres", Contes posthumes. Traduits par Champfleury. Paris: Michel Lévy, 1856, pp. 1-38.

Cobb, Palmer. The Influence of E.T.A. Hoffmann on the Tales of Edgar Allan Poe. North Carolina: Chapel Hill, 1908. Reprinted in Studies in Philology, III, 1908.

Cramer, Thomas. Das Groteske bei E.T.A. Hoffmann. München: Wilhelm Fink Verlag, Zur Erkenntnis der Dichtung, Band 4, 1966.

Daemmrich, Horst. "The Devil's Elixirs: Precursor of the Modern Psychological Novel", Papers on Language and Literature, VI, 4 (Fall 1970), pp. 374-386.

"Hoffmann's Tragic Heroes", The Germanic Review, XLV, 2 (March 1970), pp. 94-104.

"Zu E.T.A. Hoffmanns Bestimmung ästhetischer Fragen", Weimarer Beiträge, XIV, 3 (1968), pp. 640-663.

Egmont, Henry Massé. "Notice sur la vie et les ouvrages d'Hoffmann", Oeuvres complètes d'E.T.A. Hoffmann, I. Paris: Camuzeaux, 1836, pp. v-xxxi.

Elling, Barbara. Leserintegration im Werk E.T.A Hoffmanns. Bern und Stuttgart: Verlag Paul Haupt, 1973.

Fellerer, Karl Gustav. "Der Musiker E.T.A. Hoffmann", Literaturwissenschaftliches Jahrbuch im Auftrage der Görres-Gesellschaft, IV (1963), pp. 43-54.

Felzmann, Fritz. "E.T.A. Hoffmann - Der Herold Beethovens", Mitteilungen der E.T.A. Hoffmann-Gesellschaft, V (1958), pp. 25-29.

Frey, Marianne. Der Künstler und sein Werk bei W.H. Wackenroder und E.T.A. Hoffmann: Vergleichende Studien zur romantischen Kunstanschauung. Bern: Herbert Lang, Europäische Hochschulschriften, Reihe I, 1970.

Gautier, Théophile. "Critique littéraire: Contes d'Hoffmann", Chronique de Paris, 14 août 1836, pp. 133-135.

"Etudes littéraires: Hoffmann", Musée des familles, janvier 1841, pp. 118-119.

Giraud, Jean. "Alfred de Musset et trois romantiques allemands: Hoffmann, Jean-Paul, Henri Heine. I: Alfred de Musset et Hoffmann", Revue d'histoire littéraire de la France, XVIII (1911), pp. 297-334.

"Charles Baudelaire et Hoffmann le fantastique", Revue d'histoire littéraire de la France, XXVI (1919), pp. 412-416.

Graves, Peter J. "E.T.A. Hoffmann's Johannes Kreisler: 'Verrückter Musikus'?", Modern Language Quarterly, XXX, 2 (June 1969), pp. 222-233.

Gravier, Maurice. "E.T.A. Hoffmann et la psychologie du comédien", Revue d'histoire du théâtre, VII, 3 (1955), pp. 255-277.

Guichard, Léon. "Un emprunt de Gautier à Hoffmann", Revue de littérature comparée, XXI (1947), pp. 92-94.

Guise, René. "Balzac lecteur des 'Elixirs du Diable'", L'Année balzacienne, 1970, pp. 57-67.

Harich, Walther. E.T.A. Hoffmann: Das Leben eines Künstlers. Zwei Bände. Dritte Auflage. Berlin: Erich Reiss, [1922].

Hewett-Thayer, Harvey W. Hoffmann: Author of the Tales. Princeton: Princeton University Press, 1948.

Hoffmann, Ernst Fedor. "Zu E.T.A. Hoffmanns 'Sandmann'", Monatshefte, LIV, 5 (October 1962), pp. 244-252.

Holbeche, Yvonne J.K. Optical Motifs in the Works of E.T.A. Hoffmann. Göppingen: Verlag Alfred Kümmerle, 1975.

Jaffe, Aniela. "Bilder und Symbole aus E.T.A. Hoffmanns Märchen 'Der goldne Topf'" dans Gestaltungen des Unbewussten, par C.G. Jung. Zürich: Rascher Verlag, 1950, pp. 237-616.

Jamin, M.F. "Quelques emprunts possibles de Balzac à Hoffmann", L'Année balzacienne, 1970, pp. 69-75.

BIBLIOGRAPHIE

Jennings, Lee B. "Klein Zaches and his Kin: The Grotesque Re-
visited", Deutsche Vierteljahrsschrift für Literaturwissen-
schaft und Geistesgeschichte, LXIV, 4 (Dezember 1970), pp. 687-
703.

Jeune, Simon. "Une étude inconnue de Musset sur Hoffmann", Revue
de littérature comparée, XXXIX (1965), pp. 422-427.

Just, Klaus Günther. "Die Blickführung in den Märchennovellen
E.T.A. Hoffmanns", Wirkendes Wort: Deutsches Sprachschaffen
in Lehre und Leben, XIV, 6 (1964), pp. 389-397.

Klein, Johannes. "E.T.A. Hoffmann", Geschichte der deutschen
Novelle von Goethe bis zur Gegenwart. Wiesbaden: Franz Steiner
Verlag, 1954, pp. 71-109.

Köhn, Lothar. Vieldeutige Welt: Studien zur Struktur der Erzäh-
lungen E.T.A. Hoffmanns und zur Entwicklung seines Werkes.
Tübingen: Max Niemeyer Verlag, Studien zur deutschen Literatur,
6, 1966.

Köpp, Claus Friedrich. "Realismus in E.T.A. Hoffmanns Erzählung
'Prinzessin Brambilla'", Weimarer Beiträge, XII, 1 (1966),
pp. 57-80.

Kofman, Sarah. Quatre Romans analytiques. Paris: Editions
Galilée, 1973.

Korff, H.A. "E.T.A. Hoffmann", Geist der Goethezeit: Versuch
einer ideellen Entwicklung der klassisch-romantischen Literaturgeschichte: IV. Teil: Hochromantik. Leipzig: Koehler und
Amelang, 1964, pp. 543-639 (édition originale 1949-1958).

Kunz, Josef. "E.T.A. Hoffmann", Die deutsche Novelle zwischen
Klassik und Romantik. Zweite, überarbeitete Auflage. Berlin:
Erich Schmidt Verlag, 1971, pp. 81-98.

Lawson, Ursula D. "Pathological Time in E.T.A. Hoffmann's 'Der
Sandmann'", Monatshefte, LX, 1 (Spring 1968), pp. 51-61.

Loève-Veimars, A. "Les Dernières Années et la mort d'Hoffmann",
Revue de Paris, VII (1829), pp. 248-263.

Lukács, Georg. Skizze einer Geschichte der neueren deutschen
Literatur. Berlin: Luchterhand, 1963 (édition originale 1953).

Mainland, W.F. "The Legacy of Hoffmann", German Life and Letters,
I (1936-1937), pp. 270-279.

Martini, Fritz. "Die Märchendichtungen E.T.A. Hoffmanns", Der
Deutschunterricht, VII, 2 (1955), pp. 56-78.

353

Massey, Irving. "Narcissism in 'The Sandman': Nathanael versus E.T.A. Hoffmann", Genre, VI, 1 (March 1973), pp. 114-120.

Matt, Peter von. Die Augen der Automaten: E.T.A. Hoffmanns Imaginationslehre als Prinzip seiner Erzählkunst. Tübingen: Max Niemeyer Verlag, Studien zur deutschen Literatur, 24, 1971.

Mayer, Hans. "Die Wirklichkeit E.T.A. Hoffmanns", Von Lessing bis Thomas Mann: Wandlung der bürgerlichen Literatur in Deutschland. Pfullingen: Neske, 1959, pp. 198-246.

McGlathery, James M. "The Suicide Motif in E.T.A. Hoffmann's 'Der goldne Topf'", Monatshefte, LVIII, 2 (Summer 1966), pp. 115-123.

Meyer, Herman. Der Sonderling in der deutschen Dichtung. München: Carl Hanser Verlag, 1963. Surtout pp. 101-135.

Mittenzwei, Johannes. "Die Musik als 'die romantischste aller Künste' und ihre Bedeutung in den Dichtungen E.T.A. Hoffmanns", Das Musikalische in der Literatur: Ein Überblick von Gottfried von Strassburg bis Brecht. Halle (Saale): Veb Verlag, Sprache und Literatur, 1962, pp. 124-143.

Mollenauer, Robert. "The Three Periods of E.T.A. Hoffman's Romanticism: An Attempt at a Definition", Studies in Romanticism, II, 4 (Summer 1963), pp. 213-243.

Mühlher, Robert. "Ernst Theodor Amadeus Hoffmann: Beiträge zu einer Motiv-Interpretation", Literaturwissenschaftliches Jahrbuch im Auftrage der Görres-Gesellschaft, IV (1963), pp. 55-72.

"Prinzessin Brambilla: Ein Beitrag zum Verständnis der Dichtung", Mitteilungen der E.T.A. Hoffmann-Gesellschaft, V (1958), pp. 5-24.

Negus, Kenneth. E.T.A. Hoffmann's Other World: The Romantic Author and his "New Mythology". Philadelphia: University of Pennsylvania Press, 1965.

Nock, Francis J. "E.T.A. Hoffmann and Nonsense", German Quarterly, XXXV, 1 (Jan. 1962), pp. 60-70.

Ochsner, Karl. E.T.A. Hoffmann als Dichter des Unbewussten: Ein Beitrag zur Geistesgeschichte der Romantik. Frauenfeld/Leipzig: Huber and Co., Wege zur Dichtung, XXIII, 1936.

Pankalla, Gerhard. "E.T.A. Hoffmann und Frankreich: Beiträge zum Hoffmann-Bild in der französischen Literatur des 19. Jahrhunderts", Germanisch-Romanische Monatsschrift, XXVII (1939), pp. 308-318.

Passage, Charles E. Dostoevski the Adapter: A Study in Dostoevski's Use of the Tales of Hoffmann. Chapel Hill: University
of North Carolina Press, 1959.

Peters, Diana Stone. "The Dream as Bridge in the Works of E.T.A.
Hoffmann", Oxford German Studies, VIII (1973-1974), pp. 60-85.

Pikulik, Lothar. "Anselmus in der Flasche: Kontrast und Illusion
in E.T.A. Hoffmanns 'Der goldne Topf'", Euphorion, LXIII, 4
(1969), pp. 341-370.

Pirker, Max. Compte rendu des Sources du merveilleux chez E.T.A.
Hoffmann par P. Sucher. Euphorion, XX (1913), pp. 261-276.

Prawer, S.S. "Hoffmann's Uncanny Guest: A Reading of Der Sandmann",
German Life and Letters, XVIII (1964-65), pp. 299-308.

Reddick, John. "E.T.A. Hoffmann" dans German Men of Letters, vol.
V. Edited by Alex Natan. London: Oswald Wolff, 1969, pp.
77-105.

"E.T.A. Hoffmann's 'Der goldne Topf' and its 'durchgehaltene
Ironie'", Modern Language Review, July 1976, pp. 577-594.

Requadt, Paul. "Norden und Süden in der Allegorik von E.T.A.
Hoffmanns Prinzessin Brambilla", Die Bildersprache der deut-
schen Italiendichtungen: Von Goethe bis Benn. Bern und
München: Francke Verlag, 1962, pp. 125-130.

Ricci, Jean F.A. E.T.A. Hoffmann: L'Homme et l'oeuvre. Paris:
José Corti, 1947.

"Le Fantastique dans l'oeuvre d'E.T.A. Hoffmann", Etudes germaniques, VI (1951), pp. 100-116.

Rotermund, Erwin. "Musikalische und dichterische 'Arabeske' bei
E.T.A. Hoffmann", Poetica: Zeitschrift für Sprach- und Lite-
raturwissenschaft, II, 1 (Januar 1968), pp. 48-69.

Sander, Volkmar. "Realität und Bewusstsein bei E.T.A. Hoffmann"
dans Studies in Germanic Languages and Literature. Presented
to E.A.G. Rose. Edited by R.A. Fowkes and V. Sander. Reut-
lingen: Eugen Hutzler, 1967, pp. 115-126.

Scheyer, Ernst. "Johann Erdmann Hummel und die deutsche Dichtung:
Joseph von Eichendorff - E.T.A. Hoffmann - Johann Wolfgang von
Goethe", Aurora, XXXIII (1973), pp. 43-62.

Schneider, K.L. "Künstlerliebe und Philistertum im Werk E.T.A.
Hoffmanns" dans Die deutsche Romantik. Herausgegeben von H.
Steffen. Göttingen: Vandenhoeck und Ruprecht, 1967, pp. 200-18.

Segebrecht, Wulf. Autobiographie und Dichtung: Eine Studie zum Werk E.T.A. Hoffmanns. Stuttgart: Metzlersche Verlag, 1967.

Slessarev, Helga. "E.T.A. Hoffmann's Prinzessin Brambilla: A Romanticist's Contribution to the Aesthetic Education of Man", Studies in Romanticism, IX, 3 (Summer 1970), pp. 147-160.

Sölle, Dorothée und Seifert, Wolfgang. "In Dresden und in Atlantis - E.T.A. Hoffmann und die Musik", Neue Zeitschrift für Musik, CXXIV, 7/8 (1963), pp. 260-273.

Starobinski, Jean. "Ironie et mélancolie", Critique, 227 (avril 1966), pp. 291-308 et 228 (mai 1966), pp. 438-457.

Strohschneider-Kohrs, Ingrid. Die romantische Ironie in Theorie und Gestaltung. Tübingen: Max Niemeyer Verlag, 1960. Surtout pp. 155-160 et pp. 362-424.

Sucher, Paul. Les Sources du merveilleux chez E.T.A. Hoffmann. Pris: Librairie Félix Alcan, Bibliothèque de philologie et de littérature modernes, 1912.

Taylor, Ronald. Hoffmann. London: Bowes and Bowes, Studies in Modern European Literature and Thought, 1963.

Tecchi, Bonaventura. "E.T.A. Hoffmanns 'Prinzessin Brambilla'" dans Weltbewohner und Weimaraner. Herausgegeben von B. Reifenberg und E. Staiger. Zürich: Artemis Verlag, 1960, pp. 301-316.

Teichmann, Elizabeth. La Fortune d'Hoffmann en France. Genève: Droz, et Paris: Minard, 1961.

Thalmann, Marianne. "Das E.T.A. Hoffmann-Märchen", Das Märchen und die Moderne: zum Begriff der Surrealität im Märchen der Romantik. Stuttgart: W. Kohlhammer Verlag, 1961, pp. 78-103.

Vitt-Maucher, Gisela. "E.T.A. Hoffmanns 'Ritter Gluck' und E.A. Poes 'The Man of the Crowd': Eine Gegenüberstellung", The German Quarterly, XLIII, 1 (Jan. 1970), pp. 35-46.

Wanufflé, Lucie. "Présence d'Hoffmann dans les oeuvres de Balzac (1829-1835)", L'Année balzacienne, 1970, pp. 45-56.

Werner, Hans Georg. E.T.A. Hoffmann: Darstellung und Deutung der Wirklichkeit im dichterischen Werk. Weimar: Arion Verlag, Beiträge zur deutschen Klassik, 13, 1962.

Wiese, Benno von. "Ernst Theodor Amadeus Hoffmann: Rat Krespel", Die deutsche Novelle von Goethe bis Kafka: Interpretationen II. Düsseldorf: August Bagel Verlag, 1968, pp. 87-103.

Winter, Ilse. <u>Untersuchungen zum serapiontischen Prinzip E.T.A.</u>
<u>Hoffmanns</u>. The Hague: Mouton, 1976.

III AUTRES OUVRAGES CONSULTES:

(a) Oeuvres Littéraires

Balzac, Honoré de. <u>Oeuvres complètes</u>. Paris: Calmann-Lévy [1925]:
  t. II <u>Une fille d'Eve</u>, pp. 517-627.
  t. IX <u>Splendeurs et misères des courtisanes</u>, pp. 1-506.
  t. XV <u>Gambarra</u>, pp. 333-390.

<u>Correspondance</u>: t. I (1809 - juin 1832). Textes réunis, classés
  et annotés par R. Pierrot. Paris: Garnier Frères, 1960.

<u>Correspondance</u>: t. III (1836-1839). Textes réunis, classés et
  annotés par R. Pierrot. Paris: Garnier Frères, 1964.

<u>Histoire des Treize</u>. Introduction, notes et choix de variantes
  par P.G. Castex. Paris: Garnier Frères, 1956.

<u>Lettres à Madame Hanska</u>: t. I (1832-1840). Textes réunis,
  classés et annotés par R. Pierrot. Paris: Editions du Delta,
  1967.

<u>Lettres à Madame Hanska</u>: t. III (août 1845 - mars 1847). Textes
  réunis, classés et annotés par R. Pierrot. Paris: Editions du
  Delta, 1969.

<u>La Peau de chagrin</u>. Avec introduction, notes et variantes par
  M. Allem. Paris: Garnier Frères, 1950.

Bertrand, Louis Aloysius. <u>Gaspard de la Nuit: Fantaisies à la</u>
  <u>manière de Rembrandt et de Callot</u>. Introduction et présentation par J. Richer. Paris: Flammarion, Nouvelle bibliothèque
  romantique, 1, 1972.

Buffon. <u>Oeuvres complètes: t. X et t. XI: De l'homme</u>. Nouvelle
  édition. Paris: A. Eymery, 1825.

Castex, P.G. (éditeur). <u>Anthologie du conte fantastique français</u>.
  Paris: Librairie José Corti, 1947.

<u>Anthologie du conte fantastique français</u>. Deuxième édition,
  entièrement refondue, avec des textes nouveaux et des notices
  inédites. Paris: Librairie José Corti, 1963.

Cazotte, Jacques. Le Diable amoureux dans Romanciers du XVIIIe
    siècle, II. Préface par Etiemble. Paris: Gallimard, Biblio-
    thèque de la Pléiade, 1965, pp. 303-378.

Champfleury (Jules Husson). Les Excentriques. Genève: Slatkine
    Reprints, 1967. (Edition originale 1852.)

Le Réalisme. Textes choisis et présentés par G. et J. Lacambre.
    Paris: Hermann, Collection Savoir, 1973.

Descartes, René. Les Passions de l'âme. Introduction et notes
    de G. Rodis-Lewis. Paris: Librairie philosophique J. Vrin,
    1964.

Dostoyevsky, F.M. Notes from Underground. Translated and with an
    introduction by J. Coulson. Harmondsworth: Penguin, 1972.

Ferrière, Théophile de. Les Contes de Samuel Bach: Il Vivere.
    Paris: Bureaux de la France littéraire, 1836. Réimprimé:
    Genève: Slatkine Reprints, 1973.

Fourier, Charles. L'Ordre subversif: Trois Textes sur la civilisa-
    tion. Préface de R. Schérer. Postface de J. Goret. Paris:
    Aubier Montaigne, 1972.

Gautier, Théophile. Contes fantastiques. Paris: Librairie José
    Corti, 1969.

Poésies complètes. 3 volumes. Publiées par R. Jasinski. Paris:
    A.G. Nizet, 1970.

Voyage en Espagne. Nouvelle édition revue et corrigée. Paris:
    Charpentier, 1856.

Goethe, Johann Wolfgang von. Faust. New York: Anchor Books, 1962.

Faust et le second Faust. Traduction de Gérard de Nerval. Texte
    établi avec relevé de variantes et notes par M. Allemand. Pré-
    face par H. Clouard. Paris: Garnier Frères, 1956.

Goethes Werke: Band 11. Hamburg: Christian Wegner Verlag, 1961.
    Surtout "Das römische Karneval", pp. 484-515.

Haining, P. (Editor). Great Tales of Terror from Europe and
    America. Harmondsworth: Penguin, 1973.

Heine, Heinrich. Werke und Briefe: 3er Band: Reisebilder. Heraus-
    geber Hans Kaufmann. Berlin: Aufbau Verlag, 1961.

BIBLIOGRAPHIE

Werke. Briefwechsel. Lebenszeugnisse: Band 7: Über Frankreich
  (1831-1837). Bearbeiter F. Mende. Berlin: Akademie-Verlag,
  und Paris: Editions du CNRS, 1970.

Werke. Briefwechsel. Lebenszeugnisse: Band 8: Über Deutschland
  (1833-1836). Bearbeiter R. Francke. Berlin: Akademie-Verlag,
  und Paris: Editions du CNRS, 1972.

Hobbes, Thomas. Leviathan: Or, the Matter, Forme and Power of a
  Commonwealth Ecclesiasticall and Civil. Introduction by M.
  Oakeshott. Oxford: Blackwell, 1946.

Houssaye, Arsène. Les Confessions. Genève: Slatkine Reprints, 1971.

Hugo, Victor. Théâtre complet, vol. I. Préface par R. Purnal,
  notes par J.-J. Thierry et J. Mélèze. Paris: Gallimard, Bibliothèque de la Pléiade, 1963.

Janin, Jules. Le Gâteau des rois: Symphonie fantastique. Texte
  facsimilé de l'édition Amyot, 1847. Edition illustrée avec
  introduction et des notes par J.M. Bailbé. Préface de J.
  Robechec. Paris: Minard, 1972.

Jean-Paul. Werke. Vierter Band. Herausgegeben von N. Miller.
  München: Carl Hanser Verlag, 1962.

Werke in drei Bänden. Herausgegeben von N. Miller. Nachwort
  von W. Höllerer. München: Carl Hanser Verlag, 1969.

Vorschule der Ästhetik. Herausgegeben von J. Müller. Leipzig:
  Verlag von Felix Meiner, 1923.

Leconte de Lisle. Articles - Préfaces - Discours. Textes recueil-
  lis, présentés et annotés par E. Pich. Paris: Société d'édition "Les Belles Lettres", 1971.

Choix de poèmes. Paris: Librairie Larousse, Nouveaux Classiques
  Larousse, 1969.

Lewis, M.G. The Monk: A Romance. London: George Routledge and
  Sons Ltd., 1907.

Maturin, C.R. Melmoth the Wanderer: A Tale. Edited with an introduction by D. Grant. London: Oxford University Press, 1968.

Nerval, Gérard de. Oeuvres: Les Illuminés: Récits et Portraits.
  Introduction et notes par A. Marie. Paris: Librairie Grund
  [1929].

Oeuvres. 2 vols. Texte établi, présenté et annoté par A. Béguin
et J. Richer. Paris: Gallimard, Bibliothèque de la Pléiade, 1966.

Aurélia. Texte présenté et commenté par P.G. Castex. Paris:
SEDES, 1971.

Nodier, Charles. Contes. Sommaire biographique, introduction,
notices, notes, bibliographie et appendice critique par P.G.
Castex. Paris: Garnier Frères, 1961.

"Du fantastique en littérature", Revue de Paris, XX (1830), pp.
205-226.

Novalis. Dichtungen. Hamburg: Rowohlt, 1963.

Poe, Edgar Allan. The Complete Poetry and Selected Criticism of
Edgar Allan Poe. Edited by A. Tate. New York: Signet Classics,
1968.

Introduction to Poe: A Thematic Reader. Edited by E.W. Carlson.
Illinois: Scott, Foresman and Company, 1967.

Oeuvres en prose. Traduites par Charles Baudelaire. Texte
établi et annoté par Y.G. Le Dantec. Paris: Gallimard, Bibliothèque de la Pléiade, 1951. [Poe]

Quincey, Thomas de. Confessions of an English Opium Eater. Ed.
A. Hayteur. London: Penguin, 1971.

Schubert, G.H. Die Symbolik des Traumes. Faksimiledruck nach der
Ausgabe von 1814, mit einem Nachwort von G. Sauder. Heidel-
berg: Verlag Lambert Schneider, Deutsche Neudrucke, Reihe
Goethezeit, 8, 1968.

Staël-Holstein, Anne Louise Germaine. De l'Allemagne. 2 volumes.
Nouvelle édition revue. Paris: Garnier Frères, 1932.

Tieck, Ludwig. Phantasus, erster Teil dans Schriften, vierter
Band. Unveränderter photomechanischer Nachdruck, Walter de
Gruyter, 1966. Berlin: G. Reimer, 1828.

Phantasus, zweiter Teil dans Schriften, fünfter Band. Unveränderter photomechanischer Nachdruck, Walter de Gruyter, 1966.
Berlin: G. Reimer, 1828.

Toussenel, A. L'Esprit des bêtes. Le Monde des oiseaux, orni-
thologie passionnelle. 3 volumes. Paris: E. Dentu et Librairie phalanstérienne, 1864-1884.

Vircondelet, Alain. La Poésie fantastique française. Paris:
Seghers, 1973.

(b) Travaux critiques

Abbé, D. van. "Some Notes on Cultural Relationships between France and Germany in the 19th Century", Modern Language Quarterly, VIII, 2 (June 1947), pp. 217-227.

Amblard, Marie Claude. "Les Contes fantastiques de Nerval", Revue de littérature comparée, XLVI, 2 (avril-juin 1972), pp. 194-208.

Audiat, Pierre. L'Aurélia de Gérard de Nerval. Paris: Librairie ancienne Honoré Champion, 1962.

Baldensperger, F. "Les Définitions de l'humour", Etudes d'histoire littéraire. Paris: Hachette, 1907, pp. 176-222.

Orientations étrangères chez Honoré de Balzac. Paris: Librairie ancienne Honoré Champion, 1927.

Béguin, Albert. L'Ame romantique et le rêve: Essai sur le romantisme allemand et la poésie française. 2 volumes. Marseille: Editions des Cahiers du Sud, 1937.

Bellemin-Noël, Jean. "Notes sur le fantastique. (Textes de Théophile Gautier.)", Littérature, 8 (décembre 1972), pp. 3-23.

"Des formes fantastiques aux thèmes fantasmatiques", Littérature, 2 (mai 1971), pp. 103-118.

Bergson, Henri. Le Rire: Essai sur la signification du comique. Paris: Alcan, Bibliothèque de philosophie contemporaine, 1938.

Bertocci, Angelo Philip. From Symbolism to Baudelaire. Preface by H.T. Moore. Carbondale: Southern Illinois University Press, 1964.

Bonaparte, Marie. Edgar Poe: Sa Vie - son Oeuvre. Etude analytique. 3 vols. Paris: Presses universitaires de France, 1958.

Bormann, Alexander von. "Philister und Taugenichts: zur Tragweite des romantischen Antikapitalismus", Aurora, XXX-XXXI (1970-71), pp. 94-112.

Bousquet, J.P.H. Les Thèmes du rêve dans la littérature romantique. Paris: Didier, Etudes de littérature étrangère et comparée, 47, 1964.

Butler, E.M. The Fortunes of Faust. Cambridge: Cambridge University Press, 1952.

BIBLIOGRAPHIE

Caillois, Roger. Au coeur du fantastique. Paris: Gallimard, N.R.F., 1965.

Cambiaire, C.P. The Influence of Edgar Allan Poe in France. New York: G.E. Stechert and Co., 1927.

Castex, P.G. Le Conte fantastique en France de Nodier à Maupassant. Paris: José Corti, 1962.

Chambers, Ross. "The Artist as Performing Dog", Comparative Literature, XXIII, 4 (Fall 1971), pp. 312-324.

Chisholm, A.R. Towards Hérodiade: A Literary Genealogy. Melbourne: Melbourne University Press, 1934.

Chollet, Paul. "Un livre ignoré de l'époque romantique: 'Le Fruit défendu'", Revue d'histoire littéraire de la France, XIII (1906), pp. 501-504.

Citron, Pierre. La Poésie de Paris dans la littérature française de Rousseau à Baudelaire. 2 volumes. Paris: Les Editions de Minuit, 1961.

Cixous, Hélène. "La Fiction et ses fantômes: Une lecture de l'Unheimliche de Freud", Poétique, 10 (1972), pp. 199-216.

Clancier, Anne. Psychanalyse et critique littéraire. Préface d'Y. Belaval. Toulouse: Edouard Privat, 1973.

Clark, T.J. The Absolute Bourgeois. London: Thames and Hudson, 1973.

Image of the People. London: Thames and Hudson, 1973.

Constans, François. "Artémis ou les Fleurs du désespoir: Etudes sur les sources et la portée d'un sonnet de Gérard de Nerval", Revue de littérature comparée, XIV (1934), pp. 337-371.

Daniel, Howard. The Commedia dell'Arte and Jacques Callot. Sydney: The Wentworth Press, 1965.

Dédéyan, C. Gérard de Nerval et l'Allemagne. 2 volumes. Paris: SEDES, 1957.

Dieckmann, Liselotte. "The Metaphor of Hieroglyphics in German Romanticism", Comparative Literature, VII (1955), pp. 306-312.

Dresch, Joseph. Heine à Paris (1831-1856): D'après sa correspondance et les témoignages de ses contemporains. Paris: Didier, Etudes de littérature étrangère et comparée, 33, 1956.

BIBLIOGRAPHIE

Dubruck, A. Gérard de Nerval and the German Heritage. The Hague:
Mouton and Co., 1965.

Eminescu, Roxana. "Le Fantastique", Travaux de linguistique et de
littérature, XI, 2 (1973), pp. 203-215.

Evans, David-Owen. Social Romanticism in France 1830-1848. Oxford:
Clarendon Press, 1951.

Ewton, Ralph W. The Literary Theories of August Wilhelm Schlegel.
The Hague/Paris: Mouton, 1972.

Finke, Ulrich (éd.). French 19th Century Painting and Literature
- With Special Reference to the Relevance of Literary Subject-
Matter to French Painting. Manchester: Manchester University
Press, 1972.

Freud, Sigmund. "Das Unheimliche", Gesammelte Schriften, Bd. 10.
Herausgegeben von A. Freud, O. Rank und A.J. Storfer. Leipzig: Internationaler Psychoanalytischer Verlag, 1942, pp. 369-
408.

  Essais de psychanalyse appliquée. Traduits de l'allemand par
  Marie Bonaparte et Mme E. Marty. Paris: Gallimard, Collection
  Idées, 1976.

  "The Uncanny", The Standard Edition of the Complete Psychologi-
  cal Works, vol. XVII. Translated under the editorship of J.
  Strachey. London: The Hogarth Press and The Institute of
  Psycho-Analysis, 1955, pp. 227-268.

Gassier, Pierre. The Drawings of Goya: The Complete Albums. [Les
Dessins de Goya: les albums.] Translated from the French by
R. Allen and J. Emmons. London: Thames and Hudson, 1973.

Guillaume, Jean. Gérard de Nerval: Aurélia; Prolégomènes à une
édition critique. Namur: Presses Universitaires de Namur,
1972.

Guise, R. "Balzac et l'étranger", L'Année balzacienne, 1970, pp.
3-19.

Guthke, Karl S. "Der Mythos des Bösen in der westeuropäischen
Romantik", Colloquia Germanica, 1968, i-ii, pp. 1-36.

Harvey, J.R. Victorian Novelists and their Illustrators. London:
Sidgwick and Jackson, 1970.

Heiner, H.J. "Das 'Goldene Zeitalter' in der deutschen Romantik.
Zur sozialpsychologischen Funktion eines Topos", Zeitschrift
für deutsche Philologie, XCI, 2 (1972), pp. 206-234.

Hofmann, Werner. The Earthly Paradise: Art in the 19th Century. Translated from the German by B. Battershaw. New York: George Braziller, 1961.

Houston, John Porter. The Demonic Imagination: Style and Theme in French Romantic Poetry. Baton Rouge: Louisiana State University Press, 1969.

Huch, Ricarda. Die Romantik: Blütezeit, Ausbreitung und Verfall. Tübingen: Rainer Wunderlich Verlag, 1951.

Hunt, H.J. Le Socialisme et le romantisme en France: Etude de la presse socialiste de 1830 à 1848. Oxford: Clarendon Press, Oxford Studies in Modern Language and Literature, 1935.

Jasinski, René. Les Années romantiques de Th. Gautier. Paris: Librairie Vuibert, 1929.

Jauss, Hans-Robert. "La Douceur du foyer: The Lyric of the Year 1857 as a Pattern for the Communication of Social Norms", Romanic Review, LXV, 3 (May 1974), pp. 201-229.

Jeanson, Francis. Signification humaine du rire. Paris: Editions du Seuil, 1950.

Kanzog, K. Reallexikon der deutschen Literaturgeschichte, zweite Auflage, I. Berlin: Walter de Gruyter, 1958.

Kayser, Wolfgang. Das Groteske: Seine Gestaltung in Malerei und Dichtung. Oldenburg: Gerhard Stalling Verlag, 1961.

Keyser, E. de. L'Occident romantique (1789-1850). Genève: Albert Skira, 1965.

Krauss, Wilhelmine. Das Doppelgängermotiv in der Romantik: Studien zum romantischen Idealismus. Berlin: Verlag von Emil Ebering, Germanische Studien, XCIX, 1930.

Kris, Ernst. Psychoanalytic Explorations in Art. New York, Schocken Books, 1971.

Lacan, Jacques. Ecrits. Paris: Editions du Seuil, Le Champ freudien, 1966.

Langer, Susanne K. Feeling and Form: A Theory of Art developed from Philosophy in a New Key. London: Routledge and Kegan Paul Ltd., 1963.

Laplanche, Jean et Pontalis, J.B. Vocabulaire de la psychanalyse. Sous la direction de D. Lagache. Paris: Presses universitaires de France, Bibliothèque de psychanalyse, 1967.

364

BIBLIOGRAPHIE

Lem, Stanislaw. "Todorov's Fantastic Theory of Literature", Science-Fiction Studies, I, 4 (Fall 1974), pp. 227-237.

Lemonnier, Léon. Edgar Poe et les conteurs français. Paris: Aubier, Editions Montaigne, 1947.

Lepore, Mario. The Life and Times of Goya. Translated by C.J. Richards. New York: Curtis Books and Arnaldo Mondadori editore, 1967.

Licht, Fred (éd.). Goya in Perspective. Englewood Cliffs, New Jersey: Prentice-Hall, 1973.

Lichtenberg, Georg Christoph. Lichtenberg's Commentaries on Hogarth's Engravings. Translated from the German and with an introduction by I. and G. Herdan. London: The Cresset Press, 1966.

Lovecraft, Howard Phillips. Supernatural Horror in Literature. Introduction by August Derleth. New York: Ben Abramson, 1945.

Mabille, Pierre. Le Miroir du merveilleux. Préface d'André Breton. Paris: Les Editions de Minuit, 1962.

Martini, Fritz. "Die Romantiker", Deutsche Literaturgeschichte: Von den Anfängen bis zur Gegenwart. Elfte Auflage. Stuttgart: Alfred Kröner Verlag, 1961, pp. 315-346.

Mauron, Charles. Psychocritique du genre comique. Paris: José Corti, 1964.

Mercier, Alain. Les Sources ésotériques et occultes de la poésie symboliste. I: Le Symbolisme français. Paris: A.G. Nizet, 1969.

Mérigot, Bernard. "L'Inquiétante Etrangeté: Note sur l'Unheimliche", Littérature, VIII (décembre 1972), pp. 100-106.

Mesmer, Franz-Anton. Le Magnétisme animal. Oeuvres publiées par R. Amadou avec des commentaires et des notes de F.A. Pattie et J. Vinchon. Paris: Payot, Collection science de l'homme, 1970.

Milner, Max. Le Diable dans la littérature française: De Cazotte à Baudelaire, 1772-1861. 2 volumes. Paris: Librairie José Corti, 1960.

(éditeur). Entretiens sur l'homme et le diable. Sous la direction de Max Milner. Paris: Mouton et Co., 1965.

"Signification politique de la figure de Satan dans le romantisme français" dans Romantisme et Politique 1815-1851. Colloque de l'Ecole Normale Supérieure de Saint-Cloud (1966). Paris: Armand Colin, 1969, pp. 157-163.

Monro, D.H. Argument of Laughter. Melbourne: Melbourne University Press, 1951.

Mortier, R. Diderot in Deutschland 1750-1850. [Diderot en Allemagne]. Die Übertragung besorgte H.G. Schürmann. Stuttgart: J.B. Metzlersche Verlagsbuchhandlung, 1967.

Mossé, F. et al. Histoire de la littérature allemande. Nouvelle édition mise à jour. Paris: Aubier, Editions Montaigne, 1970.

Mossop, D.J. Pure Poetry; Studies in French poetic theory and practice, 1746-1945. Oxford: Clarendon Press, 1971.

Muecke, D.C. The Compass of Irony. London: Methuen and Co., 1969.

Nochlin, Linda. Realism. Harmondsworth: Penguin, 1971.

O'Malley, Glen. "Literary Synesthesia", The Journal of Aesthetics and Art Criticism, XV, 4 (June 1957), pp. 391-424.

Penzoldt, Peter. The Supernatural in Fiction. London: Peter Nevill, 1952.

Pichois, Claude. L'Image de Jean-Paul Richter dans les lettres françaises. Paris: Librairie José Corti, 1963.

Piddington, Ralph. Psychology of Laughter: A Study in Social Adaptation. London: Figurehead, 1933.

Pongs, Hermann. "Aufsätze zur Novelle", Das Bild in der Dichtung: II. Band: Voruntersuchung zum Symbol. Marburg: N.G. Elwert, 1963, pp. 97-183.

Poulet, Georges. "Piranèse et les poètes romantiques français", Trois Essais de mythologie romantique. Paris: Librairie José Corti, 1966, pp. 135-187.

Praz, Mario. The Romantic Agony. [La Carne, la morte e il diavolo nella letteratura romantica.] Translated from the Italian by A. Davidson. London: Oxford University Press, 1933.

Preisendanz, Wolfgang. Humor als dichterische Einbildungskraft: Studien zur Erzählkunst des poetischen Realismus. München: Eidos Verlag, 1963.

Quinn, A.H. Edgar Allan Poe: A Critical Biography. New York: Cooper Square, 1969 (édition originale 1941).

Quinn, Patrick F. The French Face of Edgar Poe. Carbondale: Southern Illinois University Press, 1957.

Richer, Jean. Nerval: Expérience et Création. Paris: Hachette, 1963.

Riemen, Alfred. "Die reaktionären Revolutionäre? Oder romantischer Antikapitalismus?", Aurora, XXXIII (1973), pp. 77-86.

Riha, Karl. Die Beschreibung der "Grossen Stadt": Zur Entstehung des Grossstadtmotivs in der deutschen Literatur (c. 1750-c. 1850). Bad Homburg: Verlag Gehlen, Frankfurter Beiträge zur Germanistik, Band II, 1970.

Rossel, André. H. Daumier prend parti: Oeuvres politiques et sociales. Paris: Editions Hier et Demain, 1971.

Rusack, Hedwig Hoffmann. Gozzi in Germany: A Survey of the Rise and Decline of the Gozzi Vogue in Germany and Austria with especial reference to the German Romanticists. New York: AMS Press, 1966 (édition originale 1930).

Sadoul, Georges. Jacques Callot: Miroir de son temps. Paris: Gallimard, 1969.

Sainte-Beuve. Oeuvres I: Premiers lundis, début des portraits littéraires. Texte présenté et annoté par M. Leroy. Paris: Gallimard, Bibliothèque de la Pléiade, 1949.

Sartre, Jean-Paul. "Aminadab ou Du fantastique considéré comme un langage", Situations I. Paris: Gallimard, 1947, pp. 122-142.

L'Imagination. Paris: Presses universitaires de France, 1965.

Schérer, René. Charles Fourier; ou, La Contestation globale. Présentation, choix de textes, bibliographie par R. Schérer. Paris: Editions Seghers, Philosophes de tous les temps, 61,1970.

Schlegel, A.W. Kritische Schriften und Briefe; Vorlesungen über dramatische Kunst und Literatur. 2 Bände. Stuttgart: W. Kohlhammer Verlag, 1966-1967.

et F. Athenaeum: Eine Zeitschrift 1798-1800. 2 Bände. Ausgewählt und bearbeitet von C. Grützmacher. Hamburg: Rowohlt,1969.

Schuhl, Pierre-Maxime. "Les Puissances de l'imagination", Revue philosophique, 148 (1959), pp. 174-189.

[Scott, Sir Walter]. "On the Supernatural in Fictitious Composition: and particularly on the Works of Ernest Theodore William
Hoffman [sic]", Foreign Quarterly Review, I (July 1827), pp.
60-98.

"Du merveilleux dans le roman", Revue de Paris, I (1829), pp.
25-33.

Shroder, Maurice Z. Icarus: The Image of the Artist in French
Romanticism. Cambridge, Mass.: Harvard University Press, 1961.

Spector, Jack J. The Aesthetics of Freud: A Study in Psycho-
analysis and Art. London: Allen Lane, The Penguin Press, 1972.

Spoelberch de Lovenjoul, vicomte de. Histoire des oeuvres de
Théophile Gautier. 2 tomes. Paris: Charpentier, 1887.

Starobinski, Jean. L'Oeil vivant, II: La Relation critique.
Paris: Gallimard, 1970.

Steig, Michael. "Defining the Grotesque: An Attempt at Synthesis",
Journal of Aesthetics and Art Criticism, XXIX, 2 (Winter 1970),
pp. 253-260.

Struc, Roman S. "Madness as Existence", Research Studies of the
Washington State University, XXXVIII, 2 (June 1970), pp. 75-
94.

Tabarant, A. La Vie artistique au temps de Baudelaire. Paris:
Mercure de France, 1963 (édition originale 1942).

Thalmann, Marianne. Die Romantik des Trivialen: Von Grosses
"Genius" bis Tiecks "William Lovell". München: Paul List
Verlag, 1970.

Romantik und Manierismus. Stuttgart: W. Kohlhammer Verlag, 1963.

Romantiker als Poetologen. Heidelberg: Lothar Stiehm Verlag,
1970.

Romantiker entdecken die Stadt. München: Nymphenburger, 1965.

"Der Trivialroman des 18. Jahrhunderts und der romantische
Roman", Germanische Studien, XXIV (1923), pp. 1-327.

Thieberger, Richard. Le Genre de la nouvelle dans la littérature
allemande. Paris: Les Belles Lettres, Publications de la
faculté des lettres et sciences humaines de Nice, 2, 1968.

Thompson, G.R. Poe's Fiction: Romantic Irony in the Gothic Tales.
Madison, Wisconsin: The University of Wisconsin Press, 1973.

BIBLIOGRAPHIE

Thompson, Philip. The Grotesque. London: Methuen, 1972.

Todorov, Tzvetan. Introduction à la littérature fantastique.
Paris: Editions du Seuil, Poétique, 1970.

Tymms, Ralph. Doubles in Literary Psychology. Cambridge: Bowes
and Bowes, 1949.

Vax, Louis. "L'Art de faire peur", Critique, XII, 2 (1959), 150,
pp. 915-942, et 151, pp. 1026-1048.

L'Art et la littérature fantastiques. Paris: Presses universitaires de France, Collection 'Que sais-je?', 1960.

La Séduction de l'étrange. Paris: Presses universitaires de
France, 1964.

Viatte, Auguste. Victor Hugo et les illuminés de son temps.
Deuxième édition. Montréal: Les Editions de l'Arbre, 1943.

Vincent, Howard P. Daumier and his World. Evanston: Northwestern
University Press, 1968.

Vordtriede, Werner. Novalis und die französischen Symbolisten:
Zur Entstehungsgeschichte des dichterischen Symbols. Stuttgart:
W. Kohlhammer Verlag, 1963.

Wanufflé, Lucie. "La Vision balzacienne de l'Allemagne (1829-
1835)", L'Année balzacienne, 1970, pp. 21-32.

Weber, Samuel. "The Sideshow, Or: Remarks on a Canny Moment",
Modern Language Notes, LXXXVIII, 6 (December 1973), pp. 1102-
1133.

Weinstein, Leo. "The Metamorphoses of Don Juan", Stanford Studies
in Language and Literature, XVIII, 1959.

Wellek, René. A History of Modern Criticism: 1750-1950. Vol. 2:
The Romantic Age. London: Jonathan Cape, 1955.

Whyte, Peter. "Gérard de Nerval, inspirateur d'un conte de
Gautier, 'Deux Acteurs pour un rôle'", Revue de littérature
comparée, LX, 3 (juillet-sept. 1966), pp. 474-478.

The "Conte fantastique": A Study of Themes in the "Conte fantastique" in Nineteenth Century France (1829-1856), with Special
Reference to Foreign Influences. Thèse dactylographiée,
l'Université de Cambridge, 1967.

INDEX

INDEX

INDEX

Hedwiga (Le Chat Murr), 176

Heerbrand (Le Pot d'or), 41, 47, 63

Heine, H., 20, 21, 53, 183

Heinrich von Ofterdingen (Novalis), 146

Hermod (La Princesse Brambilla), 20, 185, 186, 188

Hernani (Hugo), 60

Hewett-Thayer, H.W., 97, 144

Hippel, 16

Histoires extraordinaires (Poe), 2

Hogarth, W., 183

Homme au sable, L', 41, 43, 44, 55-8, 62, 72, 77, 78, 80, 110, 200

Homme des foules, L' (Poe), 209

Houssaye, A., 15, 16

Hugo, V., 170, 171

Hunt, H.J., 24

Hygiène, 106

Hymne à la beauté (Les Fleurs du mal), 89

Hyperion (Longfellow), 207

Hyslop, Lois Boe, 3, 136

Idéolo (Il Vivere), 23

Idéolus, 22

Il Vivere (Ferrière), 23

Inquiétant Etranger, L', 48

Invitation au voyage, L' (Les Fleurs du mal), 90, 122, 149

Invitation au voyage, L' (Petits Poèmes en prose), 122, 149, 150, 151, 155

INDEX

Krespel (<u>Le Conseiller Krespel</u>), 27, 29, 98, 100, 159-62

Kron, W., 65

Kunz, 141

Lacan, J., 99

Lafontaine, A., 15

Lämmerhirt (<u>Maître Puce</u>), 84, 86

Lämmerhirt, Röschen (<u>Maître Puce</u>), 86, 87, 92, 112

Laplanche, J., 66

Laverdant, D., 148, 149

Leakey, F., 61

Leconte de Lisle, 23, 24, 167

Leibnitz, G.W., 191

<u>Lenore</u> (Bürger), 11, 35

Leroux, P., 145

Leuwenhoek (<u>Maître Puce</u>), 49, 84, 85, 86, 104, 121, 195

Lewis, M.G., 4, 35

Lichtenberg, G.C., 169

Lindhorst (<u>Le Pot d'or</u>), 20, 27, 41, 42, 43, 47, 56, 57, 63, 67, 91, 96, 105, 146, 155, 156, 163, 165, 175, 201

<u>Liqueur favorite d'Hoffmann, La</u>, 24

Liris (<u>La Princesse Brambilla</u>), 175, 185, 188, 190, 191, 192

Liscov (<u>Le Chat Murr</u>), 176, 177

Lise (<u>Le Pot d'or</u>), 27, 41, 42, 43, 56, 57, 58, 63

Liszt, F., 15, 17, 159

Loève-Veimars, 2, 11, 12, 21, 31, 86, 132

INDEX

INDEX

Mozart, W.A., 18, 19, 50, 102

Murr (Le Chat Murr), 176, 177

Musique, La (Les Fleurs du mal), 135

Musset, A. de, 18, 19, 102

Mystilis (La Princesse Brambilla), 154, 186, 187, 189

Namouna (Musset), 18, 19

Napoléon, 144

Nathanael (L'Homme au sable), 13, 43-6, 56, 58, 72, 73, 76-8, 103, 110, 165

Natürliche Magie, Die (Wiegleb), 35

Nebelstern, Amandus von (La Fiancée du roi), 3

Nerval, G. de, 5, 6, 24-6, 39, 51, 70, 71, 130, 199, 200

Nodier, C., 130

Nouvelles Histoires extraordinaires (Poe), 166

Novalis, 146

Obsession (Les Fleurs du mal), 38, 52, 58, 90

Ochsner, K., 98

Offenbach, J., 15

Olimpia (L'Homme au sable), 45, 57, 103, 109

Oluf (Le Chevalier double), 27

O'Malley, G., 5

O'Malley, Major (L'Esprit élémentaire), 71

Ombra adorata, 3

Onuphrius Wyphly (Gautier), 26

387

INDEX

Ophioch (La Princesse Brambilla), 157, 185, 188, 190, 192, 194

Ottmar (Le Magnétiseur), 130

Pankalla, G., 1

Pantalon (La Princesse Brambilla), 27, 185, 187, 188, 192

Papety, D., 148, 149

Paradis artificiels, Les, 158

Paulmann (Le Pot d'or), 41, 47

Pauvre Trompette (Champfleury), 29

Paysage (Les Fleurs du mal), 151

Peau de chagrin, La (Balzac), 16

Pelletan, E., 13, 28, 142, 148

Penguilly-L'Haridon, O., 11

Pensotti, C., 149

Pepusch, George (Maître Puce), 49, 84-7, 92, 105, 112, 116, 195

Peregrinus: voir Tyss

Peregrinus Tyss: voir Maître Puce

Peter Schlemihl (Chamisso), 35, 65

Peters, D.S., 165

Petits Poèmes en prose, 12, 15, 37, 99, 106, 157, 202

Petit Zaches, 69, 173, 192

Phalange, La, 148, 190, 199

Phantasus (Tieck), 36, 169

Phares, Les (Les Fleurs du mal), 63, 133

Philadelphus, Ptolomäus (Petit Zaches), 173

Phosphorus (Le Pot d'or), 115

INDEX

Pichois, C., 10, 118, 157, 190

Pinel, P., 35, 98

Pirker, M., 34, 35

Pistoja, Bastianello de (La Princesse Brambilla), 184, 186, 187, 188

Planche, G., 18

Poe, E.A., 1, 2, 4, 5, 9, 10, 11, 39, 40, 60, 78, 91, 138, 162, 164, 166, 199, 205, 206-10

Poème du haschisch, Le, 9, 50, 102, 153

Poison, Le (Les Fleurs du mal), 126

Pommier, J., 2, 3, 4, 7, 22, 113, 206

Pongs, H., 36

Pontalis, J., 66

Pot d'or, Le, 3, 26, 27, 34, 41-3, 47, 51, 57, 58, 62, 63, 67, 80, 104, 105, 112, 115, 117, 125, 126, 141, 142, 146, 147, 153, 154, 155, 162, 168, 192

Prarond, E., 22

Presse, La, 16, 18, 28, 148, 199

Prévost, J., 6, 37, 53

Princesse Brambilla, La, 2, 3, 10, 11, 12, 26, 27, 51, 66, 67, 90, 93, 94, 95, 104, 117, 128, 129, 131, 133, 147, 151, 152, 154, 155, 157, 162, 168, 173, 176, 177, 182, 183, 184-90, 191, 192, 196, 197-9, 201, 205, 206

Prométhée délivré (Ménard), 139

Que diras-tu ce soir (Les Fleurs du mal), 54

Quincey, T. de, 4, 38, 90, 158, 159, 163

Quis evadet (Goltzius), 133

389

INDEX

INDEX

INDEX

INDEX